Mindestvorschriften gemäß Art. 83 AEUV im Spannungsverhältnis zwischen intergouvernementalem und supranationalem Handeln

Res Publica
Öffentliches und internationales Recht
Udo Fink, Dieter Dörr und Rolf Schwartmann

Band 23

Izabela Dumistracel

Mindestvorschriften gemäß Art. 83 AEUV im Spannungsverhältnis zwischen intergouvernementalem und supranationalem Handeln

PETER LANG
Berlin - Bruxelles - Chennai - Lausanne - New York - Oxford

Bibliografische Information der Deutschen Nationalbibliothek
Die Deutsche Nationalbibliothek verzeichnet diese Publikation in der Deutschen Nationalbibliografie; detaillierte bibliografische Daten sind im Internet über http://dnb.d-nb.de abrufbar.

Zugl.: Mainz, Univ., Diss., 2023

D 77
ISSN 1614-838X
ISBN 978-3-631-91229-4 (Print)
E-ISBN 978-3-631-91237-9 (E-PDF)
E-ISBN 978-3-631-91238-6 (E-PUB)
DOI 10.3726/b21417

Verlegt durch:
Peter Lang GmbH, Berlin, Deutschland

info@peterlang.com http://www.peterlang.com/

Vorwort

Die vorliegende Arbeit wurde vom Fachbereich Rechts- und Wirtschaftswissenschaften der Johannes Gutenberg-Universität Mainz im Sommersemester 2023 als Dissertation angenommen. Gesetzgebung, Rechtsprechung und Literatur konnten im Wesentlichen bis Juli 2023 berücksichtigt werden.

Mein besonderer und herzlicher Dank gilt meinem Doktorvater Professor Dr. Udo Fink, der bereits während meines LL.M.-Studiums mein Interesse für das Europarecht geweckt und mich zur Wahl dieses Dissertationsthemas ermutigt hat. Er hat mich bei der Erstellung der Arbeit unterstützt, mir gleichzeitig die notwendigen Freiräume gewährt und mir damit viel Vertrauen entgegengebracht.

Herrn Professor Dr. Karsten Schneider danke ich für die zügige Erstellung des Zweitgutachtens sowie die darin enthaltenen kritischen und somit konstruktiven Anmerkungen.

Bedanken möchte ich mich auch bei Frau Rechtsanwältin Nicola Lamprecht-Weißenborn und Frau PD Dr. Ines Gillich für ihre wertvollen Anmerkungen und Ratschläge sowie für die hilfreiche Gespräche. All denen, die mein Manuskript Korrektur gelesen haben, möchte ich ebenfalls sehr herzlich danken.

In besonderer Weise danke ich meinen Eltern. Sie haben mich nicht nur auf meinem beruflichen Weg, sondern auch auf meinem persönlichen Weg ermutigt und immer mit Liebe und Unterstützung begleitet.

Gewidmet ist diese Arbeit meinem Mann und meinen Kindern. Ihre uneingeschränkte und stete Unterstützung in einer herausfordernden Zeit haben diese Arbeit überhaupt ermöglicht. Ihnen gilt von ganzem Herzen mein Dank.

Mainz, im Oktober 2023
Izabela Dumistracel

Inhaltsverzeichnis

Abkürzungsverzeichnis

a.A.	andere Auffassung
ABl.	Amtsblatt
Abs.	Absatz
AEUV	Vertrag über die Arbeitsweise der Europäischen Union
AfB	Archiv für Begriffsgeschichte
AöR	Archiv des öffentlichen Rechts
Art.	Artikel
Aufl.	Auflage
Band	Bd.
BGBl.	Bundesgesetzblatt
BT-Drs.	Bundestagsdrucksache
BVerfG	Bundesverfassungsgericht
BVerfGE	Entscheidung des Bundesgerichtshofes
bzw.	beziehungsweise
CMLRev.	Common Market Law Review
DÖV	Die Öffentliche Verwaltung
EG	Europäischen Gemeinschaft
EGMR	Europäischer Gerichtshof für Menschenrechte
EGV	Vertrag zur Gründung der Europäischen Gemeinschaft
EMRK	(Europäische) Konvention zum Schutze der Menschenrechte und Grundfreiheiten vom 4. November 1950
ERA Forum	Europäische Rechtsakademie Forum
EU	Europäische Union
Eucrim	The European Criminal Law Associations' Forum
EuCLR	European Criminal Law Review
EuConst	European Constitutional Law Review
EuGH	Gerichtshof der Europäischen Union
EuGRZ	Europäische Grundrechte-Zeitschrift
EuR	Europarecht

EurJCrimeCrLCrJ	European Journal of Crime, Criminal Law and Criminal Justice
EUV a.F.	Vertrag über die Europäische Union in der Fassung vor dem Inkrafttreten des Vertrags von Lissabon
EUV	Vertrag über die Europäische Union in der Fassung nach dem Inkrafttreten des Vertrags von Lissabon
EuZW	Europäische Zeitschrift für Wirtschaftsrecht
EWG	Europäische Wirtschaftsgemeinschaft
EWS	Europäisches Wirtschafts- und Steuerrecht
ff.	folgende Seiten
Fn.	Fußnote
GA	Goltdammer's Archiv für Strafrecht
GASP	Gemeinsame Außen- und Sicherheitspolitik
GG	Grundgesetz für die Bundesrepublik Deutschland
HRRS	Online-Zeitschrift für Höchstrichterliche Rechtsprechung im Strafrecht
Hrsg.	Herausgeber(in/nen)
IES	Institut for European Studies
i.V.m.	in Verbindung mit
JA	Juristische Arbeitsblätter
Jura	Juristische Ausbildung
JuS	Juristische Schulung
JZ	Juristenzeitung
Kap.	Kapitel
KritV	Kritische Vierteljahresschrift für Gesetzgebung und Rechtswissenschaft
lit.	litera
MLR	Modern Law Review
m.w.N.	mit weiteren Nachweisen
NJW	Neue Juristische Wochenschrift
NK	Neue Kriminalpolitik
Nr.	Nummer
NStZ	Neue Zeitschrift für Strafrecht
NVwZ	Neue Zeitschrift für Verwaltungsrecht
New J. Eur. Crim. Law	New Journal of European Criminal Law
PJZS	Polizeiliche und justizielle Zusammenarbeit in Strafsachen

RB	Rahmenbeschluss
RFSR	Raum der Freiheit, der Sicherheit und des Rechts
RIW	Recht der Internationalen Wirtschaft
RL	Richtlinie
Rn.	Randnummer(n)
Rs.	Rechtssache
sog.	so genannte(n/r/s)
StGB	Strafgesetzbuch
StV	Strafverteidiger
TREVI	Terrorisme, Radicalisme, Extrémisme et Violence Internationale
u.a.	unter anderem
vgl.	vergleiche
ZaöRV	Zeitschrift für ausländisches öffentliches Recht und Völkerrecht
z.B.	zum Beispiel
ZBJI	Zusammenarbeit in den Bereichen Justiz und Inneres
ZEuS	Zeitschrift für europarechtliche Studien
ZIS	Zeitschrift für Internationale Strafrechtsdogmatik
ZStW	Zeitschrift für die gesamte Strafrechtswissenschaft
ZUM	Zeitschrift für Urheber- und Medienrecht

Einleitung

§ 1 Gegenstand und Ziel der Arbeit

Strafrecht galt traditionell – und gilt nach wie vor – als wesentliche Ausprägung der staatlichen Souveränität. In diesem Kontext kann gefragt werden, was unter Staatssouveränität zu verstehen ist. Die Souveränität ist als bestimmendes Merkmal der Staatsgewalt definiert und umfasst die „tatsächlich und rechtlich unbeschränkte Möglichkeit zur Selbstorganisation des Staatswesens“[1]. Es handelt sich um die Fähigkeit, letztverbindlich innerhalb des Staates entscheiden zu können. Im demokratisch verfassten Rechtsstaat liegt die Souveränität beim Volk[2] und deren Ausübung wird allein durch eine staatliche Ordnung ermöglicht.[3] Das Strafrecht ist durch seine Rechtsnatur Teil mitgliedstaatlicher Zuständigkeiten,[4] d.h., die Mitgliedstaaten allein besitzen die Kompetenz, Straftatbestände zu normieren und strafrechtliche Sanktionen zu verhängen. Dies bedeutet allerdings nicht, dass diese Materie „unionsfrei“ ist und durch europarechtliche Vorgaben nicht beeinflusst werden kann.[5]

Entscheidend wurden zuletzt nationale Rechtsordnungen von außen im Mittelalter bestimmt, und zwar durch den Einfluss des römischen Rechts. Heutzutage findet die externe Bestimmung grundsätzlich in einer progressiven Form statt, indem die Staaten ihre staatliche Hoheitsgewalt teilweise auf die

---

1 *Schöbener/Knauff*, Allgemeine Staatslehre, § 3, Rn. 53, 56 ff.

2 Art. 20 Abs. 2 S. 1 GG: „Alle Staatsgewalt geht vom Volke aus“.

3 So *Bamberger* in Bergmann, Handlexikon der Europäischen Union.

4 Dies wurde vom Bundesverfassungsgericht in seinem Urteil über die Verfassungsmäßigkeit des Zustimmungsgesetzes zum Vertrag von Lissabon hervorgehoben („Lissabon“-Urteil): „Die Sicherung des Rechtsfriedens in Gestalt der Strafrechtspflege ist seit jeher eine zentrale Aufgabe staatlicher Gewalt. Bei der Aufgabe, ein geordnetes menschliches Zusammenleben durch Schutz der elementaren Werte des Gemeinschaftslebens auf der Grundlage einer Rechtsordnung zu schaffen, zu sichern und durchzusetzen, ist das Strafrecht ein unverzichtbares Element zur Sicherung der Unverbrüchlichkeit dieser Rechtsordnung. Jede Strafnorm enthält ein mit staatlicher Autorität versehenes sozialethisches Unwerturteil über die von ihr pönalisierte Handlungsweise. Der konkrete Inhalt dieses Unwerturteils ergibt sich aus Straftatbestand und Strafandrohung [...].“; BVerfGE 123, 267 (407), Rn. 355 – *Lissabon*.

5 Zutreffend *Zieschang* in FS *Tiedemann*, S. 1304 ff.: „Im Strafrecht ist der tatsächliche europäische Einfluss nicht mehr hinwegzudiskutieren und deutlich spürbar.“

Europäische Union als supranationale[6] Organisation übertragen und sich der Gesetzgebung ihrer Organe unterwerfen. Mit der Übertragung von Staatsgewalt beschränkt sich der übertragende Mitgliedstaat selbst in seiner Souveränität.[7] Dies bedeutet, dass das vom Volk gewählte Repräsentationsorgan an Einfluss auf den politischen Willensbildungs- und Entscheidungsprozess verliert.

Die europäische Zusammenarbeit zielte ursprünglich insbesondere auf die Verwirklichung eines Binnenmarktes ab, in dem sich die Waren, Personen, Dienstleistungen und das Kapital frei bewegen können. Die Abschaffung der Kontrollen, einschließlich der Personenkontrollen, an den Binnengrenzen führte jedoch nicht nur zu mehr wirtschaftlicher Freiheit, sondern erleichterte auch die organisierte und grenzüberschreitend operierende Kriminalität. Prävention und Bekämpfung von Kriminalität ließen sich deshalb nicht mehr allein durch nationale Strafrechtssysteme erreichen. Die Idee einer zwischenstaatlichen Zusammenarbeit im Bereich des Strafrechts geriet daher immer stärker in den Fokus der EU-Politik, sodass sich in den letzten drei Jahrzehnten schrittweise

---

6 Der Begriff „supranational“ steht dem Wort „intergouvernemental“ gegenüber. Supranationalität kennzeichnet eine Ebene über dem Nationalstaat. Sie bedeutet eine Verlagerung rechtlicher Zuständigkeiten von der nationalstaatlichen auf eine überstaatliche Ebene (supranationale Organisation). Eine solche Ebene oder Organisation kann auch dann verbindliche Beschlüsse fassen, wenn nicht alle Mitglieder zustimmen. Intergouvernementalismus bedeutet dagegen, dass die Staaten zwar gemeinsam Entscheidungen treffen, selbst aber alle ihre Zuständigkeiten behalten. Die Entscheidungskompetenz bleibt allein bei den Staaten, was insbesondere Einstimmigkeit bedingt.

7 Das BVerfG entwickelt ein Konzept der souveränen Staatlichkeit Deutschlands, die durch das Grundgesetz vorausgesetzt und garantiert wird: „Das Grundgesetz ermächtigt den Gesetzgeber zwar zu einer weitreichenden Übertragung von Hoheitsrechten auf die Europäische Union. Die Ermächtigung steht aber unter der Bedingung, dass dabei die souveräne Verfassungsstaatlichkeit auf der Grundlage eines Integrationsprogramms nach dem Prinzip der begrenzten Einzelermächtigung und unter Achtung der verfassungsrechtlichen Identität als Mitgliedstaaten gewahrt bleibt und zugleich die Mitgliedstaaten ihre Fähigkeit zu selbstverantwortlicher politischer und sozialer Gestaltung der Lebensverhältnisse nicht verlieren. [...] Integration in eine freiheitliche Gemeinschaft verlangt aber weder eine der verfassungsrechtlichen Begrenzung und Kontrolle entzogene Unterwerfung noch den Verzicht auf die eigene Identität. Das Grundgesetz ermächtigt die für Deutschland handelnden Organe nicht, durch einen Eintritt in einen Bundesstaat das Selbstbestimmungsrecht des Deutschen Volkes in Gestalt der völkerrechtlichen Souveränität Deutschlands aufzugeben. Dieser Schritt ist wegen der mit ihm verbundenen unwiderruflichen Souveränitätsübertragung auf ein neues Legitimationssubjekt allein dem unmittelbar erklärten Willen des Deutschen Volkes vorbehalten.“ BVerfGE 123, 267 (347 ff.), Rn. 226 ff. – *Lissabon.*

und zum Teil sogar rasant ein integriertes System europäischer Strafrechtspflege entwickelt hat.

Im Gegensatz zu den Bereichen des Zivilrechts und des öffentlichen Rechts, die sehr früh durch das europäische Recht beeinflusst wurden, ist das Strafrecht erst viel später ein Bestandteil der europäischen Politikfelder geworden. Die Entwicklung des Strafrechts auf europäischer Ebene fand in einem eigenen Rahmen statt, in dem anfangs die traditionelle Ebene des Zusammenwirkens souveräner Staaten nicht wirklich verlassen wurde:

- Ausgangspunkt war die Zusammenarbeit im Rahmen der TREVI-Gruppen,[8] außerhalb der Europäischen Verträge und ursprünglich mit wirtschaftlicher Ausrichtung;
- es folgte die erste vertragliche Verankerung 1992 im **Vertrag von Maastricht**, der die Europäische Union als einen Tempel mit drei Säulen strukturierte und die Justiz und Innenpolitik der dritten, intergouvernemental[9] organisierten Säule (Justiz und Inneres – JI) zurechnete;
- dann wurden im **Vertrag von Amsterdam** (1997) erste supranationalen Elemente im Strafrechtsbereich im Rahmen der dritten Säule (Polizeiliche und Justizielle Zusammenarbeit in Strafsachen – PJZS, nach der Überführung der anderen Materien des Bereichs Justiz und Inneres wie etwa der Asyl-, Einwanderungspolitik in die erste Säule – Europäische Gemeinschaft) implementiert, und es wurde der Raum der Freiheit, der Sicherheit und des Rechts (RFSR) geschaffen;
- es folgten erfolglose Versuche zur weiteren Integration des Strafrechts im Rahmen des gescheiterten Verfassungsvertrags (2004), der am 1. November 2006 in Kraft treten sollte, und
- schließlich kam es zu neuerlichen Verhandlungen, die zum Inkrafttreten des **Vertrags von Lissabon** am 1. Dezember 2009 führten. Der Vertrag von Lissabon reformierte den Vertrag über die Europäische Union (EUV) und den Vertrag zur Gründung der Europäischen Gemeinschaft (EGV) und somit das politische System der Europäischen Union. Seitdem bilden der Vertrag über

8 Die TREVI-Gruppe wurde 1976 gegründet. In deren Rahmen trafen sich die Innen- und Justizminister der Mitgliedstaaten und tauschten sich zu Themen wie Terrorismus, polizeiliche Zusammenarbeit, Drogen und Grenzkontrollen aus. TREVI ist die französische Abkürzung für Terrorisme, Radicalisme, Extrémisme, Violence Internationale.

9 Intergouvernemental kennzeichnet die zwischenstaatliche Kooperation der Mitgliedstaaten.

die Europäische Union (EUV) und der Vertrag über die Arbeitsweise der Europäischen Union (AEUV) die rechtliche Grundlage der EU.

Im Mittelpunkt des Interesses stehen in dieser Arbeit das Strafrecht und dessen Europäisierung. Die Untersuchung konzentriert sich besonders auf die Harmonisierung des nationalen Strafrechts. Das mitgliedstaatliche Strafrecht ist nicht in dem gleichen Maße wie andere Politikfelder den Einflüssen des Unionsrechts ausgesetzt. Wegen des engen Bezugs zur Souveränität und den Traditionen der Mitgliedstaaten wird dieser Bereich von den Mitgliedstaaten als äußerst sensibel empfunden. Dennoch wurden trotz der Kritik im Schrifttum an der Europäisierung des nationalen Strafrechts und trotz des stetigen Beharrens der Mitgliedstaaten auf der Wahrung der nationalen Souveränität Fortschritte im Rahmen der Europäisierung auf dem Gebiet des Strafrechts erzielt. Die intergouvernementale Zusammenarbeit im Strafrecht erfolgte nach dem Vertrag von Amsterdam nicht mehr nur „in Angelegenheiten von gemeinsamem Interesse", sondern zielte durch ein „gemeinsames Vorgehen" auf die Annäherung der nationalen Strafvorschriften mithilfe neu eingeführter Rechtsinstrumente (wie z.B. des Rahmenbeschlusses) ab. Zudem wurde die Zusammenarbeit in Strafsachen einer gerichtlichen Kontrolle unterworfen; auch wurde die Rolle der europäischen Institutionen gestärkt. Allerdings unterschied sich die Methodik bei der Zusammenarbeit im Strafrecht weiterhin wesentlich von der Arbeitsweise der ersten Säule. Die rechtliche Einordnung der PJZS war daher nicht eindeutig geklärt. Wegen der eingeführten Elemente der Supranationalität wurde die PJZS in der Literatur teilweise als eine Übergangsform zwischen einer rein intergouvernementalen und einer supranationalen Entwicklungsstufe betrachtet.[10] Die Säulenstruktur wurde mit dem Inkrafttreten des Vertrags von Lissabon aufgelöst und die strafrechtliche Zusammenarbeit in den supranationalen Rahmen überführt, was grundsätzlich bedeutet, dass das Unionsrecht ebenfalls für die Zusammenarbeit im Bereich des Strafrechts gilt. Die vorliegende Arbeit beschäftigt sich daher mit der Frage, ob und, wenn ja, inwieweit der Vertrag von Lissabon einen weiteren Integrationsschritt bei der Harmonisierung des Strafrechts dadurch darstellt, dass der Vertrag von Lissabon sich diesbezüglich endgültig von der intergouvernementalen Prägung abwendet. Mit Blick auf die vertraglichen Vorschriften und die umstrittene Rechtsprechung des Europäischen Gerichtshofs (EuGH) im Strafrechtsbereich – sei es zur Schaffung einer

---

10 *Wasmeier/Jour-Schröder* in *von der Groeben/Schwarze*, EUV/EGV, Kommentar, Vorbemerkungen zu den Art. 29 bis 42 EUV, Rn. 6; *Vedder*, EuR Beiheft 1/1999, 7 (40).

Anweisungskompetenz oder einer Pflicht zur rahmenbeschlusskonformen Auslegung des nationalen Strafrechts – bzw. die damit zusammenhängenden Kontroversen in der Literatur trägt eine Analyse des alten sowie des aktuellen Rahmens der Harmonisierung zur deutlichen Klärung der Position des Strafrechts als Teil der Europapolitik bei.

Der Raum der Freiheit, der Sicherheit und des Rechts, der nach der Auflösung der Säulenstruktur durch den Vertrag von Lissabon die Bereiche der Justiz und der Innenpolitik innerhalb eines einheitlichen Rahmens wieder zusammenzuführen versucht, gehört heute mit der Auflistung in Art. 3 Abs. 2 EUV zu den grundlegenden Vertragszielen. Die Europäische Union hat sich damit von der ursprünglichen wirtschaftlichen Ausrichtung der europäischen Integration gelöst. Das Gebiet der Strafrechtspolitik gehört heute ebenfalls zu ihren Aufgaben. Dadurch betritt die Union allerdings einen Bereich, der grundlegende mitgliedstaatliche Zuständigkeiten berührt. Der Integration steht der Gedanke der staatlichen Souveränität gegenüber. Jeder Staat legt Wert darauf, selbst zu bestimmen, welches Verhalten er in seiner Rechtsordnung als staatswidrig betrachtet und welchen Weg er zur Durchsetzung seines Rechts einschlägt. Daher ist die Europäisierung des in die nationale Zuständigkeit fallenden Strafrechts ein besonderer Einschnitt in die nationalen Kompetenzen. Zudem steht damit das Strafrecht stets im Spannungsfeld zwischen dem europäischen Integrationsstreben und dem mitgliedstaatlichen Souveränitätsvorbehalt. Zu untersuchen ist daher auch, wo diese Spannungen zu Besonderheiten im Strafrecht führen bzw. inwiefern der Vertrag von Lissabon diesem Spannungsverhältnis Rechnung trägt. Die Klärung dieser Fragen ist für die genaue Bestimmung der rechtlichen Grundlagen der Strafrechtsharmonisierung relevant. Denn damit erhält man Klarheit über die Reichweite der Harmonisierungskompetenz bzw. deren Bereiche, Voraussetzungen sowie Grenzen.

Die Strafrechtsordnungen der Mitgliedstaaten sind im Rahmen des Integrationsprozesses in unterschiedlicher Weise und Intensität vielfältigen Einflüssen der Unionspolitiken ausgesetzt. Bisher hat sich innerhalb der Europäischen Union ein System europäischer Strafrechtspflege entwickelt, das im Wesentlichen durch die Regelungen zur Assimilierung, zur Harmonisierung (Angleichung des Straf- und Strafverfahrensrechts), zur Kooperation (Grundsatz der Anerkennung justizieller Entscheidungen und damit der Auslieferung und anderer Rechtshilfe) sowie zur Koordination (Gerichtsbarkeit) geprägt ist.[11] Zwar ist bislang keine europäische Strafgerichtsbarkeit geschaffen worden. Es stehen aber

11 Dazu *Hecker* in *Ambos*, Europäisches Strafrecht post-Lissabon, S. 15 ff.

mit Europol (Art. 88 AEUV) und Eurojust (Art. 85 AEUV) auf Unionsebene Institutionen zur Verfügung, die Aufgaben der Strafverfolgung wahrnehmen. Mit der Ermächtigung zur Gründung einer Europäischen Staatsanwaltschaft durch den Vertrag von Lissabon ist sogar eine supranationale Strafverfolgungsbehörde errichtet worden (Art. 86 AEUV). Der Einfluss auf das nationale Strafrecht geht bei der Harmonisierung (Art. 83 AEUV) am weitesten, da hier die Union inhaltlich die Ausgestaltung des nationalen Strafrechts vorgibt. Im Strafrecht ist dennoch das Konzept der Mindestharmonisierung anwendbar. Gemäß diesem Konzept werden nur Mindestvorschriften durch die Europäische Union festgelegt. Den Mitgliedstaaten bleibt dadurch ein großer Gestaltungsspielraum. Damit besteht weiterhin eine gewisse Nähe zum Rechtsbestand vor dem Lissabon. Fraglich ist jedoch, wo die entscheidenden Unterschiede liegen und wieweit solche Mindestvorschriften gehen dürfen.

Diese Untersuchung macht es sich zur Aufgabe, einen Gesamtüberblick über die Entwicklung der Kompetenzen zur Harmonisierung des materiellen Strafrechts unter Beachtung seiner Besonderheit zu geben. Die Strafrechtsharmonisierung wird grundlegend in Art. 83 AEUV geregelt. Der Vertrag von Lissabon enthält jedoch einige Vorschriften, besonders Art. 325 Abs. 4 AEUV, die, entsprechend strittigen Diskussionen in der Literatur, ebenfalls als Kompetenznormen für die Strafrechtsharmonisierung fungieren können. Aus dieser Perspektive soll ermittelt werden, ob sich aus diesen Rechtsnormen eine Kompetenz der Mitgliedstaaten zur Strafrechtsharmonisierung ergibt. Nach der Systematisierung der Strafrechtskompetenzen werden die in den letzten Jahren erlassenen Harmonisierungsakte auf den Prüfstand gestellt, und zwar mit dem Ziel, die möglichen Schwachstellen bei der Harmonisierung des Strafrechts nach Lissabon aufzuzeigen. Sind die Herausforderungen identifiziert, werden Ansätze zu Maßnahmen erforscht, die zu einer Verbesserung der europäischen Strafharmonisierung führen können und die letztlich auf einen potenziellen Weg hinweisen mögen, der in diesem Politikfeld eingeschlagen werden kann.

§ 2 Aufbau der Untersuchung

Im *ersten Teil* wird allgemein auf die Harmonisierung des Strafrechts eingegangen, um den rechtlichen Kontext der Untersuchung aufzuzeigen. Bei der Harmonisierung als einer der Möglichkeiten, die nationale Strafgewalt der Mitgliedstaaten zu beschränken, ist der Einfluss auf das nationale Strafrecht am größten, weil die Union inhaltliche Vorgaben für den nationalen Gesetzgeber festlegt. Bevor ein historischer Überblick über die Entwicklung der Harmonisierung des Strafrechts sowie darüber gegeben wird, wie das Strafrecht durch die europäische Integration berührt wird (§ 2), sind jedoch zunächst die Begriffe des europäischen Strafrechts und der Harmonisierung sowie die Harmonisierungsmethoden im Allgemeinen zu klären (§ 1). Im Anschluss daran werden die Gründe für die Harmonisierung (§ 3 A.) und die mit ihr verbundenen Ziele (§ 3 B.) erörtert. Dargelegt wird auch die Harmonisierungsmethode im Strafrecht. Vor dem Hintergrund der geübten Kritik an der Europäisierung des Strafrechts, mithin an der Strafrechtsharmonisierung, wird an dieser Stelle auf die Besonderheiten des Strafrechts sowie deren Verhältnis zu der bei der Harmonisierung des materiellen Strafrechts angewandten Methode eingegangen (§ 3 C.).

Im *zweiten Teil* wird die vor dem Vertrag von Lissabon geltende Rechtsgrundlage für die Harmonisierung des materiellen Strafrechts untersucht. In diesem Zusammenhang ist ein besonderes Augenmerk auf die strafrechtlichen Gesetzgebungskompetenzen (§ 1) sowie die Bereiche, die Voraussetzungen und die kriminalpolitischen Leitlinien der Harmonisierung des materiellen Strafrechts (§ 2) zu legen. Herausgearbeitet werden auch die rechtlichen Rahmen der Strafrechtsharmonisierung in der dritten Säule (PJZS) mit dem Fokus auf deren intergouvernementalen Charakteristika. Dabei werden die Befugnisse der europäischen Organe, die Rechtsinstrumente sowie die gerichtliche Kontrolle der Rechtsakte erörtert (§ 3). Diese Auseinandersetzung dient als Grundlage für die Erarbeitung der Defizite in der Harmonisierung im Strafrecht vor Lissabon (§ 4).

Im *dritten Teil* werden, vor dem Hintergrund der gewonnenen Erkenntnisse des zweiten Teils, ausführlich die rechtlichen Grundlagen der Harmonisierung des materiellen Strafrechts nach dem Inkrafttreten des Vertrags von Lissabon untersucht. Davor ist auf die neue Gestaltung des sogenannten Raums der Freiheit, der Sicherheit und des Rechts (§ 1 A.) und auf die Zuständigkeit im Strafrecht als geteilte Zuständigkeit (§ 1 B.) einzugehen. Nach dieser Auseinandersetzung werden die Richtlinie als neues Handlungsinstrument im Strafrecht, das neue Gesetzgebungsverfahren sowie die neuen gerichtlichen Kompetenzen für die strafrechtliche Harmonisierung dargestellt und mithin wird der neue rechtliche Rahmen vor dem Hintergrund des Spannungsverhältnisses zwischen Integration und Souveränitätsvorbehalt untersucht (§ 2). Ein besonderes Augenmerk ist auf die Reichweite der Harmonisierungskompetenz im Strafrecht zu legen. Dabei werden die allgemeinen und die spezifischen Grenzen der Strafrechtsharmonisierung erforscht (§ 3). Im Rahmen der Analyse der strafrechtlichen Kompetenzen der Union bzw. der nun bestehenden Harmonisierungskonstellationen sind die jeweiligen Voraussetzungen, die jeweiligen Bereiche der Strafrechtsharmonisierung sowie die Methodik der Mindestvorschriften zu klären (§ 4). Ausgehend von Art. 83 AEUV als strafrechtlicher Grundnorm, wird dessen Verhältnis zu Art. 325 Abs. 4 AEUV als potenzieller Strafrechtskompetenznorm beleuchtet, sodass eventuelle Probleme bei der Wahl der Rechtsgrundlage vermieden werden können. Analysiert wird in diesem Kontext ebenfalls das viel diskutierte Thema, supranationale Strafnormen auf der Grundlage von Art. 325 Abs. 4 AEUV zu erlassen (§ 5).

Schließlich wird im *vierten Teil* ein Ausblick über die strafrechtlichen Entwicklungen nach Lissabon und die bereits bestehenden Probleme gegeben (§ 1). Den Abschluss der Arbeit bilden mögliche Ansätze zu einer effektiven europäischen Strafrechtsharmonisierung (§ 2).

Teil 1: Gegenstand und Grundzüge der Strafrechtsharmonisierung

Die Europäisierung des Strafrechts bzw. die Rolle des Strafrechts für die europäische Integrationspolitik war in den letzten Jahrzehnten Thema einer intensiven wissenschaftlichen und politischen Debatte. Der Diskussionsschwerpunkt lag dabei angesichts der Furcht der Mitgliedstaaten vor dem Verlust ihrer kulturellen Identität auf der Harmonisierung mitgliedstaatlicher Strafrechte. In diesem Kapitel werden einführend die wesentlichen Begriffe, die Besonderheiten des Strafrechts sowie die Entwicklung, die Gründe, die Ziele und die Methode der Harmonisierung untersucht.

§ 1 Begriffe

A. Europäisches Strafrecht

I. Europäisches Strafrecht als Unionsrecht

Die Strafrechtssysteme der EU-Mitgliedstaaten sind unterschiedlich ausgestaltet und stehen unter einem mitgliedstaatlichen Vorbehalt. Ein dem nationalen Strafrecht ähnliches strafrechtliches System gibt es auf europäischer Ebene bisher nicht. Europäisches Strafrecht hat sich dennoch mittlerweile als ein Sammelbegriff für einen eigenständigen strafrechtlichen Forschungsgegenstand etabliert. Es handelt sich um eine Rechtsmaterie eigener Art, die strafrechtsrelevantes Unionsrecht, regionales Völkerrecht (z.B. EMRK) sowie das von diesen Vorgaben beeinflusste („europäisierte") nationale Strafrecht umfasst (Europäisches Strafrecht im weiteren Sinne).[12]

Diese Arbeit folgt dem engeren Begriffsverständnis.[13] Dieses betrifft alle strafrechtlichen und strafverfahrensrechtlichen Normen und die entsprechende Praxis, die auf das Recht der Europäischen Union zurückgehen. Hinzugefügt werden auch alle mitgliedstaatlichen Strafrechtsnormen, die durch das Unionsrecht berührt werden (Europäisches Strafrecht im engeren Sinne oder Unionsstrafrecht). An dieser Stelle wird auf die Differenzierung zwischen dem

---

12 *Hecker*, Europäisches Strafrecht, § 1, Rn. 5; *Safferling*, Internationales Strafrecht, § 9, Rn. 5; *Böse*, Enzyklopädie Europarecht, Bd. 11: Europäisches Strafrecht, § 2, Rn. 13.

13 Dazu *Safferling*, Internationales Strafrecht, § 9, Rn. 6.

supranationalen europäischen Strafrecht und dem „europäisierten" Strafrecht aufmerksam gemacht. Das supranationale Strafrecht kann von der EU selbst durch Verordnung[14] erlassen werden, das heißt die supranationalen Straftatbestände sind unmittelbar in jedem Mitgliedstaat anwendbar und begründen die Strafbarkeit Einzelner. Bei dem europäisierten Strafrecht handelt es sich hingegen um nationale Strafvorschriften, die durch Strafrechtsharmonisierungsmaßnahmen beeinflusst werden. Als gesetzgeberisches Mittel für die strafrechtliche Harmonisierung kommt nur die Richtlinie in Frage. Das Unionsstrafrecht wird also entweder durch die Union selbst gesetzt (Unionsgesetzgebung im engeren Sinne[15]) oder aber die Union weist die nationalen Gesetzgeber zur Schaffung bestimmter Strafnormen an (Anweisungskompetenz bzw. Unionsgesetzgebung im weiteren Sinne[16]).

II. Europäisches Strafrecht als Kriminalstrafrecht

Man unterscheidet zwischen Strafrecht im engeren Sinne (Kriminalstrafrecht) und Strafrecht im weiteren Sinne (Verwaltungssanktionen). Das Kriminalstrafrecht umfasst nur die Verletzung für die Rechtsgemeinschaft grundlegender Verhaltensnormen und droht auf der Rechtsfolgenseite in der Regel Freiheitsstrafe an. Die Strafrechtsintegration zeigt, dass das europäische Strafrecht auch andere repressive Sanktionen umfasst, mit denen ein Verstoß gegen Unionsrecht geahndet wird (z.B. Geldbuße). Diese Maßnahmen sind dem Strafrecht im weiteren Sinne zuzuordnen. Zur Abgrenzung zwischen unterschiedlichen Sanktionen ist auf verschiedene Kriterien zurückzugreifen. Beim europäischen Kriminalstrafrecht handelt es sich um alle Sanktionen, die eine Freiheitsstrafe oder die Auferlegung einer finanziellen Einbuße (Geldstrafe) androhen, die in eine Ersatzfreiheitsstrafe umgewandelt werden kann. Zudem bringen kriminalstrafrechtliche Sanktionen immer ein sozialethisches Umwerturteil zum Ausdruck.[17]

---

14 Nicht geeignet für die Setzung supranationalen Strafrechts ist die Richtlinie, da sie keine direkte Wirkung in den Mitgliedstaaten entfaltet und daher keine strafrechtliche Verantwortlichkeit Einzelner, unabhängig von zu ihrer Umsetzung nationaler Rechtsvorschriften, begründen kann.

15 *Vogel* in *Ambos*, Europäisches Strafrecht nach Lissabon, S. 41 (besonders Fn. 1), 44.

16 *Vogel* in *Ambos*, Europäisches Strafrecht nach Lissabon, S. 44. Er betont, dass die Richtlinien zur Strafrechtsharmonisierung fristgerecht und vollständig umzusetzen sind. Ansonsten werden ein Vertragsverletzungsverfahren und eventuell eine Verurteilung durch den Gerichtshof bewirkt.

17 *Meyer* in *von der Groeben/Schwarze/Hatje*, EUV/AEUV, Kommentar, vor Art. 82–86 AEUV, Rn. 27 ff.

Gegenstand dieser Arbeit ist das Kriminalstrafrecht. Dieses umfasst nur die Verletzung von für die Rechtsgemeinschaft grundlegenden Verhaltensnormen und droht auf der Rechtsfolgenseite Sanktionen an, die eine Freiheits- oder Geldstrafe enthalten. Der Bereich verwaltungsrechtlicher Sanktionen, in dem bereits ein einheitliches Sanktionsrecht auf europäischer Ebene besteht, wird nicht behandelt. Vielmehr bezieht sich die Harmonisierung von Strafnormen im vorliegenden Fall ausschließlich auf das materielle Strafrecht und nicht auf die Harmonisierung der nationalen Straf*verfahren*srechte.

B. Harmonisierung

I. Begriff der Harmonisierung

Der Begriff der Harmonisierung wird durch die EU-Verträge – Vertrag über die Europäische Union (EUV) und Vertrag über die Arbeitsweise der Europäischen Union (AEUV) – nicht definiert. Vielmehr werden in den einschlägigen Artikeln, welche die Harmonisierung der mitgliedstaatlichen Vorschriften betreffen, unterschiedliche Begriffe verwendet. So ist etwa in der allgemeinen Norm zur Rechtsangleichung (Art. 114 AEUV) und in derjenigen zur Sozialpolitik (Art. 151 AEUV) die Rede von „Angleichung", von „Harmonisierung" im Zusammenhang mit den indirekten Steuern (Art. 113 AEUV) und bei Harmonisierungsverboten[18] (z.B. Art. 153 Abs. 2 lit. a, Art. 167 Abs. 5 und Art. 168 Abs. 5 AEUV) sowie von „Vereinheitlichung" im Zusammenhang mit der Handelspolitik (Art. 207 Abs. 1 AEUV). Diese Bestimmungen beziehen sich auf die Rechtsangleichung in den Politikfeldern der ehemaligen Europäischen Gemeinschaft, die als Instrument zur Herstellung des Binnenmarktes eingesetzt wurde. Sie spielt auch eine Vorreiterrolle für die Strafrechtsharmonisierung insofern, als die Union im Harmonisierungsbereich allgemein bereits Erfahrung gesammelt hat. Im Strafrecht wurden im Rahmen der früheren europäischen Verträge die Begriffe „Angleichung" der Rechts- und Verwaltungsvorschriften der Mitgliedstaaten (Art. 34 Abs. 2 lit. b EUV a.F.) und „Annäherung" der Strafvorschriften der Mitgliedstaaten (Art. 29 Abs. 2, 3. Spiegelstrich EUV a.F.) verwendet. Das aktuelle Unionsrecht spricht nur von der „Angleichung" der strafrechtlichen Vorschriften (Art. 67 Abs. 3 AEUV sowie Art. 83 Abs. 2 AEUV).

Die unterschiedliche Terminologie war Gegenstand intensiver Diskussionen und Abgrenzungsversuche im Schrifttum, da man davon ausgegangen war, dass

---

18 In diesem Kontext wird vor allem die Formulierung „unter Ausschluss jeglicher Harmonisierung der Rechtsvorschriften der Mitgliedstaaten" verwendet.

unterschiedlichen Begriffen auch verschiedene Inhalte bzw. Anwendungsbereiche entsprechen können.[19] Eine theoretische Differenzierung lässt sich in der Praxis aufgrund der uneinheitlichen Begriffsverwendung und der verschiedenen Begriffe in den unterschiedlichen Sprachfassungen der Verträge[20] allerdings nicht umsetzen. Nach herrschender Meinung in der Literatur drückt die uneinheitliche Terminologie (Annäherung, Angleichung, Harmonisierung) keine inhaltlichen Unterschiede aus. Sie können deshalb als Synonyme zur Beschreibung des gleichen Ziels verwendet werden, das man mit der unionsrechtlichen Maßnahme erreichen will.[21]

In der Literatur wird dennoch zwischen der Assimilierung, Harmonisierung und Vereinheitlichung der Rechtsordnungen differenziert.[22] Unter Assimilierung versteht man die Stellung des mitgliedstaatlichen Rechts im Dienst des Unionsrechts. Dies bedeutet, dass die unionsrechtlichen Rechtsgüter in den Anwendungsbereich nationaler Straftatbestände einbezogen werden, soweit die Union nicht in der Lage ist, selbst mangels eigener Strafrechtsetzungskompetenz für den strafrechtlichen Schutz ihrer Rechtsgüter und Interessen zu sorgen. Die Schutzverpflichtung der Mitgliedstaaten gegenüber der Union lässt sich schon aus dem Prinzip der Unionstreue (Art. 4 Abs. 3 EUV[23]) ableiten.[24] Auf

---

19 Vgl. *Lutter*, NJW 1966, 273 (275); *Wagner*, Das Konzept der Mindestharmonisierung, S. 18; *Schmeder*, Die Rechtsangleichung als Integrationsmittel, S. 5 ff.

20 Während in der deutschen Fassung der alten Verträge die Begriffe „Annäherung" (Art. 29 Abs. 2, 3. Spiegelstrich EUV a.F.) und „Angleichung" (Art. 31 Abs. 1 lit. e EUV a.F., Artt. 94, 95 EGV a.F.) verwendet wurden, wurde diese Unterscheidung in den englischen und französischen Fassungen, welche die gleichen Begriffe gebraucht haben („approximation" in der englischen bzw. „rapprochement" in der französischen Fassung), nicht durchgehalten.

21 So *Streinz*, Europarecht, Rn. 991; *Streinz* in *Everling/Roth*, Mindestharmonisierung im Europäischen Binnenmarkt, S. 17; *Wagner*, Das Konzept der Mindestharmonisierung, S. 19; *Ihns*, Entwicklung und Grundlagen der europäischen Rechtsangleichung, S. 15.

22 *Vogel*, GA 2003, 314 (315).

23 Art. 4 Abs. 3 EUV: „Nach dem Grundsatz der loyalen Zusammenarbeit achten und unterstützen sich die Union und die Mitgliedstaaten gegenseitig bei der Erfüllung der Aufgaben, die sich aus den Verträgen ergeben. Die Mitgliedstaaten ergreifen alle geeigneten Maßnahmen allgemeiner oder besonderer Art zur Erfüllung der Verpflichtungen, die sich aus den Verträgen oder den Handlungen der Organe der Union ergeben. Die Mitgliedstaaten unterstützen die Union bei der Erfüllung ihrer Aufgabe und unterlassen alle Maßnahmen, die die Verwirklichung der Ziele der Union gefährden könnten."

24 Das Assimilierungsprinzip wurde vom EuGH im „Mais"-Urteil (EuGH, Urteil v. 21.09.1989, C-68/88, ECLI:EU:C:1989:339, Rn. 24 ff. – *Mais*) insbesondere für den

der Unionsebene gibt es ebenfalls einige wenige Verweisungsnormen,[25] die den Schutzbereich der nationalen Strafrechtsordnungen unmittelbar erweitern. Dies führt dazu, dass bestimmte unionsrechtliche Rechtsgüter mit entsprechenden nationalen Schutzgütern gleichgestellt werden und sie auf diese Weise einen vergleichbaren strafrechtlichen Schutz genießen. Wie die Mitgliedstaaten ihrer Schutzverpflichtung nachkommen, sodass die nationalen Strafbestimmungen auf unionswidriges Verhalten anwendbar werden, bleibt dennoch Aufgabe bzw. Pflicht der Mitgliedstaaten. Sie können dem Assimilierungsprinzip durch Legislativakte oder durch eine unionskonforme Auslegung nationaler Strafrechtsnormen Rechnung tragen. Eine andere Methode, die in der deutschen Praxis nicht selten benutzt wird, ist die Einführung von „Gleichstellungsklauseln“ in einschlägige gesetzliche Regelungen.[26] Die Mitgliedstaaten sind jedoch bei der inhaltlichen Ausgestaltung und Anwendung strafrechtlicher Normen im Dienst des Unionsrechts nicht komplett frei. Vielmehr unterliegen der mitgliedstaatliche Gesetzgeber bei der Einführung und Ausgestaltung von Sanktionsnormen im Dienst des Unionsrechts und die nationalen Gerichte bei der Auslegung einschlägiger Tatbestände einem unionsrechtlich festgelegten Rahmen.[27] Verbindlich sind für sie die im „Mais“-Urteil[28] entwickelten Mindestvorgaben: das Gleichstellungserfordernis sowie wirksame, verhältnismäßige und

---

Schutz der finanziellen Interessen der Gemeinschaft entwickelt und später in Art. 280 Abs. 2 EGV a.F. (jetzt Art. 325 Abs. 2 AEUV) ausdrücklich geregelt. Nach Art. 325 Abs. 2 AEUV sind die Mitgliedstaaten verpflichtet, zur Bekämpfung von Betrügereien, die sich gegen die finanziellen Interessen der Union richten, die gleichen Maßnahmen zu ergreifen, die sie auch zur Bekämpfung von Betrügereien ergreifen, die sich gegen ihre eigenen finanziellen Interessen richten. Dazu *Hecker*, Europäisches Strafrecht, § 7, Rn. 1 ff.; *Ambos*, Internationales Strafrecht, § 11, Rn. 20 ff.

25 Dazu ausführlich *Hecker*, Europäisches Strafrecht, § 7, Rn. 6 ff.

26 Z.B. § 162 StGB, wonach der Schutzbereich der Aussagendelikte (§§ 153–161 StGB) auch falsche Angaben in einem Verfahren vor einem internationalen Gericht beinhaltet. Somit wird auch die europäische Rechtspflege durch die Aussagedelikte geschützt. Grundsätzlich schützten die §§ 153 ff. StGB bis 2008 nur die nationale Rechtpflege. Nach § 108e StGB wird die Bestehung von Abgeordneten des Europäischen Parlaments in gleichem Maße unter Strafe gestellt wie die Bestechung von Mitgliedern nationaler Volksvertretungen. *Hecker*, Europäisches Strafrecht, § 7, Rn. 8 ff., 53 ff.

27 Der mitgliedstaatliche Gesetzgeber und die Judikatur sind bei rein nationalem Strafrecht den innerstaatlichen Vorgaben des Verfassungsrechts und der Strafrechtsdogmatik unterworfen. Diese müssen neben dem unionsrechtlichen Rahmen auch bei den Rechtsnormen im Dienst des Unionrechts beachtet werden.

28 EuGH, Urteil v. 21.09.1989, C-68/88, ECLI:EU:C:1989:339, Rn. 24 – *Mais*.

abschreckende Sanktionen (Mindesttrias). Das nationale Strafrecht muss auch mit den allgemeinen Rechtsgrundsätzen des Unionsrechts und den Grundfreiheiten vereinbar sein.[29]

Rechtsharmonisierung bedeutet nicht Uniformität, sondern die Annäherung mitgliedstaatlicher Rechtsvorschriften an einen von der Europäischen Union vorgegebenen Standard.[30] Das nationale Recht bleibt bestehen, es werden aber Vorgaben für dessen unionsbezogene Ausgestaltung gesetzt. Anders als die Harmonisierung zielt die Rechtsvereinheitlichung auf die Ersetzung nationalen Rechts durch europäisches Recht. Sie stellt somit die intensivste Stufe der Harmonisierung dar, die auch als Vollharmonisierung bezeichnet wird.[31]

Aus dem Kontext der vertragsrechtlichen Harmonisierungsvorschriften (beispielsweise Art. 67 Abs. 3 AEUV, Art. 83 AEUV, Art. 114 AEUV, Art. 115 AEUV) ergibt sich die Zielrichtung der Harmonisierung. Das Ziel der Harmonisierung ist nämlich die Verringerung oder Beseitigung der größten Unterschiede mitgliedstaatlicher Rechtsvorschriften, soweit sie der Erfüllung der Unionsziele entgegenstehen, ohne identische Regeln festzulegen.[32] Dementsprechend steht für die Rechtangleichungsmaßnahmen grundsätzlich die Richtlinie zur Verfügung.[33] Wegen der Sensibilität der Materie kommt für das Strafrecht auch allein das Instrument der Richtlinie in Betracht (Art. 83 Abs. 1 und 2 AEUV). Denn im Vergleich zur Verordnung erweist sich die Richtlinie als „souveränitätsschonendes" Mittel für die Harmonisierung, da die Richtlinie nur in Bezug auf die Ziele rechtsverbindlich ist, während bei der Wahl der Form und des Mittels den Mitgliedstaaten ein Umsetzungsspielraum bleibt. Durch die Verordnung können hingegen die Rechtsvorschriften der Mitgliedstaaten angeglichen werden, indem eine einheitliche Rechtsordnung durch unmittelbar in den Mitgliedstaaten geltendes Unionsrecht geschaffen wird. Daher trifft in Zusammenhang mit der Verordnung meistens der Begriff der Rechtsvereinheitlichung zu. Rechtsvereinheitlichung und Rechtsharmonisierung stellen also unterschiedliche Intensitätsstufen der Harmonisierung dar.[34]

---

29 Zu unionsrechtlich festgelegten Grenzen *Hecker*, Europäisches Strafrecht, § 7, Rn. 34 ff.

30 *Hecker*, JA 2007, 561 (562); *Vogel*, GA 2003, 314 (315).

31 So auch *Oppermann/Classen/Nettesheim*, Europarecht, § 32, Rn. 35.

32 *Vogel*, GA 2003, 314 (315); *Ligeti*, Strafrecht und strafrechtliche Zusammenarbeit in der EU, S. 230.

33 Hier bestehen allerdings wichtige Ausnahmen (Art. 113, Art. 114 AEUV).

34 *Wagner*, Das Konzept der Mindestharmonisierung, S. 19; *Ambos*, Internationales Strafrecht, § 9, Rn. 13; *Schmeder*, Die Rechtsangleichung als Integrationsmittel, S. 7. Zum

II. *Methoden der Harmonisierung*

Ausgehend von den vertraglichen Vorgaben, wurden in der Praxis unterschiedliche Harmonisierungsmethoden für die Politikfelder der Europäischen Union entwickelt, um die verschiedenen Ziele der EU-Verträge zu erreichen. Die Harmonisierungsmethoden bestimmen sich nach dem Intensitätsgrad der Harmonisierung. Die Harmonisierungsintensität ist vom Anwendungsbereich des harmonisierten Rechts abzugrenzen. Beide Kategorien sind für die Feststellung des mitgliedstaatlichen Gestaltungsspielraums von Bedeutung. Der Anwendungsbereich legt Vorrang und Vorgaben der unionsrechtlichen Regelung fest und verdrängt insoweit den mitgliedstaatlichen Gestaltungsspielraum.[35] Die Harmonisierungsintensität gibt dagegen die Regelungsdichte innerhalb des erfassten Anwendungsbereichs an bzw., inwieweit strengere, liberale, weiter gehende oder von dem Unionsrechtsakt abweichende Regeln von den Mitgliedstaaten erlassen werden können.[36] Der Gestaltungsspielraum der Mitgliedstaaten ergibt sich aus der sekundärrechtlichen harmonisierenden Regelung.[37] Da die Intensität der Harmonisierung den mitgliedstaatlichen Gestaltungsspielraum bestimmt, ist die Wahl der richtigen Harmonisierungsmethode von besonderer Bedeutung. Der Unionsgesetzgeber hat daher bei jeder Harmonisierungsmaßnahme zwischen der erforderlichen Harmonisierung und dem geringstmöglichen Eingriff in den Gestaltungsspielraum der Mitgliedstaaten abzuwägen.[38] Der bedeutendste Harmonisierungsauftrag war von Anfang an die Harmonisierung gemäß Art. 114 AEUV (früher Art. 95 EGV) zur Herstellung des Gemeinsamen Marktes und Binnenmarktes. Seit ihrer Etablierung durch den Vertrag von Amsterdam erfolgt die Harmonisierung im Strafrechtsbereich mit dem Ziel, in einem Raum der Freiheit, der Sicherheit und des Rechts ein hohes Maß an Sicherheit zu gewährleisten.

Die Harmonisierungsmethoden sind auf der Grundlage der Intensität der Harmonisierung zu klassifizieren. Entscheidend für die Bestimmung der Harmonisierungsintensität sind die vertragliche Ermächtigungsgrundlage, das Gesamterscheinungsbild und die Systematik des sekundärrechtlichen Rechtsakts.[39]

Verhältnis zwischen Rechtsangleichung und Rechtsvereinheitlichung *Schmeder*, Die Rechtsangleichung als Integrationsmittel, S. 9 ff.

35 *Streinz* in *Everling/Roth*, Mindestharmonisierung im Europäischen Binnenmarkt, S. 18.

36 *Wagner*, Das Konzept der Mindestharmonisierung, S. 45.

37 *Streinz* in *Everling/Roth*, Mindestharmonisierung im Europäischen Binnenmarkt, S. 18.

38 *Silny*, Die binnenmarktbezogenen Rechtsangleichungskompetenz des Art. 95 EG, S. 66.

39 *Wagner*, Das Konzept der Mindestharmonisierung, S. 45.

Unterschieden wird in der Praxis zwischen Vollharmonisierung, Teilharmonisierung und Mindestharmonisierung.

Die **Vollharmonisierung** stellt die intensivste Form der Harmonisierung dar. Dabei werden in einem bestimmten Bereich sämtliche nationale Rechtsvorschriften angeglichen. Infolgedessen besteht für die Mitgliedstaaten innerhalb dieses Bereichs keine Möglichkeit, abweichende Vorschriften zu erlassen.[40] Unter **Teilharmonisierung** werden die Formen der Rechtsharmonisierung verstanden, bei denen abweichende bzw. unterschiedliche Vorschriften, z.B. für den innerstaatlichen Handel, zulässig sind.[41] Bei der Teilharmonisierung unterscheidet man zwischen optionaler und fakultativer Rechtsharmonisierung. Im Rahmen der optionalen Harmonisierung wird den Mitgliedstaaten ermöglicht, nur die Rechtsvorschriften bezüglich des grenzüberschreitenden Handels anzugleichen. Für den innerstaatlichen Handel wird ihnen jedoch freigestellt, abweichende nationale Regelungen zu schaffen.[42] Bei der fakultativen Harmonisierung wird hingegen den Regelungsadressaten die Wahl überlassen, sich entweder an europäischen Rechtsvorschriften oder an den nationalen Vorschriften zu orientieren.[43] In der Anfangsphase der Harmonisierung wurde die Vollharmonisierung häufig benutzt, da diese Methode als geeignet für die Verwirklichung des Binnenmarktes angesehen wurde. Da jedoch die Mitgliedstaaten ihre Regelungsbefugnis zu sehr beschnitten sahen, wurde die Vollharmonisierung durch abgeschwächte Harmonisierungsmethoden ersetzt.[44] Flexible, in der Praxis verwendete Methoden sind die optionale und fakultative Harmonisierung, da sie unterschiedliche Standards für den innerstaatlichen und den grenzüberschreitenden Handel erlauben.[45]

---

40 *Oppermann/Classen/Nettesheim*, Europarecht, § 32, Rn. 35; *Wagner*, Das Konzept der Mindestharmonisierung, S. 45 ff.

41 *Streinz* in *Everling/Roth*, Mindestharmonisierung im Europäischen Binnenmarkt, S. 19; *Wagner*, Das Konzept der Mindestharmonisierung, S. 50.

42 *Oppermann/Classen/Nettesheim*, Europarecht, § 32, Rn. 36; *Wagner*, Das Konzept der Mindestharmonisierung, S. 51.

43 *Streinz* in *Everling/Roth*, Mindestharmonisierung im Europäischen Binnenmarkt, S. 19; *Oppermann/Classen/Nettesheim*, Europarecht, § 32, Rn. 36.

44 *Silny*, Die binnenmarktbezogenen Rechtsangleichungskompetenz des Art. 95 EG, S. 68.

45 Ausführlich zur Voll- und Teilharmonisierung *Silny*, Die binnenmarktbezogenen Rechtsangleichungskompetenz des Art. 95 EG, S. 67 ff.; *Wagner*, Das Konzept der Mindestharmonisierung, S. 45 ff.; *Conrad*, Das Konzept der Mindestharmonisierung, S. 79 ff.; *Ihns*, Entwicklung und Grundlagen der europäischen Rechtsangleichung, S. 69 ff.

Im Rahmen der **Mindestharmonisierung** werden unionsrechtlich nur bestimmte Mindeststandards aufgestellt. Dazu kommt es vor allem in den Fällen, in denen die Mitgliedstaaten unterschiedlich strenge Schutzmaßstäbe anlegen. Die Mitgliedstaaten müssen den Mindeststandard übernehmen, ihnen bleibt jedoch die Möglichkeit, strengere Vorschriften beizubehalten oder zu erlassen.[46] Die Mindestharmonisierung ist auf die Einschränkung der Regelungshoheit der Europäischen Union im Interesse einer möglichst weitreichenden Erhaltung der nationalen Gesetzgebungshoheit gerichtet.[47]

Im Gegensatz zur Vollharmonisierung wird bei der Mindestharmonisierung durch einen Unionsrechtsakt nur eine Untergrenze festgelegt, die von den mitgliedstaatlichen Gesetzgebern überschritten werden darf. Allerdings handelt es sich bei der Mindestharmonisierung nicht um eine Harmonisierung auf niedrigstem Niveau.[48] Mindestvorschriften bedeuten nicht, dass von dem in der Union niedrigsten Niveau im Recht eines Mitgliedstaates ausgegangen wird. Vielmehr steht der Union bei der Bestimmung des Schutzniveaus die Kompetenz zu, einen eigenen Standard zu setzen, sodass das Mindestschutzniveau in der Union unabhängig von dem Recht einzelner Mitgliedstaaten festgelegt werden kann. Unionsweit wird auf einem für die jeweilige Unionspolitik rechtsverbindlichen Basisniveau harmonisiert,[49] während den Mitgliedstaaten ein erheblicher Spielraum zur Konkretisierung nationaler Regelungen bleibt.

Eine Mindestharmonisierung kann auf der Grundlage von *ausdrücklichen* Ermächtigungsgrundlagen des AEUV erfolgen, z.B. von Art. 82 Abs. 2 (Harmonisierung im Strafverfahrensrecht), Art. 83 Abs. 1 und 2 (Harmonisierung materiellen Strafrechts).[50] Eine Mindestharmonisierung kann aber auch in anderen Bereichen stattfinden, in denen eine Mindestharmonisierung nicht ausdrücklich vorgesehen ist, wie etwa die Harmonisierung auf der Grundlage von Art. 114 AEUV.[51] Im Rahmen von Art. 114 AEUV, der selbst keine bestimmte Harmonisierungsintensität festlegt, ist eine mitgliedstaatliche Schutzverstärkung erlaubt (Art. 114 Abs. 4–6 AEUV). Auch wenn Art. 114 Abs. 4 AEUV die

---

46 So *Wagner*, Das Konzept der Mindestharmonisierung, S. 53.

47 *Seidel* in *Everling/Roth*, Mindestharmonisierung im Europäischen Binnenmarkt, S. 41.

48 *Silny*, Die binnenmarktbezogenen Rechtsangleichungskompetenz des Art. 95 EG, S. 70.

49 *Silny*, Die binnenmarktbezogenen Rechtsangleichungskompetenz des Art. 95 EG, S. 70; *Conrad*, Das Konzept der Mindestharmonisierung, S. 81.

50 Ausdrücklich ist eine Mindestharmonisierung auch in anderen Bereichen vorgesehen: Art. 153 Abs. 2 lit. b AEUV (Sozialpolitik), Art. 193 AEUV (Umweltrecht).

51 *Wagner*, Das Konzept der Mindestharmonisierung, S. 119 ff.; *Streinz* in Everling/Roth, Mindestharmonisierung im Europäischen Binnenmarkt, S. 29 ff.

Möglichkeit des Beibehaltens einzelstaatlicher Bestimmungen vorschreibt und somit wie die Mindestvorschriften einen höheren Schutzstandard ermöglicht, sprechen weder der Wortlaut noch Sinn und Zweck der Vorschrift gegen eine Mindestharmonisierung auf der Grundlage von Art. 114 Abs. 1 AEUV.[52] Ob die Mindestvorschriften zum Erreichen der Ziele des Binnenmarkts beitragen, ist im Einzelfall zu beurteilen. Ferner kann eine Mindestharmonisierung auch in einem sekundärrechtlichen Unionsrechtsakt vorgesehen werden, indem darin die Möglichkeit zum Erlass strengeren Vorschriften enthalten wird.[53]

§ 2 Zur Entwicklung der Harmonisierung im Strafrecht

Trotz der ursprünglichen Vorstellung der Vertragspartner bei der Unterzeichnung der Römischen Verträge, eine primär wirtschaftliche Organisation gegründet zu haben, hat es sich mit der Zeit gezeigt, dass es im Rahmen der europäischen Integration nicht denkbar war, ein so wichtiges Gebiet wie das Strafrecht gänzlich dem Einfluss des Gemeinschafts- bzw. Unionsrechts zu entziehen. Integration bedeutet Zusammenarbeit der Mitgliedstaaten unter Veränderung der ursprünglichen Strukturen mit dem Zweck, eine integrierte Einheit mit eigenständiger Entscheidungsstruktur zu erreichen.[54]

In den Gründungsverträgen der Europäischen Gemeinschaften wurde keine Kompetenz für Maßnahmen in Bezug auf das Strafrecht vorgesehen. Der Vertrag über die Gründung der Europäischen Wirtschaftsgemeinschaft (EWG-Vertrag) sieht allerdings die Gemeinschaft als zum Erlass von Richtlinien oder Verordnungen berechtigt, um nach Art. 87 Abs. 1 lit. a EWG-Vertrag die Beachtung der Verbote kartellrechtswidriger Verhaltensweisen durch die Einführung von Geldbußen und Zwangsgeldern zu gewährleisten.[55]

---

52 *Wagner*, Das Konzept der Mindestharmonisierung, S. 119 ff.; *Streinz* in Everling/Roth, Mindestharmonisierung im Europäischen Binnenmarkt, S. 30.

53 Z.B. Richtlinie 90/314/EWG über Pauschalreisen, ABl. EG 1990, Nr. L 158, S. 59 ff., Art. 8 („Die Mitgliedstaaten können in dem unter diese Richtlinie fallenden Bereich strengere Vorschriften zum Schutze des Verbrauchers erlassen oder aufrechterhalten.“).

54 *Kraus-Vonjahr*, Der Aufbau eines RFSR in Europa, S. 106.

55 Die Verordnung EWG/17/62 (Erste Durchführungsverordnung zu den Artikeln 85 und 86 des Vertrages, ABl. 1962, Nr. 13, S. 204 ff.) regelt Bußgeldtatbestände, die von der EG-Kommission unter der Kontrolle des Europäischen Gerichtshofs verhängt wurden. Auch wenn die Bußgeldentscheidungen nach dem Wortlaut des Art. 15 Abs. 4 VO EWG/17/62 nicht strafrechtlicher Art seien, habe aber in der Sache Konsens bestanden, dass es sich um Verwaltungsstrafrecht im weiteren Sinne handelte und die strafrechtlichen Grundsätze zu beachten waren. Der Gerichtshof habe für die von der Kommission

Erste Formen der Zusammenarbeit im Bereich der Innen- und Justizpolitik zwischen einigen Mitgliedstaaten bestanden außerhalb des rechtlichen Rahmens der Europäischen Wirtschaftsgemeinschaft. Es handelt sich etwa um die Schengener Abkommen von 1985 und 1991.[56] Die Kernregelung dieser Abkommen ist der schrittweise Abbau der Personenkontrollen an den gemeinsamen Grenzen zwischen den Vertragsparteien. Der durch den Wegfall der Binnengrenzkontrolle möglichen Einschränkung der inneren Sicherheit wurde durch das Schengener Durchführungsübereinkommen Rechnung getragen, das die entsprechenden sicherheitspolitischen Kooperationsinstrumente (Schengener Informationssystem) und rechtliche Voraussetzungen für die polizeiliche und strafrechtliche Zusammenarbeit schaffte.[57]

Auf dem Weg zu einem Europäischen Strafrecht kam insbesondere dem strafrechtlichen Schutz der Finanzinteressen der Gemeinschaft, der vor allem seit der Reform des Finanzsystems der EG Ende der 1970er Jahre eine wesentliche Angelegenheit der EG-Organe und der EG-Mitgliedstaaten darstellte, eine besondere Rolle zu.[58] Mit der Verordnung über den Schutz der finanziellen Interessen der Gemeinschaften[59] wurde 1995 ein Rahmen für die verwaltungsrechtlichen Sanktionen in allen Bereichen der Gemeinschaftspolitik geschaffen und somit der Weg für das Verwaltungsstrafrecht auf europäischer Ebene geebnet.[60] Dass man zur Durchsetzung der gemeinschaftsrechtlichen Interessen die Wirkungen der Kriminalsanktionen nutzen wollte, ist schon durch vorherige Entscheidungen erkennbar. Mit dem „Mais"-Urteil[61] von 1989 hat der EuGH

---

verhängten Sanktionen im Kartellrecht einen fast kompletten Allgemeinen Teil der Verwaltungssanktionen entwickelt, der sich als ein eigenständiges „Destillat" aus den wichtigsten Rechtsordnungen der Mitgliedstaaten darstelle. So *Tiedemann* in *Kreuzer/Scheuing/Sieber*, Europäisierung der mitgliedstaatlichen Rechtsordnungen, S. 142, der dieses Gebiet als „quasi-strafrechtliches […] Gebiet" qualifiziert. So auch *Vogel/Eisele* in *Grabitz/Hilf/Nettesheim*, Das Recht der EU, Kommentar, Art. 83 AEUV, Rn. 1.

56 Schengener Abkommen über den schrittweise Abbau der Kontrollen an den gemeinsamen Grenzen (Schengen I), GMBl. 1986, 79 ff., und Schengener Durchführungsübereinkommen (Schengen II), BGBl. II 1993, 1013 ff. Dazu *Hecker*, Europäisches Strafrecht, § 5, Rn. 16 ff.

57 Dazu *Di Fabio*, DÖV 1997, 89 (92 ff.); *Hecker*, Europäisches Strafrecht, § 5, Rn. 17 ff.

58 *Dannecker*, ZStW 1996, 577 (577 ff.).

59 Verordnung (EG, Euratom) 2988/95 des Rates vom 18. Dezember 1995 über den Schutz der finanziellen Interessen der Europäischen Gemeinschaften, ABl. 1995, Nr. L 312, S. 1 ff.

60 So *Ligeti*, Strafrecht und strafrechtliche Zusammenarbeit in der EU, S. 228.

61 EuGH, Urteil v. 21.09.1989, C-68/88, ECLI:EU:C:1989:339, Rn. 24 ff. – *Mais*.

eine gemeinschaftsrechtliche Verpflichtung der Mitgliedstaaten angenommen, ihr strafrechtliches Instrumentarium auch zum Schutz der Gemeinschaftsgüter effektiv einzusetzen (Assimilierungsprinzip).

Das Strafrecht spielte aus Sicht der Europäischen Gemeinschaft zunächst eine untergeordnete Rolle. Auf der Grundlage des Prinzips der begrenzten Einzelermächtigung hat die Europäische Gemeinschaft Maßnahmen im Bereich der Wirtschaft getroffen, während das Strafrecht als Kernbestand nationalstaatlicher Souveränität galt und in der Kompetenz der Mitgliedstaaten blieb. Aber auch wenn die EG keine Kompetenz zum Erlass von Strafrecht besaß, bedeutete dies nicht, dass sich das nationale Strafrecht in einem gemeinschaftsrechtsfreien Bereich befand. Zwar waren allein die Mitgliedstaaten zum Erlass strafrechtlicher Normen befugt, jedoch setzte das Gemeinschaftsrecht den Zuständigkeiten der Mitgliedstaaten Schranken. So durften nationale Strafvorschriften und Strafverfahrensvorschriften weder zu einer Diskriminierung von Personen führen noch die vom Gemeinschaftsrecht garantierten Grundfreiheiten beeinträchtigen.[62] Dass das Strafrecht der Mitgliedstaaten dem Einfluss des Gemeinschaftsrechts ausgesetzt war, lässt sich im Zuge der europäischen Integration besonders unter Berücksichtigung der Rechtsprechung des Gerichtshofs feststellen. Die Mitgliedstaaten sind nach dem oben genannten „Mais"-Urteil verpflichtet, ihr nationales Recht in den Dienst der europäischen Integration zu stellen.[63] Der Vorrang des Gemeinschaftsrechts betraf auch mitgliedstaatliches Strafrecht, das nicht angewendet werden durfte, wenn die nationale Strafrechtsnorm gemeinschaftswidrig war.[64] Darüber hinaus erfasste das Gebot der gemeinschaftsrechtskonformen Auslegung die strafrechtlichen Vorschriften, mit denen Gemeinschaftsrecht umgesetzt wurde. Es konnte allerdings nicht zu einer Begründung oder Verschärfung der Strafbarkeit nach nationalem Recht führen.[65] Diese Grundsätze gelten nun weiterhin für den Vorrang des Unionsrechts bzw. die unionskonforme Auslegung. In diesen Fällen spricht man vom europäisierten nationalen Strafrecht. Der europarechtliche Einfluss führt nicht

---

62 EuGH, Urteil v. 11.11.1981, C-203/80, ECLI:EU:C:1981:261, Rn. 27 – *Casati*; EuGH, Urteil v. 02.02.1989, C-186/87, ECLI:EU:C:1989:47, Rn. 20; EuGH, Urteil v. 24.11.1998, C-274/96, ECLI:EU:C:1998:563, Rn. 17.

63 Dazu *Satzger*, Die Europäisierung des Strafrechts, S. 158.

64 EuGH, Urteil v. 14.07.1977, C-8/77, ECLI:EU:C:1977:131, Rn. 8 – *Sagulo*.

65 EuGH, Urteil v. 08.10.1987, C-80/86, ECLI:EU:C:1987:431, Rn. 13 – *Kolpinghuis Nijmegen*.

zum Entstehen von eigenständigem, supranationalem europäischem Strafrecht. Es handelt sich vielmehr um nationales Strafrecht, das vom europäischen Recht beeinflusst wird.

Eine wichtige Rolle zur Integration des Strafrechts spielt die Harmonisierung mitgliedstaatlicher Strafvorschriften als eine von mehreren Integrationsmöglichkeiten wie Konvergenz, Kooperation, Koordination, Konformauslegung. Das Strafrecht folgte mit Verspätung der Europäisierung anderer Rechtsgebiete, bei denen eine Harmonisierung durch Kompetenzen der Europäischen Gemeinschaft nahegelegt und ausdrücklich in den Verträgen geregelt war. Durch den am 01.11.1993 in Kraft getretenen **Vertrag von Maastricht** war es erstmals möglich, im Rahmen der dritten Säule der Europäischen Union Übereinkommen etwa zur Bekämpfung von Betrügereien, der Drogenabhängigkeit und allgemein zur justiziellen Zusammenarbeit in Strafsachen zu schließen. Das Übereinkommen über den Schutz der finanziellen Interessen der Europäischen Gemeinschaften vom 26. Juli 1995,[66] betreffend die Bekämpfung von Betrügereien im internationalen Maßstab als „Angelegenheit von gemeinsamem Interesse", war das erste Strafrechtsharmonisierungsinstrument der Union.

Die Gefahren einer grenzüberschreitenden Kriminalität konnten politisch nicht mehr ignoriert werden, sodass mit dem Vertrag von Maastricht eine institutionalisierte Struktur für die zwischenstaatliche Zusammenarbeit im Bereich des Strafrechts geschaffen wurde. Die ersten Schritte auf dem Weg zur Verrechtlichung wurden in erster Linie wegen einer zunehmenden Internationalisierung der Kriminalität als sachlich notwendig verstanden.[67] Berücksichtigt werden sollte auch der politische Wille, die wirtschaftliche Integration um andere Bereiche staatlicher Aufgabenwahrnehmung zu ergänzen. Das Bestreben, die europäischen Kompetenzen mit nichtwirtschaftlichen Zuständigkeitsbereichen abzurunden, wurden begrifflich durch die Umbenennung der Europäischen Wirtschaftsgemeinschaft in Europäische Gemeinschaft und die Gründung der Europäischen Union zum Ausdruck gebracht.[68]

Da die Justiz und die innere Sicherheit eine wesentliche Ausprägung der staatlichen Souveränität bilden und die Mitgliedstaaten deren Einordnung in die supranational geprägte Europäische Gemeinschaft skeptisch gegenüberstanden,

---

66 ABl. EG 1995 Nr. C 316, S. 48 ff.

67 Dazu *Perron* in FS *Küper*, S. 437; *Hecker*, Europäisches Strafrecht, § 1, Rn. 30 ff.; *Vogel/Schneider* in *Böse*, Enzyklopädie Europarecht, Bd. 11: Europäisches Strafrecht, § 7, Rn. 2.

68 So *Di Fabio*, DöV 1997, 89 (89).

entstand in diesem Bereich ein intergouvernementales Forum für die Zusammenarbeit souveräner Staaten. Die einzelstaatliche wurde somit durch eine europäische Kriminalitätsbekämpfung ersetzt. Innerhalb der dritten Säule wurden „Angelegenheiten von gemeinsamem Interesse" der Mitgliedstaaten etabliert. Dazu zählten gemäß Art. K 1 des Maastrichter Vertrages u.a. die justizielle Zusammenarbeit in Strafsachen, die polizeiliche Zusammenarbeit zur Verhütung und Bekämpfung schwerer Formen der internationalen Kriminalität (z.B. Terrorismus, Drogenhandel), die Errichtung eines Europäischen Polizeiamts (EUROPOL). Zur Koordinierung des gemeinsamen Vorgehens der Mitgliedstaaten im Bereich der grenzüberschreitenden Justiz- und Innenpolitik standen damals folgende Handlungsinstrumente zur Verfügung: gemeinsame Standpunkte, gemeinsame Maßnahmen sowie Übereinkommen, die vom Rat den Mitgliedstaaten zur Annahme empfohlen werden konnten.[69] Im Hinblick auf die zurückhaltende Position der Mitgliedstaaten bezüglich der Übertragung von Hoheitsrechten in diesem Bereich ging mit der Einbeziehung der Innen- und Justizpolitik im Rahmen der EU zunächst keine substanzielle organisatorische Neuordnung einher. Vielmehr handelt es sich eher um eine formale Einordnung dieses Bereichs innerhalb des europäischen Rechtsrahmens.[70]

Eine klare Ermächtigungsgrundlage für die Strafrechtsharmonisierung in der Union wurde erst mit dem am 01.05.1999 in Kraft getretenen **Vertrag von Amsterdam** geschaffen. Art. 31 Abs. 1 lit. e i.V.m. Art. 29 Abs. 2 EUV a.F. sah vor, dass das „gemeinsame Vorgehen" im Bereich der justiziellen Zusammenarbeit in Strafsachen auch die **Annäherung der mitgliedstaatlichen Strafvorschriften** umfasste, indem die Festlegung von Mindestvorschriften über die Tatbestandsmerkmale und die Strafen in den Bereichen organisierter Kriminalität, Terrorismus und illegaler Drogenhandel ermöglicht wurde. Es wurde nicht mehr von Angelegenheiten von gemeinsamem Interesse, sondern von einem gemeinsamen Vorgehen gesprochen, was darauf hindeutet, dass eine höhere Stufe der

---

69 Dazu *Di Fabio*, DÖV 1997, 89 (95 ff.). Da sich das Übereinkommen wegen der Notwendigkeit der Ratifizierung durch nationale Parlamente als langwieriges Instrument erwiesen hat, sind das Übereinkommen über die Errichtung eines Europäischen Polizeiamts vom 26.07.1995 (Europol-Übereinkommen, ABl. EG 1995 Nr. C 316, S. 2 ff., in Kraft seit 01.10.1998), das Übereinkommen vom 26.07.1995 über den Schutz der finanziellen Interessen der EG (ABl. EG 1995 Nr. C 316, S. 49, in Kraft, nach siebenjähriger Ratifikationsperiode in den Mitgliedstaaten, seit 17.10.2002) sowie ein Abkommen betreffend Maßnahmen zur Bekämpfung der Bestechung (ABl. EG 1996 Nr. C 313, S. 2) auf der Grundlage des Vertrags von Maastricht zustande gekommen.

70 So auch *Bauer* in *Weidenfeld*, Lissabon in der Analyse, S. 100.

Integration angestrebt wurde. Die Strafrechtsharmonisierung erfolgte weiterhin im Rahmen der intergouvernemental ausgestalteten dritten Säule der EU.

Durch den Vertrag von Amsterdam wurde die ZBJI neu strukturiert, indem Politikbereiche wie Zugangspolitiken (Visa-, Asyl- und Einwanderungspolitik), die justizielle Zusammenarbeit in Zivilsachen sowie die Zusammenarbeit im Zollwesen, die bis zum Amsterdamer Vertrag als Angelegenheiten von gemeinsamem Interesse galten, wegen der engen Verbindung zum Binnenmarktziel in den EG-Vertrag, d.h. in die erste Säule überführt wurden.[71] In der dritten Säule verblieb lediglich die Polizeiliche und Justizielle Zusammenarbeit in Strafsachen (PJZS), die weiterhin als Kooperation souveräner Staaten konzipiert war und in deren Rahmen die Handlungsinstrumente des Gemeinschaftsrechts keine Anwendung fanden. Als Handlungsform für die Harmonisierung stand vor allem der dem Einstimmigkeitsprinzip unterfallende Rahmenbeschluss zur Verfügung (Art. 34 Abs. 2 lit. b EUV a.F.).

Zur Verbesserung der grenzüberschreitenden Zusammenarbeit im Bereich der Justiz- und Innenpolitik wurde durch den Vertrag von Amsterdam die Schaffung eines **„Raumes der Freiheit, der Sicherheit und des Rechts“** (RFSR) als neues Unionsziel festgelegt (Art. 2 Abs. 1, 4. Spiegelstrich EUV a.F.). Zu diesem großen Projekt der europäischen Integration gehören sowohl die Materien der ersten Säule, wie Einwanderung, Visa, Asyl und die justizielle Zusammenarbeit in Zivilsachen (Art. 61 EGV), als auch der dritten Säule, wie die polizeiliche und Justizielle Zusammenarbeit in Strafsachen (Art. 29 Abs. 1 EUV a.F.).

Seit dem Inkrafttreten des Vertrags von Amsterdam stand im Vordergrund die Harmonisierung mitgliedstaatlicher Strafvorschriften, besonders durch Rahmenbeschlüsse, in verschiedenen Bereichen wie etwa dem Menschenhandel, Terrorismus, Drogenhandel, der Geldwäsche, sexuellen Ausbeutung von Kindern und Kinderpornografie.[72] Die dynamische europäische Strafrechtsentwicklung nach Amsterdam geht auf die Initiativen und Maßnahmen von Kommission und Rat zurück.[73] Auch die innovativen und zum Teil umstrittenen Entscheidungen des EuGH haben dazu beigetragen. Der Gerichtshof hat u.a. für den Bereich der ersten Säule der EU eine strafrechtliche Harmonisierungskompetenz in Form einer Annexkompetenz[74] und in der dritten Säule eine Pflicht

---

71 Dazu *Müller-Graff* in *Hummer*, Die Europäische Union nach dem Vertrag von Amsterdam, S. 261 ff.

72 Siehe Teil 2 § 2 E.

73 *Hecker*, Europäisches Strafrecht, 2007, § 11, Rn. 10 ff.

74 Dazu Teil 2 § 1 C. II.

zur rahmenbeschlusskonformen Auslegung des nationalen Rechts[75] bejaht. Angesichts der im Schrifttum geäußerten Vorbehalte gegen die Strafrechtskompetenzen der EG bzw. die durch den Gerichtshof bewirkte weitgehende Gleichstellung eines Rahmenbeschlusses in seiner Wirkung mit derjenigen einer Richtlinie vermag die kritische Bewertung von einigen Stimmen in der Literatur kaum zu überraschen. Auf diese beiden wegweisenden Urteile des Gerichtshofs wird später in der Arbeit ausführlich eingegangen.

Der am 01.12.2009 in Kraft getretene **Vertrag von Lissabon** stellt durch neue Rahmenbedingungen (etwa ein neues Gesetzgebungsverfahren, geänderte Kompetenztatbestände, die Möglichkeit der Umsetzungskontrolle) die rechtliche Grundlage für die Fortentwicklung des europäischen Strafrechts zur Verfügung. Die bislang in der dritten Säule geregelte Polizeiliche und Justizielle Zusammenarbeit in Strafsachen wurde in den supranationalen AEUV überführt. Damit ist der auf die erste und dritte Säule aufgeteilte Bereich Justiz und Inneres in dem durch den AEUV neu geschaffenen Titel IV „Der Raum der Freiheit, der Sicherheit und des Rechts" zusammengefasst. Das Ziel der Schaffung eines Raums der Freiheit, der Sicherheit und des Rechts wird konkretisiert. Im RFSR sind in Verbindung mit geeigneten Maßnahmen in Bezug auf die Kontrollen an den Außengrenzen das Asyl, die Einwanderung sowie die Verhütung und Bekämpfung der Kriminalität und der freie Personenverkehr gewährleistet. Betont wird, dass die Union einen Raum der Freiheit, der Sicherheit und des Rechts bildet, in dem die Grundrechte und die verschiedenen Rechtsordnungen der Mitgliedstaaten geachtet werden (Art. 67 Abs. 1 AEUV). Der Raum der Freiheit, der Sicherheit und des Rechts wird weiterhin dadurch bestimmt, dass die Rechtssysteme der Mitgliedstaaten immer mehr aneinander angepasst werden und es nicht auf deren Verschmelzung ankommt.[76] Unter den Maßnahmen der Union, die ein hohes Maß an Sicherheit gewährleisten sollen, zählen neben den Maßnahmen zur Verhütung und Bekämpfung der Kriminalität, der Koordinierung und Zusammenarbeit von Organen der Strafrechtspflege und der gegenseitigen Anerkennung strafrechtlicher Entscheidungen auch, soweit dies erforderlich ist, die **Harmonisierung der strafrechtlichen Rechtsvorschriften**. Die Integration des Strafrechts erfolgte nach Inkrafttreten des Vertrags von Lissabon vor allem durch eine Harmonisierung von materiellem und prozessualem Strafrecht

---

75 Dazu Teil 2 § 3 C. II. 2.

76 *Bauer* in *Weidenfeld*, Lissabon in der Analyse, S. 104.

(Art. 82 und Art. 83 AEUV) und durch Rechtsakte der Union zur gegenseitigen Anerkennung strafrechtlicher Entscheidungen.[77]

§ 3 Grundlegendes zur Strafrechtsharmonisierung

A. Gründe für die Strafrechtsharmonisierung

Die Strafrechtsharmonisierung war von Anfang an Gegenstand einer umstrittenen Debatte und hat die Strafrechtswissenschaftler in zwei Gruppen gespaltet: Europäer und Europaskeptiker. Harmonisierungsskeptische Stimmen[78] halten das Strafrecht und die Strafgewalt für zentrale Elemente der Staatlichkeit und Souveränität, die nicht oder nicht völlig auf eine supranationale oder internationale Ebene übertragen werden können. Die Übertragung würde die Existenz und die Identität der Mitgliedstaaten als solche bedrohen. Denn die Strafrechtsnormen und die jeweilige strafrechtliche Interventionsschwelle spiegelten die nationalen Traditionen und Wertvorstellungen wider, hinter denen wiederum die in den jeweiligen Mitgliedstaaten herrschenden religiösen, kulturellen, sozialen und politischen Bedingungen stünden.[79] Würde man einzelne Teile eines national ausgeprägten Strafrechts herausnehmen und durch europäische Regelungen ersetzen, würde dies nicht nur die Kohärenz des jeweiligen nationalen Rechtssystems stören.[80] Vielmehr würde die Einfügung europäischer Vorschriften in unterschiedliche nationale Kontexte zu unterschiedlichen Wirkungen führen können.[81] Eingewendet wurden weiterhin die mangelnde demokratische Legitimation zur Angleichung des Strafrechts der Mitgliedstaaten sowie die Intransparenz der europäischen Gesetzgebung.[82] Die Union weise ein

---

77 Zu den Europäisierungsfaktoren *Ambos*, Internationales Strafrecht, § 9, Rn. 10 ff.; *Hecker*, Europäisches Strafrecht, § 1, Rn. 5 ff.

78 *Weigend* in FS für Roxin, S. 1398 ff.

79 So *Weigend*, ZStW 1993, 774 (786 ff.); *Rüter*, ZStW 1993, 30 (35); BVerfGE 123, 267 (359 ff.), Rn. 253 – *Lissabon*.

80 Siehe auch BVerfGE 123, 267 (412), Rn. 363 – *Lissabon*: „Die demokratische Selbstbestimmung ist allerdings in einer besonders empfindlichen Weise berührt, wenn eine Rechtsgemeinschaft gehindert wird, über die Strafbarkeit von Verhaltensweisen und gar die Verhängung von Freiheitsstrafen nach Maßgabe eigener Wertvorstellungen zu entscheiden. Das gilt umso mehr, je enger diese Wertvorstellungen mit historischen Erfahrungen, Glaubenstraditionen und anderen für das Selbstgefühl der Menschen und ihrer Gemeinschaft wesentlichen Faktoren verknüpft sind."

81 *Perron* in FS *Küper*, S. 434. Dazu auch *Weigend*, ZStW 2004, 275 (286).

82 *Braum*, GA 2005, 681 (688 ff.); *Braum*, ZIS 2009, 418 (418 ff.).

Demokratiedefizit auf, weil ihr eine parlamentarisch legitimierte Gesetzgebung fehle.[83] Die Entscheidung obliege dem Europäischen Rat, der aus Vertretern der Regierungen der Mitgliedstaaten bestehe, was zu einer gubernativen Gesetzgebung führe. Die Stellung des Europäischen Parlaments, das beim Erlass der Rahmenbeschlüsse nur angehört werde, sei zu schwach. Überdies würden viele Entscheidungen auf europäischer Ebene unter Ausschluss der Öffentlichkeit getroffen, weil wegen des Sprachproblems eine Öffentlichkeit fehle.[84]

Auch wenn die europäische Strafrechtsentwicklung von massiver Kritik in den Mitgliedstaaten begleitet wurde, war den Kritikern immerhin klar, dass die Harmonisierung nationaler Strafrechtsvorschriften praktischen Bedürfnissen entsprach.[85] Vor diesem Hintergrund blieb den Mitgliedstaaten keine andere Wahl, als diese Bedürfnisse zu akzeptieren und in ihrer Stellung als Herren der Verträge zu versuchen, so weit wie möglich die Harmonisierung in die Verträge einzubeziehen. Harmonisierung ist weder als Regelfall noch als selbstständiges Ziel zu betrachten. Die Frage, ob man die Harmonisierung des Strafrechts braucht oder nicht, ist unter Berücksichtigung der tatsächlichen Erforderlichkeit der Harmonisierungsmaßnahmen zu beantworten. Um unionsweite Harmonisierungsvorschriften im Strafrechtsbereich schaffen zu können, muss ein unionsrechtlich verankertes rechts- und kriminalpolitisches Bedürfnis dafür nachgewiesen werden.[86]

Die Schaffung des europäischen Binnenmarktes durch den Wegfall der Kontrollen an den Binnengrenzen hat dazu geführt, dass eine Reihe von Straftaten eine grenzüberschreitende Dimension erlangt hat, ebenso, dass komplexe Straftaten, etwa Drogenhandel, Menschenhandel, Geldwäsche, entstanden sind. In einem Europa ohne Grenzen werden zwar neue wirtschaftliche Entwicklungsmöglichkeiten geschaffen, die offenen Grenzen ermöglichen aber zugleich, dass kriminelle Organisationen von den neuen Freizügigkeiten und den unterschiedlichen Strafrechtsordnungen der Mitgliedstaaten profitieren.

Da diese Straftaten ein grenzüberschreitendes Element aufweisen, müssen die kriminellen Aktivitäten in mehreren Ländern strafrechtlich verfolgt werden.

---

83 *Braum*, ZIS 2009, 418 (418 ff.).

84 Zu anderen Argumente, welche die Legitimation der EU infrage stellen, *Ligeti*, Strafrecht und strafrechtliche Zusammenarbeit in der EU, S. 32 ff.

85 *Perron*, ZStW 2000, 202 (204); *Spencer* in *Klip/van der Wilt*, Harmonisation and harmonising measures in criminal law, S. 47 ff.

86 *Vogel/Schneider* in *Böse*, Enzyklopädie Europarecht, Bd. 11: Europäisches Strafrecht, § 7, Rn. 20.

Dies kann nur durch eine gut funktionierende Zusammenarbeit der Mitgliedstaaten in der Kriminalitätsbekämpfung gewährleistet werden. Eine grenzüberschreitende Strafverfolgung bereitet Schwierigkeiten, wenn die materiellen Strafrechtskonzepte und die Strafverfolgungspraxis in den Mitgliedstaten sich in erheblichem Maße voneinander unterscheiden. Dadurch können Strafbarkeitslücken entstehen, die von Kriminellen bewusst ausgenutzt werden können.[87] Kriminelle suchen nämlich für ihre grenzüberschreitenden Tätigkeiten das Land aus, wo die Gefahr einer Strafverfolgung und einer Bestrafung am geringsten sind.[88] Im Hinblick auf die europäische Dimension der Kriminalität wird schließlich immer deutlicher, dass eine rein nationale Konzeption der Kriminalitätsprävention und -bekämpfung sich als ineffektiv erweist und beides erheblich erschwert.[89] Denn die nationalen Rechtsvorschriften berücksichtigen die nationale Souveränität und schützen die nationalen Interessen. Die grenzüberschreitend operierende Kriminalität verlangt notwendigerweise eine Lösung auf europäischer Ebene, die den europarechtlichen Grundsätzen und Kriterien entspricht. Die vertraglichen Vorschriften des Art. 83 AEUV (Harmonisierung des materiellen Strafrechts) schaffen genau eine solche europäische Grundlage zur Kriminalitätsbekämpfung. Die Europäische Union wird dadurch ermächtigt, die Handlungen zu kriminalisieren, die „aufgrund der Art oder der Auswirkungen der Straftaten“ oder „aufgrund einer besonderen Notwendigkeit, sie auf einer gemeinsamen Grundlage zu bekämpfen“, eine grenzüberschreitende Dimension haben (Art. 83 Abs. 1 AEUV).

Um den Bedürfnissen der grenzüberschreitenden Strafverfolgung Rechnung zu tragen, haben die Mitgliedstaaten ein System europäischer Strafrechtspflege entwickelt, das in den letzten Jahrzehnten besonders von der Harmonisierung der mitgliedstaatlichen Strafrechtsvorschriften geprägt worden ist.[90] Die Harmonisierung des Strafrechts zählt gemäß Art. 67 Abs. 3 AEUV neben der Koordinierung und Kooperation der Polizei-, Justiz- und anderen zuständigen Behörden zu den Elementen der europäischen Strafrechtspolitik. Die Vertragsvorschriften deuten darauf hin, dass der Raum der Freiheit, der Sicherheit und

87 So *Perron* in FS *Küper*, S. 437.

88 Dieser Vorgang wird als *forum shopping* bezeichnet. Abhängig von der Wahl des Mitgliedstaates mit der geringsten Bestrafungsmöglichkeit bzw. desjenigen mit der günstigsten Ausgestaltung des Strafvollzugs differenziert *Kühne* zwischen Gerichtsstand-Shopping und Strafvollzug-Shopping. Vgl. *Kühne* in *Müller-Graff*, Europäische Zusammenarbeit in den Bereichen Justiz und Inneres, S. 92 ff.

89 *Perron* in FS *Küper*, S. 436 ff.; *Hecker*, Europäisches Strafrecht, § 1, Rn. 36.

90 *Hecker*, JA 2007, 561 (561 ff.)

des Rechts in erster Linie durch die Kooperation und Koordination zwischen den Strafverfolgungsbehörden der Mitgliedstaaten, einschließlich der gegenseitigen Anerkennung strafrechtlicher Entscheidungen, geschaffen wird. Darauf war die Kriminalpolitik der Europäischen Union in den 1990er Jahren gerichtet.[91] Auch wenn eine Harmonisierung der mitgliedstaatlichen Strafvorschriften erst so weit stattfindet, wie sie erforderlich ist (Art. 67 Abs. 3 AEUV: „erforderlichenfalls"), ist die Harmonisierung in den letzten Jahren in den Mittelpunkt der europäischen Strafrechtspolitik gerückt.[92] Der Grund mag darin liegen, dass die Bekämpfung grenzüberschreitender Formen der Kriminalität aufgrund der zum Teil unterschiedlichen Instrumente der mitgliedstaatlichen Rechtsordnungen Schwierigkeiten bereitet. Diese lassen sich jedoch nicht nur durch weitere Verbesserung der Zusammenarbeit, sondern auch durch eine gewisse Harmonisierung beheben.

B. Ziele der Strafrechtsharmonisierung

Blickt man auf die grundlegenden Vorschriften der europäischen Verträge zu den Zielen, welche die Union verfolgt (Art. 3 AEUV), lässt sich feststellen, dass die Harmonisierung nicht zu diesen Zielen gehört. Harmonisierung ist also kein Selbstzweck, sondern ist ein Mittel zur Verwirklichung der vorgegebenen Vertragsziele.

Mit den Rechtsharmonisierungsmaßnahmen soll nach Art. 67 Abs. 1 AEUV den Bürgern in einem Raum der Freiheit, der Sicherheit und des Rechts ein hohes Maß an Sicherheit gewährt werden. Hier ist das Strafrecht als Sicherheits- und Schutzrecht zu verstehen. Mit den Mitteln des Kriminalstrafrechts wird angestrebt, einen umfassenden Schutz der öffentlichen Sicherheit und der Bürger vor Verhaltensweisen, die den „gemeinsamen Grundsätzen und Werten der Mitgliedstaaten" zuwiderlaufen,[93] unionsweit zu bewirken.[94] Zu diesem Zwecke

---

91 *Hecker* in *Ambos*, Europäisches Strafrecht post-Lissabon, S. 18; *Ligeti*, Strafrecht und strafrechtliche Zusammenarbeit in der EU, S. 58 ff.

92 M.w.N. *Hecker* in *Ambos*, Europäisches Strafrecht post-Lissabon, S. 18.

93 Das Grünbuch über die Angleichung, die gegenseitige Anerkennung und die Vollstreckung strafrechtlicher Sanktionen in der Europäischen Union, KOM(2004)334 endg., S. 10.

94 *Satzger*, NK 2007, 92 (95).

kann es geboten sein, Inseln der Straflosigkeit zu beseitigen und sicherheitsbedrohende Verhaltensweisen auf europäischer Ebene zu kriminalisieren.[95]

Ein weiteres Harmonisierungsziel ist die Verbesserung der polizeilichen und justiziellen Zusammenarbeit durch eine möglichst weitgehende Harmonisierung nationaler Strafvorschriften. Damit wird die Grundlage für eine effektive grenzüberschreitende Strafverfolgung geschaffen. Diese wird erreicht, indem das klassische, für die Auslieferung erforderliche Prinzip der beidseitigen Strafbarkeit sichergestellt wird. Harmonisierung bedingt nämlich, dass Taten beidseitig strafbar sind. Die Bedeutung dieses Prinzips in Bezug auf die Verhinderung der Schwierigkeiten bei der mitgliedstaatlichen Zusammenarbeit darf jedoch nicht überschätzt werden.[96] Denn der im Rahmen der Sondertagung des Rates von Tampere[97] aufgestellte Grundsatz der gegenseitigen Anerkennung und der darauf beruhende Europäische Haftbefehl haben das Erfordernis der Prüfung beidseitiger Strafbarkeit bei Auslieferungsverfahren zwischen Mitgliedstaaten beseitigt.[98]

Schließlich zielt materielle Rechtsharmonisierung auf die Vermeidung von Kompetenzkonflikten zwischen den Mitgliedstaaten ab (Art. 82 Abs. 1 Satz 2 lit. b AEUV).[99] Der Grund für positive Kompetenzkonflikte liegt meistens darin, dass im Tatortstaat Straflosigkeit befürchtet wird. Durch die Strafrechtsharmonisierung soll eine Mindeststrafbarkeit unionsweit erreicht werden. Auf diese Weise kann von der Tatortstrafbarkeit der Auslandstaten ausgegangen werden.[100]

Neben den aus den vertraglichen Vorschriften ableitenden Zielen standen ursprünglich hinter der Strafrechtsharmonisierung auch politische[101] Ziele. Die Kommission beabsichtigte, die Macht der Union gegenüber den Mitgliedstaaten zu stärken, indem durch die unionsweite Harmonisierung Einfluss auf das nationale Strafrecht genommen werden konnte. Es ist kein Zufall, dass die

---

95 *Vogel*, GA 2003, 314 (318). Siehe auch das Grünbuch über die Angleichung, die gegenseitige Anerkennung und die Vollstreckung strafrechtlicher Sanktionen in der Europäischen Union, KOM(2004)334 endg., S. 10.

96 *Vogel*, GA 2003, 314 (319). So auch *Klip*, NStZ 2000, 626 (627 ff.)

97 Sondertagung des Europäischen Rates von Tampere am 15.10. und 16.10.1999. Schlussfolgerungen abrufbar unter: https://www.europarl.europa.eu/summits/tam_de.htm (Stand: Juli 2023).

98 *Vogel*, GA 2003, 314 (319).

99 Zur Rechtsbeeinträchtigung durch Mehrfachkompetenz *Sieber* ZStW 2009, 1 (11 ff.).

100 *Vogel*, GA 2003, 314 (319).

101 *Spencer* spricht von ideologischen Zielen („ideological reasons“). *Spencer* in *Klip/van der Wilt*, Harmonisation and harmonising measures in criminal law, S. 43.

europäischen Institutionen vor allem in den im Vordergrund stehenden Bereichen der Strafrechtspolitik wie Terrorismus, organisierter Kriminalität, Menschenhandel oder Kinderpornografie tätig sind. Der Strafrechtsharmonisierung kommt bei den politisch motivierten Rechtsakten eher eine Symbolwirkung zu. Sie würde dann einen symbolischen Selbstzweck erlangen, wenn sie zur Identitätsbildung und als Integrationsfaktor sowie Motor für die angestrebte politische Union eingesetzt würde.[102] Die Strafrechtsharmonisierung kann jedoch nicht der Motor der politischen Integration sein, da das Strafrecht am Ende der gesellschaftlich politischen Entwicklung, einschließlich der Europäisierung, steht und nicht an deren Anfang.[103] Die Harmonisierung des Strafrechts würde zudem zu einem „gemeinsamen Rechtsgefühl" der EU-Bürger und somit zur Verwirklichung des europäischen Raums der Freiheit, der Sicherheit und des Rechts beigetragen.[104] Diese in vielen Dokumenten der EU zu findende Erwägung ist allerdings höchst problematisch für die Strafrechtstheorie. Denn schon aus den allerersten Diskussionen über ein einheitliches Strafrecht ergibt sich deutlich, dass eher eine gemeinsame europäische Kultur ein Zusammenwachsen der Völker zu fördern und den Zusammenhalt der Staaten zu festigen imstande ist.[105] Eine solche europäische Kultur kann aber nicht mithilfe des Rechts erzwungen werden.[106] Ebenso wenig kann mit einem harmonisierten Strafrecht ein gemeinsames Rechtsgefühl geschaffen bzw. erzwungen werden.

---

102 *Satzger*, NK 2007, 92 (96); *Spencer* in *Klip/van der Wilt*, Harmonisation and harmonising measures in criminal law, S. 43 ff.; *Vogel*, GA 2013, 314 (319). Siehe jedoch *Satzger* in *Böse*, Enzyklopädie Europarecht, Bd. 11: Europäisches Strafrecht, § 2, Rn. 34, der sich letztlich kritisch zur Symbolik als Selbstzweck bei der Strafrechtsgesetzgebung äußert.

103 So *Rosenau*, ZIS 2008, 9 (19).

104 Siehe auch das Grünbuch über die Angleichung, die gegenseitige Anerkennung und die Vollstreckung strafrechtlicher Sanktionen in der Europäischen Union, KOM(2004)334 endg., S. 10.

105 *Kubiciel*, JZ 2015, 64 (64 ff., 70).

106 So *Eliot*, Die Einheit der europäischen Kultur, S. 39, der eine Parallele zwischen der europäischen Kultur und einem Baum in dem Sinne zieht, dass man einen Baum nicht bauen, sondern ihn nur pflanzen und pflegen kann.

C. Harmonisierungsmethode

I. Strafrecht als Kern staatlicher Souveränität

Was unter dem Begriff der Souveränität zu verstehen ist, wurde in der Literatur ausführlich erörtert.[107] Daher kann an dieser Stelle nur konzis auf die für diese Arbeit relevanten Aspekte eingegangen werden. Mit der begrifflichen Verknüpfung von Staat und Souveränität entsteht sowohl eine Qualifizierung staatlicher Herrschaft selbst (innere Souveränität) als auch eine solche der Beziehung zwischen Staaten auf internationaler Ebene (äußere Souveränität). Dies bedeutet Folgendes: Nach innen setzt der Staat letztverbindliches, von keiner anderen Macht abgeleitetes Recht. Nach außen ist er rechtlich weisungsfrei; er schuldet von Rechts wegen keinem anderen Gehorsam.[108] Die Entscheidung über das strafwürdige Verhalten und die entsprechenden Strafandrohungen wird grundsätzlich dem jeweiligen nationalen Gesetzgeber eingeräumt. Entsprechend kommt die nationalstaatliche Souveränität auf dem Gebiet des Strafrechts besonders stark zum Ausdruck.

Da das Strafrecht deutlicher als andere Rechtsgebiete die konkreten kulturellen, moralischen, finanziellen und sonstigen Positionen einer Gesellschaft widerspiegelt,[109] ist in diesem Bereich die Erfahrung des jeweiligen Landes in starkem Maße zu berücksichtigen.[110] Die unterschiedlichen Rechtsgüter werden in den Mitgliedstaaten verschieden eingeschätzt; und entsprechend variiert der strafrechtliche Schutz. Er ist von den jeweils gesellschaftlichen Wertvorstellungen abhängig, die sich möglicherweise erst nach langen Diskussionen und unter erheblichen Spannungen herausbilden. In der Literatur stützte sich die Argumentation für diese Feststellung zum einen auf die Unterschiede im Besonderen Teil des Strafgesetzbuchs[111] oder in den Regelungen des Allgemeinen Teils,[112] zum anderen auf den engen Bezug dieses Rechtsgebiets zur Kultur, genauer gesagt

107 Statt vieler *Schöbener/Knauff*, Allgemeine Staatslehre, § 3, S. 114 ff. m.w.N.

108 *Loh*, AfB 2020, Band 60/61, S. 367.

109 *GA Mazak*, Schlussanträge von 28.06.2007, C-440/05, ECLI:EU:C:2007:393, Rn. 67–69 – *Meeresverschmutzung*.

110 *Rüter*, ZStW 1993, 30 (35); *Schubarth*, ZStW 1998, 827 (847).

111 So *Tiedemann* in *Kreuzer/Scheuing/Sieber*, Europäisierung der mitgliedstaatlichen Rechtsordnungen, S. 134, der im Besonderen Teil des Strafgesetzbuchs einen „negativ formulierten Spiegel der Werte und Werthaltungen einer Gesellschaft" sieht, die trotz gemeinsamer Wurzeln in Europa so unterschiedliche Akzentuierungen aufwiesen, dass eine Einigung im Ganzen schwierig erscheine.

112 So *Jung/Schroth*, GA 1983, 241 (251).

zur sozialen Erbschaft eines Volkes.[113] Im Wesentlichen werden die nationalen Eigenheiten betont, die sich als politische Entscheidungen des jeweiligen Staates über die strafrechtliche Interventionsschwelle darstellen. Diese Entscheidungen werden ihrerseits für die Strafgesetzgebung und Kriminalpolitik nicht nur durch rationale Überlegungen, sondern auch von historisch gewachsenen Traditionen, Wertvorstellungen, Ängsten und „anderen Irrationalitäten"[114] geprägt.

Als Wurzeln des Strafrechts werden die sozial-ethischen Wertvorstellungen der Rechtsgemeinschaft angesehen.[115] Die Wertvorstellungen, die über den strafrechtlichen Rahmen entscheiden, sind in den westeuropäischen Ländern, trotz Ähnlichkeiten, keinesfalls identisch. Beispielsweise bestehen in Bezug auf die strafrechtliche Behandlung von Sterbehilfe, Homosexualität, Drogenkonsum oder Abtreibung unterschiedliche strafrechtliche Eingriffsschwellen. Dass das Strafrecht in den kultur- und gesellschaftspolitischen Besonderheiten des jeweiligen Staates verankert ist, wird bei den einzelnen Tatbeständen sichtbar, die nur mit den sozio-kulturellen Befindlichkeiten eines Staates zu erklären sind.[116] So ist etwa der Straftatbestand des Schwangerschaftsabbruchs in den einzelnen staatlichen Rechtsordnungen ein unmittelbarer Reflex der in der jeweiligen Gesellschaft dominierenden ethisch-religiösen Auffassungen zum Rechtsgut des „ungeborenen Lebens". Eine solche Beziehung zwischen Strafrecht und historisch-gesellschaftlichen Besonderheiten eines Volkes kommt in Deutschland im Fall der Inkriminierung der „Auschwitz-Lüge" (d.h. des Leugnens des Holocausts) in § 130 Abs. 3 StGB zum Ausdruck, einem Straftatbestand, der eine spezifisch deutsche Strafregelung zu einer Phase der deutschen Geschichte darstellt.[117] Auch wenn sich die Liste der Beispiele fortführen ließe, kann allerdings nicht allgemein festgestellt werden, dass hinter allen Straftatbeständen die von den sozial-ethischen Wertvorstellungen geprägten Eigenheiten eines Nationalstaates stünden.[118]

---

113 *Weigend*, ZStW 1993, 774 (786 ff.); *Rüter*, ZStW 1993, 30 (35).

114 *Rüter*, ZStW 1993, 30 (35).

115 *Satzger*, Die Europäisierung des Strafrechts, S. 160.

116 *Tiedemann* in *Kreuzer/Scheuing/Sieber*, Europäisierung der mitgliedstaatlichen Rechtsordnungen, S. 134; *Asp*, EuCLR 2011, 44 (50).

117 Siehe auch der Rahmenbeschluss zur Bekämpfung von Rassismus und Fremdenfeindlichkeit, ABl. EU 2008, Nr. L 328, S. 55, der die rassistischen und fremdenfeindlichen Handlungen benennt, die unter Strafe zu stellen sind, und deren Strafbarkeitsvoraussetzungen definiert. Dies betrifft zum Beispiel das Leugnen des Holocausts.

118 *Satzger*, Internationales und europäisches Strafrecht, § 9, Rn. 7; *Sieber*, JZ 1997, 369 (375).

Sozial-ethische und gesellschaftspolitische Wertvorstellungen beeinflussen nicht nur die einzelnen Strafbestände, sondern auch die Entscheidung, welche politische Haltung („harte“ oder „weiche“ Politik) gegenüber der Kriminalität eingenommen wird. Die eingeschlagene Linie lässt sich durch die in dem jeweiligen Land vorherrschenden Ideologien, Traditionen und allgemeinen Prinzipien rechtfertigen.[119]

Das Strafrecht nimmt als Prärogativ nationaler Souveränität[120] einen besonderen Stellenwert in den Rechtsordnungen der Mitgliedstaaten ein. Aus diesem Grund stießen die Ansätze zur Förderung der europäischen Zusammenarbeit in Strafsachen auf politischen und verfassungsrechtlichen Widerstand der Mitgliedstaaten. Im Hinblick auf die Entstehungsgeschichte des Strafrechts unter besonderer Berücksichtigung des staatlichen Gewaltmonopols scheint zuzutreffen, dass die Strafgewalt grundsätzlich als „Reservat des nationalen Rechts“[121] anzusehen ist und das Strafrecht aufgrund seines eingriffsintensiven Charakters unmittelbar die staatliche Souveränität widerspiegelt.[122]

Die Besonderheit des Strafrechts als Rechtsmaterie wird ebenfalls im „Lissabon“-Urteil des Bundesverfassungsgerichts vom 30. Juni 2009 hervorgehoben:

> „Die Strafrechtspflege ist, sowohl was die Voraussetzungen der Strafbarkeit als auch was die Vorstellungen von einem fairen, angemessenen Strafverfahren anlangt, von kulturellen, historisch gewachsenen, auch sprachlich geprägten Vorverständnissen und von den im deliberativen Prozess sich bildenden Alternativen abhängig, die die jeweilige öffentliche Meinung bewegen. (…) Die Pönalisierung sozialen Verhaltens ist aber nur eingeschränkt aus europaweit geteilten Werten und sittlichen Prämissen normativ ableitbar. Die Entscheidung über strafwürdiges Verhalten, über den Rang von Rechtsgütern und den Sinn und das Maß der Strafandrohung ist vielmehr in besonderem Maße dem demokratischen Entscheidungsprozess überantwortet (…) Die Sicherung des Rechtsfriedens in Gestalt der Strafrechtspflege ist seit jeher eine zentrale Aufgabe staatlicher Gewalt. Bei der Aufgabe, ein geordnetes menschliches Zusammenleben durch Schutz der elementaren Werte des Gemeinschaftslebens auf der Grundlage einer Rechtsordnung zu schaffen, zu sichern und durchzusetzen, ist das Strafrecht ein unverzichtbares Element zur Sicherung der Unzerbrechlichkeit dieser Rechtsordnung. Jede Strafnorm enthält ein mit staatlicher Autorität

---

119 *Filopoulos*, Europarecht und nationales Strafrecht, S. 31; *Satzger*, Internationales und europäisches Strafrecht, § 9, Rn. 8.

120 *Tiedemann* in *Kreuzer/Scheuing/Sieber*, Europäisierung der mitgliedstaatlichen Rechtsordnungen, S. 134.

121 *Jung/Schroth*, GA 1983, 241 (242).

122 *Satzger*, Die Europäisierung des Strafrechts, S. 157.

> versehenes sozialethisches Unwerturteil über die von ihr pönalisierte Handlungsweise. Es ist eine grundlegende Entscheidung, in welchem Umfang und in welchen Bereichen ein politisches Gemeinwesen gerade das Mittel des Strafrechts als Instrument sozialer Kontrolle einsetzt. Eine Rechtsgemeinschaft gibt sich durch das Strafrecht einen in ihren Werten verankerten Verhaltenskodex, dessen Verletzung nach der geteilten Rechtsüberzeugung als so schwerwiegend und unerträglich für das Zusammenleben in der Gemeinschaft gewertet wird, dass sie Strafe erforderlich macht (…).[123]

II. Mindestharmonisierung als Konzept für das Strafrecht

Die Harmonisierung durch Mindestvorschriften lässt sich ohne Zweifel auf die Besonderheiten des Strafrechts zurückführen. Nur so kann dem Verlangen der Mitgliedstaaten nach Erhalt der eigenen Souveränität und Rechtskultur Rechnung getragen werden. Bei dieser Harmonisierungsmethode wird die Gesetzgebungshoheit der Mitgliedstaaten in weitem Maße erhalten. So können besonders die hinter dem Strafrecht stehenden sozio-kulturellen Wertvorstellungen Beachtung finden.

Im Strafrechtsbereich wird die Mindestharmonisierung ausdrücklich in den vertraglichen Vorschriften vorgesehen und somit die Harmonisierungsmethode verbindlich festgelegt. In Titel V, Kapitel 4 des Vertrags über die Arbeitsweise der EU (AEUV) wird seit dem Vertrag von Lissabon die Strafrechtspolitik der Europäischen Union geregelt. Art. 83 AEUV enthält ausdrücklich die Ermächtigung zum Erlass von Mindestvorschriften. Nach Art. 83 Abs. 1 AEUV können das Europäische Parlament und der Rat durch Richtlinien Mindestvorschriften zur Festlegung von Straftaten und Strafen in Bereichen besonders schwerer Kriminalität festlegen, die eine grenzüberschreitende Dimension haben. Gemäß Art. 83 Abs. 2 AEUV können durch Richtlinien Mindestvorschriften für die Festlegung von Straftaten und Strafen auf einem Politikfeld der EU festgelegt werden, wenn sich die Angleichung der strafrechtlichen Rechtsvorschriften der Mitgliedstaaten als unerlässlich für die wirksame Durchführung der betreffenden Unionspolitiken erweist. In diesen Fällen wird durch die Verwendung des Begriffs „Mindestvorschriften" klargestellt, dass auf europäischer Ebene nur ein Minimum festgelegt wird und den Mitgliedstaaten der Erlass weiter gehender Bestimmungen freisteht. Der gleiche Weg wurde auch in der früher geltenden Grundlage eingeschlagen. Die Strafrechtspolitik wurde im Rahmen der intergouvernemental

123 BVerfGE 123, 267 (359 ff., 408), Rn. 253, 355 – *Lissabon*.

organisierten PJZS geregelt. Der Rat konnte einstimmig durch Rahmenbeschlüsse Maßnahmen zur Festlegung von Mindestvorschriften über die Tatbestandsmerkmale strafbarer Handlungen und die Strafen in bestimmten Bereichen organisierter Kriminalität annehmen (Art. 31 Abs. 1 lit. e i.V.m. Art. 34 Abs. 2 lit. b EUV a.F.).

Teil 2: Die Harmonisierung materiellen Strafrechts *vor* Lissabon

Wegen des engen Bezugs des Strafrechts zu den gesellschaftspolitischen und soziokulturellen Eigenheiten haben die Mitgliedstaaten im Laufe der Europäisierung stets das Ziel verfolgt, dass die Union die nationalen Besonderheiten berücksichtigt, und politisch gefordert, das Strafrecht zu schonen und in besonderem Maße vor unverhältnismäßigen Eingriffen durch das europäische Recht zu bewahren. Mit dem Maastrichter Vertrag und später mit dem Vertrag von Amsterdam wurde das Strafrecht im Unterschied zu den Gemeinschaftspolitiken daher im Rahmen einer intergouvernementalen Zusammenarbeit geregelt. Die mitgliedstaatlichen Vorbehalte spiegelten sich, wie zu zeigen ist, in den einzelnen Determinanten der Harmonisierung materiellen Strafrechts, von den Kompetenzbefugnissen bis hin zu deren Rahmen und deren Reichweite, wider.

§ 1 Strafrechtsetzungskompetenz

Die Europäische Union hatte bis zum Vertrag von Lissabon eine Tempelstruktur. Die Europäischen Gemeinschaften (erste Säule), welche die Grundlagen der Union darstellten, wurden durch die Gemeinsame Außen- und Sicherheitspolitik (GASP, zweite Säule) und die Polizeiliche und Justizielle Zusammenarbeit in Strafsachen (PJZS, dritte Säule) ergänzt. Intensiv diskutiert wurde, ob der Union sowohl im Rahmen der ersten als auch der dritten Säule Kompetenzen im Bereich des Strafrechts zustehen.

A. Vorrang der ersten gegenüber der dritten Säule

Für das Verhältnis zwischen Gemeinschafts- und Unionskompetenzen im Strafrechtsbereich war der Vorrang der ersten gegenüber der dritten Säule relevant. So durfte eine Regelung nicht auf die dritte Säule gestützt werden, wenn es eine Grundlage für diese Materie in der ersten Säule gab. Somit war den Mitgliedstaaten die Möglichkeit einer „Flucht ins Unionsrecht" genommen.[124] Diese Begrenzung des Anwendungsbereichs der dritten Säule wurde in der alten Fassung des EU-Vertrags statuiert. Die Union sollte folglich „unbeschadet der Befugnisse der Europäischen Gemeinschaft" das Ziel verfolgen, ihren Bürgern ein hohes Maß

124 *Schönberger*, ZaöRV 2007, 1107 (1114).

an Sicherheit zu bieten (Art. 29 EUV a.F.). Dieser Grundsatz wurde nochmals dadurch bekräftigt, dass der Unionsvertrag gemäß Art. 47 EUV a.F. das primäre Gemeinschaftsrecht unberührt lassen sollte. Die Union war auch „zur Wahrung und Weiterentwicklung des gemeinschaftlichen Besitzstandes" verpflichtet (Art. 2, 5. Spiegelstrich EUV a.F.). Dies stützte die Annahme, dass ein Vorrang des Gemeinschaftsrechts gegenüber der unionsrechtlichen Zusammenarbeit in Strafsachen bestand.[125] Eine Handlung im Rahmen der PJZS setzte also voraus, dass keine taugliche Rechtsgrundlage im EG-Vertrag einschlägig war.

B. Kompetenzen im Rahmen der dritten Säule

Die Zusammenarbeit in Strafsachen war der dritten Säule der EU zugeordnet. Mit Blick auf die Sensibilität des Strafrechts als Kernbereich nationaler Souveränität wurde dieser Politikbereich nicht der supranationalen Ebene der EG zugewiesen, sondern der dritten Säule der EU, die einen intergouvernementalen Charakter hatte.

Als Rechtsgrundlage für die strafrechtliche Harmonisierungskompetenz diente Art. 29 i.V.m. Art. 31 lit. e EUV a.F. Nach Art. 29 Abs. 2 EUV a.F. sollte durch die Verhütung und Bekämpfung der – organisierten oder nicht organisierten – Kriminalität, insbesondere des Terrorismus, des Menschenhandels und der Straftaten gegen Kinder, des illegalen Drogen- und Waffenhandels, der Bestechung und Bestechlichkeit sowie des Betrugs das in Abs. 1 festgelegte Ziel erreicht werden. Es ging darum, ein hohes Maß an Sicherheit im Raum der Freiheit, der Sicherheit und des Rechts zu gewährleisten. Als Weg zur Erreichung dieses Ziels sah Art. 29 Abs. 2, 3. Spiegelstrich i.V.m. Art. 31 Abs. 1 lit. e EUV a.F. neben verschiedenen Formen der Zusammenarbeit die Annäherung der Strafvorschriften der Mitgliedstaaten vor, soweit dies erforderlich war. Die Annäherung der mitgliedstaatlichen Vorschriften erfolgte dadurch, dass Maßnahmen zur Festlegung von Mindestvorschriften über Tatbestandsmerkmale und Rechtsfolgen festgelegter Straftaten erlassen wurden. Im Bereich der dritten Säule ging es darum, die Unterschiede zwischen den mitgliedstaatlichen Strafrechtsordnungen zu verringern, nicht darum, diese durch europarechtliche Strafbestände

---

125 *Dehousse* in *Dehousse*, Europe after Maastricht, S. 10 ff.; *Denza*, Intergovernmental Pillars, S. 319: "[…] leaving the Court with the responsibility for ensuring that the primacy of the First Pillar is effectively safeguarded"; *Wasmeier/Jour-Schröder* in *von der Groeben/Schwarze*, EUV/EGV, Kommentar, Art. 29 EUV, Rn. 52; *Griller*, EuR Beiheft 1/1999, 45 (56); *Suhr* in *Calliess/Ruffert*, EUV/EGV, Kommentar, Art. 29 EUV, Rn. 24 ff.; *Dannecker*, Jura 2006, 95 (98).

zu ersetzen. Der EU wurde damit keine originäre Strafrechtsetzungskompetenz zugewiesen, sondern eine Kompetenz zur Angleichung der nationalen Strafvorschriften in bestimmten Bereichen verliehen. Die Handlungsform zur Schaffung von Mindestvorschriften im Rahmen der dritten Säule war in der Regel der Rahmenbeschluss.

C. Kompetenzen im Rahmen der ersten Säule

I. Keine originäre Strafrechtsetzungskompetenz

Im Rahmen der ersten Säule war die Existenz einer supranationalen Rechtsetzungskompetenz im Strafrechtsbereich **(originäre Strafrechtsetzungskompetenz)** umstritten. Der Ausgangspunkt für die Beantwortung dieser Frage war das Prinzip der begrenzten Einzelermächtigung, wonach jeder Rechtsetzungsakt der Gemeinschaft eine ausdrückliche oder zumindest im Wege der Auslegung zu gewinnende Ermächtigungsgrundlage im Primärrecht voraussetzt (Art. 5 Abs. 1 EGV a.F.).

Nach herrschender und zutreffender Auffassung im Schrifttum[126] wurde der EG eine supranationale Strafrechtsetzungskompetenz unter Berücksichtigung folgender wesentlicher Argumente abgesprochen. Erstens wurde auf den Willen der Vertragspartner des EG-Vertrages abgestellt. Angesichts des Scheiterns der Gründung einer Europäischen Verteidigungsgemeinschaft (EVG), bei der eine Übertragung der Strafgewalt auf die EVG intendiert war, war den Vertragsstaaten die Strafrechtsproblematik bewusst. Gleichwohl haben sie in den EG-Vertrag keinen Bezug auf das Strafrecht genommen.[127] Zweitens wurde eine Strafrechtsetzungskompetenz im EG- und im EU-Vertag in ihrer alten Fassung aufgrund der Systematik beider Verträge abgelehnt. Denn durch den Vertrag von Amsterdam wurden Materien, die zur dritten Säule gehörten, vergemeinschaftet. Das Strafrecht blieb jedoch in der „strafrechtlich akzentuierten"[128] dritten Säule. Somit wurde das Strafrecht nicht in das Gemeinschaftsrecht integriert, sondern bewusst als Gegenstand intergouvernementaler Zusammenarbeit fortgeführt. Darüber hinaus wurde, drittens, auf den durch den Vertrag von Amsterdam

126 *Satzger*, Die Europäisierung des Strafrechts, S. 109 ff.; *Griese*, EuR 1998, 462 (476); *Waldhoff* in *Calliess/Ruffert*, EUV/EGV, Kommentar, Art. 280 EGV, Rn. 3, 19; *Filopoulos*, Europarecht, S. 19; *Ambos*, Internationales Strafrecht, 2008, § 11, Rn. 6 ff.; *Eisele*, JA 2000, 896 (897 ff.); *Weigend*, StV 2001, 63 (67); *Rosenau*, ZIS 2008, 9 (14 ff.).

127 *Satzger*, Die Europäisierung des Strafrechts, S. 136.

128 *Müller-Graff* in *Hummer*, Die EU nach dem Vertrag von Amsterdam, S. 264.

eingefügten Art. 135 Abs. 2 EGV, betreffend die Zusammenarbeit im Zollwesen, und auf Art. 280 Abs. 4 Satz 2 EGV bezüglich der Betrügereien zum Nachteil der finanziellen Interessen der EG verwiesen, wonach „die Anwendung des Strafrechts der Mitgliedstaaten und ihre Strafrechtspflege [...] unberührt“ bleiben sollten. Besonders diese Vorschriften waren Gegenstand einer heftigen Diskussion darüber, ob durch sie eine entsprechende Strafrechtsetzungskompetenz der EG geschaffen wurde.[129] Art. 280 Abs. 4 EGV sah eine Kompetenz für den Rat vor, zur Gewährleistung eines effektiven und gleichwertigen Schutzes in den Mitgliedstaaten die erforderlichen Maßnahmen zu beschließen, die sich gegen die finanziellen Interessen der Gemeinschaft richten. Der Annahme, man könne daraus herleiten, der Gemeinschaft stehe eine Strafrechtsetzungsbefugnis zu, stand jedoch die Sperrnorm des Art. 280 Abs. 4 Satz 2 EGV entgegen. Darin war eine Klarstellung zu sehen, dass auch bei diesen Kompetenznormen im Gemeinschaftsrecht das Strafrecht gerade ausgenommen sein sollte.[130] Die Rechtsetzungskompetenz der EG beschränkte sich auf den Erlass nichtkriminalstrafrechtlicher Vorschriften.

II. Anweisungskompetenz

1. Rechtsprechung des Europäischen Gerichtshofs

Der Gemeinschaft kam allerdings nach der Rechtsprechung des EuGH eine **Anweisungskompetenz** zu, d.h. die Kompetenz zur Beeinflussung der nationalen Strafrechtsordnungen durch Gemeinschaftsrecht. Mit seiner Rechtsprechung hat der EuGH einen Schritt nach vorn bezüglich der Strafrechtskompetenz der Gemeinschaft gemacht. Wenngleich Strafrecht und Strafprozessrecht grundsätzlich nicht in die Gemeinschaftszuständigkeit fielen, konnte nach dem EuGH eine sogenannte Anweisungskompetenz zum Erlass von Strafnormen zu den allgemeinen gemeinschaftsrechtlichen Rechtsetzungskompetenzen gehören, soweit dies erforderlich war, um die volle Gewährleistung der vom Gemeinschaftsgesetzgeber erlassenen Rechtsnormen sicherzustellen.[131]

Die Existenz einer Anweisungskompetenz wurde vom EuGH in zwei viel diskutierten Urteilen bejaht, nämlich dem Urteil vom 13. September 2005 zum Umweltstrafrecht[132] und dem Urteil vom 23. Oktober 2007 zur

129 Für Nachweise *Satzger*, Die Europäisierung des Strafrechts, S. 138, Fn. 713.

130 *Satzger*, Die Europäisierung des Strafrechts, S. 138 ff.

131 EuGH, Urteil v. 13.09.2005, C-176/03, ECLI:EU:C:2005:542, Rn. 48 – *Umweltstrafrecht.*

132 EuGH, Urteil v. 13.09.2005, C-176/03, ECLI:EU:C:2005:542 – *Umweltstrafrecht.*

Meeresverschmutzung.[133] In dem Urteil vom 13. September 2005 gab der EuGH der Klage der Kommission statt und erklärte den Rahmenbeschluss über den Schutz der Umwelt durch Strafrecht[134] für nichtig, weil er auf Art. 29 i.V.m. Art. 31 lit. e EUV a.F. gestützt wurde, obwohl eine gemeinschaftsrechtliche Grundlage bestand. Zwar betonte der Gerichtshof, dass das Strafrecht grundsätzlich nicht in die Zuständigkeit der EG falle. Nach seiner Ansicht könne dies jedoch den Gemeinschaftsgeber nicht daran hindern, Maßnahmen in Bezug auf das Strafrecht der Mitgliedstaaten zu ergreifen, die erforderlich seien, um die volle Wirksamkeit der von ihm zum Schutz der Umwelt erlassenen Rechtsnormen zu gewährleisten, wenn die Anwendung wirksamer, verhältnismäßiger und abschreckender Sanktionen durch die zuständigen nationalen Behörden eine zur Bekämpfung schwerer Beeinträchtigungen der Umwelt unerlässliche Maßnahmen darstellten.[135] Diesen Standpunkt hat der EuGH in seinem zweiten Urteil zur strafrechtlichen Anweisungskompetenz vom 23. Oktober 2007 bestätigt. Damit wurde der Rahmenbeschluss zur Verstärkung des strafrechtlichen Rahmens zur Bekämpfung der Verschmutzung durch Schiffe[136] für nichtig erklärt. Nach Ansicht des EuGH hätten die Vorschriften dieses Rahmenbeschlusses wirksam auf der Grundlage der Bestimmungen über die gemeinsame Verkehrspolitik (Art. 80 Abs. 2 EGV) erlassen werden können, da der Rahmenbeschluss die Handlungen betraf, welche die Umwelt besonders schwer beeinträchtigen können und deren strafrechtliche Sanktionierung für notwendig gehalten wurde, um die Einhaltung der im Bereich der Sicherheit des Seeverkehrs erlassenen Gemeinschaftsvorschriften sicherzustellen.[137] Der Gerichtshof hat zudem von der Möglichkeit Gebrauch gemacht, sich zur Tragweite seiner für das Umweltstrafrecht entwickelten Rechtsprechung zu äußern. Er stellte nämlich fest, dass die Zuständigkeit der EG nicht so weit reiche, dass sie auch Art und Maß der anzuwendenden strafrechtlichen Maßnahmen bestimmen könne.[138]

---

133 EuGH, Urteil v. 23.10.2007, C-440/05, ECLI:EU:C:2007:625 – *Meeresverschmutzung.*

134 Rahmenbeschluss 2003/80/JI des Rates vom 27. Januar 2003 über den Schutz der Umwelt durch das Strafrecht, ABl. 2003, Nr. L 29, S. 55 ff.

135 EuGH, Urteil v. 13.09.2005, C-176/03, ECLI:EU:C:2005:542, Rn. 48 – *Umweltstrafrecht.*

136 Rahmenbeschluss 2005/667/JI des Rates vom 12. Juli 2005 zur Verstärkung des strafrechtlichen Rahmens zur Bekämpfung der Verschmutzung durch Schiffe, ABl. 2005, Nr. L 255, S. 164 ff.

137 EuGH, Urteil v. 23.10.2007, C-440/05, ECLI:EU:C:2007:625, Rn. 69 – *Meeresverschmutzung.*

138 EuGH, Urteil v. 23.10.2007, C-440/05, ECLI:EU:C:2007:625, Rn. 70 – *Meeresverschmutzung.*

Damit wurde die Praxis der Doppelgesetzgebung eingeführt, d.h. von gemeinschaftsrechtlichen Rechtsakten und zusätzlich auf das Unionsrecht gestützten Rahmenbeschlüssen mit strafrechtlichen Bestimmungen.[139]

Die Entscheidungen des EuGH haben die Gesetzgebung der folgenden Jahre beeinflusst, weil der EuGH darin durch einen weiten Rückgriff auf die Lehre vom *effet utile* den Weg zur Harmonisierung der Strafvorschriften im Rahmen der ersten Säule eröffnet hat. Diese Möglichkeit rückte immer stärker dadurch in den Vordergrund, dass die Kommission statt auf Rahmenbeschlüsse verstärkt auf EG-Richtlinien zurückgriff. Auf Vorschlag der Kommission wurde, nach Aufhebung des Rahmenbeschlusses über den Umweltschutz, eine auf Art. 175 Abs. 1 EGV gestützte Richtlinie zum strafrechtlichen Schutz der Umwelt erlassen.[140] In ihrer Mitteilung vom 23.11.2005 hob die Kommission die grundlegende Bedeutung des Urteils zum Umweltstrafrecht und vor allem die Schlussfolgerungen für die Verteilung der Zuständigkeiten in Strafsachen zwischen der ersten und dritten Säule hervor.[141] Sie betonte zunächst, dass die Argumentation des Urteils nicht nur auf den Bereich des Umweltrechts, sondern auch auf die übrigen gemeinsamen Politiken und die Grundfreiheiten Anwendung finden könne.[142] In Bezug auf die Verteilung der Zuständigkeiten ergebe sich die folgende Situation: Erforderlich sei entweder eine strafrechtliche Bestimmung zur wirksamen Umsetzung des Gemeinschaftsrechts – dann greife Gemeinschaftsrecht – oder eine horizontale Bestimmung im Bereich des Strafrechts, die nicht mit der Umsetzung gemeinschaftsrechtlichen Politiken oder Grundfreiheiten zusammenhänge.[143]

---

139 Die Verschmutzung durch Schiffe wurde z.B. durch die Richtlinie 2005/35/EG über die Meeresverschmutzung durch Schiffe und die Einführung von Sanktionen für Verstöße (ABl. 2005, Nr. L 255, S. 11 ff.) und den Rahmenbeschluss 2005/667/JI zur Verstärkung des strafrechtlichen Rahmens zur Bekämpfung der Verschmutzung durch Schiffe (ABl. 2005, Nr. L 255, S. 164 ff.) geregelt. Dabei ergänzte der Rahmenbeschluss die Richtlinie durch detaillierte Bestimmungen in Strafsachen.

140 Richtlinie 2008/99/EG des Europäischen Parlaments und des Rates vom 19. November 2008 über den strafrechtlichen Schutz der Umwelt, ABl. 2008, Nr. L 328, S. 28 ff.

141 KOM(2005)583 endg.

142 KOM(2005)583 endg., Ziffer 6, 8. Anders die Ansicht des Europäischen Parlaments (Dok. P6-260/2006) und der Mitgliedstaaten, die der Meinung waren, dass das Urteil des EuGH eng auszulegen und daher nur auf den Bereich des Umweltrechts beschränkt sei.

143 KOM(2005)583 endg., Ziffer 11.

Die Kommission hat weiterhin eine Reihe von Rechtsakten, die Art. 31 Abs. 1 lit. e EUV a.F. als Grundlage haben sollten, auf Rechtnormen der ersten Säule gestützt. In ihrem Vorschlag vom 21. September 2005[144] stützte die Kommission die Vorratsdatenspeicherung auf Art. 95 EGV, der den Erlass von Maßnahmen erlaubte, welche die Errichtung und das Funktionieren des Binnenmarktes zum Gegenstand hatten.[145] Dies erfolgte ohne Rücksicht auf die herrschende Meinung in der Literatur und die Meinung einiger Mitgliedstaaten.[146] Die Vorratsdatenspeicherung betraf die Vorbeugung, Ermittlung, Aufdeckung und die Verfolgung von Straftaten, einschließlich des Terrorismus, und wurde deshalb zu Recht auf die Vorschriften des EU-Vertrages über die Polizeiliche und Justizielle Zusammenarbeit in Strafsachen gestützt. Der Standpunkt der Kommission wurde vom EuGH in seinem Urteil zur Vorratsdatenspeicherung vom 10.02.2009 bestätigt. Die Richtlinie sei auf einer geeigneten Grundlage erlassen worden, da die Bestimmungen der Richtlinie im Wesentlichen auf die Tätigkeit der Dienstanbieter beschränkt sei und nicht den Zugang zu den Daten und deren Nutzung durch Polizei- und Justizbehörden der Mitgliedstaaten regele.[147] Schließlich wurde die Richtlinie 2006/24/EG zur Vorratsdatenspeicherung jedoch 2014 wegen Verstoßes gegen das in der Europäischen Grundrechtecharta normierte Grundrecht auf Achtung des Privat- und Familienlebens (Art. 7 GRCh), das Grundrecht auf Schutz der personenbezogenen Daten (Art. 8 GRCh) und das Prinzip der Verhältnismäßigkeit (Art. 52 GRCh) als ungültig aufgehoben.[148]

Auf der Grundlage der ersten Säule waren neben der Richtlinie 2008/99/EG über den strafrechtlichen Schutz der Umwelt noch andere Richtlinien erlassen worden: die Richtlinie 2009/123/EG zur Änderung der Richtlinie 2005/35/EG über die Meeresverschmutzung durch Schiffe und die Einführung von

144 KOM(2005)438 endg.

145 Richtlinie 2006/24/EG vom 15.03.2006 über die Vorratsspeicherung von Daten, die bei der Bereitstellung öffentlich zugänglicher elektronischer Kommunikationsdienste oder öffentlicher Kommunikationsnetze erzeugt oder verarbeitet werden, und zur Änderung der Richtlinie 2002/58/EG, ABl. 2006, Nr. L 105, S. 54 ff.

146 So die Meinung einiger Mitgliedstaaten (Frankreich, Irland, Vereinigtes Königreich, Schweden), die bezüglich der Vorratsdatenspeicherung im April 2004 dem Rat einen Vorschlag für einen Rahmenbeschluss vorgelegt haben (Ratsdok. 8958/04 vom 28.04.2004).

147 EuGH, Urteil v. 10.02.2009, C-301/06, ECLI:EU:C:2009:68, Rn. 50.

148 EuGH (Große Kammer), Urteil v. 08.04.2014, C-293/12 und C-594/12, ECLI:EU:C:2014:238, Rn. 69 ff.

Sanktionen für Verstöße[149] sowie die Richtlinie 2009/52/EG über Mindeststandards für Sanktionen und Maßnahmen gegen Arbeitgeber, die Drittstaatsangehörige ohne rechtmäßigen Aufenthalt beschäftigen.[150] Der geänderte Vorschlag für eine Richtlinie über strafrechtliche Maßnahmen zur Durchsetzung der Rechte des geistigen Eigentums vom 26. April 2006,[151] blieb für lange Zeit in der Diskussion. Der Versuch scheiterte schließlich aufgrund mangelnden Konsenses unter den EU-Mitgliedstaaten.[152]

Zusammenfassend hat der Gerichtshof durch seine Rechtsprechung eine deutliche Einschränkung der Festlegung von Mindestvorschriften im materiellen Strafrecht auf der Grundlage der dritten Säule veranlasst.

2. *Meinungen im Schrifttum und abschließende Betrachtung*

Von einem Teil der Literatur ist das „Umweltstrafrecht"-Urteil des EuGH aus dem Jahr 2005 sehr kritisch bewertet worden.[153] Vor dem Hintergrund der Vorbehalte in Bezug auf eine Strafrechtskompetenz der Gemeinschaft vermag die kritische Betrachtung auch nicht zu überraschen. Da die Entscheidung einen besonderen Bereich mitgliedstaatlicher Zuständigkeit und die Kompetenzabgrenzung zwischen der ersten und dritten Säule betraf, wären eine ausführlichere Auseinandersetzung des Gerichtshofs mit den unterschiedlichen Argumenten und eine überzeugendere Begründung zu erwarten gewesen.[154]

---

149 Richtlinie 2009/123/EG des Europäischen Parlaments und des Rates vom 21. Oktober 2009 zur Änderung der Richtlinie 2005/35/EG über die Meeresverschmutzung durch Schiffe und die Einführung von Sanktionen für Verstöße, ABl. EG 2009, Nr. L 280, S. 52 ff.

150 Richtlinie 2009/52/EG des Europäischen Parlaments und des Rates vom 18. Juni 2009 über Mindeststandards für Sanktionen und Maßnahmen gegen Arbeitgeber, die Drittstaatsangehörige ohne rechtmäßigen Aufenthalt beschäftigen, ABl. EG 2009, Nr. L 168, S. 24 ff.

151 KOM(2006)168 endg.

152 Auch wenn das Stockholmer Programm (2010–2014) ausdrücklich aufforderte, Rechtsvorschriften über strafrechtliche Maßnahmen zur Durchsetzung der Rechte des geistigen Eigentums zu prüfen, und der Aktionsplan der Kommission sogar die Aufnahme eines entsprechenden Legislativvorschlags für 2011 vorsah (KOM(2010)171 endg., S. 39), gibt es einen solchen Kommissionsvorschlag aus den genannten Gründen bisher nicht.

153 *Hefendehl*, ZIS 2006, 161 (161 ff.); *Wegener/Greenawalt*, ZUR 2005, 585 (585 ff.); *Pohl*, ZIS 2006, 213 (213 ff.); *Heger*, JZ 2006, 310 (310 ff.).

154 *Hefendehl*, ZIS 2006, 161 (164) (Das Urteil „enttäuscht nicht nur vom Ergebnis, sondern auch von der Begründung her auf ganzer Linie"); *Wegener/Greenawalt*, ZUR

Der EuGH bejahte in seinem Urteil die schon im Schrifttum vertretene Meinung, dass sich aus der Rechtsgrundlage des EG-Vertrages eine strafrechtliche Anweisungskompetenz ableiten lässt.[155] Der Erlass strafrechtlicher Anweisungen war allerdings nur zulässig, wenn sie nicht so weit gefasst wurden, dass die Mitgliedstaaten eine von Brüssel in Tatbestand und Rechtsfolge detailliert ausformulierte Strafbestimmung ohne eigene gesetzgeberische Gestaltungsrechte umsetzen mussten.[156] Im Hinblick auf die Reichweite der strafrechtlichen Anweisungskompetenz wurden unterschiedliche Meinungen geäußert. Zum Teil wurde vertreten, dass die Gemeinschaft detaillierte Vorgaben zu den Tatbestandsvoraussetzungen sowie zu Art und Maß der strafrechtlichen Sanktionen machen durfte.[157] Die herrschende Meinung geht jedoch davon aus, dass die Anweisungskompetenz sich nur auf die Festlegung von Zielvorgaben und auf die Rechtsangleichung der zu erzielenden „Ahndungseffekte" der Sanktionen erstreckte.[158] Gegen detaillierte Vorgaben durch den Harmonisierungsrechtsakt sprach die fehlende Strafrechtsetzungskompetenz der EG. Zudem setzte das strafrechtsspezifische Schonungsgebot, das sich aus der in Art. 5 EGV verankerten Kompetenzausübungsschranke in Zusammenhang mit Art. 6 Abs. 3 EUV a.F. (Achtung der nationalen Identität der Mitgliedstaaten) ableiten ließ, der Harmonisierungstätigkeit der EG im Strafrechtsbereich Grenzen.[159]

Diese Argumente überzeugen, da es sich bei der Anweisungskompetenz nicht um eine neue europarechtliche Kompetenzkategorie handelte. Vielmehr ging es um eine Annexkompetenz, die aus den bereichsspezifischen Spezialermächtigungen des EG-Vertrags (*Implied-Powers*-Lehre[160]) abgeleitet

---

2005, 585 (587) („Das dürre [...] Urteil erschöpft sich weitgehend in Feststellungen. Eine Auseinandersetzung mit Gegenargumenten findet allenfalls in Ansätzen statt.").

155 *Satzger*, Die Europäisierung des Strafrechts, S. 403 ff.; *Hugger*, Strafrechtliche Anweisungen der EG, S. 53 ff.; *Dannecker*, Jura 2006, 95 (97 ff.).

156 *Satzger*, Die Europäisierung des Strafrechts, S. 452; *Schröder*, Europäische Richtlinien und deutsches Recht, S. 184 ff.

157 *Hugger*, Strafrechtliche Anweisungen der EG, S. 59 ff.

158 *Tiedemann*, NJW 1993, 23 (26); *Perron* in *Dörr/Dreher*, Europa als Rechtsgemeinschaft, S. 140 ff.; *Rosenau*, ZIS 2008, 9 (15); *Satzger*, KritV 2008, 17 (22).

159 *Hecker*, JA 2007, 561 (565); *Ambos*, Internationales Strafrecht, 2008, § 11, Rn. 32.

160 Die Argumentation des EuGH auf der Grundlage der Implied-Powers-Doktrin ist allerdings im Strafrecht nicht unproblematisch. Die Aussagen des Gerichtshofs führen zu der Annahme, dass die Rechtsetzungskompetenz der Gemeinschaft so alle für die effektive Zielerreichung relevanten Rechtsbereiche erfasse, unabhängig davon, welchem Rechtsgebiet eine entsprechende Regelung im innerstaatlichen Recht zugeordnet werde. Dies wird aber den Besonderheiten des Strafrechts nicht gerecht. Trotz

wurde.[161] Genauer gesagt, ergab sich kraft Sachzusammenhangs aus der jeweiligen Kompetenznorm (z.B. Art. 175 EGV) die Befugnis der EG, kriminalstrafrechtliche Anweisungen zu erteilen, soweit diese zur Erreichung des jeweiligen Harmonisierungsziels erforderlich waren.[162]

Die Ausübung der Anweisungskompetenz wird, wie jede Kompetenzausübung der Gemeinschaft, durch das Subsidiaritäts- und das Verhältnismäßigkeitsprinzip begrenzt.[163] Damit hat die geäußerte Befürchtung, mit den beiden Urteilen des Gerichtshofs sei der Weg für eine „Totalharmonisierung des Strafrechts"[164] geebnet und der nationale Gesetzgeber zum „Brüsseler Lakaien"[165] degradiert worden, die Grenzen der Angleichung der mitgliedstaatlichen Strafrechts übersehen.[166] Dass der EuGH seinen Willen gezeigt hat, die bestehenden Grenzen mittels Konkretisierung zu respektieren, wurde in seinem Urteil zur Meeresverschmutzung vom 23. Oktober 2007 deutlich. Die Kompetenz der EG zum Erlass strafrechtlicher Anweisungen wurde insofern eingeschränkt, als die EG-Zuständigkeit nicht so weit reiche, auch Art und Maß der anzuwendenden strafrechtlichen Maßnahmen zu bestimmen.[167] Auf diese Weise stellte das Urteil von 2007 die kompetenzrechtlichen Grenzen klar und wurde die befürchtete Schaffung eines supranationalen europäischen Strafrechts durch die Hintertür im Wege detaillierter Richtlinien verhindert.

---

eigenständiger Kriminalpolitik des jeweiligen Mitgliedstaates wird das Strafrecht wie jedes andere Rechtsgebiet dem Effektivitätsprinzip der EG-Kompetenzordnung unterworfen und letztlich als bloßer Durchsetzungsmechanismus des europäischen Rechts instrumentalisiert. Dabei übersieht der Gerichtshof, dass Strafrecht – auch national – nicht ohne Bedenken zur Durchsetzung irgendwelcher Ziele und Vorschriften eingesetzt werden kann. So *Zöller*, ZIS 2009, 340 (349); *Satzger*, KritV 2008, 17 (23); *Satzger*, NK 2007, 92 (94).

161 *Wasmeier/Jour-Schröder* in *von der Groeben/Schwarze*, EUV/EGV, Kommentar, Art. 29 EUV, Rn. 59; *Calliess*, ZEuS 2008, 3 (28 ff.).

162 *Wasmeier/Jour-Schröder* in *von der Groeben/Schwarze*, EUV/EGV, Kommentar, Art. 29 EUV, Rn. 59.

163 *Hecker*, Europäisches Strafrecht, § 8, Rn. 26 ff.; *Zieschang* in FS *Tiedemann*, S. 1313.

164 *Hefendehl*, ZIS 2006, 161 (166 ff.); *Wegener/Greenawalt*, ZUR 2005, 585 (588).

165 *Hefendehl*, ZIS 2006, 161 (167) unter Verweis auf *Schünnemann*, StV 2003, 531 (531).

166 So auch *Hecker*, Europäisches Strafrecht, § 8, Rn. 17.

167 EuGH, Urteil v. 23.10.2007, C-440/05, ECLI:EU:C:2007:625, Rn. 70 – *Meeresverschmutzung*.

§ 2 Harmonisierung im materiellen Strafrecht

A. Vorüberlegungen

Im Rahmen der PJZS wurde das Ziel eines Raums der Freiheit, der Sicherheit und des Rechts verfolgt, das in Art. 29 EUV a.F. normiert wurde. Diese Regelung legte ebenfalls die Bereiche der Zusammenarbeit fest. Art. 29 Abs. 2 EUV a.F. sah die Bekämpfung von Kriminalität, besonders des Terrorismus, des Menschenhandels, der Straftaten gegenüber Kindern, des illegalen Drogen- und Waffenhandels, der Bestechung und Bestechlichkeit sowie des Betrugs vor. Angeführt wurde weiter die Bekämpfung von Rassismus und Fremdenfeindlichkeit. Dafür standen drei Formen der Zusammenarbeit zur Verfügung: eine engere Zusammenarbeit der Polizei-, Zoll- und anderer Behörden, vor allem mit Europol, eine engere Zusammenarbeit der Justizbehörden, insbesondere mit Eurojust, und letztlich eine Harmonisierung der Strafvorschriften, soweit erforderlich. Die konkreten Maßnahmen mit deren Hilfe, die Ziele der PJZS verfolgt wurden, waren in Art. 34 Abs. 2 EUV aufgelistet: gemeinsame Standpunkte, Beschlüsse, Übereinkommen und Rahmenbeschlüsse.

B. Bereiche der Strafrechtsharmonisierung

Rechtsgrundlage der Harmonisierung war Art. 29 Abs. 2, 3. Spiegelstrich i.V.m. Art. 31 Abs. 1 lit. e EUV a.F. Die letzte Vorschrift sah eine schrittweise Annahme von Maßnahmen zur Festlegung von Mindestvorschriften über die Tatbestandsmerkmale strafbarer Handlungen und die Strafen vor. Die Bestimmung bezog sich dem Wortlaut nach allerdings nur auf die Bereiche organisierte Kriminalität, Terrorismus und illegaler Drogenhandel. Betrachtete man diese Vorschrift im Zusammenhang mit Art. 29 EUV a.F., der auch Menschenhandel, Straftaten gegenüber Kindern, Bestechung, Bestechlichkeit, Betrug sowie nicht organisierte Kriminalität beinhaltet, stellte sich die Frage, in welchen Bereichen die Strafrechtsharmonisierung nach der bis dahin geltenden Rechtsgrundlage zulässig war.

Die Vorschrift des Art. 31 Abs. 1 lit. e EUV a.F. im Verhältnis zum weit formulierten Art. 29 EUV a.F. führte zu Auslegungsproblemen in Bezug auf den Umfang der Harmonisierungskompetenz. Die unterschiedlichen Meinungen gingen von einem beispielhaften Charakter[168] bis zu einer abschließenden

168 *Hecker*, Europäisches Strafrecht, 2007, § 11, Rn. 86; *Satzger*, Internationales und europäisches Strafrecht, 2009, § 8, Rn. 52; *Satzger* in *Tiedemann*, Wirtschaftsstrafrecht in der Europäischen Union, S. 81 ff.; *Wasmeier* in *von der Groeben/Schwarze*, EUV/EGV,

Aufzählung[169] des Art. 31 Abs. 1 lit. e EUV a.F. aus. Art. 29 EUV a.F. erklärte „de[n] Raum der Freiheit, der Sicherheit und des Rechts“ zum Ziel der Union, das durch die Bekämpfung der organisierten wie nicht organisierten Kriminalität zu erreichen war, und verwies, unter ausdrücklichem Hinweis auf Art. 31 Abs. 1 lit. e EUV a.F., auf die Strafrechtsharmonisierung als Mittel. Art. 31 Abs. 1 lit. e EUV a.F. deutete mit der Formulierung „das gemeinsame Vorgehen [...] *schließt ein*“ darauf hin, dass die genannten Kriminalitätsbereiche nur beispielhaft aufgeführt waren.[170] Man muss jedoch beachten, dass Art. 29 EUV a.F. eine Zielbestimmung darstellte und es methodisch zweifelhaft ist, von den Zielen des Art. 29 EUV a.F. auf den Umfang der Kompetenzen der EU zu schließen.[171] Die methodische Zweifelhaftigkeit war insofern noch deutlicher, als die zusätzlich in Art. 29 EUV a.F. aufgeführten Bereiche nicht nur die Annäherung des nationalen Strafrechts, sondern auch die anderen Mittel der justiziellen Zusammenarbeit hätten betreffen können.[172]

Kommt man nach dem Heranziehen der wörtlichen und systematischen Auslegung der Art. 29 und 31 Abs. 1 lit. e EUV a.F. zu keinem eindeutigen Ergebnis im Hinblick auf die Harmonisierungsbereiche, ist auf den Willen der Vertragsparteien zurückzugreifen.[173] Das erklärte Bestreben der Mitgliedstaaten im Rahmen der Verhandlungen zum Vertrag von Amsterdam war es, die Kriminalitätsbekämpfung zu verschärfen und somit einen weiteren Schritt auf dem Weg zur europäischen Integration zu machen. Im Einklang mit den Bemühungen der Mitgliedstaaten hat die Schlussfolgerung Nr. 48 des Europäischen Rates von

---

Kommentar, Art. 31 EUV, Rn. 65; *Kraus-Vonjahr*, Der Aufbau eines RFSR in Europa, S. 221.

169 *Suhr*, ZEuS 2008, 45 (54 ff.); *Calliess*, ZEuS 2008, 3 (12 ff.).

170 *Hecker*, Europäisches Strafrecht, 2007, § 11, Rn. 86; *Satzger*, Internationales und europäisches Strafrecht, 2009, § 8, Rn. 52; *Satzger* in *Tiedemann*, Wirtschaftsstrafrecht in der Europäischen Union, S. 81 ff.; *Wasmeier* in *von der Groeben/Schwarze*, EUV/EGV, Kommentar, Art. 31 EUV, Rn. 65; *Wasmeier/Jour-Schröder* in *von der Groeben/Schwarze*, EUV/EGV, Kommentar, Art. 29 EUV, Rn. 10 und 26; *Ambos*, Internationales Strafrecht, 2008, § 12, Rn. 9. Nach dieser Meinung sind die ausdrücklich genannten Bereiche nur „besonders gravierende“ Materien, die prioritär einer Regelung bedürfen. So *Satzger* in *Tiedemann*, Wirtschaftsstrafrecht in der Europäischen Union, S. 83.

171 *Suhr*, ZEuS 2008, 45 (54 ff.); *Suhr* in *Calliess/Ruffert*, EUV/EGV, Kommentar, Art. 31 EUV, Rn. 23; *Calliess*, ZEuS 2008, 3 (12 ff.).

172 *Wasmeier* in *von der Groeben/Schwarze*, EUV/EGV, Kommentar, Art. 31 EUV, Rn. 66.

173 *Wasmeier* in *von der Groeben/Schwarze*, EUV/EGV, Kommentar, Art. 31 EUV, Rn. 66 ff.

Tampere festgelegt, dass unter den besonders relevanten Bereichen, auf die sich die „Bemühungen zur Vereinbarung gemeinsamer Definitionen, Tatbestandsmerkmale und Sanktionen" konzentrieren sollten, u.a. die Finanzkriminalität (Geldwäsche, Bestechung, Fälschung des Euro), die Ausbeutung von Frauen und die sexuelle Ausbeutung von Kindern sowie die Umweltkriminalität von Bedeutung sein sollten.[174] Diese Begrenzung sollte „unbeschadet der umfassenderen Bereiche, auf die der Vertrag von Amsterdam und der Wiener Aktionsplan abstellen", gelten. Der Europäische Rat ging nach dem Abschluss des Vertrags von Amsterdam von einer Annäherung der mitgliedstaatlichen Strafvorschriften in Bereichen aus, die sich keineswegs auf die in Art. 31 Abs. 1 lit. e EUV a.F. genannten Bereiche beschränkten. Dem Europäischen Rat kommt zwar nicht die Befugnis zu, durch Beschluss der Europäischen Union neue Kompetenzen zuzuweisen, seine Schlussfolgerungen sind aber Indizien für die Interpretation des Vertrags.[175] In diesem Zusammenhang ist zu berücksichtigen, dass ein ständiges Heranziehen des Integrationswillens der Mitgliedstaaten über den Wortlaut der vertraglichen Grundlagen zu einer faktischen Befreiung vom Prinzip der begrenzten Einzelermächtigung führen könnte.[176] Im Rahmen der dritten Säule der EU kam es insofern dazu, als sich der Rat und die Kommission bei der Strafrechtsharmonisierung gelegentlich eher von der „Aktualität bestimmter Deliktsformen" als vom Prinzip der Einzelermächtigung leiten ließen.[177]

Auf eine weite Auslegung des Art. 31 Abs. 1 lit. e EUV a.F. im Hinblick auf die Bereiche für die Annäherung der nationalen Strafvorschriften deutete auch die Praxis hin.[178] So ließen sich konkrete Fortschritte der Harmonisierungsbemühungen in unterschiedlichen Kriminalitätsbereichen nachweisen, die sich nicht in der strikten Aufzählung des Art. 31 Abs. 1 lit. e EUV a.F. wiederfinden. Zu diesen Bereichen zählen u.a. Finanzkriminalität (Geldfälschung, Bestechung, Geldwäsche), Menschenhandel, Umweltschutz sowie Schleuserkriminalität. In diesen Bereichen sind auf Art. 31 lit. e[179] oder auf Art. 31 lit e i.V.m. Art. 29 EUV

---

174 So die Schlussfolgerung Nr. 48 des Europäischen Rates von Tampere vom 15. und 16. Oktober 1999, abrufbar unter: http://www.europarl.europa.eu/summits/tam_de.htm (Stand: Juli 2023).

175 *Wasmeier* in *von der Groeben/Schwarze*, EUV/EGV, Kommentar, Art. 31 EUV, Rn. 69.

176 *Hecker*, DöV 2006, 273 (279).

177 *Schünemann*, GA 2004, 193 (196).

178 *Satzger*, KritV 2008, 17 (18).

179 Z.B. Rahmenbeschluss 2001/888/JI zur Änderung des Rahmenbeschlusses 2000/383/JI über die Verstärkung des mit strafrechtlichen und anderen Sanktionen bewehrten Schutzes gegen Geldfälschung im Hinblick auf die Einführung des Euro;

a.F.[180] gestützte Rahmenbeschlüsse erlassen worden. Durch die Rahmenbeschlüsse durften zudem nicht nur Bereiche von untergeordneter Bedeutung geregelt werden, die sich in einer Angleichung bereits unionsweit bestehender Vorschriften erschöpften,[181] sondern es waren aufgrund des Ziels, einen gemeinsamen Rechtsraum zu schaffen, sowohl der Neuerlass als auch die Anpassung vorhandener Regelungen unter den Begriff der Angleichung der Vorschriften nach Art. 34 Abs. 2 lit. b EUV a.F. zu fassen.[182]

Mit Blick auf die Aussagen des Bundesverfassungsgerichts im „Maastricht"-Urteil, dass eine Auslegung der EU-Verträge im Ergebnis keiner *Erweiterung* der durch den jeweiligen Vertrag zugewiesenen Kompetenzen der EU gleichkommen dürfe,[183] wurde eine Klarstellung im Vertragstext erforderlich, sodass solche Probleme bei der Auslegung vermieden werden können.[184] Eine derartige Gelegenheit zur eindeutigen Formulierung der Harmonisierungsbereiche bestand für die Vertragsparteien beim Abschluss des Vertrags von Lissabon. Wie die Mitgliedstaaten von dieser Möglichkeit Gebrauch gemacht haben, wird später untersucht.

C. Voraussetzungen der Harmonisierung

Zu den Maßnahmen für eine effektive Zusammenarbeit zählte gemäß Art. 29 i.V.m. Art. 31 lit. e. EUV a.F. die schrittweise Annäherung der nationalen Strafvorschriften durch Festlegung von Mindestvorschriften, jedoch nur, „soweit dies erforderlich ist". Die Harmonisierung im Strafrechtsbereich stand unter dem Vorbehalt der Erforderlichkeit und der Beschränkung auf eine Mindestharmonisierung.

Rahmenbeschluss 2001/500/JI über Geldwäsche sowie Ermittlung, Einfrieren, Beschlagnahme und Einziehung von Tatwerkzeugen und Erträgen aus Straftaten.

180 Z.B. Rahmenbeschluss 2002/475/JI zur Terrorismusbekämpfung; Rahmenbeschluss 2002/629/JI zur Bekämpfung des Menschenhandels; Rahmenbeschluss 2003/80/JI über den Schutz der Umwelt durch das Strafrecht.

181 So *Satzger* in *Streinz*, Kommentar zum EUV/EGV, Art. 35 EUV, Rn. 13.

182 *Tinkl*, ZIS 2007, 419 (419); *Reichelt*, Die Rechtmäßigkeitskontrolle von Rahmenbeschlüssen, S. 23.

183 BVerfGE 89, 155 (209 ff.), Rn. 157 – *Maastricht*.

184 So auch *Satzger* in *Tiedemann*, Wirtschaftsstrafrecht in der Europäischen Union, S. 83.

I. Erforderlichkeit der Harmonisierung

Harmonisierungsmaßnahmen kamen nur in Betracht, soweit sie „erforderlich“ waren. Eine Prüfung des Erforderlichkeitskriteriums fand im Rahmen des Subsidiaritätsprinzips gemäß Art. 2 Abs. 2 EUV a.F. statt. Wegen des zwischenstaatlichen Charakters der dritten Säule und somit der fehlenden hierarchischen Über-/Unterordnung zweier Kompetenzebenen kam dem Subsidiaritätsprinzip, anders als im Gemeinschaftsbereich, keine Funktion als Kompetenzausübungsschranke zu.[185]

Der Harmonisierung nach Art. 31 lit. e EUV a.F. wurde jedoch im Bereich des Strafrechts Grenzen gesetzt, indem die Erforderlichkeit der Harmonisierung als eigenständige Voraussetzung für Harmonisierungsmaßnahmen der EU vorgesehen wurde.[186] Der Gemeinschaftsgeber hatte die Maßnahmen zur Harmonisierung des nationalen Strafrechts in Bezug auf deren Erforderlichkeit zu rechtfertigen und somit den hohen in diesem Bereich gestellten Anforderungen zu entsprechen.

Harmonisierung ist kein Selbstzweck. Sie stellt eine notwendige Voraussetzung für eine effektive und enge Zusammenarbeit der Justizbehörden im Strafrechtsbereich dar, um den Unionsbürgern ein hohes Maß an Sicherheit zu gewährleisten (Art. 29 Abs. 1 EUV a.F.). Die gegenseitige Anerkennung ausländischer Entscheidungen von Strafgerichten und anderen Justizbehörden als zentraler Grundsatz für die Erleichterung der Zusammenarbeit der Justizbehörden setzt voraus, dass ein gegenseitiges Vertrauen der Mitgliedstaaten in die Rechtsvorschriften der anderen Mitgliedstaaten besteht. Dies ist dann der Fall, wenn eine Annäherung der nationalen Rechtsordnungen durch die Harmonisierung der Strafvorschriften der Mitgliedstaaten geschaffen wird.

---

185 Die Bedeutung des Subsidiaritätsprinzips lag wegen der Verneinung der Justitiabilität des Subsidiaritätsprinzips nach Art. 46 EUV a.F. im politischen Bereich. So *Satzger*, Internationales und Europäisches Strafrecht, 2009, § 8, Rn. 54; *Hecker*, Europäisches Strafrecht, 2007, § 11, Rn. 6. Die Voraussetzung der Erforderlichkeit unterlag aber der Gerichtsbarkeit der EuGH. So *Satzger* in *Tiedemann*, Wirtschaftsstrafrecht in der Europäischen Union, S. 83.

186 *Wasmeier/Jour-Schröder* in *von der Groeben/Schwarze*, EUV/EGV, Kommentar, Art. 29 EUV, Rn. 19; *Satzger* in *Tiedemann*, Wirtschaftsstrafrecht in der Europäischen Union, S. 83 ff.

II. Harmonisierung durch Mindestvorschriften

Darüber hinaus war die Harmonisierungskompetenz der Union gemäß Art. 31 lit. e EUV a.F. auf Mindestvorgaben beschränkt. Die Mitgliedstaaten konnten also in ihrem nationalen Recht über die Unionsvorschriften hinausgehen, d.h. ein Verhalten durch einen strengeren nationalen Tatbestand erfassen und es dementsprechend mit schärferen Strafen ahnden.

Die Union konnte sowohl die Tatbestandsmerkmale als auch Art und Höhe der Strafe regeln. In Bezug auf **Tatbestandsmerkmale** schrieben die Unionsvorschriften bestimmte, nach objektiven und subjektiven Tatbestandselementen definierte Verhaltensweisen vor, die unter Strafe zu stellen waren. Diese mussten von den einzelstaatlichen Straftatbeständen mindestens erfasst werden. Den Mitgliedstaaten stand es aber frei, weitere Verhaltensweisen für strafbar zu erklären. Der Begriff „Mindestvorschriften“ ist hier im Sinne einer Mindeststrafbarkeit zu verstehen, die den Mitgliedstaaten einen Spielraum für strengere Maßnahmen lässt.[187] Ihnen war es jedoch vorenthalten, die Mindestvorschriften der vorgeschriebenen strafbaren Handlungen zu unterschreiten, indem sie zusätzliche Strafbarkeitsvoraussetzungen aufstellen.[188]

Besonders intensiv wurde diskutiert, was Mindestvorschriften in Bezug auf die **Strafen** bedeuten.[189] Altes Unionsrecht enthielt keine Angaben über die Höhe der Sanktion, wenn es eine Strafe vorsah. Vielmehr bezog es sich darauf, dass die Mitgliedstaaten ein bestimmtes Verhalten mit „wirksamen, verhältnismäßigen und abschreckenden Sanktionen“[190] zu ahnden hatten und in schweren Fällen auch Freiheitsstrafen verhängen konnten. Im Gegensatz dazu hat die Union nach dem Vertrag von Amsterdam, gestützt auf Art. 31 lit. e EUV a.F., Maßnahmen zur Harmonisierung des Sanktionsniveaus erlassen. Diese Vorschrift, die ausdrücklich die Möglichkeit von Mindestvorschriften über Strafen vorsah, wurde später durch die Schlussfolgerungen des Rates von Tampere insofern bestätigt, als diese klarstellten, dass die Harmonisierung der mitgliedstaatlichen Strafrechte ebenfalls die Harmonisierung des Sanktionsniveaus umfasst.[191]

---

187 *Wasmeier* in *von der Groeben/Schwarze*, EUV/EGV, Kommentar, Art. 31 EUV, Rn. 72.

188 So *Wasmeier* in *von der Groeben/Schwarze*, EUV/EGV, Kommentar, Art. 31 EUV, Rn. 56.

189 *Wasmeier* in *von der Groeben/Schwarze*, EUV/EGV, Kommentar, Art. 31 EUV, Rn. 76.

190 Diese Formel wird in mehreren EU-Rechtsakten verwendet und geht auf das „Mais“-Urteil des EuGH, Urteil v. 21.09.1989, C-68/88, ECLI:EU:C:1989:339, zurück.

191 Vgl. Schlussfolgerung Nr. 48 des Europäischen Rates von Tampere vom 15. und 16. Oktober 1999, abrufbar unter: http://www.europarl.europa.eu/summits/tam_de.htm (Stand: Juli 2023): „[…] in Bezug auf das nationale Strafrecht die Bemühungen

Eine Annäherung des tatsächlichen Strafmaßes im Interesse einer gleichmäßigen Anwendung des Unionsrechts konnte sich nicht durchsetzen, weil nach Art. 29, 3. Spiegelstrich i.V.m. Art. 31 lit. e EUV a.F. die Strafvorschriften der Mitgliedstaaten harmonisiert werden sollten, nicht aber die verhängten Strafen.[192] Die Einführung einer sogenannten Mindestmindeststrafe, die eine Strafrahmenuntergrenze darstellte, die nicht unterschreiten werden durfte, wurde von der Union wegen des besonderen Eingriffs in die Kriminalpolitik der Mitgliedstaaten und in die Strafzumessung durch die nationalen Gerichte nicht berücksichtigt.[193] Für die Harmonisierung des Sanktionsniveaus hat sich letztlich das Konzept der Mindesthöchststrafe etabliert.[194] Danach konnte die Gemeinschaft ein Mindestmaß der Höchststrafe festlegen, das die Mitgliedstaaten nicht unterschreiten durften. Erstmals hat der Rahmenbeschluss zum Schutz des Euro gegen Geldfälschung im Jahre 2000 für bestimmte Handlungen (Fälschung und Verfälschung von Geld) eine Mindesthöchststrafe von acht Jahren vorgesehen.[195] Zahlreiche Rahmenbeschlüsse, die in den folgenden Jahren erlassen worden sind, haben ebenfalls auf die Festlegung eines Minimums für die Höchststrafe zurückgegriffen.[196]

Allerdings haben manche Mitgliedstaaten (skandinavische Staaten, Österreich) Kritik an der Harmonisierung des Strafniveaus anhand der Festlegung der Mindesthöchststrafe geäußert.[197] Daher kam nicht selten keine verbindliche Einigung über bestimmte Rechtsakte zustande. Argumentiert wurde damit, dass

---

zur Vereinbarung gemeinsamer Definitionen, Tatbestandsmerkmale und *Sanktionen* zunächst auf eine begrenzte Anzahl von besonders relevanten Bereichen [...] konzentrieren sollte". Hervorhebung durch die Verfasserin.

192 Dies ergab sich besonders aus der französischen Fassung des EU-Vertrags a.F., die in Art. 31 lit. e EUV a.F. von den anwendbaren („sanctions applicables"), nicht aber von angewendeten Strafen („sanction apliquées") sprach. Siehe *Wasmeier* in *von der Groeben/Schwarze*, EUV/EGV, Kommentar, Art. 31 EUV, Rn. 76; *Hecker*, Europäisches Strafrecht, 2007, § 11, Rn. 5.

193 *Vogel*, GA 2003, 314 (329).

194 *Vogel*, GA 2003, 314 (329); *Wasmeier* in *von der Groeben/Schwarze*, EUV/EGV, Kommentar, Art. 31 EUV, Rn. 78.

195 Art. 6 Abs. 2 des Rahmenbeschlusses 2000/383/JI des Rates vom 29. Mai 2000 über die Verstärkung des mit strafrechtlichen und anderen Sanktionen bewehrten Schutzes gegen Geldfälschung im Hinblick auf die Einführung des Euro. ABl. 2000, Nr. L 140, S. 1 ff.

196 Eine Übersicht der angenommenen Rechtsakte findet sich bei *Ligeti*, Strafrecht und strafrechtliche Zusammenarbeit in der EU, S. 267, Fn. 142 und 143.

197 *Zeder*, ERA Forum 2008, 209 (216).

die Bestimmung des Strafrahmens und der tatsächlich verhängten Strafe von zahlreichen Vorschriften des nationalen Strafrechts (wie etwa über die Strafzumessung, die Umwandlung in eine Geldstrafe, die bedingte Entlastung, die strafschärfenden oder -mildernden Umstände) und von deren Anwendung durch die nationalen Gerichte abhänge.[198] Daher komme es durch die Angleichung der Strafrahmen praktisch nicht zu einer Annäherung der Strafen und gegebenenfalls zur Verhinderung des *forum shopping*. Außerdem führe die Angleichung der Strafrahmen und damit das Vorschreiben einer höheren Mindesthöchststrafe auf europäischer Ebene dazu, dass die Kohärenz der innerhalb eines Mitgliedstaates geregelten Abstufung der Strafrahmen gestört werde.[199]

Da es jedoch empfehlenswert war, einen allgemeinen Ansatz zur Angleichung der Strafen festzulegen, hat der Rat trotz der Kritik der Mitgliedstaaten nach intensiven Beratungen und langen Verhandlungen auf seinem Treffen vom 25.–26.04.2002, unter ausdrücklicher Anerkennung der unterschiedlichen Rechtstraditionen der Mitgliedstaaten, eine Politik der Strafrahmenharmonisierung beschlossen.[200] Entwickelt wurde ein System von vier Strafniveaus über Spannen für eine Höchststrafe. Jeder Mitgliedstaat durfte die für ihn passende Höhe der Strafe innerhalb der Spanne wählen (Niveau 1: Höchststrafen von einem bis zu drei Jahren; Niveau 2: Höchststrafen von zwei bis zu fünf Jahren; Niveau 3: Höchststrafen von fünf bis zu zehn Jahren; Niveau 4: über zehn Jahren). Da die aufgeführten Strafniveaus als Mindesthöchststrafen vorgesehen wurden, stand es den Mitgliedstaaten frei, in ihrem nationalen Strafrecht höhere Strafen vorzusehen.

D. Kriminalpolitische Vorgaben – vom Wiener bis zum Haager Programm

Die Brüsseler Kriminalpolitik wird in den Jahresprogrammen des Europäischen Rates festgelegt, die als Leitlinien bei der Rechtsetzung dienen sollen.[201]

Das erste Jahresprogramm war der am 3. Dezember 1998 angenommene **Wiener Aktionsplan**[202] zur Umsetzung der Bestimmungen des Amsterdamer

198 *Zeder*, ERA Forum 2008, 209 (216).

199 Dazu *Ligeti*, Strafrecht und strafrechtliche Zusammenarbeit in der EU, S. 268 ff.: *Zeder*, ERA Forum 2008, 209 (216).

200 Ratsdok. 7991/02 vom 25.—26.04.2002, S. 14 ff.

201 Zu den Arbeitsprogrammen *Monar*, integration 2000, 23 ff.; *Wasmeier/Jour-Schröder* in *von der Groeben/Schwarze*, EUV/EGV, Kommentar, Vorbemerkungen zu den Art. 29 bis 42 EUV, Rn. 43 ff.

202 ABl. EG 1999, Nr. C 19, S. 1 ff.

Vertrages über den Aufbau eines Raums der Sicherheit, der Freiheit und des Rechtes. Zur Vorbereitung verabschiedete die Kommission im Juli 1998 eine Mitteilung[203] mit Überlegungen zu künftigen Aufgaben sowie mit Maßnahmen für den Übergang zum neuen Vertrag. In der Mitteilung wurden ebenfalls die Begriffe des Raums der Sicherheit, der Freiheit und des Rechtes umrissen und ein Vorschlag für die Bildung von Prioritäten für die nächsten fünf Jahre unterbreitet. Der Aktionsplan griff diese Vorschläge auf und hätte damit einen Beitrag zur bestmöglichen Umsetzung der Bestimmungen des Amsterdamer Vertrags leisten sollen. Er gab im allgemeinen Teil Definitionshilfen für die drei Begriffe „Sicherheit", „Freiheit" und „Recht" und enthielt konkrete Maßnahmen bezüglich der Zusammenarbeit im Bereich Justiz und Inneres, die innerhalb von Fristen zwischen zwei und fünf Jahren hätten ergriffen werden sollen. Trotz einer Vielzahl von konkreten Maßnahmen sah der Wiener Aktionsplan allerdings nur eine bloße Fortführung der Zusammenarbeit vor, wie sie schon vor Amsterdam existiert hatte, und stellte daher keine neue Dimension europäischer Zusammenarbeit dar.[204]

Vor diesem Hintergrund bedurfte der Wiener Aktionsplan auf dem Weg zur Schaffung des Raums der Sicherheit, der Freiheit und des Rechtes einer Präzisierung auf der ersten Sondertagung des Europäischen Rates zum Thema Justiz- und Innenpolitik in der Geschichte des europäischen Integrationsprozesses, die im Oktober 1999 in Tampere stattfand. Die **Beschlüsse von Tampere**[205] sind als ein deutliches Bekenntnis des Europäischen Rates zu werten, das Projekt eines Raums der Sicherheit, der Freiheit und des Rechtes aktiv voranzutreiben und die Ziele des Vertrags von Amsterdam Wirklichkeit werden zu lassen. Der Europäische Rat erteilte mehr als sechzig konkrete Arbeitsaufträge an die Mitgliedstaaten und die europäischen Institutionen und legte entsprechende Umsetzungs- und Berichtsfristen – bis Ende 2004 – fest. Die Kommission erhielt den Auftrag, den Stand der Umsetzung in einem Fortschrittsanzeiger zu dokumentieren und die Verantwortlichen an ihre Aufgaben sowie die gesetzten Fristen zu erinnern. Die in Bezug auf die Strafrechtsharmonisierung wichtigen Bestimmungen sind im Kapitel „Unionsweite Kriminalitätsbekämpfung" enthalten. Für eine enge grenzüberschreitende Zusammenarbeit in Strafsachen wurden für eine Anzahl von schwerwiegenden Delikten – wie Finanzkriminalität (Geldwäsche, Bestechung,

203 KOM(1998)459 endg.

204 *Monar*, integration 2000, 18 (27).

205 Europäischer Rat, 15. und 16.10.1999, Schlussfolgerungen des Vorsitzes, abrufbar unter: http://www.europarl.europa.eu/summits/tam_de.htm (Stand: Juli 2023).

Fälschung des Euro), illegaler Drogenhandel, Menschenhandel, insbesondere die Ausbeutung von Frauen, sexuelle Ausbeutung von Kindern, High-Tech-Kriminalität und Umweltkriminalität – Maßnahmen zur Festlegung von gemeinsamen Definitionen, Tatbestandsmerkmale und Sanktionen angestrebt (Nr. 48 der Schlussfolgerungen). Sondermaßnahmen, wie z.B. die Umsetzung der Geldwäscherichtlinie, die Annäherung der materiellen und der formellen Strafrechtsbestimmungen zur Geldwäsche (z.B. Ermitteln, Einfrieren und Einziehen von Vermögensgegenständen), wurden zur Bekämpfung der Geldwäsche als „Herzstück der organisierten Kriminalität" vorgesehen (Nr. 51 ff. der Schlussfolgerungen).

Im Dezember 2001, zwei Jahre nach dem Europäischen Rat von Tampere, zog der Europäische Rat in den **Schlussfolgerungen von Laeken**[206] Bilanz und bekräftigte das Engagement für die Verstärkung des Raums der Freiheit, der Sicherheit und des Rechts (Nr. 37 der Schlussfolgerungen). Die Bewertung der Fortschritte im Bereich der PJZS fiel positiver aus als diejenige für die anderen Bereiche der Justiz und des Inneren. Neben den institutionellen Errungenschaften (Errichtung von Eurojust, Schaffung der Europäischen Polizeiakademie und der Task Force der Polizeichefs – Nr. 43 der Schlussfolgerungen) wurden im Bereich der Annäherung des materiellen Strafrechts der Rahmenbeschluss zur Bekämpfung des Menschenhandels[207] sowie die gemeinsamen Definitionen der terroristischen Straftatbestände und der Mindesthöchststrafen[208] hervorgehoben (Nr. 45 der Schlussfolgerungen). Defizite wurden u.a. im Bereich der Bekämpfung des Drogenhandels festgestellt (Nr. 44 der Schlussfolgerungen).

Am 4. und 5. November 2004 verabschiedete der Europäische Rat das **Haager Programm**[209] zur Stärkung von Freiheit, Sicherheit und Recht in der Europäischen Union.[210] Dieses knüpfte an das Programm von Tampere an und setzte

---

206 Europäischer Rat, 14. und 15.12.2001, Schlussfolgerungen des Vorsitzes, abrufbar unter: https://www.consilium.europa.eu/media/20942/68829.pdf (Stand: Juli 2023).

207 Rahmenbeschluss 2002/629/JI des Rates vom 19. Juli 2002 zur Bekämpfung des Menschenhandels, ABl. 2002, Nr. L 203, S. 1 ff. Siehe auch Entschließung des Rates vom 20.10.2003 über Initiativen zur Bekämpfung des Menschenhandels, insbesondere des Frauenhandels, ABl. EG 2003, Nr. C 260, S. 4 ff.; KOM(2005)514 endg. – Mitteilung der Kommission „Bekämpfung des Menschenhandels".

208 Rahmenbeschluss 2002/475/JI des Rates vom 13. Juni 2002 zur Terrorismusbekämpfung, ABl. 2002, Nr. L 164. S. 3 ff.

209 ABl. EG 2005, Nr. C 53. S. 1 ff.

210 Dazu *Röben* in *Grabitz/Hilf*, EUV/EGV, Kommentar, Vorbemerkungen zu Titel VI EUV, Rn. 72 ff.

ehrgeizige Ziele im Bereich des RFSR. Es bekräftigte den Aufbau eines Raums der Freiheit, der Sicherheit und des Rechts als vorrangiges Ziel. Die Kommission wurde beauftragt, auf der Grundlage des Haager Programms einen Aktionsplan vorzulegen.[211] Der Rat nahm im Juni 2005 mit dem Aktionsplan zur Umsetzung des Haager Programms das Arbeitsprogramm für den Zeitraum von 2005 bis 2010 an.[212] Auch wenn sich unter den zehn Prioritäten des Haager Programms die Bekämpfung des Terrorismus und der organisierten Kriminalität wiederfand, enthielt das Arbeitsprogramm keine konkreten Maßnahmen bezüglich der Harmonisierung des materiellen Strafrechts.

In den Mitteilungen der Kommission, welche die Umsetzung des Haager Programms und die erzielten Fortschritte evaluierten, fiel die Bilanz hinsichtlich der PJZS eher unbefriedigend aus.[213] Bei den Maßnahmen im Bereich der dritten Säule, insbesondere bei der Prävention und Bekämpfung der organisierten Kriminalität, der Zusammenarbeit der Polizei- und Zollbehörden und der justiziellen Zusammenarbeit in Strafsachen, wurden langsame Fortschritte erzielt. Kontinuierliche Fortschritte waren allerdings bei der Terrorismusbekämpfung zu verzeichnen, die weiterhin zu den politischen Prioritäten im Bereich Justiz und Inneres gehörten.[214]

E. Erlassene Rechtsakte zur Strafrechtsharmonisierung

Die Einführung des Rahmenbeschlusses im Jahre 1997 hat der Rechtsetzung in der dritten Säule eine außergewöhnliche Dynamik verliehen. Seitdem wurden bis zum Jahr 2009 34 Rahmenbeschlüsse erlassen.[215] Die meisten Rahmenbeschlüsse betrafen das materielle Strafrecht und enthielten Mindestanforderungen bezüglich Tatbestandsmerkmalen bestimmter Straftaten, Anforderungen an das gesetzliche Strafmaß und Bestimmungen zur Gerichtsbarkeit.[216] Die anderen Rahmenbeschlüsse betrafen das Strafverfahren, die praktische

211 KOM(2005)184 endg.

212 ABl. EG 2005, Nr. C 198. S. 1 ff.

213 KOM(2006)331, endg., S. 11 ff.; KOM(2006)333, endg., S. 17 ff.

214 KOM(2006)331, endg; KOM(2006)333, endg.; KOM(2007)373 endg.; KOM(2008)373 endg.; KOM(2009)263 endg.

215 *Peers*, EU Justice and Home Affairs Law, S. 13. Siehe auch *Röcker*, Die Pflicht zur rahmenbeschlusskonformen Auslegung nationalen Rechts, S. 25, besonders Fn. 52.

216 *Wasmeier* in *Lagodny/Wiederin/Winkler*, Probleme des Rahmenbeschlusses am Beispiel des Europäischen Haftbefehls, S. 60.

Zusammenarbeit zwischen den Mitgliedstaaten und die gegenseitige Anerkennung von Justizentscheidungen.[217]

Unter Beachtung der Mehrjahresprogramme wurden im materiellen Strafrecht zu folgenden Kriminalitätsbereichen Rahmenbeschlüsse erlassen:

- Geldfälschung,[218]
- Betrug und Fälschung bei bargeldlosen Zahlungsmitteln,[219]
- Geldwäsche,[220]
- Terrorismus,[221]
- Menschenhandel,[222]
- Umweltdelikte,[223]
- Bekämpfung der Beihilfe zur unerlaubten Ein- und Durchreise und zum unerlaubten Aufenthalt,[224]

---

217 *Wasmeier* in *Lagodny/Wiederin/Winkler*, Probleme des Rahmenbeschlusses am Beispiel des Europäischen Haftbefehls, S. 61. Ebenso *Kaiafa-Gbandi*, ZIS 2006, 521 (527 ff.).

218 Rahmenbeschluss 2000/383/JI des Rates vom 29. Mai 2000 über die Verstärkung des mit strafrechtlichen und anderen Sanktionen bewehrten Schutzes gegen Geldfälschung im Hinblick auf die Einführung des Euro, ABl. 2000, Nr. L 140, S. 1 ff.; Rahmenbeschluss 2001/888/JI des Rates vom 6. Dezember 2001 zur Änderung des Rahmenbeschlusses 2000/383/JI über die Verstärkung des mit strafrechtlichen und anderen Sanktionen bewehrten Schutzes gegen Geldfälschung im Hinblick auf die Einführung des Euro, ABl. 2001, Nr. L 329, S. 3 ff.

219 Rahmenbeschluss 2001/413/JI des Rates vom 28 Mai 2001 zur Bekämpfung von Betrug und Fälschung im Zusammenhang mit bargeldlosen Zahlungsmitteln, ABl. 2001, Nr. L 149, S. 1 ff.

220 Rahmenbeschluss 2001/500/JI des Rates vom 26. Juni 2001 über Geldwäsche sowie Ermittlung, Einfrieren, Beschlagnahme und Einziehung von Tatwerkzeugen und Erträgen aus Straftaten, ABl. 2001, Nr. L 182, S. 1 ff.

221 Rahmenbeschluss 2002/475/JI des Rates vom 13. Juni 2002 zur Terrorismusbekämpfung, ABl. 2002, Nr. L 164. S. 3 ff.; Rahmenbeschluss 2008/919/JI des Rates vom 28. November 2008 zur Änderung des Rahmenbeschlusses 2002/475/JI zur Terrorismusbekämpfung, ABl. 2008, Nr. L 330, S. 21 ff.

222 Rahmenbeschluss 2002/629/JI des Rates vom 19. Juli 2002 zur Bekämpfung des Menschenhandels, ABl. 2002, Nr. L 203, S. 1 ff.

223 Rahmenbeschluss 2003/80/JI des Rates vom 27. Januar 2003 über den Schutz der Umwelt durch das Strafrecht, ABl. 2003, Nr. L 29, S. 55 ff.

224 Rahmenbeschluss 2002/946/JI vom 28. November 2002 betreffend die Verstärkung des strafrechtlichen Rahmens für die Bekämpfung der Beihilfe zur unerlaubten Ein- und Durchreise und zum unerlaubten Aufenthalt, ABl. 2002, Nr. L 328, S. 1 ff.

- Bestechung im Privatsektor,[225]
- sexuelle Ausbeutung von Kindern und Kinderpornografie,[226]
- Drogenhandel,[227]
- Delikte gegen Informationssysteme,[228]
- Meeresverschmutzung,[229]
- Bekämpfung der organisierten Kriminalität,[230]
- Rassismus und Fremdenfeindlichkeit.[231]

§ 3 Intergouvernementaler Rahmen

Der Entwicklungszustand des europäischen Strafrechts vor dem Vertrag von Lissabon lässt sich durch den institutionellen und gesetzgebungsrechtlichen Rahmen der dritten Säule erklären. Die einzigartigen Herausforderungen des intergouvernementalen Sonderwegs werden im Folgenden untersucht. Sie verdeutlichen das spannungsgeladene Verhältnis zwischen dem Integrationswunsch der Union und den mitgliedstaatlichen Souveränitätsvorbehalten.

A. Befugnisse der Organe

Die Hauptgemeinschaftsorgane Rat, Kommission und Europäisches Parlament waren seit dem Vertrag von Maastricht auch im Rahmen der intergouvernementalen Zusammenarbeit tätig. Auch wenn die Kompetenzen der Organe durch

---

225 Rahmenbeschluss 2003/568/JI des Rates vom 22. Juli 2003 zur Bekämpfung der Bestechung im privaten Sektor, ABl. 2003, Nr. L 192, S. 54 ff.

226 Rahmenbeschluss 2004/68/JI des Rates vom 22. Dezember 2003 zur Bekämpfung der sexuellen Ausbeutung von Kindern und der Kinderpornografie, ABl. 2004, Nr. L 13, S. 44 ff.

227 Rahmenbeschluss 2004/757/JI des Rates vom 25. Oktober 2004 zur Festlegung von Mindestvorschriften über die Tatbestandsmerkmale strafbarer Handlungen und die Strafen im Bereich des illegalen Drogenhandels, ABl. 2004, Nr. L 335, S. 8 ff.

228 Rahmenbeschluss 2005/222/JI des Rates vom 24. Februar 2005 über Angriffe auf Informationssysteme, ABl. 2005, Nr. L 89, S. 67 ff.

229 Rahmenbeschluss 2005/667/JI des Rates vom 12. Juli 2005 zur Verstärkung des strafrechtlichen Rahmens zur Bekämpfung der Verschmutzung durch Schiffe, ABl. 2005, Nr. L 255, S. 164 ff.

230 Rahmenbeschluss 2008/841/JI des Rates vom 24. Oktober 2008 zur Bekämpfung der organisierten Kriminalität, ABl. 2008, Nr. L 300, S. 42 ff.

231 Rahmenbeschluss 2008/913/JI des Rates vom 28. November 2008 zur strafrechtlichen Bekämpfung bestimmter Formen und Ausdrucksweisen von Rassismus und Fremdenfeindlichkeit, ABl. 2008, Nr. L 328, S. 55 ff.

den Amsterdamer Vertrag in verschiedener Hinsicht gestärkt wurden, trugen sie doch weiterhin der intergouvernementalen Prägung Rechnung.

I. Rat als wesentliches Entscheidungsorgan

Der Rat war das wesentliche Entscheidungs- und Rechtsetzungsorgan im Rahmen der dritten Säule. Nur ihm standen die Handlungsinstrumente der Art. 34 Abs. 2 EUV a.F. zu. Zudem war der Rat das zentrale Kommunikations-, Konsultations- und Koordinationsorgan für die Zusammenarbeit der Mitgliedstaaten (Art. 34 Abs. 1 EUV a.F.).

II. Initiativrecht der Kommission

Die Kommission war im Bereich der dritten Säule in vollem Umfang an der Gestaltung der Politik beteiligt. Im Bereich des Strafrechts stand der Kommission ein Initiativrecht zu, das sie mit den Mitgliedstaaten teilte. Zudem konnte sie nach Art. 35 Abs. 6 EUV a.F. Rahmenbeschlüsse des Rates einer gerichtlichen Kontrolle durch den EuGH zuführen.

III. Beteiligung des Europäischen Parlaments

Vor der Verabschiedung von Rahmenbeschlüssen durch den Rat war das Europäische Parlament zu hören (Art. 39 Abs. 1 EUV a.F.). Innerhalb einer vom Rat gesetzten Frist, die mindestens drei Monate betragen musste, gab das Parlament seine Stellungnahme ab. Wurde innerhalb der Frist keine Stellungnahme abgegeben, konnte der Rat beschließen. Das Parlament konnte dadurch grundsätzlich bereits im Vorfeld einer Maßnahme die Beschlussfassung des Rates beeinflussen. Entscheidungsbefugnisse kamen ihm in der Sache nicht.

IV. Europäischer Rat als spezifisches Unionsorgan

Der Europäische Rat ist das spezifische Organ der Union, das im Vergleich zu den anderen Organen seine Grundlage und die Festlegung seiner Aufgaben im EU-Vertrag (Art. 4 EUV a.F.) fand. Als Leitungsorgan gab er der Union die für ihre Entwicklung erforderlichen Impulse und legte die allgemeinen politischen Ziele für diese Entwicklung fest.

Zudem erstattete der Europäische Rat dem Europäischen Parlament nach jeder Tagung Bericht und legte ihm alljährlich einen schriftlichen Bericht über die Fortschritte der Union vor. Diese Form der Einbindung des Europäischen Parlaments in die Politik der Europäischen Union bestätigte die intergouvernementale Struktur der dritten Säule.

B. Einstimmigkeit als Grundregel im Rechtsetzungsverfahren

Für die Beschlussfassung in der dritten Säule war Einstimmigkeit die Regel, sodass eine Bindung der Mitgliedstaaten gegen ihren Willen nicht möglich war. Ausgenommen waren die Maßnahmen zur Durchführung der Beschlüsse nach Art. 34 Abs. 2 lit. c EUV a.F., die mit qualifizierter Mehrheit verabschiedet wurden.

C. Handlungsinstrumente

I. Allgemeines

Für die Strafrechtsharmonisierung kamen nach Art. 34 Abs. 2 EUV a.F. Rahmenbeschlüsse und Übereinkommen in Betracht. Die Übereinkommen erwiesen sich jedoch wegen des Ratifikationserfordernisses eher als eine schwerfällige Handlungsform. Ein Beispiel dafür ist das Übereinkommen über den Schutz der finanziellen Interessen der EG vom 26.07.1995,[232] das erst sieben Jahre nach seinem Abschluss in Kraft getreten ist. Das Instrument der Übereinkommen wurde durch den Vertrag von Amsterdam insofern effektiver, als Übereinkommen danach auch vorzeitig in Kraft treten konnten, wenn sie von mindestens der Hälfte der Mitgliedstaaten ratifiziert wurden. Hierdurch wurde jedoch nur eine Teilharmonisierung des Strafrechts erreicht, da die Übereinkommen nur in den unterzeichnenden Mitgliedstaaten in Kraft treten konnten. Die Verbindlichkeit der Rahmenbeschlüsse für die Mitgliedstaaten ohne Ratifikation erklärte dagegen die Beliebtheit des Rahmenbeschlusses gegenüber dem Übereinkommen. Der Rat hat daher vor allem auf dieses Rechtsinstrument bei der Gesetzgebung im Strafrechtsbereich zurückgegriffen. Dass dem Rahmenbeschluss ein hoher Stellenwert im Rahmen der PJZS zugemessen wurde, ergibt sich auch aus den zahlreichen Rahmenbeschlüssen, die seit Einführung dieser Handlungsform erlassen worden sind.

II. Rahmenbeschluss als wesentliches Instrument der Harmonisierung

1. Rahmenbeschluss und Richtlinie

Der Rahmenbeschluss diente nach Art. 34 Abs. 2 lit. b EUV a.F. der Angleichung der Rechts- und Verwaltungsvorschriften der Mitgliedstaaten. Dieses durch den Vertrag von Amsterdam eingeführte Handlungsinstrument ersetzte das zuvor bestehende Instrument der gemeinsamen Maßnahme, deren

232 ABl. EG 1995 Nr. C 316, S. 49, in Kraft in den Mitgliedstaaten seit 17.10.2002.

rechtliche Bindungswirkung umstritten war.[233] Damit wurde das Ziel verfolgt, ein effektiveres Harmonisierungsinstrument zu schaffen. Dies sollte dadurch erreicht werden, dass der Rahmenbeschluss nach dem Vorbild der Richtlinie des Gemeinschaftsrechts gemäß Art. 288 Abs. 3 AEUV (früher Art. 249 Abs. 3 EGV) konstruiert war. Wie die Richtlinie war der Rahmenbeschluss für die Mitgliedstaaten nur hinsichtlich des zu erreichenden Ziels verbindlich, nicht aber bezüglich der Formen und Mittel der Zielverwirklichung. Der wesentliche Unterschied zwischen den beiden Rechtsinstrumenten bestand jedoch darin, dass eine unmittelbare Wirkung von Rahmenbeschlüssen nach Art. 34 Abs. 2 lit. b EUV a.F. ausdrücklich ausgeschlossen war. Vor diesem Hintergrund war in der Literatur viel darüber diskutiert worden, ob und unter welchen Voraussetzungen eine rahmenbeschlusskonforme Auslegung angenommen werden kann. Wenn ein Mitgliedstaat einen Rahmenbeschluss unzureichend oder gar nicht umgesetzt hatte, könnte nämlich die Auslegung dieselbe Wirkung auf das mitgliedstaatliche Recht wie eine unmittelbare Wirkung haben.[234] Das Thema wurde in der EuGH-Entscheidung „Pupino" aufgegriffen, die allerdings teilweise auf Kritik stieß.[235]

2. Durch Richterrecht entwickelte Pflicht zur rahmenbeschlusskonformen Auslegung

Der EuGH hat in seinem Urteil „Pupino" eine unionsrechtliche Pflicht zur rahmenbeschlusskonformen Auslegung festgestellt.[236] In dem konkreten Fall ging es um die Auslegung von Bestimmungen eines in einem Mitgliedstaat noch nicht umgesetzten Rahmenbeschlusses in einem Strafverfahren.[237] Zur Begründung der unionsrechtlichen Pflicht zur rahmenbeschlusskonformen Auslegung stützte sich der Gerichtshof auf mehrere Argumente.

In erster Linie argumentierte EuGH mit der Ähnlichkeit zwischen Rahmenbeschlüssen und Richtlinien. Er hob dabei auf den Wortlaut des Art. 34 Abs. 2 lit. b EUV a.F. ab, der eng an den Wortlaut des Art. 249 Abs. 3 EGV (jetzt: Art. 288 Abs. 3 AEUV) angelehnt war. Daraus folgerte EuGH den „zwingenden

---

233 *von Bogdandy/Bast/Arndt*, ZaöRV 2002, 77 (110 ff.).

234 So *Tinkl*, Die Rechtstellung des Einzelnen nach dem Rahmenbeschluss über den Europäischen Haftbefehl, S. 103 ff.; *Tinkl*, StV 2006, 36 (38).

235 *Schönberger*, ZaöRV 2007, 1107 (1127).

236 EuGH, Urteil v. 16.06.2005, C-105/03, ECLI:EU:C:2005:386 – *Pupino*.

237 Rahmenbeschluss des Rates 2001/220/JI vom 15.03.2001 über die Stellung des Opfers im Strafverfahren, ABl. 2001 Nr. L 82, S. 1.

Charakter" von Rahmenbeschlüssen, der mit den gleichen Worten wie in der Bestimmung zur Richtlinie zum Ausdruck gebracht werde, und aus diesem eine Pflicht zur rahmenbeschlusskonformen Auslegung nationalen Rechts.[238]

Des Weiteren bezieht sich der EuGH auf den Grundsatz der loyalen Zusammenarbeit, den er für das Unionsrecht aus Art. 1 Abs. 2 und 3 EUV a.F. ableitete.[239] Nach diesem Grundsatz waren die Mitgliedstaaten, auch im Rahmen der PJZS verpflichtet, alle geeigneten Maßnahmen zu Erfüllung ihrer unionsrechtlichen Bindungen zu treffen.

Der Gerichtshof berief sich schließlich auf seine Zuständigkeit für Vorabentscheidungen nach Art. 35 EUV a.F. Er führte aus, dass dieses Verfahren seine praktische Wirksamkeit nicht mehr erlangen würde, wenn der Einzelne keine Möglichkeit hätte, sich auf die Rahmenbeschlüsse zu berufen, um eine rahmenbeschlusskonforme Auslegung nationalen Rechts zu erreichen.[240]

3. *Meinungen in der Literatur und bewertende Aussagen*

Die Grundidee der Konformauslegungspflicht ging auf die im Rahmen des Gemeinschaftsrechts durch den EuGH entwickelte Pflicht zur richtlinienkonformen Auslegung nationalen Rechts zurück.

Zum Teil wurde im Schrifttum vertreten, dass der Ausschluss der unmittelbaren Wirkung die völkerrechtliche Natur des Rahmenbeschlusses zum Ausdruck bringe und dies nur Raum für eine völkerrechtskonforme Auslegung im Rahmen der PJZS lasse.[241] Nur die Mitgliedstaaten seien verpflichtet, alle Maßnahmen zu ergreifen, um das mit dem Rahmenbeschluss vorgegebene Ziel zu erreichen.[242] Für die innerstaatlichen Stellen seien die Rahmenbeschlussvorgaben nur im Zusammenhang mit der Pflicht zur völkerrechtskonformen Auslegung

---

238 EuGH, Urteil v. 16.06.2005, C-105/03, ECLI:EU:C:2005:386, Rn. 34 – *Pupino.*

239 EuGH, Urteil v. 16.06.2005, C-105/03, ECLI:EU:C:2005:386, Rn. 41 ff. – *Pupino.*

240 EuGH, Urteil v. 16.06.2005, C-105/03, ECLI:EU:C:2005:386, Rn. 37 ff. – *Pupino.*

241 *Tinkl*, StV 2006, 36 (37 ff.); *Satzger* in *Streinz*, Kommentar zum EUV/EGV, Art. 34 EUV, Rn. 9; *Haratsch/Koenig/Pechstein*, Europarecht, 2009, Rn. 1147; im Ergebnis auch *Lorenzmeier*, ZIS 2006, 576 (579 ff.). Gegen eine unionsrechtliche Pflicht zur rahmenbeschlusskonformen Auslegung ausgesprochen haben sich auch einige Mitgliedstaaten in ihrer Stellungnahme in der Rechtssache *Pupino*; EuGH, Urteil v. 16.06.2005, C-105/03, ECLI:EU:C:2005:386, Rn. 24 ff. – *Pupino.*

242 *Haratsch/Koenig/Pechstein*, Europarecht, 2009, Rn. 1147; *Streinz*, EuZW 1998, 137 (142).

nationalen Rechts relevant, deren Rechtsgrundlage aber nur im nationalen Recht liege.[243]

Für die Begründung der rahmenbeschlusskonformen Auslegung waren ein möglicher Ansatzpunkt, die Annäherung der PJZS an die Gemeinschaftsrechtsordnung und die Herleitung der Pflicht zur rahmenbeschlusskonformen Auslegung aus dieser Annäherung. Besonders nach dem Vertrag von Amsterdam zeigte eine Gesamtbetrachtung des Unionsvertrags, dass die dritte Säule mehrere Elemente aufwies (etwa das Initiativrecht der Kommission, die Anhörung des Europäischen Parlaments, die Zuständigkeit des EuGH), die in Richtung eines supranationalen Systems deuteten. Zudem wurde in der Literatur und im „Pupino"-Urteil des EuGH auf die Parallelen zwischen einer Richtlinie und einem Rahmenbeschluss hingewiesen, die sich auf die enge Anlehnung des Wortlauts des Art. 34 Abs. 2 lit. b EUV a.F. an Art. 249 Abs. 3 EGV (jetzt Art. 288 Abs. 3 AEUV) bezogen.[244] Trotz der Ähnlichkeiten im Wortlaut musste man jedoch für eine Übertragung der Konformauslegungspflicht die Richtlinie im Kontext des Gemeinschaftsrechts und den Rahmenbeschluss im Rahmen der PJZS sehen. Auch wenn einzelne, für das Gemeinschaftsrecht typische Elemente in die dritte Säule übernommen wurden, konnte daher daraus allein nicht die Identität der Rechtswirkungen beider Rechtsinstrumente gefolgert werden. Allein die Annäherung der PJZS an das Gemeinschaftsrecht reichte für die Begründung der unionsrechtlichen Pflicht zur rahmenbeschlusskonformen Auslegung nicht.[245]

Für die Etablierung der unionsrechtlichen Pflicht zur Konformauslegung konnte jedoch auch die richtlinienkonforme Auslegung als Vorbild dienen. Es stellte sich die Frage, ob sich entsprechend der Begründung der Pflicht zur richtlinienkonformen Auslegung aus Art. 249 Abs. 3 EGV (jetzt Art. 288 Abs. 3 AEUV) eine unionsrechtliche Pflicht zur rahmenbeschlusskonformen Auslegung aus Art. 34 Abs. 2 EUV a.F. ergab. Der EuGH stützte sich in seiner Entscheidung für die Begründung der unionsrechtlichen Pflicht zur Konformauslegung auf die Anlehnung der Definition des Rahmenbeschlusses an die der

---

243 *Tinkl*, StV 2006, 36 (37 ff.); *Adam*, EuZW 2005, 558 (560); *Hillgruber*, JZ 2005, 841 (843); *Weißer*, ZIS 2006, 562 (572 ff.).

244 *Schönberger*, ZaöRV 2007, 1107 (1120 ff.); so auch *von Bogdandy/Bast/Arndt*, ZaöRV 2002, 77 (111) (Rahmenbeschluss gehört zur „Familie der richtlinienförmigen Instrumente"); *Schroeder*, EuR 2007, S. 368 („richtlinienähnliches Instrument"). Siehe auch EuGH, Urteil v. 16.06.2005, C-105/03, ECLI:EU:C:2005:386, Rn. 33 – *Pupino*.

245 Im Ergebnis so *Röcker*, Die Pflicht zur rahmenbeschlusskonformen Auslegung nationalen Rechts, S. 82 ff.

Richtlinie bzw. auf den im Wortlaut ausgedrückten gleichen zwingenden Charakter von Rahmenbeschlüssen.[246] In Art. 34 Abs. 2 lit. b EUV a.F. wurde die Zielverbindlichkeit des Rahmenbeschlusses für die Mitgliedstaaten festgelegt. In den Adressatenkreis seines zwingenden Charakters wurden jedoch nicht nur die Mitgliedstaten selbst, sondern alle innerstaatlichen Stellen einbezogen. Dies bedeutet, dass die Zielverbindlichkeit nicht nur die mitgliedstaatliche Umsetzung betraf. Die Pflicht zur Verwirklichung der Ziele von Rahmenbeschlüssen bestand vielmehr auch für Gerichte und Rechtsanwender. Diese konnten der Pflicht Rechnung tragen, indem sie bei der Rechtsanwendung die Rahmenbeschlussvorgaben einbezogen und damit das nationale Recht rahmenbeschlusskonform auslegten. Auf diese Weise konnte in den Mitgliedstaaten eine einheitliche Auslegung sichergestellt und so eine bestmögliche Wirksamkeit und Effektivität des Rahmenbeschlusses gewahrt werden.[247] Die Pflicht der nationalen Gerichte zur rahmenbeschlusskonformen Auslegung folgte daher zu Recht aus der in Art. 34 Abs. 2 lit. b EUV a.F. festgelegten Zielverbindlichkeit. Eine andere Beurteilung der primärrechtlichen Regelung des Rahmenbeschlusses als im Fall der Richtlinie ließ sich aus dem Wortlaut des Art. 34 Abs. 2 lit. b EUV a.F. dagegen nicht folgern.

D. Rechtskontrolle durch den EuGH

Durch den Vertrag von Amsterdam fand eine „Juridifizierung“[248] der dritten Säule statt. Im Rahmen der PJZS existierte jedoch kein umfassendes Rechtsschutzsystem wie innerhalb des Gemeinschaftsrechts, sondern dem Gerichtshof waren nur eingeschränkte Zuständigkeiten eingeräumt.[249] In Bezug auf die Rahmenbeschlüsse hatten besonders das Vorabentscheidungsverfahren und die Nichtigkeitsklage Bedeutung. Im Wege der Vorabentscheidung hatte der EuGH die Möglichkeit, über die Gültigkeit und Auslegung von Rahmenbeschlüssen zu entscheiden. Weiterhin war im Rahmen einer Nichtigkeitsklage nach Art. 35 Abs. 6 EUV a.F. eine Überprüfung der Rechtmäßigkeit von Rahmenbeschlüssen durch den Gerichtshof möglich. In der dritten Säule fehlten ein Vertragsverletzungsverfahren und eine Individualrechtsklage.

---

246 EuGH, Urteil v. 16.06.2005, C-105/03, ECLI:EU:C:2005:386, Rn. 34 – *Pupino.*

247 So auch *Röcker*, Die Pflicht zur rahmenbeschlusskonformen Auslegung nationalen Rechts, S. 107.

248 *Vedder*, EuR Beiheft 1/1999, 7 (13).

249 *Müller-Graff* in *Hummer*, Die EU nach dem Vertrag von Amsterdam, S. 273; *Feik* in *Lagodny/Wiederin/Winkler*, Probleme des Rahmenbeschlusses, S. 14.

I. Vorabentscheidungsverfahren

Das Vorabentscheidungsverfahren nach Art. 35 Abs. 1 EUV a.F. war dem Verfahren nach Art. 234 EGV (jetzt Art. 267 AEUV) nachgebildet.[250] Art. 46 EUV a.F. erklärte die Vorschriften des Gemeinschaftsrechts über den Gerichtshof auf dem Gebiet der PJZS für anwendbar, jedoch lediglich nach Maßgabe des Art. 35 EUV a.F. Für die Zuständigkeit des Gerichtshofs im Rahmen der PJZS stellte folglich Art. 35 EUV a.F. eine konstitutive und abschließende Grundlage dar.[251] Dies wurde später durch die Rechtsprechung des EuGH bestätigt.[252] Bei dem sensiblen Strafrechtsbereich wollten die Mitgliedstaaten eine Zuständigkeit des EuGH nur in begrenztem Maße begründen. So konnten sie ihre Verantwortung und Souveränität sowie Entscheidungsfreiräume bei der gerichtlichen Kontrolle behalten.[253]

Das Vorabentscheidungsverfahren ermächtigte den Gerichtshof, über die Gültigkeit und Auslegung der Rahmenbeschlüsse und Beschlüsse, die Auslegung der Übereinkommen und die Gültigkeit und Auslegung der zugehörigen Durchführungsmaßnahmen zu entscheiden. Aus der Formulierung des Art. 35 EUV a.F. konnte man den Schluss ziehen, dass die Auslegung des Primärrechts vom Anwendungsbereich des Vorabentscheidungsverfahrens nicht erfasst wurde. Allerdings war eine Überprüfung der Gültigkeit unionsrechtlichen Sekundärrechts ohne eine Auslegung des Primärrechts überhaupt nicht möglich.[254] Es war daher davon auszugehen, dass es bei der Beantwortung der Vorlagefragen, die eine Auslegung oder Gültigkeitsprüfung von Sekundärrechtsakten betrafen, ebenfalls zu einer inzidenten Auslegung des Primärrechts kommen konnte. Die Befugnis zur inzidenten Auslegung des Unionsprimärrechts hatte der EuGH ausdrücklich in der Rechtssache „Advocaten voor de Wereld“ festgestellt.[255]

---

250 *Müller-Graff* in *Hummer*, Die EU nach dem Vertrag von Amsterdam, S. 273; *Wasmeier* in *von der Groeben/Schwarze*, EUV/EGV, Kommentar, Art. 35 EUV, Rn. 6.

251 *Dörr/Mager*, AöR 2000, 386 (406 ff.); *Hourle*, Rechtsschutzverfahren für Justiz und Inneres und Art. 220 EGV ff., S. 107 ff. m.w.N.; *Kraus-Vonjahr*, Der Aufbau eines RFSR in Europa, S. 235.

252 EuGH, Urteil v. 27.02.2007, C-355/04 P, ECLI:EU:C:2007:116 – *Segi*; EuGH, Urteil v. 27.02.2007, C-354/04 P, ECLI:EU:C:2007:115, Rn. 44 ff. – *Gestoras Pro Amnistia*.

253 *Classen*, EuR Beiheft 1/1999, 73 (90), wonach die rechtliche Kontrolle den Besonderheiten des im Kern zwischenstaatlichen Charakters der PJZS angepasst ist.

254 *Dörr/Mager*, AöR 2000, 386 (412); *Wasmeier* in *von der Groeben/Schwarze*, EUV/EGV, Kommentar, Art. 35 EUV, Rn. 7.

255 EuGH, Urteil v. 03.05.2007, C-303/05, ECLI:EU:C:2007:261, Rn. 18 – *Advocaten voor de Wereld*, wonach seine Zuständigkeit nach Art. 35 Abs. 1 EUV a.F. notwendig

1. Erfordernis einer Zuständigkeitsunterwerfung

Ein Vorabentscheidungsverfahren war im Rahmen der dritten Säule für die Mitgliedstaaten nicht verbindlich, sondern nur zulässig, wenn ein Mitgliedstaat eine Unterwerfungserklärung nach Art. 35 Abs. 2 („kann") und 3 EUV a.F. abgegeben hatte. Nur die Gerichte der Mitgliedstaaten, die sich der Zuständigkeit des EuGH unterwarfen, konnten sich mit Vorlagen an den Gerichtshof wenden. Angesichts der Zurückhaltung der Mitgliedstaaten bezüglich der Zuständigkeit des EuGH im Rahmen der PJZS war diese Voraussetzung der einzige Weg, eine Einigung in den Amsterdamer Verhandlungen zu erreichen.[256] Die Möglichkeit eines „opting in"-Modells orientierte sich am allgemeinen Völkerrecht, wo für die Zuständigkeit eines internationalen Gerichts in der Regel eine gesonderte Unterwerfungserklärung erforderlich ist, wie im Falle der Gerichtsbarkeit des Internationalen Gerichtshofs nach Art. 36 Abs. 2 IGH-Statut.[257]

In Bezug auf die Zuständigkeitsunterwerfung hatten die Mitgliedstaaten mehrere Wahlmöglichleiten. Die sich unterwerfenden Mitgliedstaaten konnten sich bezüglich der Vorlagebefugnis entweder für eine Vorlageermächtigung der letztinstanzlichen Gerichte oder eine solche aller nationalen Gerichte entscheiden (Art. 35 Abs. 3 EUV a.F.).

2. Keine Vorlagepflicht und kein vorgegebenes Vorlagerecht

Im Rahmen der PJZS bestand keine Vorlagepflicht nationaler Gerichte, sondern ein Vorlagerecht. Zwar bestand eine Vorlagepflicht nach dem Wortlaut des EU-Vertrags nicht und konnte auch nicht durch Auslegung angenommen werden,[258] die Mitgliedstaaten vereinbarten jedoch im Rahmen der Erklärung Nr. 10 der Regierungskonferenz zum Vertrag von Amsterdam,[259] dass jeder Mitgliedstaat eine solche Pflicht in seinem nationalen Recht einführen konnte. Deutschland hat von dieser Möglichkeit Gebrauch gemacht[260] und

---

einschließt, „dass er sich, auch ohne entsprechende ausdrückliche Befugnis, zur Auslegung von Bestimmungen des Primärrechts [...] veranlasst sehen kann".

256 *Classen*, EuR Beiheft 1/1999, 73 (86).

257 *Vedder*, EuR Beiheft 1/1999, 7 (14); *Dörr/Mager*, AöR 2000, 386 (408).

258 *Harings*, EuR Beiheft 2/1998, 81 (92).

259 Erklärung zu Art. K7 des Vertrags über die Europäische Union, ABl. 1997, Nr. C 340, S. 133.

260 Zur unterschiedlichen Situation in den Mitgliedstaaten bezüglich der Vorlageberechtigung und -pflicht siehe ABl. 2008, Nr. L 70, S. 23 und ABl. 2008, Nr. C 69, S. 1. Dazu auch *Röcker*, Die Pflicht zur rahmenbeschlusskonformen Auslegung nationalen Rechts, S. 131.

eine Vorlage*pflicht* der letztinstanzlichen Gerichte durch das EuGH-Gesetz[261] begründet (§ 1 Abs. 2 EuGHG). Ein Vorlage*recht* hat nach § 1 Abs. 1 EuGHG dagegen jedes deutsche Gericht. Aus dem EuGH-Gesetz wurde allerdings nicht klar, ob sich die Vorlagepflicht letztinstanzlicher Gerichte auf das abstrakt oder konkret letztinstanzliche Gericht bezog.[262] Während es sich bei der abstrakten Betrachtungsweise die Vorlagepflicht für die hierarchisch höchsten Gerichte des jeweiligen Mitgliedstaates ergab, war nach der konkreten Ansicht letztinstanzlich das Gericht, welches im konkreten Rechtsstreit die letzte Instanz war. Die herrschende Meinung folgte der konktreten Betrachtungsweise, da andernfalls der Sinn und Zweck des Vorabentscheidungsverfahrens und der Vorlagepflicht vereitelt würden. Die Begründung der Bundesregierung sprach ebenfalls von dem „funktionell" letztinstanzlichen Gericht.[263]

Im Zusammenhang mit der Vorlagepflicht wurde kontrovers darüber diskutiert, ob die im Rahmen des Gemeinschaftsrechts entwickelte „Foto-Frost"-Rechtsprechung[264] in der PJZS Anwendung finden konnte. Danach wurde ein nationales Gericht zu einer Vorlage verpflichtet, wenn es von der Ungültigkeit eines Rechtsakts ausging.[265] Für eine Übertragung der Rechtsprechung sprach die Tatsache, dass nicht das nationale Gericht, sondern nur der EuGH über die Ungültigkeit der unionsrechtlichen Rechtsakte entscheiden konnte.[266] Wegen

---

261 Gesetz betreffend die Anrufung des Gerichtshofes der Europäischen Gemeinschaften im Wege des Vorabentscheidungsverfahrens auf dem Gebiet der polizeilichen Zusammenarbeit und der justiziellen Zusammenarbeit in Strafsachen nach Artikel 35 des EU-Vertrages (EuGHG), BGBl. I 1998, 2035.

262 *Classen*, EuR Beiheft 1/1999, 73 (86).

263 So Denkschrift der Bundesregierung zum Vertrag von Amsterdam, BR-Drs. 784/97, S. 152. *Pechstein* in *Streinz*, Kommentar zum EUV/EGV, Art. 35 EUV, Rn. 4; *Röben* in *Grabitz/Hilf*, EUV/EGV, Kommentar, Art. 35 EUV, Rn. 17.

264 EuGH, Urteil v. 22.10.1987, C-314/85, ECLI:EU:C:1987:452, Rn. 15 ff. – *Foto Frost.*

265 *Pechstein* in *Streinz*, Kommentar zum EUV/EGV, Art. 35 EUV, Rn. 4; *Haratsch/Koenig/Pechtsein*, Europarecht, 2009, Rn. 1172; *Dörr/Mager*, AöR 2000, 386 (411); *Thun-Hohenstein*, Der Vertrag von Amsterdam, S. 48; *Böse* in *Schwarze*, EU-Kommentar, Art. 35 EUV, Rn. 4; a.A. *Hourle*, Rechtsschutzverfahren für Justiz und Inneres und Art. 220 EGV ff., S. 126 ff.

266 So die Entscheidungen des EuGH in den Rechtssachen „Segi" und „Gestoras Pro Amnistia", in denen der Gerichtshof eine Überprüfung gemeinsamer Maßnahmen nur durch die nationalen Gerichte verneint hat. Die Beanspruchung einer umfassenden Zuständigkeit durch den EuGH könnte im Rahmen des Unionsrechts auch für die Annahme einer Vorlagepflicht im Sinne der „Foto-Frost"-Rechtsprechung der vorlageberechtigten Gerichte sprechen. So auch *Röcker*, Die Pflicht zur rahmenbeschlusskonformen Auslegung nationalen Rechts, S. 132.

der Besonderheiten des Vorabentscheidungsverfahrens in der dritten Säule galt eine solche Vorlagepflicht der nationalen Gerichte aber nur für die Mitgliedstaaten, die eine Unterwerfungserklärung abgegeben hatten.[267]

3. *Wirkungen der Auslegungs- und Ungültigkeitsentscheidungen*

Nach dem Vorbild des Vorabentscheidungsverfahrens gem. Art. 234 EGV (jetzt Art. 267 AEUV) ist davon auszugehen, dass bei dem Verfahren nach Art. 35 EUV a.F. grundsätzlich die vorlegenden und somit mit der konkreten Sache befassten Gerichte an die Entscheidung des Gerichtshofs gebunden waren.[268] Im Rahmen des Art. 234 EGV (jetzt Art. 267 AEUV) kam den Auslegungsentscheidungen und Ungültigkeitserklärungen faktisch jedoch eine *erga omnes*-Bindungswirkung insofern zu, als die nationalen Gerichte verpflichtet waren, das Gemeinschaftsrecht einheitlich in der Auslegung durch den Gerichtshof anzuwenden oder im Zweifelsfall wieder vorzulegen.[269] Von einer solchen Wirkung war mit dem Ziel der einheitlichen Auslegung des Unionsrechts ebenfalls in Bezug auf die Ungültigkeits- und Auslegungsentscheidungen nach Art. 35 EUV a.F. auszugehen.[270]

Kontrovers diskutiert wurde aber, ob eine Bindungswirkung auch für Gerichte aus Mitgliedstaaten bestand, die eine Unterwerfungserklärung nicht abgegeben hatten. Gegen eine Bindung dieser Gerichte an Ungültigkeits- und Auslegungsurteile sprach, dass nach dem Unionsvertrag (Art. 35 Abs. 2 und 3 EUV a.F.) eine Unterwerfungserklärung von dem Willen des jeweiligen Mitgliedstaates abhängig war.[271] Konsequenterweise war die Entscheidung der Mitgliedstaaten gegen die Möglichkeit eines Vorabentscheidungsverfahrens zu akzeptieren. Eine Bindung an die Urteile des EuGH hätte zu einer Umgehung der Entscheidungsfreiheit in Bezug auf die Unterwerfung geführt.

---

267 *Böse* in *Schwarze*, EU-Kommentar, Art. 35 EUV, Rn. 4; *Lorenzmeier*, ZIS 2006, S. 582; *Dörr/Mager*, AöR 2000, 386 (411).

268 *Böse* in *Schwarze*, EU-Kommentar, Art. 35 EUV, Rn. 6; *Classen*, EuR Beiheft 1/1999, 73 (86); *Pechstein* in *Streinz*, Kommentar zum EUV/EGV, Art. 35 EUV, Rn. 6; in diesem Sinne auch *Cremer* in *Calliess/Ruffert*, EUV/EGV, Kommentar, Art. 46 EUV, Rn. 17.

269 *Wegener* in *Calliess/Ruffert*, EUV/EGV Kommentar, Art. 234 EGV, Rn. 35 ff.; *Ehricke* in *Streinz*, Kommentar zum EUV/EGV, Art. 234 EGV, Rn. 64 ff.

270 *Böse* in *Schwarze*, EU-Kommentar, Art. 35 EUV, Rn. 6; *Classen*, EuR Beiheft 1/1999, 73 (86); *Pechstein* in *Streinz*, Kommentar zum EUV/EGV, Art. 35 EUV, Rn. 6.

271 *Schönberger*, ZaöRV 2007, 1107 (1132 ff.); *Dörr/Mager*, AöR 2000, 386 (410 ff.); *Albors-Llorens*, CMLRev. 1998, 1273 (1281).

Für eine Bindung aller mitgliedstaatlichen Gerichte, einschließlich der Gerichte aus den Mitgliedstaaten ohne Unterwerfungserklärung, wurde mit der Einheitlichkeit der Anwendung des Unionsrechts argumentiert, die nicht von der einseitigen Erklärung einzelner Mitgliedstaaten abhängen konnte.[272] Denn diese Mitgliedstaaten hatten nicht die Zuständigkeit des Gerichtshofs als solche, sondern nur den Zugang ihrer Gerichte zu einem bestimmten Verfahren ausgeschlossen.[273] Überdies hatten die Mitgliedstaaten durch die Ratifizierung des Unionsvertrags die Gerichtsbarkeit des EuGH und seine Auslegungskompetenz anerkannt.[274] Der Zweck der Unterwerfungserklärung war es, den Mitgliedstaaten die Möglichkeit einzuräumen, frei über die Vorlage durch eigene Gerichte zu entscheiden und nicht Inhalt und Wirkungen des Unionsrechts ändern zu können.[275] Auf eine Bindung der Gerichte in den Mitgliedstaaten ohne Unterwerfungserklärung deutete zudem die Möglichkeit dieser Mitgliedstaaten hin, sich schriftlich an Vorabentscheidungsverfahren zu beteiligen (Art. 35 Abs. 4 EUV a.F.). Soweit die Möglichkeit bestand, im Rahmen des Verfahrens Schriftsätze einzureichen oder schriftliche Erklärungen abzugeben, wäre es nicht verständlich gewesen, wenn diese Mitgliedstaaten zwar am Verfahren beteiligt, aber von der Wirkung des Urteils nicht betroffen gewesen wären.[276] Der Beteiligung von Mitgliedstaaten am Verfahren, die ein Ausdruck der Schutzwürdigkeit dieser Mitgliedstaaten war, entsprach somit eine Bindung an die ergehende Entscheidung.[277]

II. Nichtigkeitsklage

Dem Gerichtshof kam nach Art. 35 Abs. 6 EUV a.F. die Zuständigkeit zur Überprüfung der Rahmenbeschlüsse im Rahmen eines Verfahrens zu, das der Nichtigkeitsklage nach Art. 230 EGV (jetzt Art. 263 AEUV) nachgebildet war. Eine

---

272 *Pechstein* in *Streinz*, Kommentar zum EUV/EGV, Art. 35 EUV, Rn. 6; *Spaventa*, EuConst 2007, 5 (14); *Giegerich*, ZaöRV 2007, 351 (367).

273 *Böse* in *Schwarze*, EU-Kommentar, Art. 35 EUV, Rn. 6; *Bieber/Epiney/Haag*, Die Europäische Union, 2009, § 9, Rn. 108.

274 *Giegerich*, ZaöRV 2007, 351 (367).

275 *Röben* in *Grabitz/Hilf*, EUV/EGV, Kommentar, Rn. 35, Rn. 18; *Bieber/Epiney/Haag*, Die Europäische Union, 2009, § 9, Rn. 108; *Giegerich*, ZaöRV 2007, 351 (367).

276 Siehe *Ludwig*, Rolle des EuGH nach Amsterdam, S. 133.

277 *Röcker*, Die Pflicht zur rahmenbeschlusskonformen Auslegung nationalen Rechts, S. 175. So auch das Urteil in der Sache „Pupino", in dem der EuGH darauf hingewiesen hat, dass mit dem Recht nach Art. 35 Abs. 4 EUV a.F. auch Verpflichtungen einhergehen. EuGH, Urteil v. 16.06.2005, C-105/03, ECLI:EU:C:2005:386, Rn. 37 – *Pupino*.

Nichtigkeitsklage konnte jedoch, anders als im Gemeinschaftsrecht, nur ein Mitgliedstaat oder die Kommission erheben. Das Europäische Parlament sowie natürliche und juristische Personen waren hingegen nicht klageberechtigt.

Eine Nichtigkeitsklage konnte wegen Unzuständigkeit, der Verletzung wesentlicher Formvorschriften, der Verletzung des Vertrags, der Verletzung einer bei seiner Durchführung anzuwendenden Rechtsnorm oder wegen Ermessensmissbrauchs[278] innerhalb einer Frist von zwei Monaten nach Veröffentlichung der Maßnahme im Amtsblatt der EG eingeleitet werden. Im Unionsvertrag waren keine Vorschriften bezüglich der Rechtsfolgen enthalten. Daher war der Rechtsfolgenausspruch im Fall der Begründetheit der Klage umstritten. Das Fehlen einer Art. 231 EGV (jetzt Art. 264 AEUV) vergleichbaren Bestimmung sprach für eine Feststellung der Rechtswidrigkeit der betreffenden Maßnahme.[279] Der Gerichtshof konnte aber auch im Rahmen der PJZS die Nichtigkeit eines Unionsrechtsaktes feststellen. Dies ließ sich aus der Anwendbarkeit des Art. 231 EGV über Art. 46 EUV a.F. ableiten.[280] Die Möglichkeit der Nichtigerklärung im Unionsrecht wurde vom Gerichtshof in seinem Urteil zum Umweltstrafrecht vom 13. September 2005 ausdrücklich anerkannt, indem er einen Rahmenbeschluss[281] für nichtig erklärt hat.[282]

Das Fehlen einer Individualklage im Rahmen des Verfahrens nach Art. 35 Abs. 6 EUV a.F. wurde mit dem Ausschluss der unmittelbaren Wirkung der Unionsrechtsakte begründet.[283] Die Rahmenbeschlüsse würden für Einzelne in den Mitgliedstaaten keine Pflichten begründen. Somit sei eine unmittelbare Beeinträchtigung dieser Personen kaum möglich. Eine solche Betroffenheit könne nur

278 Dazu *Reichelt*, Die Rechtmäßigkeitskontrolle von Rahmenbeschlüssen, S. 97 ff.

279 *Classen*, EuR Beiheft 1/1999, 73 (83); *Vedder*, EuR Beiheft 1/1999, 7 (12); *Harings*, EuR Beiheft 2/1998, 81 (92 ff.).

280 So *Dörr/Mager*, AöR 2000, 386 (417 ff.); *Pechstein* in *Streinz*, Kommentar zum EUV/EGV, Art. 35 EUV, Rn. 11; *Reichelt*, Die Rechtmäßigkeitskontrolle von Rahmenbeschlüssen, S. 128 ff.; *Röben* in *Grabitz/Hilf*, EUV/EGV, Kommentar, Art. 35 EUV, Rn. 22.

281 Rahmenbeschluss 2003/80/JI des Rates vom 27. Januar 2003 über den Schutz der Umwelt.

282 EuGH, Urteil v. 13.09.2005, C-176/03, ECLI:EU:C:2005:542, Rn. 53 – *Umweltstrafrecht.*

283 *Classen*, EuR Beiheft 1/1999, 73 (83); *Dörr/Mager*, AöR 2000, 386 (417); *Suhr* in *Calliess/Ruffert*, EUV/EGV, Kommentar, Art. 35 EUV, Rn. 14; *Böse* in *Schwarze*, EU-Kommentar, Art. 35 EUV, Rn. 8; *Pechstein* in *Streinz*, Kommentar zum EUV/EGV, Art. 35 EUV, Rn. 9.

durch die nationalen Umsetzungsakte eintreten und dafür stehe der nationale Rechtsweg offen.[284]

Wegen der vom Gerichtshof festgestellten Pflicht zur rahmenbeschlusskonformen Auslegung stellte sich das Fehlen einer Individualklage jedoch als eine problematische Rechtsschutzlücke dar. Denn durch die Etablierung einer Konformauslegungspflicht wurden in den Auslegungsvorgang die Vorgaben der Rahmenbeschlüsse einbezogen. Somit konnte es doch zu einer negativen Auswirkung auf Einzelne kommen.[285] In seiner Rechtsprechung zu Richtlinien vertrat der EuGH die Ansicht, dass eine unmittelbare Betroffenheit als Voraussetzung für ein Verfahren nach Art. 230 Abs. 4 EGV (jetzt Art. 263 Abs. 4 AEUV) gegeben sei, sowohl wenn die Richtlinie Verpflichtungen zulasten Einzelner begründe, als auch wenn die Richtlinie den Mitgliedstaaten keinen Ermessensspielraum bei der Umsetzung belasse.[286] Dies habe auch für Rahmenbeschlüsse zu gelten, wenn durch detaillierte Vorgaben für das Strafrecht kein Ermessensspielraum mehr bei der Umsetzung in den Mitgliedstaaten übrig bleibe.[287] Dadurch könnten Einzelne unmittelbar betroffen werden.[288] Ein fehlender Ermessensspielraum bzw. eine unmittelbare Betroffenheit Einzelner konnte daher nicht nur bei der legislativen Umsetzung, sondern auch bei der rahmenbeschlusskonformen Auslegung in Betracht kommen. Aufgrund dieser möglichen negativen Auswirkung auf Einzelne erwies sich somit ein Individualklageverfahren, besonders wegen der Eigenheiten des Rechtsschutzsystems im Rahmen der PJZS (etwa wegen des Erfordernisses einer Unterwerfungserklärung unter das Vorabentscheidungsverfahren oder wegen des fehlenden Vertragsverletzungsverfahrens), als notwendig für den Individualrechtsschutz.

---

284 *Dörr/Mager*, AöR 2000, 386 (417); *Böse* in *Schwarze*, EU-Kommentar, Art. 35 EUV, Rn. 8; *Pechstein* in *Streinz*, Kommentar zum EUV/EGV, Art. 35 EUV, Rn. 9.

285 *Reichelt*, Die Rechtmäßigkeitskontrolle von Rahmenbeschlüssen, S. 185.

286 EuG, Urteil v. 28.11.2005, T-94/04, ECLI:EU:T:2005:425, Rn. 35 – *EEB/Europäische Kommission*; EuG, Urteil v. 06.05.2003, T-321/02, ECLI:EU:T:2003:132, Rn. 24 – *Paul Vannieuwenhuyze-Morin/Rat der EU und Europäisches Parlament*; EuG, Urteil v. 07.07.2006, T-167/02, ECLI:EU:T:2006:193, Rn. 27 – *Etablissements Toulorge/Europäisches Parlament und Rat der EU.*

287 So *Dörr/Mager*, AöR 2000, 386 (417).

288 *Reichelt*, Die Rechtmäßigkeitskontrolle von Rahmenbeschlüssen, S. 188. Ähnlich *Dörr/Mager*, AöR 2000, 386 (417), für den Fall, dass die Unionsrechtsakte konkrete und abschließende Vorgaben machen, wodurch Einzelne belastet werden könnten.

§ 4 Fazit: Defizitäre Strafrechtsetzung vor Lissabon

Trotz der anfänglichen Dynamik in diesem Politikfeld hat der Elan bei der Harmonisierung der Strafvorschriften in den letzten Jahren vor dem Inkrafttreten des Vertrags von Lissabon nachgelassen. Die Gründe mögen darin liegen, dass die Kriminalitätsbereiche, bei denen ein Harmonisierungsbedarf bestand, in großem Maße bereits abgearbeitet waren oder Probleme bei der Harmonisierung auftraten. Die Probleme ergaben sich vor allem, weil die Mitgliedstaaten auf ihren Souveränitätsvorbehalten im Strafrechtsbereich beharrten.

Eine Gesamtschau der Ergebnisse der Rechtsetzung im Rahmen der dritten Säule zeigt, dass die meisten der in den Mehrjahresprogrammen festgelegten Einzelmaßnahmen zum (materiellen) Strafrecht grundsätzlich angenommen wurden, wenngleich sich ihre Wirkung oftmals erst längerfristig voll entfaltete.[289] Die Weiterentwicklung war jedoch relativ uneinheitlich. Das hatte seinen Grund in den oben geschilderten Rahmenbedingungen, die in mehrfacher Hinsicht folgende Probleme erkennen lassen.

A. Kompetenzrechtlicher Konflikt

Die Harmonisierung im materiellen Strafrecht war jahrelang durch einen ineffizienten Kompetenzstreit geprägt.[290] Wegen der Vorrangigkeit des Gemeinschaftsrechts, wie sie in Art. 47 und Art. 29 Abs. 1 EUV a.F. zum Ausdruck kam, durfte ein Rahmenbeschluss nur erlassen werden, solange keine gemeinschaftsrechtliche Rechtsgrundlage bestand.

Eine Zuständigkeit der ehemaligen Europäischen Gemeinschaft im Strafrechtsbereich bestand gemäß dem EG-Vertrag nicht. Trotz der kritischen Haltung der im Rat vertretenen Mitgliedstaaten haben die Kommission und das Europäische Parlament jedoch den Standpunkt eingenommen, dass in Bereichen, in denen ein Zusammenhang mit der Gemeinschaft besteht, auch strafrechtliche Bestimmungen in einem Gemeinschaftsrechtsakt (bzw. in einer Richtlinie) zu erfolgen haben. So erteilte der Rat einem ersten Vorschlag für eine Richtlinie zum Schutz der finanziellen Interessen der EG,[291] die ein existentes Übereinkommen

---

289 So KOM(2009)263 endg., „Justiz, Freiheit und Sicherheit in Europa seit 2005: Evaluierung des Haager Programms und des Aktionsplans". Abrufbar unter: https://eur-lex.europa.eu/legal-content/DE/TXT/PDF/?uri=CELEX:52009DC0263&from=DE (Stand: Juli 2023).

290 So auch *Zeder*, ERA Forum 2008, 209 (218).

291 KOM(2001)272 endg.

zu diesem Gegenstand ersetzen sollte, schnell eine Absage. Die Kommission wiederum, die eine umfangreiche Gemeinschaftszuständigkeit anstrebte, fühlte sich durch das EuGH-Urteil zum Umweltrecht vom 13.09.2005[292] bestätigt. Der Gerichtshof erkannte in dem Urteil an, dass allgemeine gemeinschaftsrechtliche Rechtsetzungskompetenzen grundsätzlich auch die Befugnis enthalten konnten, den Erlass von Strafnormen anzuweisen, wenn deren Einsatz unerlässlich war, um die wirksame Durchführung der Gemeinschaftspolitik zu gewährleisten. Demzufolge sah die Kommission eine solche Zuständigkeit in mehreren Bereichen als gegeben an, sogar auf Gebieten, in denen sie einen Rahmenschluss vorgeschlagen hatte.[293] Insoweit zeigte sich eine zunehmende Verschiebung der Strafrechtsangleichung in Richtung der ersten Säule und zugleich die Gefahr, dass die ausdrücklich in der dritten Säule vorgesehene Befugnis der EU zur Strafrechtsharmonisierung gegenstandslos werden würde.

Die Kommission musste allerdings ihre Position infolge des Urteils des EuGH vom 23.10.2007[294] auf den Prüfstand stellen. Der Gerichtshof hatte darin betont, dass die Kompetenz des Gemeinschaftsgesetzgebers nur die Verpflichtung der Mitgliedstaaten zu strafrechtlichen Maßnahmen enthalten durfte, ohne Art und Maß strafrechtlicher Sanktionen vorschreiben zu können. Somit wurden die Grenzen des durch den Gerichtshof etablierten Grundsatzes geklärt. Die Kommission musste sich in weiteren Vorschlägen auf die Anordnung der strafrechtlichen Ahndung – „wirksame, angemessene und abschreckende Sanktionen“ – beschränken. Hinsichtlich des Erlasses der konkreten Strafvorschriften kam dagegen der Rahmenbeschluss zur Anwendung.

B. Geringe demokratische Legitimation

Wegen der geringen Beteiligung des Europäischen Parlaments wurde häufig die mangelnde demokratische Legitimität der europäischen Rechtsakte kritisiert.[295] Denn die für die nationalen Gesetzgeber verbindlichen Vorgaben in Bezug auf einzelne Tatbestandsmerkmale und Strafen erfolgten auf europäischer Ebene ohne das Mitwirken eines unmittelbar demokratisch legitimierten Organs. Dies

---

292 EuGH, Urteil v. 13.09.2005, C-176/03, ECLI:EU:C:2005:542 – *Umweltstrafrecht.*

293 KOM(2005)583 endg., S. 7 ff., mit einer Liste betroffener Rechtsakte, darunter auch die Rahmenbeschlüsse über Geldfälschung, über Betrug und Fälschung bei unbaren Zahlungsmitteln und über Angriffe auf Informationssysteme.

294 EuGH, Urteil v. 23.10.2007, C-440/05, ECLI:EU:C:2007:625 – *Meeresverschmutzung.*

295 Dazu *Sieber*, ZStW 2009, 1 (50 ff.); *Perron* in FS *Küper*, S. 433; *Braum*, GA 2005, 681 (688 ff.); *Ligeti*, Strafrecht und strafrechtliche Zusammenarbeit in der EU, S. 31 ff.

galt besonders im Bereich des Strafrechts als problematisch, weil dieses sanktionsintensive Regelungen betrifft.

Im nationalstaatlichen Recht beruht die demokratische Legitimation des Strafrechts auf dem allgemeinen Parlamentsvorbehalt für staatliche Eingriffe. Da das Strafrecht mit seinen Strafen besonders intensiv in die Rechte der Einzelnen eingreift, kommt dem Grundsatz „*nulla poena sine lege parlamentaria*" eine besondere Bedeutung[296] zu. Dieser wird daher in zahlreichen nationalen Rechtsordnungen, zum Teil auch verfassungsrechtlich, garantiert.[297] Die Forderung nach einem Parlamentsvorbehalt lässt sich allerdings nicht ohne Weiteres auf das von europäischen Organen gesetzte Strafrecht übertragen, da die Europäische Union anders als die Staaten verfasst ist.[298]

Beim Erlass eines Rahmenbeschlusses wurde das Europäische Parlament im Rahmen der dritten Säule nur angehört. Die demokratische Legitimation wurde vonseiten des Rates begründet, dem die alleinige Entscheidungskompetenz zukam und bei dessen Abstimmung alle Ratsmitglieder vertreten sein mussten (einstimmige Beschlussfassung). Da die Ratsmitglieder als Regierungsvertreter an die Regierungen der EU-Mitgliedstaaten gebunden sind, konnte die Rechtsetzung des Rats im Rahmen der dritten Säule folglich als mittelbar demokratisch legitimiert betrachtet werden.[299] In den Mitgliedstaaten trat später noch die parlamentarische Legitimation des Umsetzungsakts insofern hinzu, als die Umsetzung nicht vollständig unionsrechtlich bestimmt war.[300] Der kriminalpolitische Willensbildungsprozess der nationalen Parlamente konnte nämlich nur dann legitimationsbegründend wirken, wenn diese in ihrer Entscheidung, ob sie eine Handlung unter Strafe stellen sollen oder nicht, frei waren.[301]

Das Bundesverfassungsgericht äußerte sich schon vor dem Lissabon-Urteil zum Demokratieprinzip.[302] In seiner Entscheidung zum Europäischen

---

296 M.w.N. *Schröder*, Europäische Richtlinien und deutsches Recht, S. 125 ff.; *Weber*, Europäische Terrorismusbekämpfung, S. 73 ff.

297 Mehr dazu *Weber*, EuR 2008, 88 (90 ff.), der betont, dass das Gesetzlichkeitsprinzip im Grundsatz Gültigkeit beansprucht, auch wenn ein solch strikter Parlamentsvorbehalt wie in Deutschland nicht vollumfänglich in allen Mitgliedstaaten festgestellt werden kann.

298 Zur demokratischen Legitimation in Mehrebenensystemen m.w.N. *Sieber*, ZStW 2009, 1 (50 ff.).

299 *Ligeti*, Strafrecht und strafrechtliche Zusammenarbeit in der EU, S. 31 ff.

300 *Böse*, GA 2006, 211 (217).

301 So *Böse*, GA 2006, 211 (217). Siehe auch *Weber*, Europäische Terrorismusbekämpfung, S. 71 ff.

302 BVerfGE 89, 155 (185 ff.), Rn. 98 ff. – *Maastricht*.

Haftbefehl hat es allerdings einige Anmerkungen zur Problematik des Demokratiedefizits aus Sicht des deutschen Verfassungsrechts getätigt. Es erklärte, dass im Rahmen der dritten Säule den Anforderungen des Demokratieprinzips Genüge getan sei, weil die nationalen Gesetzgeber die politische Gestaltungsmacht im Rahmen der Umsetzung auch aufgrund des Rechts der Verweigerung der Umsetzung behielten.[303] Ein solches Verständnis der demokratischen Legitimation ist aber zweifelhaft. Die demokratische Legitimation kann nicht damit begründet werden, dass die nationalen Parlamente die Erfüllung der Pflichten aus dem Unionsrecht verweigern dürfen und damit frei sind, gegen das Unionsrecht zu verstoßen.[304] Wie die Richterin *Lübbe-Wolff* in ihrem Sondervotum erklärte, war die Begründung des Gerichts keine Antwort auf das Problem der fehlenden demokratischen Legitimation, sondern nur eine Beschreibung dieses Problem.[305] In Bezug auf die Rechtsetzung im Rahmen der dritten Säule trifft allerdings die Feststellung des Bundesverfassungsgerichts zu, dass es mit der Unionisierung der Entscheidungskompetenzen durch den Vertrag von Amsterdam nicht zu einer gleichlaufenden Demokratisierung des Entscheidungsprozesses gekommen ist.[306]

Bei den Rahmenbeschlüssen unterlag die gubernative Rechtsetzung nicht der parlamentarischen Verantwortlichkeit wie im nationalen Recht. Sie hatten somit Bindungskraft für eine nationale Strafgesetzgebung, die nicht in einem parlamentarischen und damit Legitimität verleihenden Willensbildungsprozess entstand. Die Rahmenbeschlüsse waren allerdings kein „Machtspruch" des aus den Regierungsvertretern zusammengesetzten Rats, sondern erwiesen sich durch das Einstimmigkeitserfordernis als Kompromiss zwischen den Mitgliedstaaten. Dieser könne nach Meinungen in der Literatur im Einzelfall ausgewogener als ein nationales Gesetz ausfallen.[307] Ausgehend davon, dass die demokratische Legitimation in der Europäischen Union durch die Beteiligung der nationalen Volksvertretungen an der Gestaltung des Integrationsprozesses erfolge, seien die in den souveränen Mitgliedstaaten existierenden Ausgleichsmechanismen

303 BVerfGE 113, 273 (301).

304 Sondervotum der Richterin *Lübbe-Wolff*, BVerfGE 113, 273 (336). Kritisch auch *Böse*, GA 2006, 211 (216 ff.); *Tomuschat*, EuGRZ 2005, 453 (455 ff.); *Heger*, ZIS 2007, 221 (223); *Giegerich*, ZaöRV 2007, 351 (358 ff.).

305 Sondervotum der Richterin *Lübbe-Wolff*, BVerfGE 113, 273 (337).

306 Sondervotum der Richterin *Lübbe-Wolff*, BVerfGE 113, 273 (337).

307 *Vogel*, GA 2003, 314 (332). Siehe auch *Heger*, Die Europäisierung des deutschen Umweltrechts, S. 129, nach dessen Auffassung das Einstimmigkeitserfordernis den Einwand fehlender demokratischer Legitimation von Rahmenbeschlüssen relativiert.

zu berücksichtigen.[308] Damit könne man dem Demokratiegebot gerecht werden und die verbindlichen und häufig detaillierten[309] Vorgaben für das nationale Recht akzeptabel erscheinen lassen. Hingewiesen wurde besonders auf die in einigen Mitgliedstaaten bestehende Möglichkeit, ihre Regierung zu verpflichten, die Zustimmung des nationalen Parlaments vor ihrer verbindlichen Zustimmung für einen Unionsrechtsakt einzuholen (Parlamentsvorbehalt).[310] Nationale Parlamente könnten so nicht unerheblich das Stimmverhalten der Regierung im Rat beeinflussen.[311] Ein solcher Mechanismus mag geeignet gewesen sein, die schwache Stellung des Europäischen Parlaments innerhalb der dritten Säule auszugleichen und dem damit verbundenen Demokratiedefizit entgegenzuwirken,[312] allerdings nur, wenn man die mittelbare demokratische Legitimation für ausreichend hält. In Anbetracht der detaillierten Rahmenbeschlussvorgaben erschien jedoch das Fehlen einer substanziellen parlamentarischen Beteiligung an der Beschlussfassung bedenklich. Eine mittelbare demokratische Legitimation der im Rat entscheidenden Regierungsvertreter konnte deshalb nicht als Ausgleich für das Fehlen einer parlamentarischen Entscheidung angesehen werden.

Das Demokratiedefizit europäischer Rechtsetzung in der dritten Säule blieb weiterhin im Schrifttum wie auch in den Mitgliedstaaten eine umstrittene Frage. Daher war es eines der leitenden Motive bei der Bearbeitung des Vertrages über eine Verfassung für Europa und später des Vertrags von Lissabon.

C. Langwierige Beschlussfassung

Die Beschlussfassung im Verfahren der dritten Säule verlief langsam, da die Einstimmigkeit bei einer Union mit 27 Mitgliedstaaten häufig zu langwierigen unergiebigen Verhandlungen führte. Dies hatte manchmal zur Folge, dass die angestrebten Ergebnisse nur mit Einschränkungen erreicht wurden oder die Rechtsakte gar nicht mehr angenommen wurden. Dazu kamen noch

---

308 *Meier*, Rechtswirkungen von EG-Richtlinien und EU-Rahmenbeschlüssen, S. 239 ff.; *Schönberger*, ZaöRV 2007, 1107 (1136 ff.).

309 So *Kaiafa-Gbandi*, ZIS 2006, 521 (523).

310 *Tinkl*, ZIS 2007, 419 (421).

311 So *Meier*, Rechtswirkungen von EG-Richtlinien und EU-Rahmenbeschlüssen, S. 239; *Suhr*, ZEuS 2009, 687 (692).

312 *Meier*, Rechtswirkungen von EG-Richtlinien und EU-Rahmenbeschlüssen, S. 239 ff.; *Schönberger*, ZaöRV 2007, 1107 (1136 ff.); *Weber*, Europäische Terrorismusbekämpfung, S. 75 ff.

Verzögerungen, weil von einzelnen Mitgliedstaaten Parlamentsvorbehalte eingelegt wurden.[313]

D. Eingeschränkte Justiziabilität

Die Zuständigkeiten des EuGH im Rahmen der PJZS waren im Vergleich mit denjenigen des Gemeinschaftsrechts begrenzt.

Die Abhängigkeit der Vorlagemöglichkeit im Rahmen des Vorabentscheidungsverfahrens gemäß Art. 35 Abs. 1 bis 4 EUV a.F. von einer Unterwerfungserklärung der Mitgliedstaaten fand kein Äquivalent im EG-Vertrag. Zudem bestand keine Vorlage*pflicht*, sondern deren Einrichtung stand im Ermessen der Mitgliedstaaten, genauso wie die Wahl, ob entweder jedes Gericht oder nur die letztinstanzlichen nationalen Gerichte vorlageberechtigt waren. Des Weiteren beschränkte sich die Rechtmäßigkeitskontrolle im Verfahren gemäß Art. 35 Abs. 6 EUV a.F. auf die Überprüfung der Rechtmäßigkeit von Rahmenbeschlüssen und Beschlüssen, obwohl das Verfahren der Nichtigkeitsklage im Gemeinschaftsrecht nachgebildet war.

Ein erheblicher Nachteil war, dass es im Strafrechtsbereich kein Vertragsverletzungsverfahren gab und somit kein besonderes Sanktionsinstrumentarium für die Nichtumsetzung von Rahmenbeschlüssen. Mithilfe des Vertragsverletzungsverfahrens hätte die Kommission ihre Aufgabe als „Hüterin der Verträge" erfüllen können, indem sie gegen einen Mitgliedstaat wegen der fehlenden Umsetzung eines Rahmenbeschlusses vor dem EuGH hätte Klage erheben können. Ohne ein Vertragsverletzungsverfahren bestand jedoch keine Möglichkeit, die mitgliedstaatlichen Vertragsverpflichtungen durchzusetzen. Daher wurde oft von der Kommission berichtet, dass die Mitgliedstaaten ihre Umsetzungspflicht nur verspätet oder lückenhaft erfüllt hätten.[314]

---

313 *Zeder*, ERA Forum 2008, 209 (219).
314 *Zeder*, ERA Forum 2008, 209 (220).

Teil 3: Die Harmonisierung materiellen Strafrechts *nach* Lissabon

Die Effizienz- und Transparenzdefizite der PJZS sowie die Forderungen nach erweiterter parlamentarischer und richterlicher Kontrolle[315] haben dazu geführt, dass die Reformierung des Bereichs der Innen- und Justizpolitik im Mittelpunkt der mühsamen Verhandlungen für den Verfassungs- sowie später für den Reformvertrag stand. Dieser Bereich zählte schon zu Beginn des Verfassungsprozesses zu den am raschesten expandierenden Politikbereichen der Union.[316] Angestrebt wurden insbesondere eine Vereinfachung der vertraglichen Grundlagen der Rechtsakte, der Verfahrensvorschriften sowie eine klare Kompetenzverteilung zwischen den Mitgliedstaaten und der EU.[317] Einige der in den Verfassungsentwurf aufgenommenen Reformen, vor allem die Einführung der Mehrheitsentscheidung in der strafrechtlichen Zusammenarbeit, erwiesen sich während der Regierungskonferenz 2007 im Kreis der Mitgliedstaaten als höchst umstritten, weil sie deren Prärogative im sensiblen Bereich des Strafrechts berühren.[318] Der Vertrag von Lissabon wurde nach langwierigen Verhandlungen von den Staats- und Regierungschefs der EU am 13. Dezember 2007 unterzeichnet.

Im Zuge der innerstaatlichen Ratifikation wurden die letzten Schwierigkeiten überwunden, indem Irland im zweiten Referendum im Oktober 2009 für den EU-Reformvertrag stimmte, das Bundesverfassungsgericht in Deutschland am 30. Juni 2009 den Vertrag grundsätzlich billigte und das tschechische Verfassungsgericht am 3. November 2009 die Klage von 17 Senatoren gegen den Vertrag abwies.[319] Somit wurde nach einem lange dauernden Ratifizierungsprozess der Weg für das Inkrafttreten des Vertrags von Lissabon am 1. Dezember 2009 frei gemacht. Die Europäische Union wurde damit grundlegend reformiert, und für das Strafrecht wurde in weiten Teilen eine neue Rechtsgrundlage geschaffen. Die neuen rechtlichen Rahmen werden im Folgenden dargestellt und bewertet.

---

315 *Bauer* in *Weidenfeld*, Lissabon in der Analyse, S. 101 ff.

316 *Monar* in *von Bogdandy/Bast*, Europäisches Verfassungsrecht. Theoretische und dogmatische Grundzüge, S. 750.

317 *Schwarze*, EuR 2009, Beiheft 1, 9 (9).

318 *Suhr* in *Fastenrath/Nowak*, Der Lissaboner Reformvertrag, S. 299 ff.

319 *Suhr*, ZEuS 2009, 687 (698), besonders Fn. 2.

§ 1 Entscheidende Aspekte der Harmonisierungskompetenz

A. Strafrecht im Raum der Freiheit, der Sicherheit und des Rechts

I. Rechtliche Grundstruktur des RFSR

Die Zusammenarbeit in Strafsachen gehört zum Raum der Freiheit, der Sicherheit und des Rechts.[320] Man spricht von der Europäischen Union als einen „Raum der Freiheit, der Sicherheit und des Rechts" seit dem Vertrag von Amsterdam. Durch dieses in Art. 29 EUV a.F. festgelegte Konzept wurde der Grundstein für die Verbesserung der grenzüberschreitenden polizeilichen und justiziellen Zusammenarbeit in Strafsachen gelegt. Die Gemeinsamkeit der Aufgabenfelder des RFSR (z.B. Asylrecht und Einwanderung, Zivil- und Strafjustiz, Polizei und Grenzsicherung) hatte sich davor aus dem Bezug mit dem Binnenmarkt und dem damit zusammenhängenden freien Personenverkehr ergeben.[321] Der Vertrag von Lissabon hebt mit Art. 3 Abs. 2 EUV das Ziel des Raums der Freiheit, der Sicherheit und des Rechts aus dem Binnenmarktkonzept heraus und erklärt dieses zu einem eigenständigen Integrationsziel,[322] das noch vor dem Binnenmarkt (Art. 3 Abs. 3 EUV) und der Wirtschafts- und Währungsunion (Art. 3 Abs. 4 EUV) genannt wird.

Besonders relevant für die rechtliche Klarheit des gesamten Konzeptes des RFSR ist die Überwindung der Säulenstruktur der EU. Der Raum der Freiheit, der Sicherheit und des Rechts muss als ein Ganzes ausgelegt werden. Früher wurden das Verständnis und die Wahrnehmung dieses Konzeptes als ein Ganzes dadurch erschwert, dass der Bereich Justiz und Inneres aufgeteilt wurde zwischen dem intergouvernemental geprägten Handeln im Rahmen der Zusammenarbeit in Strafsachen der dritten Säule einerseits und den supranationalen Regelungen der ersten Säule zu Visa, Asyl, Einwanderung und anderen Politiken, betreffend den freien Personenverkehr, andererseits. Mit dem Vertrag von Lissabon wurden die Säulenstruktur aufgelöst und der Bereich Justiz und Inneres einheitlich geregelt (Titel V AEUV). Formulierungen wie die Überführung

---

320 Zu den Begriffen siehe *Monar* in *von Bogdandy/Bast*, Europäisches Verfassungsrecht. Theoretische und dogmatische Grundzüge, S. 755 ff.

321 *Haak* in *Leiße*, Die Europäische Union nach dem Vertrag von Lissabon, S. 220.

322 *Müller-Graff* in FS Zuleeg, S. 605; *Monar* in *von Bogdandy/Bast*, Europäisches Verfassungsrecht. Theoretische und dogmatische Grundzüge, S. 753.

der PJZS „aus der dritten in die erste Säule" oder „aus dem Unionsrecht in das Gemeinschaftsrecht" oder die „Vergemeinschaftung der PJZS" passen jedoch faktisch nicht in den Zusammenhang mit dem Vertrag von Lissabon, da dieser auf die Auflösung der unterschiedlichen Rechtsregimes des bisherigen Unionsrechts und des Gemeinschaftsrechts zugunsten eines einheitlichen supranational geprägten Regimes zielt.

II. Inhaltliche Reichweite des RFSR

Die inhaltliche Reichweite des Raums der Freiheit, der Sicherheit und des Rechts ergibt sich aus den Verträgen, in denen es heißt, dass die Union das Ziel verfolgt, den Unionsbürgern einen Raum der Freiheit, der Sicherheit und des Rechts ohne Binnengrenzen zu bieten, in dem – in Verbindung mit geeigneten Maßnahmen in Bezug auf die Kontrollen an den Außengrenzen, das Asyl, die Einwanderung sowie die Verhütung und Bekämpfung der Kriminalität – der freie Personenverkehr gewährleistet ist (Art. 3 Abs. 2 EUV). Diese Zielsetzung findet sich in Art. 67 Abs. 1 AEUV mit der zusätzlichen Ergänzung, dass die Grundrechte und die verschiedenen Rechtsordnungen und -traditionen der Mitgliedstaaten geachtet werden. „Raum der Freiheit" bedeutet also neben freiem Personenverkehr auch die Anerkennung der Grundrechte und die Schaffung eines Rechtsraums, in dem die öffentliche Gewalt die Freiheit gegen ihre Gegner schützt.[323]

Im Rahmen des Raums der Freiheit, der Sicherheit und des Rechts wird der Union ein breit gefasstes Sicherheitsmandat zugunsten ihrer Bürger übertragen.[324] Die Personenfreizügigkeit innerhalb der EU muss von Sicherheitsmaßnahmen gegen den Missbrauch der Freiheit begleitet werden. Dieser Auftrag wird in Art. 67 Abs. 3 AEUV konkretisiert: Die Union wirkt darauf hin, durch Maßnahmen zur Verhütung und Bekämpfung der Kriminalität, Koordinierung und Zusammenarbeit von Organen der Strafrechtspflege sowie durch die gegenseitige Anerkennung strafrechtlicher Entscheidungen und erforderlichenfalls durch die Angleichung der strafrechtlichen Rechtsvorschriften ein hohes Maß an Sicherheit zu gewährleisten. Aus den Vorschriften wird klar, dass es um innere Sicherheit im Sinne der Kriminalitätsbekämpfung geht, die durch ein gemeinsames Vorgehen der Mitgliedstaaten mit dem Ziel der Verhütung und

---

323 *Monar* in *von Bogdandy/Bast*, Europäisches Verfassungsrecht. Theoretische und dogmatische Grundzüge, S. 758 ff.; *Weiß/Satzger* in *Streinz*, EUV/AEUV, Kommentar, Art. 67 AEUV, Rn. 27 ff.

324 *Monar* in *von Bogdandy/Bast*, Europäisches Verfassungsrecht. Theoretische und dogmatische Grundzüge, S. 755.

Bekämpfung bestimmter schwerer Formen grenzüberschreitender Kriminalität erreicht werden soll.[325] Nicht-kriminalitätsbezogene Risiken für die Sicherheit finden keine Erwähnung in den Verträgen oder in den Programmdokumenten über den Raum der Freiheit, der Sicherheit und des Rechts.

Die Selbstständigkeit des Integrationsziels des Raums der Freiheit, der Sicherheit und des Rechts wird noch einmal bekräftigt, indem in Art. 67 Abs. 4 AEUV ausdrücklich vorgesehen wird, dass die Union vor allem durch die gegenseitige Anerkennung gerichtlicher und außergerichtlicher Entscheidungen den Zugang zum Recht erleichtert. Der Begriff des Rechts im Rahmen des Raums der Freiheit, der Sicherheit und des Rechts zielt jedoch unter Berücksichtigung des Subsidiaritätsprinzips (Art. 5 Abs. 3 EUV) und der politischen Grundlinie der EU-Organe nicht auf die Schaffung eines einheitlichen integrierten Rechtssystems, sondern eher auf die weitgehende Verminderung der zwischen diesen Systemen bestehenden Schwierigkeiten in Bezug auf den Zugang zum Recht. Bei der Zusammenarbeit in Strafsachen handelt es sich um die Schaffung vergleichbarer Konzepte der Strafjustiz im Umgang mit kriminellen Strafsachen – z.B. ein vergleichbares Verfolgungsniveau bei bestimmten Straftaten mit grenzüberschreitender Dimension – sowie um die systematische wechselseitige Urteilsanerkennung.[326]

Die Justiz- und Innenpolitik wird mit dem Vertrag von Lissabon wieder zusammen geregelt. Titel V des dritten Teils des AEUV – „Raum der Freiheit, der Sicherheit und des Rechts" – regelt in Art. 67 bis Art. 89 AEUV die internen Politiken und Maßnahmen der EU. Nach der bereits angesprochenen Konkretisierung des Vertragszieles des Raums der Freiheit, der Sicherheit und des Rechts sowie den Allgemeinen Bestimmungen (Art. 67 bis 76 AEUV) werden die Vorschriften über die Politik im Bereich Grenzkontrollen, Asyl und Einwanderung (Art. 77 bis 80 AEUV), die justizielle Zusammenarbeit in Zivilsachen (Art. 81 AEUV), der hier besonders interessierende Bereich der justiziellen Zusammenarbeit in Strafsachen (Art. 82 bis 86 AEUV) und die polizeiliche Zusammenarbeit (Art. 87 bis 89 AEUV) behandelt. Diese Bereiche verbindet vor allem die Nähe zu den klassischen Kernaufgaben des Staates. Daher wird in Art. 67 Abs. 1 AEUV zum einen die Bedeutung der Grundrechte und zum anderen die Notwendigkeit der Achtung verschiedener Rechtsordnungen und -traditionen der Mitgliedstaaten betont.

---

325 So *Monar* in *von Bogdandy/Bast*, Europäisches Verfassungsrecht. Theoretische und dogmatische Grundzüge, S. 759 ff.

326 *Oppermann/Classen/Nettesheim*, Europarecht, § 32, Rn. 25.

Trotz einheitlicher Regulierung sorgen Sonderregelungen und Vertragsprotokolle,[327] die spezifische Bestimmungen zugunsten der Souveränitätsvorbehalte einzelner Mitgliedstaaten enthalten,[328] für eine gewisse Unübersichtlichkeit und für eine „territoriale Unvollständigkeit“[329] des neu strukturierten RFSR. Diese Besonderheiten existierten in einem bestimmten Maße auch vorher, der Vertrag von Lissabon hat diese aber nicht nur beibehalten, sondern vor allem durch erweiterte Opt-outs und erleichterte Zugangsmöglichkeiten zur „verstärkten Zusammenarbeit“ erweitert.[330] Dass die Differenzierungen im Raum der Freiheit, der Sicherheit und des Rechts größer und vielfältiger als in anderen Politikbereichen der Union sind, kann als ein Hinweis auf einen mangelnden politischen Konsens hinsichtlich der Grundlagen und der Finalität des Raums der Freiheit, der Sicherheit und des Rechts gesehen werden.

B. Geteilte Zuständigkeit im Strafrechtsbereich

Die Kompetenzen der Union zum Strafrecht wurden mit dem Inkrafttreten des Vertrags von Lissabon sachlich neu geordnet und im Vergleich zur früheren Rechtsgrundlage in einem gewissen Maße erweitert.[331] Strafrecht ist eines der Elemente des Raums der Freiheit, Sicherheit und des Rechts, und die Union darf strafrechtliche Regelungen grundsätzlich auf Grundlage einer geteilten Zuständigkeit gemäß Art. 4 Abs. 2 lit. j AEUV erlassen. Die geteilte Zuständigkeit entspricht der Kategorie der konkurrierenden Zuständigkeit und ist im Allgemeinen dadurch gekennzeichnet, dass die Regelungskompetenz sowohl den

---

327 Das Protokoll (Nr. 19) über den im Rahmen der Europäischen Union einbezogenen Schengen-Besitzstand (ABl. EU 2010, Nr. C 83, S. 290 ff.); das Protokoll (Nr. 21) über die Position des Vereinigten Königsreichs und Irlands hinsichtlich des Raums der Freiheit, der Sicherheit und des Rechts (ABl. EU 2010, Nr. C 83, S. 295 ff.); das Protokoll (Nr. 22) über die Position Dänemarks (ABl. EU 2010, Nr. C 83, S. 299 ff.); das Protokoll (Nr. 23) über die Außenbeziehungen der Mitgliedstaaten hinsichtlich des Überschreitens der Außengrenze (ABl. EU 2010, Nr. C 83, S. 304); das Protokoll (Nr. 24) über die Gewährung von Asyl für Staatsangehörige von Mitgliedstaaten der Europäischen Union (ABl. EU 2010, Nr. C 83, S. 305 ff.) sowie das Protokoll (Nr. 36) über die Übergangsbestimmungen (ABl. EU 2010, Nr. C 83, S. 322 ff.).

328 *Nowak*, Europarecht nach Lissabon, S. 257.

329 So *Müller-Graff*, EuR Beiheft 1/2009, 105 (108).

330 Für einen Überblick über diese Differenzierungsformen siehe *Monar* in *von Bogdandy/Bast*, Europäisches Verfassungsrecht. Theoretische und dogmatische Grundzüge, S. 773 ff.

331 *Mansdörfer*, HRRS 2010, 11 (11).

Mitgliedstaaten als auch der Union zukommt, wobei es gemäß Abs. 2 AEUV zum mitgliedstaatlichen Kompetenzverlust in Form einer Sperrwirkung kommt, sofern und soweit die EU regelnd tätig wird.[332]

Die Europäisierung der Strafgesetzgebung wird dadurch intensiviert, dass die Mitgliedstaaten in den Bereichen, in denen die Union Mindestvorschriften festgelegt hat, dieses Mindestniveau nicht mehr unterschreiten dürfen. Außerdem geht die Auslegungshoheit über europäisiertes Strafrecht auf den Gerichtshof der Europäischen Union über.[333] Dazu hat sich das Bundesverfassungsgericht in seinem „Lissabon"-Urteil[334] geäußert. Da die Strafrechtspflege eine zentrale Aufgabe staatlicher Gewalt sei, Strafe zu den intensivsten Eingriffen in die individuelle Freiheit gehöre und die Entscheidung über strafwürdiges Verhalten in besonderem Maße dem demokratischen Entscheidungsprozess überantwortet sei, seien die Strafgesetzgebungskompetenzen der Union „strikt – keinesfalls extensiv – auszulegen".[335] Eine Übertragung von Hoheitsrechten dürfe in diesem grundrechtsbedeutsamen Bereich nur für bestimmte grenzüberschreitende Sachverhalte unter restriktiven Voraussetzungen zu einer Harmonisierung führen.[336]

Dieser restriktiven deutschen Sichtweise steht grundsätzlich die unionsrechtliche Sicht gegenüber, dass eine Norm so auszulegen ist, dass das mit ihr verfolgte Ziel am besten erreicht werden kann (*effet utile*). Die Anwendung dieser Doktrin im Strafrecht ist äußerst problematisch. Der *effet utile*-Gedanke kann den Einsatz des Strafrechts nicht legitimieren, da eine allein auf Verwirklichung der Unionspolitik ausgerichtete Strafvorschrift dem Ultima-Ratio-Prinzip nicht gerecht und zum Verständnis des Strafrechts als nur eines von vielen Durchsetzungsmitteln führen würde. Die Europäische Union hat bei der Rechtsetzung die Eigenart des nationalen Strafrechts unter den europäischen Politikfeldern sowie die Ausprägung dieser Rechtsmaterie durch das Ultima-Ratio-Prinzip stets im Auge zu behalten. Vor diesem Hintergrund ist die restriktive Handhabung der strafrechtlichen Vorschriften auf europäischer Ebene, die das Bundesverfassungsgericht anmahnt, nicht unsachgemäß, sondern im Interesse der Wahrung

---

332 *Calliess* in *Calliess/Ruffert*, EUV/AEUV, Kommentar, Art. 4 AEUV, Rn. 1; *Nettesheim* in *Grabitz/Hilf/Nettesheim*, Recht der EU, Kommentar, Art. 4 AEUV, Rn. 5 ff.; *Streinz* in *Streinz*, EUV/AEUV, Kommentar, Art. 4 AEUV, Rn. 6 ff.; *Vogel* in *Ambos*, Europäisches Strafrecht nach Lissabon, S. 43.

333 *Vogel* in *Ambos*, Europäisches Strafrecht nach Lissabon, S. 43.

334 BVerfGE 267 (437) – *Lissabon.*

335 BVerfGE 267 (410), Rn. 358 – *Lissabon.*

336 BVerfGE 267 (360), Rn. 253 – *Lissabon.*

der Besonderheiten des Strafrechts zu berücksichtigen. Denn das Bundesverfassungsgericht hat letztlich seine Aussagen auf das im Vertrag festgeschriebene Prinzip der begrenzten Einzelermächtigung gestützt – ein Prinzip, zu dem sich eben auch der Vertrag von Lissabon ausdrücklich bekennt.[337]

Für die Abgrenzung der Kompetenzen im Strafrechtsbereich ist Art. 67 AEUV relevant. Danach ist die Schaffung des Raums der Freiheit, der Sicherheit und des Rechts unter Achtung der Grundrechte und der verschiedenen Rechtsordnungen und -traditionen der Mitgliedstaaten durchzuführen. Da Strafrecht nach wie vor als Kern staatlicher Souveränität angesehen wird, bleibt es weiter stark im nationalen Recht verankert. Insofern sieht der Vertrag von Lissabon eine umfassende ausschließliche Kompetenz der Europäischen Union zur Strafrechtsetzung nicht vor.[338] Strafrechtliche Regelungen werden von der Europäischen Union vielmehr unter Berücksichtigung des Prinzips der Einzelermächtigung im Rahmen einer geteilten Zuständigkeit erlassen.

Die Kompetenzen zur Bildung des Raums der Freiheit, der Sicherheit und Rechts wurden gegenüber der Rechtslage nach Art. 29 EUV a.F. wie folgt strukturiert: Art. 82 AEUV ermächtigt die Union zu Maßnahmen zur Erleichterung der zwischenstaatlichen Kooperation und enthält eine Kompetenz zur Angleichung der Rechtsvorschriften der Mitgliedstaaten in den Bereichen des Verfahrensrechts; Art. 83 AEUV enthält eine Kompetenz zur Angleichung der Rechtsvorschriften der Mitgliedstaaten in den Bereichen des materiellen Strafrechts.

C. Kriminalpolitische Leitlinien

Die europäische Kriminalpolitik befasst sich mit den Zwecken und Zielen des Einsatzes des Strafrechts auf europäischer Ebene. Sie enthält im Grunde die Aussagen darüber, was in Europa strafrechtlich gelten soll.[339] Daher steht im Mittelpunkt der Kriminalpolitik die Beantwortung zentraler Fragen, wie etwa, ob und inwieweit es notwendig und sinnvoll ist, in bestimmten Bereichen strafrechtliche

---

337 *Ambos/Rackow*, ZIS 2009, 397 (403 ff.).

338 Anders *Weigend*, ZStW 2004, 275 (280), der davon ausgeht, dass die geteilte Zuständigkeit für eine umfassende Kompetenz der Union spricht, da bei einer Kompetenzverteilung zwischen Haupt und Gliedern sich im Ernstfall „die zentralen Zuständigkeiten als dominant erweisen dürften". Für die Zuständigkeit der Union reiche es schon aus, dass die Ziele der Maßnahmen auf Unionsebene „besser erreicht" werden könnten, was sich im Zweifelsfall kaum widerlegen lassen werde.

339 Sogenannte „lex criminalis desiderata". So *Hecker*, Europäisches Strafrecht, § 1, Rn. 10.

Instrumente einzusetzen, sowie in welcher Form (etwa Mindestharmonisierung oder Koordination der nationalen Rechte) der Einsatz erfolgen soll.

I. Allgemeine Orientierungspunkte für die Strafgesetzgebung

Im Hinblick auf das Inkrafttreten des Vertrags von Lissabon und besonders hinsichtlich der auf der neuen Rechtsgrundlage aufzunehmenden Rechtsakte hat der Rat „Justiz und Inneres" auf seiner Sitzung am 30. November und 1. Dezember 2009 die „Schlussfolgerungen über Musterbestimmungen als Orientierungspunkte für die Verhandlungen des Rates im Strafrechtsbereich"[340] zur Wahrung der Kohärenz der Strafvorschriften angenommen. Um dieses Ziel zu erreichen, soll sich der Rat an diesen – wenn auch nicht verbindlichen – Musterbestimmungen bei seinen Beratungen orientieren. Sie sollen den Rat bei seinen Arbeiten zur strafrechtlichen Rechtsetzung leiten.

Der Rat bekräftigt in den Orientierungspunkten, dass Strafrecht nur als Ultima Ratio und nur unter Wahrung der Grundsätze der Verhältnismäßigkeit und der Subsidiarität und unter Beachtung des Bestimmtheitsgebots einzusetzen sei. Als kriminelle Handlungen, gegen die vorzugehen sei, kommen diejenigen in den Bereichen besonders schwerer Kriminalität mit grenzüberschreitender Dimension in Betracht (Nr. 2 lit. a der Musterbestimmungen) sowie solche, bei denen eine Angleichung mitgliedstaatlicher Strafvorschriften auf einem Gebiet unerlässlich ist, auf dem Harmonisierungsmaßnahmen erfolgt sind (Nr. 2 lit. b). Ständig seien der erwartete Mehrwert oder die größere Effizienz europäischer Strafrechtsbestimmungen, die Schwere und/oder die Verbreitung und Häufigkeit der Straftaten sowie die eventuellen Auswirkungen auf bestehende europäische Strafrechtsbestimmungen und auf die Strafrechtsordnungen der Mitgliedstaaten zu prüfen (Nr. 3). Erfolgs- oder konkrete Gefährdungsdelikte seien gegenüber abstrakten Gefährdungsdelikten zu bevorzugen (Nr. 5). Grundsätzlich sei nur vorsätzliches Verhalten strafrechtlich zu erfassen, fahrlässiges Verhalten nur z.B. bei grob fahrlässigen Handlungen, die Menschenleben gefährden oder großen Schaden verursachen (Nr. 6 und 7). Es solle keine „strict liability" angeordnet werden, d.h., ein strafrechtlich relevanter Erfolg solle nur bei Vorsatz oder Fahrlässigkeit subjektiv zugerechnet werden (Nr. 8). Die unterschiedliche Sanktionierung juristischer Personen wird anerkannt (Nr. 11). Bezüglich des Strafmaßes wird auf die schon vorher geltenden Schlussfolgerungen des Rates vom

340 Ratsdok. 16542/09 vom 23.11.2009, abrufbar unter: https://db.eurocrim.org/db/de/doc/1167.pdf (Stand: Juli 2023).

24.–25.04.2002 über einen Ansatz zur Angleichung der Strafen verwiesen, in denen ein System von Mindesthöchststrafen entwickelt worden ist. Es soll folglich dabei bleiben, dass keine Mindestmindeststrafe vorgesehen wird.

II. Stockholmer Programm und Post-Stockholm-Programm

Neben den „Schlussfolgerungen über Musterbestimmungen als Orientierungspunkte für die Verhandlungen des Rates" wurde im Dezember 2009 vom Europäischen Rat das **Stockholmer Programm**[341] verabschiedet. Damit verfügte die Europäische Union für die Bereiche Justiz und Inneres über ein politisches Programm für die Jahre 2010 bis 2014, das die strategischen Leitlinien für die entsprechende gesetzgeberische und operative Planung in diesem Zeitraum festlegte.

Nach dem Vorbild des Haager Programms ersuchte der Europäische Rat die Kommission, einen Aktionsplan vorzulegen, der konkrete Maßnahmen zur Umsetzung des Stockholmer Programms festlegt. Am 20. April 2010 legte die Kommission tatsächlich ihren Aktionsplan vor.[342] Im Rat wurde die Mitteilung der Kommission „Ein Raum der Freiheit, der Sicherheit und des Rechts für die Bürger Europas – Aktionsplan zur Umsetzung des Stockholmer Programms" jedoch kritisiert, da diese zahlreiche Abweichungen vom Stockholmer Programm enthielt. Im Ergebnis wurde der Aktionsplan vom Rat nicht angenommen. Stattdessen verabschiedete der Rat Schlussfolgerungen,[343] in denen die Mitteilung der Kommission zur Kenntnis genommen, die Abweichungen festgestellt und das Stockholmer Programm zum alleinigen Bezugsrahmen für die politische und operative Agenda der EU im Bereich des RFSR erklärt wurden. Zudem wurde die Kommission aufgefordert, nur Initiativen im Einklang mit dem Stockholmer Vertrag vorzulegen.

Im Rahmen des Ziels der Union, den Unionsbürgern einen Raum der Freiheit, der Sicherheit und des Rechts zu bieten (Art. 3 Abs. 2 EUV), setzte das Stockholmer Programm einen neuen Schwerpunkt. Dem Element „Recht" („*justice*") sollte mehr Gewicht zukommen. Die damalige Kommissarin für Justiz, Grundrechte und Bürgerschaft, *Viviane Reding*, stellte in ihrer

---

341 Europäischer Rat, 10.–11.12.2009, „Das Stockholmer Programm – Ein offenes und sicheres Europa im Dienste und zum Schutz der Bürger", ABl. EU 2010, Nr. C 115, S. 1 ff.

342 KOM(2010)171 endg.

343 Ratsdok. 9935/10 vom 18.05.2010, abrufbar unter: http://register.consilium.europa.eu/doc/srv?l=DE&f=ST%209935%202010%20INIT (Stand: Juli 2023).

Grundsatzrede zum Strafrecht am 12. März 2010 fest, dass die bisherigen Maßnahmen im Rahmen des RFSR sich allzu sehr auf die Sicherheit konzentriert und das Recht eher vernachlässigt hätten. Sie hatte daher eine ausgewogene Herangehensweise („*balanced approach*") im Blick, denn „*there is no freedom without security, and there is no security without justice*".[344]

Im Stockholmer Programm wurde unter den politischen Prioritäten der Schutz der Grundrechte an erster Stelle genannt: „Förderung der Unionsbürgerschaft und der Grundrechte". Im Bereich des Strafrechts wurde der Akzent auf die Strafverfahrensrechte gelegt, während hinsichtlich der Harmonisierung im materiellen Strafrecht eher Zurückhaltung gezeigt wurde.[345] Hier sei, so die Grundsatzrede von *Viviane Reding*, Vorsicht geboten, zumal die Souveränität der Mitgliedstaaten besonders berührt werde. Bereiche, in denen Handlungsbedarf bestehe, seien mit Bedacht auszuwählen.[346] Im Stockholmer Programm hieß es, dass es unter Berücksichtigung der Unterschiede zwischen den Rechtsordnungen und -traditionen erforderlich sei, die Rechtsvorschriften bis zu einem gewissen Grad einander anzugleichen.[347] Nur so könne eine ordnungsgemäße Anwendung des Grundsatzes der gegenseitigen Anerkennung ermöglicht werden. Mindestvorschriften für Straftaten und Strafen sollten vorrangig in bestimmten Bereichen (Terrorismus, Menschenhandel, illegaler Drogenhandel, sexuelle Ausbeutung von Frauen und Kindern sowie Kinderpornografie und Computerkriminalität) festgelegt werden.[348] Dabei wurde Cybercrime als neuer Schwerpunkt im Bereich der organisierten Kriminalität definiert.

---

344 Grundsatzrede „The Future of European Criminal Justice under the Lisbon Treaty", Trier, 12.03.2010, abrufbar unter: http://europa.eu/rapid/press-release_SPEECH-10-89_en.htm (Stand: Juli 2023).

345 So auch *Suhr* in *Calliess/Ruffert*, EUV/AEUV, Kommentar, Art. 83 AEUV, Rn. 12: „Im Stockholmer Programm bleibt der in Art. 83 AEUV angesprochene Bereich des materiellen Strafrechts relativ vage."

346 Grundsatzrede „The Future of European Criminal Justice under the Lisbon Treaty", Trier, 12.03.2010 „[…] These are decisions which go to the heart of national sovereignty.[…] And we need to choose the right areas where cross-border crime is really in need of a strong European response.[…]", abrufbar unter: http://europa.eu/rapid/press-release_SPEECH-10-89_en.htm (Stand: Juli 2023).

347 „Das Stockholmer Programm – Ein offenes und sicheres Europa im Dienste und zum Schutz der Bürger", ABl. EU 2010, Nr. C 115, S. 14 (Pkt. 3.3 – Schaffung eines Sockels an gemeinsamen Mindestnormen).

348 „Das Stockholmer Programm – Ein offenes und sicheres Europa im Dienste und zum Schutz der Bürger", ABl. EU 2010, Nr. C 115, S. 15 (Pkt. 3.3.1 – Strafrecht).

Nach Verhandlungen, die nahezu ein Jahr in Anspruch nahmen, legte der Europäische Rat im Juni 2014 die „strategischen Leitlinien für die Programmplanung im Raum der Freiheit, der Sicherheit und des Rechts“ (**Post-Stockholm-Programm**) für die kommenden fünf Jahre (2015–2019) fest.[349] Nach dem Inkrafttreten des Vertrags von Lissabon konzentrierte sich die EU auf die Ausarbeitung von Rechtsvorschriften, um einen starken Rechtsrahmen für den Bereich Justiz und Inneres aufzubauen. Der Schwerpunkt des Post-Stockholm-Programms liegt nun auf der Durchführung und Konsolidierung der geltenden Rechtsinstrumente und politischen Maßnahmen. Im Hinblick auf die in den letzten Jahren erzielten Fortschritte durch die neuen Rechtsakte im Bereich Justiz und Inneres sollen diese Rechtsakte zuerst vollständig umgesetzt werden und dann soll der weitere Bedarf überprüft werden.

Das Post-Stockholm-Programm sollte die bestehenden Schwerpunkte fortführen. Der Schutz und die Förderung der Grundrechte wurden weiterhin als erste Priorität genannt, wobei dem Datenschutz besonderes Augenmerk galt. Ein anderer Schwerpunkt, der bereits im Vorgängerprogramm definiert worden war und der durch den technischen Fortschritt noch größere Bedeutung erlangte, ist die Cyberkriminalität. Zu beachten ist zudem, dass das Post-Stockholm-Programm von der weltpolitischen Lage (z.B. Migration und Flüchtlingen) geprägt wurde. Konkrete Äußerungen zur Harmonisierung der materiellen Strafvorschriften finden sich in dem aktuellen Mehrjahresprogramm nicht. Es wird allerdings auf die Bekämpfung der schweren und organisierten Kriminalität einschließlich Menschenhandel, Schleuserkriminalität, Korruption sowie Terrorismus und auf die Ausarbeitung eines umfassenden Konzepts zur Cybersicherheit und Cyberkriminalität hingewiesen.[350]

349 Europäischer Rat, 26.–27.06.2014, Ratsdok. EUCO 79/14 vom 27.06.2014, abrufbar unter: http://register.consilium.europa.eu/doc/srv?f=ST+79+2014+INIT&l=de#page=2 (Stand: Juli 2023). Siehe dazu *Kramer*, Öffentliche Sicherheit 9–10/14, 48 (48 ff.); abrufbar unter: https://www.bmi.gv.at/magazinfiles/2014/09_10/files/europaeische_union.pdf (Stand: Juli 2023).

350 Europäischer Rat, 26.–27.06.2014, Ratsdok. EUCO 79/14 vom 27.06.2014, Pkt. I.10.

D. Allgemeine Voraussetzungen für die Harmonisierung

I. Erforderlichkeit

Wie der frühere Art. 31 Abs. 1 lit. e EUV a.F. setzt die neue Rechtsgrundlage ebenfalls die Erforderlichkeit der Strafrechtsharmonisierung voraus.[351] Dieses Kriterium ist in Art. 67 Abs. 3 AEUV verankert, wonach die Union zur Gewährleistung eines hohen Maßes an Sicherheit „erforderlichenfalls" die strafrechtlichen Rechtsvorschriften angleichen kann.

Die Harmonisierung soll, wie andere Maßnahmen der EU, zur Verbesserung der Koordination und Zusammenarbeit im Strafrechtsbereich beitragen, um den Bürgern ein hohes Maß an Sicherheit zu gewährleisten. Art. 67 Abs. 3 AEUV sieht jedoch nicht vor, welche Faktoren über die Erforderlichkeit entscheiden sollen. Dem bereits aus dem PJZS bekannten Sicherheitsbezug sind die Grundsätze der Achtung der nationalen Identität und der verschiedenen Rechtordnungen und -traditionen übergeordnet (Art. 64 Abs. 1, Art. 4 Abs. 2 AEUV), die für die Harmonisierung des Strafrechts gelten.[352] Da die Grundsätze justiziabel sind, gibt es die Möglichkeit, gegen ihre Nichtbeachtung zu klagen.

Die genannten Grundsätze können die Kompetenz zur Strafrechtsharmonisierung einschränken, auch wenn ein politischer Willen der EU-Organe besteht, einen Kriminalitätsbereich zu harmonisieren.[353] Die Kritik im Schrifttum[354] in Bezug darauf, inwieweit die Harmonisierungskompetenz im Falle eines politischen Willens tatsächlich wirksam begrenzt wird, mag der Grund für das Verlangen des Bundesverfassungsgerichts in seinem Lissabon-Urteil nach einer strikten – keinesfalls extensiven – Auslegung des Art. 83 AEUV sein. Abstrakte Konzepte oder eine symbolische Wirkung reichen für die Harmonisierung nicht aus. Zu prüfen sind stets der erwartete Mehrwert oder die Effizienz von Strafmaßnahmen im Vergleich zu anderen Maßnahmen.[355]

---

351 *Vogel/Eisele* in *Grabitz/Hilf/Nettesheim*, Recht der EU, Kommentar, Art. 83 AEUV, Rn. 45; *Satzger* in *Streinz*, EUV/AEUV, Kommentar, Art. 83 AEUV, Rn. 8.

352 *Vogel/Eisele* in *Grabitz/Hilf/Nettesheim*, Recht der EU, Kommentar, Art. 83 AEUV, Rn. 45.

353 *Vogel/Eisele* in *Grabitz/Hilf/Nettesheim*, Recht der EU, Kommentar, Art. 83 AEUV, Rn. 45.

354 *Satzger* in *Streinz*, EUV/AEUV, Kommentar, Art. 83 AEUV, Rn. 8.

355 Entschließung des Europäischen Parlaments vom 22. Mai 2012 zum EU-Ansatz zum Strafrecht (2010/2310(INI)) (2013/C 264 E/02), ABl. EU 2013, Nr. C 264E, S. 9 (Q Nr. 3).

II. Beachtung der Grundrechte, Freiheiten und allgemeinen Grundsätze

Die Union wird durch den neuen EU-Vertrag auf die Einhaltung von Grundrechten verpflichtet. Die EU verpflichtete sich mit dem Vertrag von Lissabon nicht nur, der Europäischen Menschenrechtskonvention beizutreten[356] (Art. 6 Abs. 2 EUV), sondern erkennt in Art. 6 Abs. 1 EUV auch die Grundrechtecharta der EU an. Diese ist Teil des EU-Primärrechts und damit rechtlich bindend für die Union sowie die Mitgliedstaaten bei der Durchführung von Unionsrecht. Die Grundrechte fungieren somit als materielle Grenzen bei der Ausübung der Kompetenzen im Strafrechtsbereich.

Die Harmonisierungsrechtsakte müssen mit den Grundrechten, Freiheiten und allgemeinen Grundsätzen im Einklang stehen, so wie diese in der Charta der Grundrechte vorgesehen sind. Besonders zu beachten sind gemäß Art. 49 GrCH die Grundsätze der Gesetzmäßigkeit und Verhältnismäßigkeit im Zusammenhang mit Straftaten und Strafen sowie das Recht gemäß Art. 50 GrCH, wegen derselben Straftat nicht zweimal strafrechtlich verfolgt oder bestraft zu werden. Von Bedeutung ist auch das unionsrechtlich verbindliche Schuldprinzip, das sich europarechtlich aus der Menschenwürdegarantie gemäß Art. 1 GrCH sowie der Unschuldsvermutung gemäß Art. 48 Abs. 1 GrCH ableiten lässt.

Die „Musterbestimmungen als Orientierungspunkte für die Verhandlungen des Rates im Bereich des Strafrechts“[357] formulieren deutlich, was die Beachtung dieser Grundsätze für unionsrechtliche Rechtakte bedeuten soll: Die im Strafrecht als strafbar definierte Handlung muss so präzise formuliert werden, dass anhand der Beschreibung die Anwendung, Tragweite und Bedeutung des strafbaren Verhaltens mit Sicherheit vorhersehbar sind (Nr. 4). Außerdem sollten die Strafrechtsbestimmungen vorrangig auf Handlungen ausgerichtet werden, die einen tatsächlichen Schaden verursachen oder die zu schützenden Rechte oder wesentlichen Interessen ernsthaft gefährden. Der Zweck dieser Regelung ist es, zu vermeiden, dass eine Handlung unverhältnismäßig früh unter Strafe gestellt wird (Nr. 5). Andere Vorschriften geben Hinweise auf die subjektiven Voraussetzungen. In dieser Hinsicht ist es wichtig, dass die Strafgesetzgebung der EU grundsätzlich nur Strafen für Handlungen festlegt, die vorsätzlich begangen

356 Dies erfolgte bisher nicht. Dazu: https://www.coe.int/de/web/portal/eu-accession-echr-questions-and-answers (Stand: Juli 2023).

357 Ratsdok. 16542/09 vom 23.11.2009 über Musterbestimmungen als Orientierungspunkte für die Verhandlung des Rates.

werden. Fahrlässige Handlungen sollen die Ausnahme sein (Nr. 7). Keinen Einfluss auf die Begrenzung der Strafrechtsetzungskompetenz hat, trotz ihrer Bedeutung für ein rationales Strafrecht,[358] die Rechtsgutlehre, da diese weder im europäischen noch im internationalen Recht verankert ist.[359]

§ 2 Rechtlicher Rahmen der Strafrechtsharmonisierung

Die Integration des Strafrechts in die supranationale Union hat den intergouvernementalen Sonderweg beendet. Das Bundesverfassungsgericht räumt in seinem „Lissabon"-Urteil zwar grundsätzlich ein, dass bei der Harmonisierung des Strafrechts nach dem Vertrag von Lissabon der Subsidiaritätsgedanke und die Befindlichkeiten der Mitgliedstaaten noch hinreichend berücksichtigt werden.[360] Gleichwohl wird deutlich, dass die europäische Strafrechtsintegration mit Lissabon eine neue Stufe erreicht hat. Ausgehend von der Ausgestaltung des Art. 83 AEUV, wird im Folgenden gezeigt, wie sich die Überleitung des Strafrechts der dritten Säule in Rahmen der supranationalen Europäischen Union manifestiert. Zugleich wird dargelegt, inwieweit die Neustrukturierung auch inhaltlich eine Abwendung von dem bisherigen Handlungsrahmen bedeutet.

A. Integrative Elemente

I. Verstärkte demokratische Legitimation in der Europäischen Union

Da die demokratische Legitimation für den Erlass strafrechtlicher Rechtsakte lange strittig war,[361] war dieses Thema ein zentrales Anliegen bei den Verhandlungen des Vertrags von Lissabon.

1. Demokratische Grundsätze in der Union

Demokratie zählt zu den allen Mitgliedstaaten gemeinsamen Werten, auf welchen sich die Union gründet (Art. 2 EUV). Mit Art. 10 erläutert der EUV die Bedeutung des Prinzips für die Arbeitsweise der Union und es werden die den unionsrechtlichen Grundsatz der Demokratie prägenden Elemente aufgezählt. Zu diesen gehören der Grundsatz der repräsentativen Demokratie (Abs. 1), der unionale

---

358 *Hefendehl*, ZIS 2012, 506 (506 ff.).

359 Manifest zur Europäischen Kriminalpolitik, ZIS 2009, 697 (697 ff.); *Brodowski*, Jura 2013, 492 (495).

360 BVerfGE 123, 267 (410), Rn. 358 – *Lissabon*.

361 Siehe Teil 2 § 4 B.

Legitimationsverbund (Abs. 2), die Partizipationsrechte der Unionsbürgerinnen und -bürger (Abs. 3) sowie die europäischen politischen Parteien (Abs. 4).[362] Mit dem Grundsatz der repräsentativen Demokratie wird erstmals ein demokratietheoretisches Konzept im Unionsrecht vertragsrechtlich verankert.[363] Der unionsrechtliche Grundsatz der Demokratie findet seinen Bezugspunkt im Einzelnen, nicht in einem europäischen Volk. Dem trägt der EUV zunächst dadurch Rechnung, dass er in Art. 9 EUV die Unionsbürgerschaft an die Spitze der demokratischen Grundsätze der EU stellt.[364]

Als Staatenverbund verfügt die EU über eine duale Legitimationsstruktur.[365] Art. 10 Abs. 2 EUV bestimmt, dass Handlungen von Organen, Einrichtungen und sonstigen Stellen der EU auf zwei Legitimationssträngen beruhen: einem unionalen Strang, der über das Europäische Parlament verläuft, und einem nationalen über den Europäischen Rat bzw. den Rat im Sinne von Art. 16 EUV, der auf den nationalen Wahlentscheidungen der Völker der Mitgliedstaaten gründet.

2. Stärkere Beteiligung des EU-Parlaments

Zum Zweck der Verstärkung der Legitimation wurde das ordentliche Gesetzgebungsverfahren als Regelverfahren für den gesamten Raum der Sicherheit, der Freiheit und des Rechts etabliert.[366] Dies bedeutet, dass der Rat zusammen mit dem Europäischen Parlament als gleichberechtigter Gesetzgeber über den Erlass strafrechtlicher Rechtsakte entscheidet. Durch die Stärkung der Stellung des Europäischen Parlaments im Rahmen des RFSR wird der demokratischen Legitimation von EU-Recht, einschließlich des EU-Strafrechts, Rechnung getragen, weil das Europäische Parlament als wichtigster Träger unmittelbarer demokratischer Legitimation auf europäischer Ebene fungiert.[367] Die Legitimation der Strafrechtsakte findet nun ihre Grundlage besonders darin, dass das Europäische

---

362 Ausführlich dazu *Huber* in *Streinz*, EUV/AEUV, Kommentar, Art. 10 EUV, Rn. 19 ff.

363 *Nettesheim* in *Grabitz/Hilf/Nettesheim*, Recht der EU, Kommentar, Art. 10 AEUV, Rn. 40.

364 *Huber* in *Streinz*, EUV/AEUV, Kommentar, Art. 10 EUV, Rn. 14.

365 *Huber* in *Streinz*, EUV/AEUV, Kommentar, Art. 10 EUV, Rn. 34 ff.

366 *Müller-Graff*, EuR Beiheft 1/2009, 105 (121); *Haak* in *Leiße*, Die Europäische Union nach dem Vertrag von Lissabon, S. 228.

367 Vertreter der Völker auf europäischer Ebene ist das Europäische Parlament. Nach Art. 10 Abs. 2 Unterabs. 1 EUV sind die Bürgerinnen und Bürger „auf Unionsebene unmittelbar im Europäischen Parlament vertreten".

Parlament als unmittelbare Vertretung der Unionsbürger beim Gesetzgebungsverfahren mitwirkt.[368]

Diese Verbesserungsversuche scheinen jedoch den Streit über die demokratietheoretischen Defizite der EU nur zum Teil beigelegt zu haben. Kritisiert wurde der Modus der nach der Größe der Mitgliedstaaten gewichteten Stimmen der Unionsbürger[369] – denn in das Europäische Parlament wird von jedem Mitgliedstaat eine bestimmte Zahl von Abgeordneten entsandt, die aber nicht der jeweiligen Einwohnerzahl entspricht (so genannte degressive Proportionalität). Dieser Umstand führt zu Unterschieden im Stimmengewicht der Bürger der verschiedenen Mitgliedstaaten: Für ein Mandat sind in größeren Staaten mehr Stimmen erforderlich als in kleineren Staaten. Dies kann als Verletzung der Wahlrechtsgleichheit und als schwerwiegender Mangel in der Legitimationskette vom Bürger zum Gesetzgeber betrachtet werden.[370] Die fehlende Wahlrechtsgleichheit hat über das Prinzip der doppelt-qualifizierten Mehrheit im Rat kompensiert werden sollen: Bei einer Abstimmungsmehrheit im Rat muss nicht nur eine Mehrheit von 55 % der Mitgliedstaaten, sondern zusätzlich eine solche von 65 % der „Bevölkerung der Union" erreicht werden (Art. 16 Abs. 4 EUV). Die fehlende Wahlrechtsgleichheit kann damit aber nicht (voll) ausgeglichen werden.

Ein anderer Schwachpunkt ist das Fehlen des gesetzgeberischen Initiativrechts des Europäischen Parlaments und somit der konstruktiven Gestaltungsmöglichkeit auf dem Gebiet der Gesetzgebung. Der Vertrag berechtigt das Parlament nur dazu, die Kommission mit der Mehrheit seiner Mitglieder zur Aufnahme von Initiativen aufzufordern (Art. 225 AEUV). Im ordentlichen Gesetzgebungsverfahren kann das Europäische Parlament den Erlass eines Rechtsaktes zwar verhindern, aber nicht erzwingen. Soweit lediglich das Anhörungs-, Zusammenarbeits- oder Zustimmungsverfahren vorgesehen ist, verfügt das Europäische Parlament nicht einmal über diese Möglichkeit.[371]

368 Der Einwand des demokratischen Defizits hat definitiv an Bedeutung verloren. Die Frage der materiellen Legitimation beschäftigt jedoch weiterhin die Literatur – so *Mylonopoulos*, ZStW 2011, S. 636 ff., der für die Legitimation europäischer Strafrechtsakte neben der demokratischen Basis auch eine materielle Begründung fordert.

369 BVerfGE 123, 267 (371 ff.), Rn. 280 – *Lissabon*.

370 Das BVerfG spricht in diesem Kontext von Überföderalisierung. BVerfGE 123, 267 (373 ff.), Rn. 288 ff. – *Lissabon*.

371 *Hecker*, Europäisches Strafrecht, § 4, Rn. 17.

3. *Einbindung nationaler Parlamente*

Außerdem werden die nationalen Parlamente stärker in die Gesetzgebungsverfahren der Union eingebunden und in eine Mitverantwortung für die europäische Politik genommen. Eine wichtige Aufgabe hatten die nationalen Parlamente bereits im Rahmen der intergouvernemental ausgestalteten dritten Säule. Wegen der geringeren Beteiligung des Europäischen Parlaments wurde die demokratische Legitimation im Bereich der PJZS mittelbar über die Parlamente der Mitgliedstaaten vermittelt, da bei Abstimmungen im Rat Einstimmigkeit erforderlich war und die Mitgliedstaaten am Abstimmungsverhalten des jeweiligen Ratsvertreters mitwirkten.

Die Bedeutung der nationalen Parlamente besteht insoweit fort, als ihnen durch den Vertrag von Lissabon unmittelbar Rechte auf europäischer Ebene zugewiesen werden (Art. 12 EUV). Diese umfassen u.a. etwa die Informationsrechte der nationalen Parlamente sowie spezifische Aufgaben für den Raum der Freiheit, der Sicherheit und des Rechts (Art. 12 lit. c EUV). Eine wichtige Aufgabe im Rahmen des RFSR bleibt die Mitwirkung an dem Abstimmungsverhalten der eigenen Regierung im Rat (in Deutschland ausgestaltet durch Art. 23 GG).

4. *Perspektive über die unionale demokratische Legitimation*

Die Europäische Union entspricht hinsichtlich einer demokratischen Legitimation nicht nur den jeweiligen nationalen Grundprinzipien, sondern auch den gemeinschaftlichen Grundüberzeugungen aller europäischen Verfassungstraditionen.[372] Sie verfügt nach wie vor über kein eigenes Staatsvolk und damit auch über keine originäre Volkssouveränität. Alle Hoheitsbefugnisse der Europäischen Union leiten sich aus den demokratischen Legitimationen der Mitgliedstaaten ab. Die Europäische Union stellt „kein eigenständiges Legitimationssubjekt“ dar. Sie bekennt sich zwar zur repräsentativen Demokratie, in der Europäischen Union ist aber mangels „eigenständiger Volkssouveränität“ keine Form eigenständiger staatlicher Demokratie gegeben.[373] Die Europäische Union erreicht beim gegenwärtigen Integrationsstand daher noch keine Ausgestaltung, die dem Legitimationsniveau einer staatlich verfassten Demokratie entspricht.

---

372 *Scholz* in *Dürig/Herzog/Scholz*, Grundgesetz-Kommentar, Art. 23 GG, Rn. 73; BVerfGE 89, 155 (188), Rn. 108 – *Maastricht*.

373 *Scholz* in *Dürig/Herzog/Scholz*, Grundgesetz-Kommentar, Art. 23 GG, Rn. 73.

5. *Nationale Grundsätze des Demokratieprinzips am Beispiel Deutschlands*

a. *Demokratische Legitimation parlamentarischer Gesetzgebung*

Das Demokratieprinzip ist auf nationaler Ebene in der besonderen demokratischen Legitimation parlamentarischer Gesetzgebung zu finden. Im Rahmen des Grundgesetzes steht in Deutschland dem vom Volk gewählten Parlament (dem Bundestag) die Befugnis zur Gesetzgebung zu (Art. 20 GG). Die Unabgeleitetheit der staatlichen Hoheitsgewalt ist deshalb auf das Demokratieprinzip zu beziehen.[374] Der einzelne Hoheitsträger hat nur dann eine eigene Staatlichkeit, wenn er so demokratisch legitimiert ist, dass ihm nicht nur die Exekutive und die Judikative zugeordnet werden, sondern auch die Legislative zugeordnet wird. Erst mit der Legislativgewalt verfügt der Hoheitsträger im Bundesstaat über Staatlichkeit, da die wesentlichen Entscheidungen in der Demokratie der Legislative wegen deren besonderen demokratischen Legitimation vorbehalten sind.[375]

Die europäische Integration stellte die demokratische Legitimation der Staatsgewalt vor besondere Herausforderungen, da staatliche Hoheitsrechte auf die Union übertragen worden sind und in den Unionsorganen teilweise durch Mehrheit entschieden wird.[376] Dabei können die Vertreter eines Mitgliedstaates überstimmt werden. Die Wahrnehmung der Hoheitsbefugnisse hängt nicht mehr stets vom Willen eines Mitgliedstaates allein ab.[377] Das Grundgesetz enthält für diese Situation eine eigene Regelung: den Art. 23 GG.

b. *Übertragung von Hoheitsrechten nach Art. 23 GG*

Nach Art. 23 Abs. 1 GG wirkt die Bundesrepublik Deutschland bei der Entwicklung der Europäischen Union mit (so genannte Integrationsoffenheit und Europarechtsfreundlichkeit des Grundgesetzes) und darf hierzu Hoheitsrechte übertragen. Art. 23 Abs. 1 S. 2 GG konstituiert für die Übertragung von Hoheitsrechten auf die Europäische Union einen Gesetzesvorbehalt. Nur auf der

---

374 *Grzeszick* in *Dürig/Herzog/Scholz*, Grundgesetz-Kommentar, Art. 20 GG, Rn. 42.

375 *Grzeszick* in *Dürig/Herzog/Scholz*, Grundgesetz-Kommentar, Art. 20 GG, Rn. 42.

376 *Grzeszick* in *Dürig/Herzog/Scholz*, Grundgesetz-Kommentar, Art. 20 GG, Rn. 268.

377 Die Übertragung von Hoheitsrechten auf die Europäische Union bedeutet eine Übertragung zur supranationalen Wahrnehmung und nicht, dass diese Hoheitsrechte definitiv für die deutsche Staatlichkeit verloren wären. Dazu *Scholz* in *Dürig/Herzog/Scholz*, Grundgesetz-Kommentar, Art. 23 GG, Rn. 67; *Jarass* in *Jarass/Pieroth*, Grundgesetz für die Bundesrepublik Deutschland, Kommentar, Art. 23 GG, Rn. 23.

Grundlage eines förmlichen Gesetzes, bei Zustimmung des Bundesrates, kann eine entsprechende hoheitliche Zuständigkeit übertragen werden. In der Regel handelt es sich bei solchen Gesetzen um Zustimmungsgesetze zu den jeweiligen völkerrechtlichen Verträgen.

Das Demokratieprinzip steht einer Mitgliedschaft Deutschlands in einer supranational organisierten Organisation bzw. in der Europäischen Union sowie der Übertragung von Hoheitsrechten nicht entgegen. Die demokratischen Anforderungen sind in der Rechtsprechung des BVerfG im Einzelnen festgestellt. Für eine Mitgliedschaft ist erforderlich, dass eine vom Volk ausgehende Legitimation und Einflussnahme auch innerhalb des Staatenverbundes gesichert sind.[378] Dies bedeutet, dass es „zuvörderst die Staatsvölker der Mitgliedstaaten sind", die die hoheitlichen Aufgaben und die hoheitlichen Befugnisse der Europäischen Union über die nationalen Parlamente demokratisch zu legitimieren haben.[379] Die demokratische Legitimation der Europäischen Union realisiert sich insbesondere durch die nationalen Parlamente der Mitgliedstaaten, aber auch über die supranationale Zuständigkeit des Europäischen Parlaments: „Mit dem Ausbau der Aufgaben und Befugnisse der Gemeinschaft wächst die Notwendigkeit, zu der über die nationalen Parlamente vermittelten demokratischen Legitimation und Einflussnahme eine Repräsentation der Staatsvölker durch ein europäisches Parlament hinzutreten zu lassen, von der ergänzend eine demokratische Abstützung der Politik der Europäischen Union ausgeht. Mit der durch den Vertrag von Maastricht begründeten Unionsbürgerschaft wird zwischen den Staatsangehörigen der Mitgliedstaaten ein auf Dauer angelegtes rechtliches Band geknüpft, das zwar nicht eine der gemeinsamen Zugehörigkeit zu einem Staat vergleichbare Dichte besitzt, dem bestehenden Maß existentieller Gemeinsamkeit jedoch einen rechtlich verbindlichen Ausdruck verleiht".[380]

Die Struktursicherungsklausel des Art. 23 Abs. 1 S. 1 GG erfüllt diese Voraussetzungen. Die demokratische Legitimation der Europäischen Union gründet sich – nach wie vor vorrangig – auf die nationalen Parlamente, in Deutschland also auf den Deutschen Bundestag, dessen Einfluss durch das zu ratifizierende Zustimmungsgesetz gewährleistet ist. In diesem Zusammenhang ist zu betonen, dass die Staaten hinreichend bedeutsamer eigener Aufgabenfelder bedürfen, auf denen sich das jeweilige Staatsvolk in einem von ihm legitimierten Prozess politischer Willensbildung entfaltet. Daraus folgert das BVerfG, dass „dem

378 BVerfGE 89, 155 (184), Rn. 95 – *Maastricht.*
379 BVerfGE 89, 155 (184), Rn. 96 – *Maastricht.*
380 BVerfGE 89, 155 (184), Rn. 97 – *Maastricht.*

Deutschen Bundestag Aufgaben und Befugnisse von substanziellem Gewicht verbleiben müssen".[381] Damit werden der Übertragung von Hoheitsrechten Grenzen gesetzt, indem der Kompetenzumfang der Europäischen Union dort endet, wo es um die substanziell grundlegenden Verantwortungsbereiche der nationalen Staatlichkeit geht.[382] Diese Grenzen werden durch das BVerfG in seinem Lissabon-Urteil weiter konkretisiert, um ein Demokratiedefizit zu vermeiden. Die Ausübung der Aufgaben durch die Europäische Union kann nur in der Art und Weise erfolgen, dass in den Mitgliedstaaten ein ausreichender Raum zur politischen Gestaltung der wirtschaftlichen, kulturellen und sozialen Lebensverhältnisse bleiben muss.[383]

6. Demokratische Legitimation der Strafrechtsgesetzgebung und die Europäische Union

Das Demokratieprinzip ist für das Strafrecht von besonderer Bedeutung. Dies ergibt sich aus dem strafrechtlichen Gesetzlichkeitsprinzip (Art. 103 Abs. 2 GG). Innerstaatlich gilt der Grundsatz *nullum crimen sine lege parlamentaria* und fordert für die Strafbarkeit das Vorliegen eines Parlamentsgesetzes,[384] das als angemessenste Ausdrucksform des freiheitlichen Selbsbestimmungsrechts der Bürger anzusehen ist.[385]

Angesichts der Relevanz des Strafrechts für die Souveränität Deutschlands stellt sich die Frage, ob die Kompetenzen zur Strafgesetzgebung nur unter besonderer Rechtfertigung überstaatlichen Organisationen bzw. der Europäischen Union übertragen werden kann. Nach einer Meinung in der Literatur kann das Parlament unter den allgemeinen Voraussetzungen Hoheitsrechte übertragen.[386] Eine Ermächtigung von EU-Organen nach Art. 23 Abs. 1 Satz 3 GG ersetze durch die Anwendung von Art. 79 Abs. 2 und 3 GG eine formelle Verfassungsänderung und modifiziere als speziellere Vorschrift insoweit den Parlamentsgesetzvorbehalt des Art. 103 Abs. 2 GG. Voraussetzung sei jedoch, wie bei jeder Rechtsetzung, ein hinreichendes demokratisches Legitimationsniveau (Art. 20 Abs. 2

---

381 BVerfGE 89, 155 (186), Rn. 102 – *Maastricht*.

382 *Scholz* in *Dürig/Herzog/Scholz*, Grundgesetz-Kommentar, Art. 23 GG, Rn. 75.

383 BVerfGE 123, 267 (347), Rn. 226 – *Lissabon*.

384 *Remmert* in *Dürig/Herzog/Scholz*, Grundgesetz-Kommentar, Art. 103 Abs. 2 GG, Rn. 30 ff.

385 *Meyer* in Böse, Enzyklopädie Europarecht, Bd. 11: Europäisches Strafrecht, § 26, Rn. 8.

386 *Gärditz* in *Böse*, Enzyklopädie Europarecht, Bd. 11: Europäisches Strafrecht, § 6, Rn. 10 ff.

Satz 2 GG).[387] Konsequent genüge die duale Legitimationsstruktur der EU, um die vertraglichen Ermächtigungsnormen im Strafrecht ausreichend zu legitimieren.[388] Nach einer anderen Ansicht reichen die vorhandenen demokratischen Elemente in der EU der Legitimation von Strafrecht jedoch nicht.[389] Danach sei zwischen der Übertragung der Kriminalhoheit und deren Ausübung zu unterscheiden. Aus dem Demokratieprinzip folgen besondere Anforderungen an die Ausübung der Kriminalhoheit, die sich von den für den Staat entwickelten Maßstäben differenzieren. Wichtig sei, dass die Entscheidungsverfahren innerhalb der EU gewährleisten würden, dass der Selbstbestimungszusammenhang bei der Bestimmung des strafbaren Verhaltens und der Auswahl der Sanktion gewahrt bleibe.[390]

Das BVerfG unterstellt dem Strafrecht eine demokratische Sonderrolle und billigt der EU in dem Strafrechtsbereich nur eine begrenzte Legitimation zu.[391] Es betont in seinem Lissabon-Urteil, dass die Befugnisse der EU zur Strafrechtsetzung und -harmonisierung daher keinesfalls extensiv ausgelegt werden dürfen.[392] Darüber hinaus hat das BVerfG für die demokratische Legitimation der EU neben der formellen Ermächtigung für die Rechtsetzung im Rahmen des Art. 23 Abs. 1 Satz 2 GG auch einen materiellen Kern für besonders sensiblen Regelungsbereichen statuiert. Dies gilt insbesondere für Sachbereiche, „die die

387 *Gärditz* in *Böse*, Enzyklopädie Europarecht, Bd. 11: Europäisches Strafrecht, § 6, Rn. 10 ff.

388 *von Bogdandy* in *von Bogdandy/Bast*, Europäisches Verfassungsrecht. Theoretische und dogmatische Grundzüge, S. 65 ff. *Jähnke/Schramm*, Europäisches Strafrecht, Kap. 4, Rn. 1.

389 *Meyer* in Böse, Enzyklopädie Europarecht, Bd. 11: Europäisches Strafrecht, § 26, Rn. 4, 15 ff., 18.

390 *Meyer* in Böse, Enzyklopädie Europarecht, Bd. 11: Europäisches Strafrecht, § 26, Rn. 8, 26 ff., wonach dieses Erfordernis zu einem Unterbleiben der Übertragung der Kompetenzen und ihrer Ausübung führen kann, wenn die ordentlichen oder besonderen Gesetzgebungsverfahren nicht den Anforderungen genügen.

391 BVerfGE 123, 267 (412), Rn. 363 – *Lissabon*. „Die demokratische Selbstbestimmung ist […] in einer besonders empfindlichen Weise berührt, wenn eine Rechtsgemeinschaft gehindert wird, über die Strafbarkeit von Verhaltensweisen und gar die Verhängung von Freiheitsstrafen nach Maßgabe eigener Wertvorstellungen zu entscheiden. Das gilt umso mehr, je enger diese Wertvorstellungen mit historischen Erfahrungen, Glaubenstraditionen und anderen für das Selbstgefühl der Menschen und ihrer Gemeinschaft wesentlichen Faktoren verknüpft sind. Daher ist es in diesen Bereichen nur eingeschränkt erlaubt, die Strafgesetzgebungskompetenz zu übertragen […].“

392 BVerfGE 123, 267 (360), Rn. 253 – *Lissabon*.

Lebensumstände der Bürger, vor allem ihren von den Grundrechten geschützten privaten Raum der Eigenverantwortung und der persönlichen und sozialen Sicherheit prägen, sowie für solche politischen Entscheidungen, die in besonderer Weise auf kulturelle, historische und sprachliche Vorverständnisse angewiesen sind, und die sich im parteipolitisch und parlamentarisch organisierten Raum einer politischen Öffentlichkeit diskursiv entfalten".[393]

Es steht deutlich fest, dass derzeit die demokratischen Grundsätze in der Europäischen Union nicht in gleicher Weise wie im Grundgesetz verwirklicht werden können.[394] Mit Blick auf den intensiven Eingriff des Strafrechts in die Grundrechte der Bürger erkennen das BverfG und teilweise die Literatur zutreffend, dass das Strafrecht zu den sensiblen Bereichen gehört[395] und eine Übertragung von Hoheitsrechten besonders problematisch sein kann.[396] Findet eine Übertragung statt, ist es richtig, dass für die strafrechtliche EU-Rechtssetzung eine qualifizierte demokratische Absicherung nötig ist. Aufgrund der Grundrechtswesentlichkeit und der kulturellen Wesentlichkeit des Strafrechts muss der Bundestag als Vertreter des deutschen Volkes grundsätzlich selbst die Entscheidungen in diesem Bereich treffen.[397] Dies entspricht allerdings nicht dem erreichten Stand der Strafrechtsentwicklung in Europa, besonders durch den Vertrag von Lissabon.[398] Solange die europäische Zuständigkeit nur bestimmte Kriminalitätsbereiche sowie lediglich Straftaten mit grenzüberschreitendem Bezug betrifft und solange der Bundestag mit der Umsetzung der EU-Richtlinien einen Spielraum hat und somit der Wille des deutschen Volkes beachtet wird, ist

393 BVerfGE 123, 267 (360), Rn. 249 – *Lissabon.*

394 BVerfGE 123, 267 (360), Rn. 267 – *Lissabon.*

395 Statt vieler *Safferling*, Internationales Strafrecht, § 11, Rn. 5 ff., wonach das Strafrecht eine Sonderrolle einnimmt. Die Staaten reagieren sensibel auf Einflüsse von „außen", da die Strafgewalt besonders eng mit der staatlichen Souveränität identifiziert wird.

396 *Jarass* in *Jarass/Pieroth*, Grundgesetz für die Bundesrepublik Deutschland, Kommentar, Art. 23 GG, Rn. 35 ff.

397 „Die Pönalisierung sozialen Verhaltens ist aber nur eingeschränkt aus europaweit geteilten Werten und sittlichen Prämissen normativ ableitbar. Die Entscheidung über strafwürdiges Verhalten, über den Rang von Rechtsgütern und den Sinn und das Maß der Strafandrohung ist vielmehr in besonderem Maße dem demokratischen Gesetzgeber überantwortet." BVerfGE 123, 267 (360), Rn. 253 – *Lissabon.*

398 *Classen,* JZ 2009, S. 881 (887).

eine Übertragung der Hoheitsrechte im Strafbereich unter besonderen Bedingungen hinnehmbar.[399]

II. Ordentliches Gesetzgebungsverfahren als Regelverfahren im Strafrecht

1. Ordentliches Gesetzgebungsverfahren

Mit dem Vertrag von Lissabon wurde die Reform des Rechtsetzungsverfahrens vollendet und durch die sogenannte „fortschreitende Parlamentarisierung“[400] der unionsrechtlichen Rechtsetzung wesentlich zur Integrationspolitik beigetragen.

Die geringere Beteiligung des Europäischen Parlaments am Rechtsetzungsverfahren wurde schon zur Zeit der Gründung der Europäischen Gemeinschaft kritisiert.[401] Im Rahmen des Raums der Freiheit, der Sicherheit und des Rechts galten vor dem Vertrag von Lissabon wegen der Aufteilung der Politikbereiche des Bereichs Justiz und Inneres auf die erste und dritte Säule verschiedene Gesetzgebungsverfahren. Mit dem Vertrag von Lissabon erfolgte die Wiedervereinigung der Politikfelder des Bereichs Justiz und Inneres und zugleich eine bessere Konturierung des Konzepts „Raum der Freiheit, der Sicherheit und des Rechts“. Dies hatte zur Folge, dass das ordentliche Gesetzgebungsverfahren nach Art. 289 i.V.m. Art. 294 AEUV grundsätzlich auch beim Erlass strafrechtlicher

---

399 Auch *Safferling*, Internationales Strafrecht, § 11, Rn. 7, der eine Übertragung der Hoheitsrechte in Kriminalitätsbereichen, die die kulturellen Besonderheiten der Mitgliedstaaten nicht notwendigerweise berührt, für möglich hält.

400 So *Krajewski/Rösslein* in *Grabitz/Hilf/Nettesheim*, Recht der EU, Kommentar, Art. 289 AEUV, Rn. 15.

401 Die tatsächliche Beeinflussung der Rechtsetzung durch das Parlament erfolgte erstmals mit der Einführung des Verfahrens der Zusammenarbeit durch die Einheitliche Europäische Akte (1986). Eine wichtige Ausdehnung der Parlamentsrechte fand in dem Vertrag von Maastricht (1992) statt, der das Mitentscheidungsverfahren in bestimmten Bereichen regelte. Durch die Verträge von Amsterdam (1999) und Nizza (2003) wurde das Mitentscheidungsverfahren insofern entwickelt, als die Anwendungsbereiche des Mitentscheidungsverfahrens ausgedehnt und zugleich die Anwendungsfälle des Verfahrens der Zusammenarbeit reduziert wurden. Von Relevanz sind die Abschaffung des Verfahrens der Zusammenarbeit und die Etablierung des ordentlichen Gesetzgebungsverfahrens gem. Art. 289 i.V.m. Art. 294 und 297 AEUV als Regelverfahren (früher als Mitentscheidungsverfahren bezeichnet). Das ordentliche Gesetzgebungsverfahren ist dadurch gekennzeichnet, dass der Rat und das Europäische Parlament auf Initiative der Kommission gemeinsam entscheiden.

Rechtsakte, wie bei der Festlegung von Mindestvorschriften für Straftaten und Strafen für besonders schwere Kriminalität (Art. 83 Abs. 1 AEUV), als Regelfall zur Anwendung kommt.

2. *Ausnahme: besonderes Gesetzgebungsverfahren*

a. *Anwendung*

Das besondere Gesetzgebungsverfahren nach Art. 289 Abs. 2 AEUV betrifft alle Gesetzgebungsverfahren, die vom ordentlichen Gesetzgebungsverfahren abweichen. Charakteristisch für die besonderen Gesetzgebungsverfahren ist, dass der Rat und das Europäische Parlament beim Erlass der Rechtsakte nicht gleichberechtigt zusammenwirken. In den meisten Fällen handelt es sich um Entscheidungen des Rats, die grundsätzlich nach Anhörung, selten dagegen mit Zustimmung, des Europäischen Parlaments erlassen werden.[402] Wegen der geringeren parlamentarischen Beteiligung entsprechen die besonderen Gesetzgebungsverfahren nicht dem Prinzip der demokratischen Legitimation. Diesem Prinzip genügen allerdings die besonderen Gesetzgebungsverfahren in den Ausnahmefällen der Haushaltsplanung (Art. 311 AEUV) und der Parlamentsrechte (Art. 223 Abs. 2, Art. 226 Abs. 3, Art. 228 Abs. 4 AEUV), da hier Parlament und Rat gemeinsam Gesetzgeber sind.

Das besondere Gesetzgebungsverfahren kommt auch bei der Annexkompetenz nach Art. 83 Abs. 2 AEUV in Betracht. Hier richtet sich das Gesetzgebungsverfahren wegen der Akzessorietät der Kompetenz grundsätzlich nach dem Verfahren, auf dessen Grundlage die betreffenden Harmonisierungsmaßnahmen erlassen worden sind (Art. 83 Abs. 2 Satz 2 AEUV).[403] Diese Vorschrift bezweckt die Einheitlichkeit des Verfahrensablaufs für Verhaltens- und Sanktionsnormen bzw. für außerstrafrechtliche Harmonisierung und strafrechtsangleichende Maßnahmen. Damit sollen die Nachteile paralleler Verfahren vermieden werden.[404]

---

402 Zu einer Aufzählung der Anwendungsbereiche des besonderen Gesetzgebungsverfahrens siehe *Krajewski/Rösslein* in *Grabitz/Hilf/Nettesheim*, Recht der EU, Kommentar, Art. 289 AEUV, Rn. 53.

403 *Böse* in *Böse*, Enzyklopädie Europarecht, Bd. 11: Europäisches Strafrecht, § 4, Rn. 21; *Vogel/Eisele* in *Grabitz/Hilf/Nettesheim*, Recht der EU, Kommentar, Art. 83 AEUV, Rn. 97; *Kotzur* in *Geiger/Khan/Kotzur/Kirchmair*, Vertrag über die EU, Vertrag über die AEUV, Kommentar, Art. 83 AEUV, Rn. 10.

404 So *Vogel/Eisele* in *Grabitz/Hilf/Nettesheim*, Recht der EU, Kommentar, Art. 83 AEUV, Rn. 97; *Meyer* in *von der Groeben/Schwarze/Hatje*, EUV/AEUV, Kommentar, Art. 83 AEUV, Rn. 67.

b. Folgeprobleme des besonderen Gesetzgebungsverfahrens

Das Abhängigkeitsverhältnis des Gesetzgebungsverfahrens für Mindestvorschriften nach Art. 83 Abs. 2 AEUV zum Gesetzgebungsverfahren der harmonisierten Bereiche kann problematische Folgen haben. Der Erlass von Maßnahmen zur Strafrechtsharmonisierung nach Art. 83 Abs. 2 AEUV auf der Grundlage des besonderen Gesetzgebungsverfahrens kann die begrenzte Beteiligung des Europäischen Parlaments mit sich bringen und somit zu Legitimationsproblemen führen.[405] Ein konkretes Beispiel ist die Harmonisierung indirekter Steuern gemäß dem dafür vorgesehenen besonderen Gesetzgebungsverfahren, das die Anhörung des Europäischen Parlaments vorsieht (Art. 113 AEUV). In diesem indirekte Steuern betreffenden Kontext würde die Harmonisierung des Strafrechts nach Art. 83 Abs. 2 Satz 2 AEUV ohne die Mitentscheidung des Europäischen Parlaments erfolgen.

Um das kritisierte Defizit demokratischer Legitimation in solchen Fällen zu vermeiden, werden in der Literatur unterschiedliche Ansätze diskutiert. Nach einer Meinung sollte, trotz des ausdrücklichen Wortlauts des Art. 83 Abs. 2 Satz 2 AEUV, das Fehlen einer entsprechenden Beteiligung des Europäischen Parlaments durch eine analoge Anwendung des Mitentscheidungsverfahrens beseitigt werden.[406] Dem lasse sich, nach einer anderen Meinung, entgegenhalten, dass eine für diese analoge Anwendung notwendige Regelungslücke fehle. Vielmehr sei es denkbar, dem existierenden Demokratiedefizit über die einstimmige Beschlussfassung im Rat (Art. 113 AEUV) und eine Rückmeldung an die nationalen Parlamente abzuhelfen.[407]

Es stellt sich die Frage, ob sich solche Lösungen dogmatisch begründen lassen. Eine analoge Anwendung des Mitentscheidungsverfahrens kommt wegen der entgegenstehenden ausdrücklichen Formulierung in Art. 83 Abs. 2 Satz 2 AEUV nicht in Betracht. Darüber hinaus reicht ein einstimmiger Beschluss im Rat genauso wenig wie die Zustimmung der nationalen Parlamente für die demokratische Legitimation des EU-Strafrechts aus, da das Demokratiedefizit auf der europäischen Ebene besteht und daher auch auf dieser Ebene zu beheben ist.

---

405 So *Meyer* in *von der Groeben/Schwarze/Hatje*, EUV/AEUV, Kommentar, Art. 83 AEUV, Rn. 67.

406 *Vogel/Eisele* in *Grabitz/Hilf/Nettesheim*, Recht der EU, Kommentar, Art. 83 AEUV, Rn. 97; *Kretschmer* in *Vedder/Heintschel von Heinegg*, Europäischer Verfassungsvertrag, Handkommentar, Art. III-271, Rn. 17.

407 So *Böse* in *Böse*, Enzyklopädie Europarecht, Bd. 11: Europäisches Strafrecht, § 4, Rn. 21.

Die fehlende demokratische Legitimierbarkeit des EU-Strafrechts wirkt über das Subsidiaritätsprinzip auf die Kompetenzausübung zurück: Wo das Europäische Parlament nicht hinreichend beteiligt wird, um die demokratische Legitimation sicherzustellen, ist die Strafrechtsetzung bzw. die Kriminalisierung von Verhalten auszuschließen.[408]

III. Straffere Beschlussfassung

Im Bereich Justiz und Inneres gab es durch den Vertrag von Lissabon erhebliche Änderungen beim Gesetzgebungsverfahren im Rat.[409] Zahlreiche Politikfelder, einschließlich der strafrechtlichen Zusammenarbeit, die zuvor einstimmig entschieden worden waren, wurden in das Verfahren der qualifizierten Mehrheit überführt.[410]

Durch die Entscheidung mit qualifizierter Mehrheit kommt es im Rat grundsätzlich zu schnelleren Beschlüssen. Die Effizienz der Entscheidungsfindung und, damit verbunden, auch die Effektivität gemeinsamen Handelns im Strafrechtsbereich werden auf diese Weise erhöht. Das Beschlussfassungsverfahren ist jedoch im Ganzen komplexer als bisher.

IV. Supranationale Handlungsformen

1. Richtlinie als Handlungsinstrument

Die Ausgestaltung des einheitlichen Rechtsrahmens durch den Vertrag von Lissabon führte dazu, dass im gesamten Raum der Freiheit, der Sicherheit und des Rechts die Handlungsinstrumente der früheren ersten Säule anwendbar sind. Die intergouvernementalen Instrumente nach Art. 34 Abs. 2 EUV a.F. wurden

---

408 Siehe *Meyer* in *von der Groeben/Schwarze/Hatje*, EUV/AEUV, Kommentar, Art. 83 AEUV, Rn. 68. In dieser Richtung auch *Krajewski/Rösslein* in *Grabitz/Hilf/Nettesheim*, Recht der EU, Kommentar, Art. 289 AEUV, Rn. 50 ff.

409 Zu allgemeinen Änderungen durch den Vertrag von Lissabon betreffend den Rat siehe *Seeger* in *Weidenfeld*, Lissabon in der Analyse, S. 79 ff.

410 Das Mehrheitsentscheidungsverfahren wurde zum Regelverfahren und auf über 40 neue Bereiche ausgeweitet, wobei die Bestimmungen im Bereich Justiz und Inneres den größten Teil der neun Politikfelder darstellen. So *Seeger* in *Weidenfeld*, Lissabon in der Analyse, S. 82. Die Einstimmigkeit wird weiterhin in der Außen-, Steuer- und Sozialpolitik sowie für die Vertragsänderung beibehalten. Die Erforderlichkeit der Einstimmigkeit besteht aber ausnahmsweise auch in Politikbereichen, wo grundsätzlich nach dem Vertrag von Lissabon das Mehrheitsverfahren gilt, z.B. bei der Erweiterung der Kriminalitätsbereiche nach Art. 83 Abs. 1 Satz 3 AEUV.

durch die supranationalen Rechtakte nach Art. 288 AEUV ersetzt. Die Verknüpfung mit den gesamten supranationalen Handlungsformen erfolgte jedoch nicht allgemein, sondern mit entsprechenden Differenzierungen, die sich aus dem komplexen und schwierigen Prozess dieses Übergangs ergaben.[411] Steht in weiten Bereichen der Unionspolitik das Gesamtspektrum der Handlungsinstrumente zur Verfügung, ist die Harmonisierung des materiellen Strafrechts[412] auf das Instrument der Richtlinie nach Art. 288 Abs. 3 AEUV begrenzt.[413]

a. Allgemeine Überlegungen

Eine Richtlinie im Sinne von Art. 288 Abs. 3 AEUV ist in ihrer rechtlichen Struktur dem Handlungsinstrument nach der früheren Rechtsgrundlage vergleichbar. Nach Art. 288 Abs. 3 AEUV verpflichtet die Richtlinie - wie vorher der Rahmenbeschluss - die Mitgliedstaaten zur Erreichung eines bestimmten Ziels und stellt ihnen die Wahl der Mittel frei. Die Richtlinie ist nur hinsichtlich ihres Ziels bzw. Ergebnisses[414] verbindlich und enthält Vorgaben für die Mitgliedstaaten, die durch deren Umsetzung die gebotene Rechtslage zu verwirklichen haben. Die Umsetzungsverpflichtung stützt sich auf Art. 288 Abs. 3 AEUV und die Richtlinienbestimmungen selbst.[415] Ein Rückgriff auf Art. 4 Abs. 3 EUV erscheint überflüssig, da die Mitgliedstaaten bei der Umsetzung einer Richtlinie ohnehin im Einklang mit dem Prinzip der loyalen Zusammenarbeit alle geeigneten Maßnahmen treffen müssen, um die vertraglichen Pflichten zu erfüllen.[416]

---

411 *Müller-Graff*, EuR Beiheft 1/2009, 105 (120).

412 Dies gilt auch für die Harmonisierung des Strafverfahrens. Für die strafrechtlichen Rechtsakte stehen allerdings auch Verordnungen und Richtlinien (etwa für die Betrugsbekämpfung nach Art. 325 AEUV) oder ausschließlich Verordnungen (für Eurojust nach Art. 86 AEUV) zur Verfügung.

413 *Böse* in *Böse*, Enzyklopädie Europarecht, Bd. 11: Europäisches Strafrecht, § 4, Rn. 21; *Vogel/Eisele* in *Grabitz/Hilf/Nettesheim*, Recht der EU, Kommentar, Art. 83 AEUV, Rn. 28, 97.

414 Der Begriff „Ziel“ ist im Sinne von Ergebnis zu verstehen. So *Geismann* in *von der Groeben/Schwarze/Hatje*, EUV/AEUV, Kommentar, Art. 288 AEUV, Rn. 41 m.w.N. Siehe auch den Wortlaut anderer Vertragssprachen (*résultat*, *result*).

415 *Ruffert* in *Calliess/Ruffert*, EUV/AEUV, Kommentar, Art. 288 AEUV, Rn. 24. Vgl. auch *Prokopf*, Das gemeinschaftsrechtliche Rechtsinstrument der Richtlinie, S. 96.

416 *Ruffert* in *Calliess/Ruffert*, EUV/AEUV, Kommentar, Art. 288 AEUV, Rn. 24; *Nettesheim* in *Grabitz/Hilf/Nettesheim*, Recht der EU, Kommentar, Art. 288 AEUV, Rn. 114; *Prechal*, Directives in European Community Law, S. 17. Art. 4 Abs. 3 EUV kann nach der Rechtsprechung des EuGH eventuell zur Bestärkung bzw. zur Konkretisierung

Die Richtlinie bezweckt, die Widersprüche zwischen den mitgliedstaatlichen Vorschriften zu beseitigen, um eine Rechtsangleichung zu ermöglichen. Besonders auf dem Gebiet des Strafrechts qualifiziert sich die Richtlinie als geeignetes Instrument der Harmonisierung, da bei ihrer Umsetzung ins nationale Recht die mitgliedstaatlichen Rechtssysteme durch die Zweistufigkeit geschont werden und somit der Sensibilität des Strafrechts Rechnung getragen wird.

Die Rechtsprechung des EuGH ist gekennzeichnet durch eine strenge Behandlung der mitgliedstaatlichen Pflicht zur fristgemäßen Umsetzung,[417] denn danach bleibt den Mitgliedstaaten jede Möglichkeit der Verteidigung verwehrt, wenn sie gegen die Umsetzungspflicht verstoßen.[418] Im Falle von Verstößen gegen die Pflicht zur ordnungsgemäßen Umsetzung kann die Kommission ein Vertragsverletzungsverfahren gem. Art. 258 AEUV einleiten oder mittlerweile sogar die Verhängung von Zwangsgeldern beim EuGH beantragen (Art. 260 AEUV).[419]

Die Mitgliedstaaten sind nach dem Wortlaut des Art. 288 Abs. 3 AEUV bei der Wahl der Form und der Mittel der Umsetzung frei. Dies bedeutet, dass den Mitgliedstaaten das Recht zukommt, bei der Umsetzung der Richtlinie einen bestimmten Rechtsakt zu wählen, um die Besonderheiten des jeweiligen nationalen Rechtssystems zu berücksichtigen.[420] Auch wenn den Mitgliedstaaten weite Spielräume belassen werden, unterliegen sie bei der Umsetzung dem Effektivitätsprinzip (Prinzip der praktischen Wirksamkeit).[421] Daher müssen die Mitgliedstaaten Maßnahmen ergreifen, die den Prinzipien der Rechtssicherheit und

---

der Umsetzungsplicht herangezogen werden, EuGH, Urteil v. 10.04.1984, C-14/83, ECLI:EU:C:1984:153, Rn. 26 – *von Colson* (in Bezug auf Art. 10 EGV).

417 EuGH, Urteil v. 21.06.1973, C-79/72, ECLI:EU:C:1973:70, Rn. 7 – *Kommission/Italien*; EuGH, Urteil v. 26.02.1976, C-52/75, ECLI:EU:C:1976:29, Rn. 11 ff. – *Kommission/Italien.*

418 So z.B. EuGH, Urteil v. 26.02.1976, C-52/75, ECLI:EU:C:1976:29, Rn. 11 ff. – *Kommission/Italien*; EuGH, Urteil v. 22.09.1976, C-10/76, ECLI:EU:C:1976:125, Rn. 11 ff. – *Kommission/Italien*; EuGH, Urteil v. 17.11.1992, C-157/91, Rn. 18 – *Kommission/Niederlande.* Vgl. auch *Nettesheim* in *Grabitz/Hilf/Nettesheim*, Recht der EU, Kommentar, Art. 288 AEUV, Rn. 115 ff. m.w.N.; *Schroeder* in *Streinz*, EUV/AEUV, Kommentar, Art. 288 AEUV, Rn. 66.

419 Vgl. *Nettesheim* in *Grabitz/Hilf/Nettesheim*, Recht der EU, Kommentar, Art. 288 AEUV, Rn. 117; *Oppermann/Classen/Nettesheim*, Europarecht, § 9, Rn. 97.

420 *Schroeder* in *Streinz*, EUV/AEUV, Kommentar, Art. 288 AEUV, Rn. 54; *Oppermann/Classen/Nettesheim*, Europarecht, § 9, Rn. 91 ff.

421 Dazu ausführlich *Prokopf*, Das gemeinschaftsrechtliche Rechtsinstrument der Richtlinie, S. 102 ff.

Rechtsklarheit entsprechen und somit eine bestimmte, klare und transparente Lage schaffen, die es dem Einzelnen ermöglicht, seine Rechte zu erkennen und sich vor den nationalen Gerichten auf sie zu berufen.[422]

b. Umsetzung im Strafrechtsbereich

Detaillierte Regelungen im Strafrechtsbereich sind der EU aufgrund der prinzipiellen Begrenzung ihrer Kompetenz auf eine Mindestharmonisierung grundsätzlich nicht erlaubt. Die Besonderheit des Strafrechts untermauert die Erforderlichkeit eines gewissen Spielraums der Mitgliedstaaten bei der Umsetzung von Harmonisierungsrichtlinien ins nationale Strafrecht,[423] sie bedeutet jedoch nicht, dass den Mitgliedstaaten *stets substanzielle Ausgestaltungsräume* belassen werden müssen, wie es das Bundesverfassungsgericht in seinem Lissabon-Urteil[424] verlangt. Denn enthält die Richtlinie so detaillierte Vorgaben über Tatbestände und Rechtsfolgen, dass den mitgliedstaatlichen Gesetzgebern kein inhaltlicher Ausgestaltungspielraum verbleibt, widerspricht dies dem strafrechtsspezifischen Schonungsgebot bzw. dem Gebot, bei der Umsetzung die nationale Strafrechtsidentität des jeweiligen Mitgliedstaates zu beachten. Zugleich handelt es sich um eine kompetenzrechtlich unzulässige Richtlinie,[425] da eine Richtlinie nur Ziele festlegen darf.

c. Auswirkungen der (strafrechtlichen) Richtlinie auf nationales Recht

(1) Unmittelbare Wirksamkeit

Nach dem Wortlaut des Art. 288 Abs. 3 AEUV gelten Richtlinien, anders als Verordnungen, nur für die Mitgliedstaaten („in den Mitgliedstaaten"). Daher entfalten Richtlinien gegenüber einzelnen EU-Bürgern ihre Wirkung erst über die von den Mitgliedstaaten getroffenen Umsetzungsmaßnahmen. Bei unterlassener oder fehlerhafter Umsetzung hat der EuGH aus Gründen der Gewährleistung der einheitlichen und unbedingten Wirksamkeit des EU-Rechts sowie des Prinzips von Treu und Glauben (*estoppel*-Grundsatz) im Wege der Rechtsfortbildung

---

422 *Nettesheim* in *Grabitz/Hilf/Nettesheim*, Recht der EU, Kommentar, Art. 288 AEUV, Rn. 119 ff. m.w.N. Vgl. auch z.B. EuGH, Urteil v. 23.05.1985, C-29/84, ECLI:EU:C:1985:229 Rn. 23 – *Kommission/Deutschland*; EuGH, Urteil v. 18.01.2001, C-162/99, ECLI:EU:C:2001:35, Rn. 22 – *Kommission/Italien*.

423 So auch *Rosenau*, ZIS 2008, 9 (15).

424 BVerfGE 123, 267 (412), Rn. 363 – *Lissabon*.

425 *Hecker*, Europäisches Strafrecht, § 8, Rn. 5.

die Möglichkeit der unmittelbaren Wirkung anerkannt.[426] Einzelne Richtlinienbestimmungen können unter bestimmten Umständen unmittelbare Wirkung entfalten, d.h., der Einzelne kann sich auf diese Bestimmungen vor innerstaatlichen Behörden und Gerichten berufen.

Die Möglichkeit der unmittelbaren Wirkung, die mit Blick auf die Verpflichtung des EuGH zur Wahrung des Unionsrechts (Art. 19 Abs. 1 AEUV) ebenfalls vom Bundesverfassungsgericht explizit anerkannt wurde,[427] wird seit Mitte der 1970er Jahre in ständiger Rechtsprechung vom EuGH angenommen. Der Gerichtshof sieht die unmittelbare Wirkung als eine Mindestgarantie für die EU-Bürger.[428] Sie diene dem Schutz der allgemeinen Interessen der Bürger gegenüber dem Staat, der die ordnungsgemäße Umsetzung versäumt hat und deswegen sanktioniert werde.

In der Regel berufen sich Einzelne gegenüber einem Mitgliedstaat auf eine Richtlinienbestimmung (vertikale Wirkung). Im Strafrechtsbereich, der intensiv in die Rechte Einzelner eingreift und bei dem im Rahmen der Umsetzung die traditionellen und historischen Besonderheiten der jeweiligen Mitgliedstaaten zu berücksichtigen sind, ist allerdings zu präzisieren, dass dem Einzelnen keine strafrechtliche Verantwortung unmittelbar aufgrund Richtlinienrechts auferlegt werden darf.[429]

---

426 Dazu mit weiteren Hinweisen aus der EuGH-Rechtsprechung: *Ruffert* in *Calliess/Ruffert*, EUV/AEUV, Kommentar, Art. 288 AEUV, Rn. 48 ff. Siehe auch *Schroeder* in *Streinz*, EUV/AEUV, Kommentar, Art. 288 AEUV, Rn. 87 ff.; *Oppermann/Classen/Nettesheim*, Europarecht, § 9, Rn. 100 ff.

427 BVerfGE 75, 223 (241 ff.) – *Kloppenburg*. Zur Darstellung der vorherigen Lage, wo die unmittelbare Wirkung auf Ablehnung durch die nationalen Gerichte gestoßen ist: *Nettesheim* in *Grabitz/Hilf/Nettesheim*, Recht der EU, Kommentar, Art. 288 AEUV, Rn. 138.

428 Siehe EuGH, Urteil v. 06.05.1980, C-102/79, ECLI:EU:C:1980:120, Rn. 12 – *Kommission/Belgien*; EuGH, Urteil v. 19.01.1982, C-8/81, ECLI:EU:C:1982:7, Rn. 29 – *Becker*; EuGH, Urteil v. 17.09.1987, C-54/96, ECLI:EU:C:1997:413, Rn. 44 – *Dorsch*.

429 So EuGH, Urteil v. 08.10.1987, C-80/86, ECLI:EU:C:1987:431, Rn. 13 – *Kolpinghuis Nijmegen*; EuGH, Urteil v. 03.05.2005, C-387/02, C-391/02 und C-403/02, ECLI:EU:C:2005:270, Rn. 74 – *Berlusconi*. Im Fall „Berlusconi" geht es darum, dass sich der Mitgliedstaat, der seine Umsetzungsverpflichtung verletzt hat, nicht unmittelbar auf eine Richtlinie berufen kann, um die strafrechtliche Verantwortung des Einzelnen herzuleiten (umgekehrt vertikale Wirkung). Vgl. *Schroeder* in *Streinz*, EUV/AEUV, Kommentar, Art. 288 AEUV, Rn. 100 ff.; *Ruffert* in *Calliess/Ruffert*, EUV/AEUV, Kommentar, Art. 288 AEUV, Rn. 58.

(2) Richtlinienkonforme Auslegung

Die richtlinienkonforme Auslegung dient der Erreichung der Richtlinienziele durch die Einbeziehung von Richtlinienbestimmungen bei der Auslegung nationaler Rechtsnormen und kommt besonders dann infrage, wenn eine Richtlinie aus unterschiedlichen Gründen keine unmittelbare Wirkung entfaltet.[430] Zugleich ist die richtlinienkonforme Auslegung mitgliedstaatlicher (Straf-)Vorschriften ein wichtiger Europäisierungsfaktor, da die nationalen Strafgesetze im Lichte der für alle Mitgliedstaaten verbindlichen Zielvorgaben einer Richtlinie ausgedeutet werden.

Diese Pflicht der Mitgliedstaaten ist inzwischen unbestritten und in der Rechtsprechung des EuGH und der nationalen Gerichte anerkannt,[431] jedoch in Bezug auf einige Bereiche noch Diskussionsthema.

i. Rechtsgrundlage der Pflicht zur richtlinienkonformen Auslegung

Eine Pflicht zur richtlinienkonformen Auslegung wurde erstmals 1984 in der Rechtssache „von Colson" festgestellt. Zur Erreichung des in der Richtlinie vorgesehenen Ziels müssten die nationalen Gerichte das mitgliedstaatliche Recht im Lichte des Wortlauts und des Zwecks der Richtlinie auszulegen, wobei das Gericht die Auslegung „unter voller Ausschöpfung des Beurteilungsspielraums, den ihm das nationale Recht einräumt, in Übereinstimmung mit den Anforderungen des Gemeinschaftsrechts" ausführen müsse.[432]

In der Literatur[433] hat sich nach einer kontroversen Debatte diejenige Meinung durchgesetzt, welche die Pflicht zur richtlinienkonformen Auslegung in Art. 288 Abs. 3 AEUV (früher Art. 249 Abs. 3 EGV) verankert sieht.[434]

---

430 Zu den Gründen vgl. *Schroeder* in *Streinz*, EUV/AEUV, Kommentar, Art. 288 AEUV, Rn. 112.

431 *Ruffert* in *Calliess/Ruffert*, EUV/AEUV, Kommentar, Art. 288 AEUV, Rn. 78, besonders Fn. 293 und Fn. 294.

432 EuGH, Urteil v. 10.04.1984, C-14/83, ECLI:EU:C:1984:153, Rn. 26, 28 – *von Colson*.

433 *Franzen*, Privatrechtsangleichung durch die EG, S. 297 ff.; *Roth*, EWS 2005, 385 (388); *Brechmann*, Die richtlinienkonforme Auslegung, S. 256 ff., 263; *Herrmann*, Richtlinienumsetzung durch Rechtsprechung, S. 110; *Röcker*, Die Pflicht zur rahmenbeschlusskonformen Auslegung nationalen Rechts, S. 93; *Ruffert* in *Calliess/Ruffert*, EUV/AEUV, Kommentar, Art. 288 AEUV, Rn. 79. Eine unionsrechtliche Pflicht zur richtlinienkonformen Auslegung wurde nur vereinzelt abgelehnt: *Scherzberg*, Jura 1993, 225 (231 ff.)

434 Diese Pflicht ergibt sich aus dem zwingenden Charakter der Richtlinie, welche die Mitgliedstaaten oder, anders gesagt, alle Träger öffentlicher Gewalt, d.h. nicht nur die

ii. Inhalt der Pflicht zur richtlinienkonformen Auslegung

Der Inhalt der Pflicht zur richtlinienkonformen Auslegung wurde vom EuGH in der Rechtssache „Marleasing" konkretisiert und in ständiger Rechtsprechung bestätigt.[435] Soweit das nationale Gericht bei der Anwendung nationalen Rechts – seien es vor oder nach dem Inkrafttreten der Richtlinie erlassene Vorschriften – dieses Recht auszulegen hat, müsse es seine Auslegung so weit wie möglich am Wortlaut und Zweck der Richtlinie ausrichten.[436] Die Pflicht zur richtlinienkonformen Auslegung umfasst nach Auffassung des Gerichtshofs nicht nur die Umsetzungsvorschriften, sondern das gesamte nationale (Straf-) Recht, d.h. auch die Vorschriften, die vor Erlass der Richtlinie in Kraft getreten sind. Dies lässt sich damit erklären, dass zur Gewährleistung einer einheitlichen Anwendung des Unionsrechts und zur Durchsetzung der Richtlinienvorschriften im nationalen Recht, sich die Richtlinie auf das gesamte Rechtssystem der jeweiligen mitgliedstaatlichen Rechtsordnung auszuwirken hat.[437]

Im Strafrechtsbereich ist der Vertrauensschutz des Einzelnen besonders relevant. Dies bedeutet, er darf vor der legislativen Umsetzung einer Richtlinie keinem hoheitlichen Eingriff infolge einer richtlinienkonformen Auslegung ausgesetzt sein. Vor diesem Hintergrund wurde zum Teil die Meinung geäußert, dass im Strafrechtsbereich die Konformauslegungspflicht auf nationales Umsetzungsrecht begrenzt sei.[438] Ausgehend von den Aussagen des EuGH in der

---

Legislative, aber auch die nationalen Gerichte, zur Verwirklichung des Richtlinienziels verpflichtet.

435 Für den Beginn der Pflicht der mitgliedstaatlichen Gerichte, nationales Recht richtlinienkonform auszulegen, kommen mehrere Zeitpunkte in Betracht: ab dem Zeitpunkt des Ablaufs der Frist zur Umsetzung der Richtlinie bei verspäteter Umsetzung einer Richtlinie (EuGH, Urteil v. 04.07.2006, C-212/04, EU:C:2006:443, Rn. 124 – *Adeneler*) bzw. ab dem Zeitpunkt des Inkrafttretens des nationalen Umsetzungsrechtsaktes, wenn fristgerecht umgesetzt wurde. Vorher besteht nur ein sogenanntes Frustrationsverbot.

436 EuGH, Urteil v. 13.11.1990, C-106/89, ECLI:EU:C:1990:395, Rn. 8 – *Marleasing*. Vgl. auch EuGH, Urteil v. 14.07.1994, C-91/92, ECLI:EU:C:1994:292, Rn. 27 – *Faccini Dori*; EuGH, Urteil v. 13.07.2000, C-456/98, ECLI:EU:C:2000:402, Rn. 20 – *Centrosteel*; EuGH, Rs. C-240/98 bis C-244/98, Urteil v. 27.06.2000, ECLI:EU:C:2000:346, Rn. 3 – *Océano Grupo Editorial*; EuGH, Urteil v. 05.10.2004, C-397 bis C-403/01, ECLI:EU:C:2004:584, Rn. 113 – *Pfeiffer*.

437 *Lemke*, Die Wirkungen von Richtlinien und Rahmenbeschlüssen im nationalen Recht, S. 64.

438 *Köhne*, Die richtlinienkonforme Auslegung im Umweltstrafrecht, S. 147 ff.

Rechtssache „Kolpinghuis Nijmegen" findet die Pflicht zur richtlinienkonformen Auslegung ihre Grenzen im Grundsatz der Rechtssicherheit,[439] daher sei eine richtlinienkonforme Auslegung von Strafrechtsnormen nicht möglich, wenn der nationale Umsetzungsakt fehle.[440] Diese Meinung wurde in der genannten Rechtssache auch vom Generalanwalt vertreten, der von einer Differenzierung hinsichtlich der Durchführungsvorschriften ausgegangen war und eine Pflicht zur richtlinienkonformen Auslegung nur bei Bestehen von Umsetzungsmaßnahmen angenommen hatte.[441] Der Gerichtshof hat allerdings in dieser und in weiteren Entscheidungen zur richtlinienkonformen Auslegung nationalen Strafrechts nicht hinsichtlich des betroffenen nationalen Rechts differenziert. Er stellt hingegen auf eine Konformauslegungspflicht im Bereich des nationalen Strafrechts ab, ohne sich auf das betreffende nationale Recht zu beziehen. Vielmehr hebt der Gerichtshof die Grenzen der Pflicht zur richtlinienkonformen Auslegung des nationalen Strafrechts hervor.[442] Bezüglich des Gegenstandes der Konformauslegung gilt im Bereich des Strafrechts ebenfalls die Grundregel, dass die Pflicht zur richtlinienkonformen Auslegung das gesamte nationale Recht umfasst. Die Besonderheiten der strafrechtlichen Rechtordnungen bleiben jedoch nicht unbeachtet, sondern sind auf der Ebene der Grenzen der Konformauslegungspflicht zu berücksichtigen.[443]

iii. Grenzen der Pflicht zur richtlinienkonformen Auslegung

Die Anforderungen an die richtlinienkonforme Auslegung nationalen Rechts ergeben sich aus der Rechtsprechung des EuGH. In seinem grundlegenden Urteil in der Rechtssache „von Colson" verlangt der Gerichtshof, dass nationale Gerichte im Rahmen ihrer Zuständigkeit das zur Durchführung der Richtlinie erlassene Recht „unter voller Ausschöpfung des Beurteilungsspielraums", den ihnen das nationale Recht einräumt, auslegen und anwenden.[444] Eine

---

439 EuGH, Urteil v. 08.10.1987, C-80/86, ECLI:EU:C:1987:431, Rn. 13 – *Kolpinghuis Nijmegen.*

440 *Köhne*, Die richtlinienkonforme Auslegung im Umweltstrafrecht, S. 112 ff.; *Hugger*, NStZ 1993, 421 (422).

441 *GA Mischo*, Schlussanträge von 17.03.1987, C-80/86, ECLI:EU:C:1987:138 – *Kolpinghuis Nijmegen.*

442 EuGH, Urteil v. 26.09.1996, C-168/95, ECLI:EU:C:1996:363 – *Arcaro*; EuGH, Urteil v. 12.12.1996, C-74/95 und C-129/95, ECLI:EU:C:1996:491 – *Telecom Italia.*

443 *Röcker*, Die Pflicht zur rahmenbeschlusskonformen Auslegung nationalen Rechts, S. 204 ff.; *Schröder*, Europäische Richtlinien und deutsches Strafrecht, S. 383 ff.

444 EuGH, Urteil v. 10.04.1984, C-14/83, ECLI:EU:C:1984:153, Rn. 26, 28 – *von Colson.*

richtlinienkonforme Auslegung ist daher nur so weit möglich, wie das nationale Recht einen entsprechenden Spielraum dafür lässt.[445] Diese innerstaatlichen Grenzen, die sich besonders aus der Kompetenzverteilung zwischen Judikative und Legislative ergeben, werden vom Gerichtshof akzeptiert. Gleichzeitig fordert er aber von den nationalen Gerichten, alle erforderlichen Maßnahmen zur Durchsetzung der Richtlinienziele zu ergreifen, und stellt fest, dass das nationale Gericht „seine Auslegung soweit wie möglich am Wortlaut und Zweck der Richtlinie ausrichten muss".[446] Die Formulierung „soweit wie möglich", die sich nach der erstmaligen Verwendung in der Rechtssache „Marleasing" auch in der weiteren Rechtsprechung des Gerichtshofs findet, hat teilweise Zweifel an der Relevanz der nationalen Methodenlehre aufkommen lassen. Einige Stimmen in der Literatur haben sich bei einer fehlenden Maßgeblichkeit der nationalen Auslegungsregeln für die Einschlägigkeit der gemeinschaftsrechtlichen Auslegungsmethoden ausgesprochen.[447] Diese Interpretation geht jedoch zu weit.[448] Die Formulierung in der Rechtsprechung des EuGH nimmt vielmehr Bezug auf die notwendigen Anstrengungen der nationalen Gerichte zur Erreichung der Richtlinienziele, die sich allerdings im Rahmen des nationalen Rechts halten müssen. Darüber hinaus eröffnet das nationale Recht keinen richtlinienkonformen Auslegungsspielraum,[449] sodass die ständige Wiederholung der Formulierung „soweit wie möglich" lediglich die nationalen Auslegungsmethoden betrifft.[450] Die Relevanz der nationalen Methodenlehre wurde vom Gerichtshof zudem in seiner Entscheidung in der Rechtssache „Pfeiffer" ausdrücklich bestätigt: Die nationalen Gerichte seien verpflichtet, die gleichen Methoden wie bei der Anwendung nationalen Rechts anzuwenden, um das von der Richtlinie

---

445 *Lemke*, Die Wirkungen von Richtlinien und Rahmenbeschlüssen im nationalen Recht, S. 63; *Haratsch/Koenig/Pechstein*, Europarecht, Rn. 386.

446 EuGH, Urteil v. 13.11.1990, C-106/89, ECLI:EU:C:1990:395, Rn. 8 – *Marleasing.*

447 *Lutter*, JZ 1992, 593 (597); *Snyder*, MLR 1993, 19 (43).

448 So *Brenncke*, EuR 2015, 440 (445), der eine europäische Methodenlehre wegen des Fehlens einer rechtlichen Grundlage und einer unionsrechtlichen Kompetenz ablehnt. Zudem sei die nationale Methodenlehre grundsätzlich besser geeignet als der europäische Gemeinstandard, das Richtlinienziel im Wege der Interpretation zu erreichen.

449 *Prechal*, CMLRev. 2005, 1445 (1459); *Canaris* in FS Bydlinski, 47 (60); *Franzen*, Privatrechtsangleichung durch die EG, S. 342.

450 Vgl. *Prechal*, CMLRev. 2005, 1445 (1459); *Canaris*, in FS Bydlinski, 47 (60); *Riesenhuber/Domröse*, RIW 2005, 47 (51 ff.); *Nettesheim*, AöR 1994, 261 (266); *Jarass*, EuR 1991, 211 (217); *Herrmann*, Richtlinienumsetzung durch Rechtsprechung, S. 134 ff.; *Brechmann*, Die richtlinienkonforme Auslegung, S. 50.

verfolgte Ziel zu erreichen.[451] Die Pflicht zur richtlinienkonformen Auslegung hat also an der nationalen Methodenlehre festzuhalten.[452]

Dass die Konformauslegung nur innerhalb der Grenzen der nationalen Methodenlehre besteht, wird auch durch die Ausführungen des Gerichtshofs untermauert, wonach eine richtlinienkonforme Auslegung „contra legem", d.h. eine Auslegung nationalen Rechts, die gegen den Wortlaut und den Sinn der auszulegenden Rechtsnorm verstößt, unionsrechtlich nicht zulässig sei.[453]

(i.) Spezielle Auslegungsgrenzen im Strafrechtsbereich aus dem nationalen Recht

Im Rahmen dieser Untersuchung haben die speziellen Grenzen der Auslegung des nationalen Strafrechts eine besondere Relevanz. Diese Grenzen nach nationalem Recht sind bei der Anwendung der Auslegungsmethoden zu beachten. Im deutschen Strafrecht ist diesbezüglich das Gesetzlichkeitsprinzip nach Art. 103 Abs. 2 GG bzw. § 1 StGB relevant. Art. 103 Abs. 2 GG gewährleistet, dass eine Tat nur bestraft werden kann, wenn die Strafbarkeit gesetzlich bestimmt war, bevor

---

451 EuGH, Urteil v. 05.10.2004, C-397 bis C-403/01, ECLI:EU:C:2004:584, Rn. 116 – *Pfeiffer*: „Ermöglicht es das nationale Recht durch die Anwendung seiner Auslegungsmethoden, eine innerstaatliche Bestimmung unter bestimmten Umständen so auszulegen, dass eine Kollision mit einer anderen Norm innerstaatlichen Rechts vermieden wird, oder die Reichweite dieser Bestimmung zu diesem Zweck einzuschränken und sie nur insoweit anzuwenden, als sie mit dieser Norm vereinbar ist, so ist das nationale Gericht verpflichtet, die gleichen Methoden anzuwenden, um das von der Richtlinie verfolgte Ziel zu erreichen".

452 In der Literatur wird das Gebot der richtlinienkonformen Auslegung teilweise als ein hybrides Instrument angesehen. Dies bedeute, dass sich die nationalen Richter bei der richtlinienkonformen Auslegung weiterhin in erster Linie an den nationalen Methodeninstrumenten orientieren würden. Nach dieser Meinung müssen sie jedoch gelegentlich die vom EuGH entwickelten europäischen Methodenregeln (interpretatorische Vorrangregel, Vermutung richtlinienkonformer Umsetzungsabsicht) anwenden, wenn das Richtlinienziel nicht unter Rückgriff auf die nationale Methodenlehre erreicht werden kann. In diesen Fällen verweise der Gerichtshof für diese methodische Regel nicht auf die nationale Methodenlehre, sondern er gebe sie den nationalen Richtern zwingend vor. Da die bisher vom EuGH aufgestellten Methodenregeln die verfassungsrechtlichen Integrationsgrenzen des Grundgesetzes einhalten, stellen sie nach der zum Teil in der Literatur vertretenen Auffassung eine zulässige Europäisierung der Methodik der richtlinienkonformen Auslegung dar. Ausführlich dazu *Brenncke*, EuR 2015, 440 (446 ff.)

453 EuGH, Urteil v. 04.07.2006, C-212/04, EU:C:2006:443, Rn. 110 – *Adeneler.*

die Tat begangen wurde. Aus diesem Prinzip werden wichtige Grundsätze wie etwa das Rückwirkungsverbot, das Analogieverbot und das Bestimmtheitsgebot abgeleitet. Diese Garantien lassen sich durch die Besonderheit des Strafrechts als das staatliche Instrument mit dem größten Eingriffspotenzial in die Freiheit der Bürger erklären. Maßgeblich für die Auslegung sind aus Sicht des deutschen Strafrechts besonders das Bestimmungsgebot und das Analogieverbot.

Das Bestimmtheitsgebot fordert vom nationalen Gesetzgeber, die Straftatbestände so auszugestalten, dass der Einzelne deutlich aus dem Gesetz erkennen kann, welches Verhalten zu sanktionieren ist. Das Gesetzlichkeitsprinzip dient insofern einerseits dem Schutz des Einzelnen, andererseits der Sicherstellung der Entscheidungshoheit des Gesetzgebers über das strafwürdige Verhalten. Art. 103 Abs. 2 GG enthält einen strengen Gesetzesvorbehalt, welcher es der vollziehenden und der rechtsprechenden Gewalt verwehrt, die normativen Voraussetzungen einer Bestrafung festzulegen.[454] Wegen der verfassungsrechtlichen Verankerung hat das Bestimmtheitsgebot nicht nur für das Strafrecht, sondern auch für andere Rechtsbereiche Bedeutung. Dem Strafrecht kommt allerdings wegen des Eingriffs in die Rechte der Bürger und wegen der angedrohten Freiheitsbeschränkung ein erhebliches Gewicht zu.[455] Das Bestimmtheitsgebot ist aus nationaler, aber auch aus europäischer Sicht bedeutsam in dem Sinne, dass es auf beiden Ebenen zu beachten ist. Daher kann ein unbestimmter nationaler Strafbestand nicht dadurch zur Anwendung kommen, dass für seine Konkretisierung eine europäische Rechtsnorm herangezogen werden kann. Zugleich kann die richtlinienkonforme Auslegung eines Tatbestands des nationalen Strafrechts nur anhand eines hinreichend bestimmten EU-Rechtsakts erfolgen.[456]

Das Analogieverbot ist eine Handlungsgrenze für die Judikative.[457] Das Verbot verfolgt ebenfalls einen individualschützenden sowie einen staatsorganisationsrechtlichen Zweck, da es sich sowohl auf den Einzelnen als Normbetroffenen als auch auf die Gerichte als Normanwender bezieht. Danach scheidet jede Auslegung aus, die über den Wortsinn der Strafnorm hinausgeht und mithin das strafbare Verhalten für den Einzelnen nicht mehr erkennbar macht. Im Strafrecht kommt dem möglichen Wortsinn einer Strafnorm also eine besondere Bedeutung zu, da der bestimmende Wortsinn der strafrechtlichen Norm mit Blick auf das Analogieverbot (Art. 103 Abs. 2 GG) eine äußerste Auslegungsgrenze

---

454 BVerfGE 105, 135 (152 ff.); BVerfGE 92, 1 (12).
455 *Jescheck/Weigend*, Lehrbuch des Strafrechts, Allgemeiner Teil, S. 137.
456 *Heger* in *Böse*, Enzyklopädie Europarecht, Bd. 11: Europäisches Strafrecht, § 5, Rn. 122.
457 BVerfGE 82, 236 (239); BVerfGE 92, 1 (12).

setzt.[458] Im Zusammenhang damit ist darauf hinzuweisen, dass einzelne Tatbestandsmerkmale auch innerhalb des möglichen Wortsinns nicht weit ausgelegt werden dürfen. Denn dies könnte dazu führen, dass diese Tatbestandsmerkmale völlig in anderen aufgehen und als Konsequenz notwendigerweise mit diesen verwirklicht werden. Ihre eingrenzende Wirkung würde damit verloren.[459]

Die Anforderungen des Gesetzlichkeitsprinzips gelten unverändert sowohl im Bereich der rein nationalen Auslegung als auch aufgrund europäisch begründeter Konformauslegung. Dass die Vorgaben des Art. 103 Abs. 2 GG keine andere Beurteilung erhalten, wird durch das hohe europäische Schutzniveau für das Strafrecht untermauert.[460] Das Gesetzlichkeitsprinzip ist nämlich ebenfalls in Art. 7 EMRK sowie in Art. 49 Abs. 1 GrCh verankert, die beide für das Unionsrecht Verbindlichkeit haben.

(ii.) Spezielle Auslegungsgrenzen im Strafrechtsbereich aus dem Unionsrecht

Das Unionsrecht weist ebenfalls spezielle Grenzen für die richtlinienkonforme Auslegung im Strafrecht auf. Sie finden sich in den allgemeinen Rechtsgrundsätzen des EU-Rechts.

Die allgemeinen Rechtsgrundsätze des Unionsrechts als Grenzen der richtlinienkonformen Auslegung im strafrechtlichen Bereich wurden erstmals in der Rechtssache „Kolpinghuis Nijmegen" festgestellt. Danach findet die Konformauslegungspflicht „ihre Grenzen in den allgemeinen Rechtsgrundsätzen, die Teil des Gemeinschaftsrechts sind, und insbesondere im Grundsatz der Rechtssicherheit und im Rückwirkungsverbot".[461] Klarheit bringen die weiteren Ausführungen des Gerichtshofs, „dass eine Richtlinie für sich allein und unabhängig von zu ihrer Durchführung erlassenen innerstaatlichen Rechtsvorschriften eines Mitgliedstaates nicht die Wirkung haben kann, die strafrechtliche Verantwortlichkeit derjenigen, die gegen die Vorschriften der Richtlinie verstoßen, festzulegen oder zu verschärfen."[462] Verboten ist folglich eine richtlinienkonforme

---

458 BVerfGE 85, 69 (73).

459 Siehe BVerfGE 126, 170 (198). Das BVerfG spricht hier von Verschleifung oder Entgrenzung der Tatbestandsmerkmale. Siehe auch *Hecker*, JuS 2014, 385 (388 ff.)

460 *Satzger*, JuS 2004, 943 (947).

461 EuGH, Urteil v. 08.10.1987, C-80/86, ECLI:EU:C:1987:431, Rn. 13 – *Kolpinghuis Nijmegen*.

462 EuGH, Urteil v. 08.10.1987, C-80/86, ECLI:EU:C:1987:431, Rn. 13 – *Kolpinghuis Nijmegen*; EuGH, Urteil v. 11.06.1987, C-14/86, ECLI:EU:C:1987:275, Rn. 20 – *Pretore di Salo*; EuGH, Urteil v. 07.01.2004, C-60/02, ECLI:EU:C:2004:10, Rn. 61 – *Rolex*;

Auslegung des nationalen Strafrechts, die unter Beachtung der Richtlinie allein zur Festlegung und Verschärfung der strafrechtlichen Verantwortlichkeit führen könnte. Als Begründung werden der Grundsatz der Rechtssicherheit und das Rückwirkungsverbot angeführt. Der Gerichtshof wollte damit jedenfalls verhindern, dass eine für den Einzelnen nachteilige Auslegung allein auf die Richtlinie gestützt wird. Außerdem ergibt sich aus diesem Urteil, dass bei der Auslegung strafrechtlicher Strafvorschriften keine nicht umgesetzten Richtlinien herangezogen werden.[463] Anders gesagt, darf ein nationales Gericht eine nicht fristgemäß umgesetzte Richtlinie nicht berücksichtigen, um eine Auslegung des nationalen Rechts zu bestätigen.[464]

Eine genauere Festlegung der unionsrechtlichen Grenzen der richtlinienkonformen Auslegung des Strafrechts ergibt sich aus weiteren Entscheidungen des Gerichtshofs. Die Grenzen wurden z.B. prägnanter in der Rechtssache „Arcaro" markiert. Der Gerichtshof äußerte sich darin in Übereinstimmung mit seiner bisherigen Rechtsprechung zurückhaltend hinsichtlich strafrechtlicher Belastung Einzelner durch das Richtlinienrecht im Wege der richtlinienkonformen Auslegung. Er betont, dass „diese Verpflichtung der nationalen Gerichte, bei der Auslegung der einschlägigen Bestimmungen seines nationalen Rechts auf den Inhalt der Richtlinie abzustellen, jedoch ihre Grenzen [findet], wenn eine solche Auslegung dazu führt, dass einem einzelnen eine in einer nicht umgesetzten Richtlinie vorgesehene Verpflichtung entgegengehalten wird, und erst recht dann, wenn sie dazu führt, dass auf der Grundlage der Richtlinie und in Ermangelung eines zu ihrer Umsetzung erlassenes Gesetzes die strafrechtliche Verantwortlichkeit derjenigen verschärft wird, die gegen die Richtlinienbestimmungen verstoßen".[465] Aus den Ausführungen des Gerichtshofs in dieser Entscheidung, die von der „soweit wie möglich" reichenden Konformauslegung zur „erst-recht"-Formel übergeht, kann man einen restriktiven Grundansatz des

---

EuGH, Urteil v. 03.05.2005, C-387/02, C-391/02 und C-403/02, ECLI:EU:C:2005:270, Rn. 74 – *Berlusconi.*

463 So *Köhne*, Die richtlinienkonforme Auslegung im Umweltstrafrecht, S. 115; *Heise*, Europäisches Gemeinschaftsrecht und nationales Strafrecht, S. 165 ff. Siehe auch *Schröder*, Europäische Richtlinien und deutsches Strafrecht, S. 382, der betont, dass der Gerichtshof kein Verbot zur Integration einer nicht umgesetzten Richtlinie in den Auslegungsvorgang postuliert hat. So auch *Hecker*, Europäisches Strafrecht, § 10, Rn. 26 ff., 36 ff.

464 *GA Mischo*, Schlussanträge von 17.03.1987, C-80/86, ECLI:EU:C:1987:138, Rn. 27 – *Kolpinghuis Nijmegen.*

465 EuGH, Urteil v. 26.09.1996, C-168/95, ECLI:EU:C:1996:363, Rn. 42 – *Arcaro.*

Gerichtshofs bei der richtlinienkonformen Auslegung im Bereich des Strafrechts herauslesen.

Die Aussagen des Gerichtshofs in der Entscheidung „Arcaro" zu Umfang und Grenzen der richtlinienkonformen Auslegung im Strafrecht wurden in dem Fall „Telecom Italia" präzisiert. In der Entscheidung bezieht sich der Gerichtshof zunächst auf die bereits etablierten Leitsätze zu den Grenzen der richtlinienkonformen Auslegung. Danach führt er aus: „insbesondere in Bezug auf einen Fall wie den des Ausgangsverfahrens, in dem es um den Umfang der strafrechtlichen Verantwortlichkeit geht, die sich aus speziell zur Durchführung einer Richtlinie erlassenen Rechtsvorschriften ergibt, ist festzustellen, dass der Grundsatz, wonach ein Strafgesetz nicht zum Nachteil des Betroffenen extensiv angewandt werden darf, der aus dem Grundsatz der gesetzlichen Bestimmtheit von strafbaren Handlungen und Strafen und, allgemeiner, dem Grundsatz der Rechtssicherheit folgt, es verbietet, die Strafverfolgung wegen eines Verhaltens einzuleiten, dessen Strafbarkeit sich nicht eindeutig aus dem Gesetz ergibt. Dieser Grundsatz, der zu den allgemeinen Rechtsgrundsätzen gehört, die den gemeinsamen Verfassungstraditionen der Mitgliedstaaten zugrunde liegen, ist auch in verschiedenen völkerrechtlichen Verträgen verankert, u.a. in Art. 7 der Konvention zum Schutze der Menschenrechte und Grundfreiheiten [...] Daher ist es Aufgabe des vorlegenden Gerichts, bei der Auslegung des zur Durchführung der Richtlinie erlassenen nationalen Rechts unter Berücksichtigung des Wortlauts und des Zweckes der Richtlinie für die Einhaltung dieses Grundsatzes zu sorgen".[466]

Aus diesen Ausführungen ergibt sich nicht nur eine ausdrückliche Anerkennung des Bestimmtheitsgebots als allgemeiner Rechtsgrundsatz bzw. als Grenze der Konformauslegungspflicht auf europäischer Ebene, sondern eine Konkretisierung der richtlinienkonformen Auslegung im Strafrecht. Der Gerichtshof bekräftigt die Geltung und erforderliche Einhaltung des Prinzips *nulla poena sine lege*, wonach sich die Strafbarkeit deutlich aus dem Gesetz ergeben muss, auch im Rahmen der richtlinienkonformen Auslegung.[467] Zudem legt er eine wichtige Voraussetzung für die Zulässigkeit der richtlinienkonformen Auslegung im Strafrecht fest, indem er bei der Auslegung strafrechtlicher Vorschriften eine Heranziehung von unbestimmten Richtlinienvorschriften „jedenfalls"

---

466 EuGH, Urteil v. 12.12.1996, C-74/95 und C-129/95, ECLI:EU:C:1996:491, Rn. 25, 26 – *Telecom Italia*. Im Fall „Telecom Italia" betrifft die Auslegung von Strafnormen innerstaatliches Umsetzungsrecht.

467 *Hecker*, Europäisches Strafrecht, § 10, Rn. 50.

versagt.[468] Der Gerichtshof sorgt damit für eine weitere Präzisierung der richtlinienkonformen Auslegung im Strafrecht, indem er erstens eine Beachtung des Bestimmtheitsgebots bei der Konformauslegung fordert und zweitens engere Grenzen der richtlinienkonformen Auslegung für das Strafrecht insofern vorschreibt, dass die Auslegung nationaler Strafbestimmungen eine hinreichende Bestimmtheit der Richtlinie voraussetzt.

iv. Strafbarkeitserweiternde Auslegung

Im Rahmen der richtlinienkonformen Auslegung gilt auch im strafrechtlichen Kontext die *contra legem*-Grenze. Als umstritten erweist sich die sogenannte „strafbarkeitserweiternde" Auslegung.[469] Damit ist die Auslegung eines Strafgesetzes im Lichte des Unionsrechts gemeint, die zuungunsten des Einzelnen von der bisherigen nationalen Auslegungspraxis abweicht. Zum Teil wird diese Auslegung für unzulässig gehalten: entweder wegen eines Verstoßes gegen Art. 103 Abs. 2 GG, da sich der Strafanspruch nicht mehr lediglich auf die deutsche Strafvorschrift, sondern auf Unionsrecht gründe,[470] oder wegen einer Missachtung des Rechtssicherheitsprinzips, da diese Rechtsanwendung im Ergebnis einer faktischen unmittelbaren Anwendung des Unionsrechts zulasten des Einzelnen gleichkomme.[471]

Diesen Meinungen ist zu widersprechen. Eine strafbarkeitserweiternde Auslegung ist grundsätzlich denkbar. Einer Rechtsprechungsänderung steht nichts entgegen, soweit diese die nationalen Auslegungskriterien berücksichtigt und die gewählte Auslegung zuungunsten der Beschuldigten ihre Grundlage in dem nationalen Gesetz findet. In diesem Fall ist ein Wandel der Rechtsprechung mit dem Rückwirkungsverbot des Art. 103 Abs. 2 GG vereinbar, da das Vertrauen in den Fortbestand einer Auslegungspraxis nicht geschützt ist.[472] Vertrauensgrundlage ist allein das nationale Gesetz, das der Bürger kennen muss.[473] Wichtig ist allerdings, dass die Grenzen der Auslegung eingehalten werden. Eine

---

468 EuGH, Urteil v. 12.12.1996, C-74/95 und C-129/95, ECLI:EU:C:1996:491, Rn. 31 – *Telecom Italia*.

469 Diese Problematik wird als „Scheinproblem" genannt. So *Satzger*, Die Europäisierung des Strafrechts, S. 555 ff.; *Schröder*, Europäische Richtlinien und deutsches Strafrecht, S. 372.

470 *Hugger*, NStZ 1993, 421 (423).

471 *Köhne*, Die richtlinienkonforme Auslegung im Umweltstrafrecht, S. 107.

472 *Hecker*, Europäisches Strafrecht, § 10, Rn. 60.

473 BVerfGE 18, 224 (240 ff.); BVerfGE 74, 129 (151 ff.); BVerfGE 78, 123 (126 ff.); BVerfGE 84, 212 (227); BVerfGE 122, 248 (277 ff.).

strafbarkeitserweiternde Auslegung im Lichte einer Richtlinie ist daher von der Konformauslegung umfasst, wenn sie im Rahmen der nationalen Auslegungsmethodik stattfindet.[474]

2. Exkurs: Rahmenbeschlüsse der dritten Säule

Wenngleich der Rahmenbeschluss im Vertrag von Lissabon als Rechtsinstrument nicht mehr existiert, galten die bereits beschlossenen Rahmenbeschlüsse als solche weiter, solange sie nicht nach Maßgabe der Verträge in der durch den Vertrag von Lissabon geänderten Fassung abgeändert oder aufgehoben[475] oder für nichtig erklärt wurden. Diese Sonderregel ist fünf Jahre nach dem Inkrafttreten des Vertrags von Lissabon mit Wirkung zum 1. Dezember 2014 außer Kraft getreten.[476]

In Bezug auf die vor dem Inkrafttreten des Vertrags von Lissabon angenommenen Rahmenbeschlüsse und andere Rechtsakte wurde (nur) für das Vereinigte Königreich in das Protokoll Nr. 36 über die Übergangsbestimmungen eine Opt-out-Möglichkeit geregelt (Art. 10 Abs. 4 Satz 1). Das „Opt-out" galt allerdings nicht für strafrechtliche Maßnahmen, die nach dem Vertrag von Lissabon geändert oder erlassen werden, sondern nur für alle unverändert gebliebenen „alten" Rechtsakte (Art. 10 Abs. 4 Satz 3). Dem Vereinigten Königreich wurde jedoch eine Opt-in-Möglichkeit für die nach der vorherigen Grundlage erlassenen

---

474 *Meier*, Rechtswirkungen von EG-Richtlinien und EU-Rahmenbeschlüssen, S. 89; *Hecker*, Europäisches Strafrecht, § 10, Rn. 59 ff. Siehe auch *Röcker*, Die Pflicht zur rahmenbeschlusskonformen Auslegung nationalen Rechts, S. 287 ff., die bei einem Ausschluss der strafbarkeitserweiternden Auslegung je nach Vorliegen von Umsetzungsnormen differenzieren will.

475 Hinzuweisen ist in diesem Zusammenhang auf die Vorschläge der Kommission zu einer Verordnung und zwei Beschlüsse in Rahmen des Programms zur Gewährleistung der Effizienz und Leistungsfähigkeit der Rechtsetzung (REFIT), mit denen obsolete Rechtsakte aufgehoben werden sollen. Im Bereich des materiellen Strafrechts wurde vorgeschlagen, die Gemeinsame Maßnahme 96/750/JI betreffend die Angleichung der Rechtsvorschriften und Verfahren zur Bekämpfung der Drogenabhängigkeit und zur Bekämpfung des illegalen Drogenhandels aufzuheben. Sie wurde hinfällig mit dem Inkrafttreten des Übereinkommens über die Rechtshilfe in Strafsachen zwischen den Mitgliedstaaten der Europäischen Union und des Rahmenbeschlusses 2004/757/JI zur Festlegung von Mindestvorschriften über die Tatbestandsmerkmale strafbarer Handlungen und die Strafen im Bereich des illegalen Drogenhandels. So KOM(2014)715 endg. Mehr zum Thema *Zeder*, EuR 2015, 487 (493 ff.)

476 Art. 9 und 10 des Protokolls Nr. 36 des Vertrags von Lissabon über die Übergangsbestimmungen, ABl. EU 2008, Nr. C 115, S. 1 ff.

Maßnahmen gewährt (Art. 10 Abs. 5 des Protokolls Nr. 36 über die Übergangsbestimmungen). Es konnte jederzeit mitteilen, dass es sich an einzelnen Rechtsakten beteiligen möchte.[477] Im Lichte des im Jahre 2016 gewünschten und Ende Januar 2020 in Kraft getretenen Austritts aus der Europäischen Union waren die Anwendung dieser spezifischen Regelungen für das Vereinigte Königreich vor allem für die Übergangszeit bis zum 31. Dezember 2020 von Relevanz.[478]

V. Stärkung des Rechtsschutzes durch den EuGH

1. Allgemeines

Mit Inkrafttreten des Vertrags von Lissabon gelten für die strafrechtlichen Rechtsakte, ausgenommen diejenigen, die den Übergangsbestimmungen unterfallen, die allgemeinen Vorschriften über die Zuständigkeiten des EuGH. Es entfallen somit die Besonderheiten des Art. 35 EUV a.F. bezüglich des Verfahrens vor dem Europäischen Gerichtshof, d.h. die Sonderregelungen bei Vorabentscheidungsverfahren, wie die eingeschränkte Anwendbarkeit und die Erforderlichkeit von Unterwerfungserklärungen, und bei Nichtigkeitsklagen. Alle Klagearten gelten nach dem supranationalen Modell. Die strafrechtlichen Maßnahmen unterliegen dann den Vorschriften über die Zuständigkeit des EuGH nach Art. 251 ff. AEUV.[479] Dies bedeutet, dass die allgemeinen Verfahrensarten der Art. 258 bis 268 AEUV wie auch die Vorschriften über den einstweiligen Rechtsschutz gemäß Art. 278 und 279 AEUV Anwendung finden. Der Vertrag

477 Dazu *Zeder*, EuR 2015, 487 (490 ff.)

478 Bei einem Referendum des Vereinigten Königreichs am 23. Juni 2016 stimmten 51,89 % der Wähler – das entsprach 37,44 % der Wahlberechtigten – für den Austritt des Vereinigten Königreichs aus der Europäischen Union (sogenannter „Brexit"). Die damalige britische Premierministerin *Theresa May* leitete den Austrittsprozess gemäß Art. 50 EUV am 29. März 2017 durch schriftliche Mitteilung an den Europäischen Rat rechtlich wirksam in die Wege. Damit war nach der vertraglich vorgesehenen zweijährigen Verhandlungsperiode mit dem Austritt für März 2019 zu rechnen. Wegen verschiedener Unstimmigkeiten bei den Verhandlungen über das Austrittsabkommen erfolgte der Austritt nach mehreren Verlängerungsfristen jedoch erst am 31. Januar 2020. Für einen Überblick über den Verlauf siehe: https://www.consilium.europa.eu/de/policies/eu-uk-after-referendum/ (Stand: Juli 2023).

479 Der Ausbau des Rechtsschutzes für die polizeiliche und justizielle Zusammenarbeit in Strafsachen wurde schrittweise vorgenommen. Als erster Schritt wurde seit 1. März 2008 speziell für den RFSR ein Eilvorlageverfahren geschaffen. Siehe dazu *Suhr* in *Fastenrath/Nowak*, Der Lissaboner Reformvertrag, S. 309 ff.; *Calliess*, Die neue EU nach dem Vertrag von Lissabon, S. 447 ff.

von Lissabon hat somit auf der Rechtsschutzebene einen entscheidenden Durchbruch gebracht und die Rolle des EuGH gestärkt.

2. Umsetzungskontrolle

Von besonderer Bedeutung ist die Einführung der Vertragsverletzungsverfahren (Art. 258 ff. AEUV). Die EU-Mitgliedstaaten haben die Maßnahmen im Rahmen der ehemaligen PJZS nicht selten verzögert oder lückenhaft durchgeführt, da effiziente Sanktionsmechanismen fehlten. Ein Vertragsverletzungsverfahren im Raum der Sicherheit, der Freiheit und des Rechts hat die kritischen Stimmen teilweise verstummen lassen, da nunmehr eine fristgerechte Umsetzung strafrechtlicher Rechtsakte wegen der Drohung rechtlicher Konsequenzen gesichert erscheint. Dies stellt einen wesentlichen Schritt auf dem Weg der Integration im Strafrechtsbereich dar. Die Umsetzungskontrolle ist nicht mehr auf die gegenseitige Begutachtung der Mitgliedstaaten und Berichte begrenzt (Art. 35 Abs. 7 EUV a.F.). Vielmehr kann ein verbindliches Vertragsverletzungsverfahren bei einem Verstoß eines Mitgliedstaates gegen den Vertrag sowohl von einem Mitgliedstaat wie auch von der Kommission vor dem EuGH eingeleitet werden.

Im unmittelbaren Zusammenhang mit der Möglichkeit, ein Vertragsverletzungsverfahren einzuleiten, steht die Ausweitung der Rolle der Kommission als „Hüterin der Verträge" auch für das Gebiet des Strafrechts. Im gesamten Raum der Sicherheit, der Freiheit und des Rechts kann die Kommission nun die Vertragsverletzungsverfahren nach Art. 258 AEUV gegen die Mitgliedstaaten einleiten. Diese Möglichkeit bestand früher nur für die Bereiche der RFSR, die der ehemaligen ersten Säule angehörten.

B. Souveränitätsbezogene Aspekte

Die Kompetenzregelungen zur Strafrechtsharmonisierung weisen trotz des Übergangs zu den supranationalen Rahmen einige Differenzierungen auf, die in verschiedenen Sonderregelungen zum Ausdruck kommen, welche die Bewahrung der staatlichen Souveränität sicherstellen sollen.

I. Sonderregelungen im Gesetzgebungsverfahren

1. Geteiltes Initiativrecht der Kommission

Anders als bei anderen Politikfeldern der Union fehlt im Strafrechtsbereich weiterhin das Initiativmonopol der Kommission. Die Kommission teilt sich nach Art. 76 AEUV das Recht zur Vorlage von Gesetzesvorschlägen bzw. das entsprechende Initiativrecht mit den Mitgliedstaaten. Im Strafrechtsbereich soll damit vermieden werden, dass das Initiativrecht im Rechtsetzungsverfahren und dadurch die Beeinflussung des mitgliedstaatlichen Strafrechts durch Europarecht ausschließlich in den Händen der Europäischen Kommission liegt.

Nun kann allerdings nicht allein ein einzelner Mitgliedstaat, sondern nur ein Viertel der Mitgliedstaaten gemeinsam das Initiativrecht ausüben. Dies mag als berechtigter Kompromiss bei den Verhandlungen zum Vertrag von Lissabon angesehen werden, da auf diese Weise ein Missbrauch der Initiativmöglichkeit der Mitgliedstaaten verhindert wird.[480]

Im Kontext der Initiativfunktion der Kommission ist auf die Kompetenz des Europäischen Rates zur Festlegung der strategischen Leitlinien für die gesetzgeberische und operative Programmplanung im Raum der Sicherheit, der Freiheit und des Rechts (Art. 68 AEUV) hinzuweisen, die gewissermaßen rechtliche Einschränkungen des Initiativrechts der Kommission mit sich bringen kann. Es handelt sich jedoch nur um ein „vorplanendes Instrument", da aus Art. 68 AEUV kein verbindliches Initiativrecht des Europäischen Rats abgeleitet werden kann.[481]

2. *Einbindung des Europäischen Rats*

Der Europäische Rat war früher als Forum für die Abstimmung unter den Mitgliedstaaten unter Einbeziehung des Kommissionspräsidenten tätig. Nunmehr ist er ein Organ der EU und seine Funktionen werden durch den Vertrag von Lissabon gestärkt.

Der Europäische Rat wird nicht gesetzgeberisch tätig. Vielmehr ist es seine Hauptaufgabe, die für die Entwicklung der Union notwendigen Impulse zu geben und die hierfür erforderlichen politischen Zielvorstellungen und Prioritäten festzulegen (Art. 15 Abs. 1 EUV). Für den Strafrechtsbereich wird diese Aufgabe in Art. 68 AEUV konkretisiert, indem erstmals eine ausdrückliche Kompetenz des Europäischen Rats zur Festlegung strategischer Leitlinien für eine gesetzgeberische und operative Programmplanung im Raum der Freiheit, der Sicherheit und des Rechts vorgesehen wird. Im Vergleich zur früheren Vertragsgrundlage ist die politische Gesamtleitung im Rahmen des Raums der Freiheit, der Sicherheit und des Rechts neu. Der Europäische Rat hatte in der ehemaligen dritten Säule eine geringe Rolle, und ihm wurde durch den Vertrag keine Leitlinienkompetenz zugewiesen. Ein politischer Einfluss des Europäischen Rates

---

480 So *Haack* in *Leiße*, Die Europäische Union nach dem Vertrag von Lissabon, S. 229. Siehe auch *Monar*, integration 2008, 379 (382).

481 So *Frenz*, Handbuch Europarecht: Band 6, Kap. 17, Rn. 2809.

existierte allerdings in gewissem Maße, um dem Integrationsprozess oberhalb der technisch-funktionalen Zusammenarbeit eine Richtung zu geben.

Die Ausübung der Leitlinienkompetenz des Europäischen Rates zeigte und zeigt sich in den festgelegten Mehrjahresprogrammen wie dem Tampere-Programm,[482] dem Haager Programm (2005–2009)[483] und, nach Inkrafttreten des Vertrags von Lissabon, dem Stockholmer Programm (2010–2014)[484] sowie dem Post-Stockholm-Programm (2014–2019).[485]

Der juristische Gehalt der Beschlüsse des Europäischen Rates geht grundsätzlich, wie sich aus dem vertraglichen Wortlaut ergibt (Art. 15 Abs. 1 EUV: „Impulse", „allgemeine politische Zielvorstellungen"; Art. 68 Abs. 1 AEUV: „[...] legt die strategischen Leitlinien [...] fest"), über eine politische Verbindlichkeit nicht hinaus.[486]

Neben dieser Leitlinienkompetenz kommt dem Europäischen Rat in der strafrechtlichen Zusammenarbeit die Schlichterrolle im Rahmen des Gesetzgebungsverfahrens zu, wenn der „Notbremse-Mechanismus" aktiviert wird (Art. 83 Abs. 3 AEUV).

3. *Einstimmigkeit im Rat*

Vom Prinzip der qualifizierten Mehrheitsentscheidung gibt es einige Ausnahmen im Rat. Im Bereich des materiellen Strafrechts ist auf Art. 83 Abs. 1 Unterabs. 3 Satz 2 AEUV hinzuweisen, wonach die Entscheidung des Rats zur Erweiterung der Kriminalitätsbereiche keiner qualifizierten Mehrheit, sondern der Einstimmigkeit bedarf. Im Kontext des Erweiterungsbeschlusses ist auch

---

482 Europäischer Rat, Schlussfolgerung des Vorsitzes vom 15. und 16. Oktober 1999, abrufbar unter: http://www.europarl.europa.eu/summits/tam_de.htm (Stand: Juli 2023).

483 Europäischer Rat, Haager Programm zur Stärkung von Freiheit, Sicherheit und Recht in der Europäischen Union (2005–2010), Dok. Nr. 13302/1/04 vom 15. Oktober 2004.

484 Europäischer Rat, Das Stockholmer Programm – Ein offenes und sicheres Europa im Dienste und zum Schutz der Bürger (2010–2014), Dok. Nr. 17024/09 vom 2. Dezember 2009.

485 Europäischer Rat, Strategische Leitlinien für den Raum der Freiheit, der Sicherheit und des Rechts, Dok. Nr. 79/14 vom 27. Juni 2014, abrufbar unter: https://www.consilium.europa.eu/de/policies/strategic-guidelines-jha/ (Stand: Juli 2023).

486 Der Europäische Rat fasst jedoch im Ausnahmefall Beschlüsse mit rechtswirksamen Folgen für die Union. Nach Art. 42 Abs. 2 EUV beschließt der Europäische Rat einstimmig, ob er den Mitgliedstaaten empfehlen soll, auf eine schrittweise Festlegung einer gemeinsamen Verteidigungspolitik der Union hinzuarbeiten. Hier ist die Initiative des Europäischen Rates Grundlage für Beschlüsse des Rates.

die Abweichung in Bezug auf die Beteiligung des Europäischen Parlaments zu erwähnen, das lediglich zustimmen muss.

4. Der „Notbremse-Mechanismus" in Art. 83 Abs. 3 AEUV

a. Rechtsnatur und Anwendung

Der „Notbremse-Mechanismus" zielt ebenfalls auf die Schonung der nationalen Strafrechtssysteme. Es stellt sich als eine Abweichung von dem ordentlichen Gesetzgebungsverfahren dar. Haben Mitgliedstaaten Bedenken wegen einer Mehrheitsentscheidung in einem derart für ihre Souveränität wichtigen Bereich, wird mit der sogenannten Notbremse diesen mitgliedstaatlichen Vorbehalten zusätzlich Rechnung getragen, indem den Mitgliedstaaten ein starkes Vetorecht eingeräumt wird.[487]

Bei dem „Notbremse-Verfahren" wird das Gesetzgebungsverfahren ausgesetzt, wenn ein Ratsmitglied der Auffassung ist, dass der Entwurf einer Richtlinie zum materiellen Strafrecht[488] „grundlegende Aspekte seiner Strafrechtsordnung berühren würde" (Art. 83 Abs. 3 Unterabs. 1 AEUV). In diesem Fall kann er beantragen, dass der Europäische Rat befasst wird. Bei einem Einvernehmen nach der Aussprache innerhalb des Europäischen Rats verweist dieser den Entwurf binnen vier Wochen nach Aussetzung des Verfahrens an den Rat zurück. Somit wird die Aussetzung beendet und das ordentliche Gesetzgebungsverfahren wieder aufgenommen. Kann der ein Veto einlegende Mitgliedstaat nicht umgestimmt werden, ermöglicht der Vertrag von Lissabon mit einer Verfahrenserleichterung[489] die Begründung einer verstärkten Zusammenarbeit, wenn sich mindestens neun Mitglieder dafür erklären (Art. 83 Abs. 3 Unterabs. 2 AEUV).

Die Notbremse steht mithin grundsätzlich einer Harmonisierung strafrechtlicher Vorschriften entgegen, sofern keine Einstimmigkeit erzielt werden kann.[490] Das Vetorecht der Mitgliedstaaten und die damit einhergehenden Grenzen der

---

487 *Heger*, ZIS 2009, 406 (413 ff.); *Suhr*, ZEuS 2009, 687 (698, 708 ff.); *Zimmermann*, Jura 2009, 844 (848).

488 Ein Notbremse-Verfahren oder ein ähnliches Verfahren ist auch beim Entwurf einer Richtlinie zum Strafverfahrensrecht (Art. 82 Abs. 3 AEUV) oder im Bereich der operativen Polizeizusammenarbeit (Art. 87 Abs. 3 Unterabs. 2 und 3 AEUV) sowie beim Verfahren zur Einrichtung einer Europäischen Staatsanwaltschaft (Art. 86 Abs. 1 Unterabs. 2 und 3 AEUV) vorgesehen.

489 Die erforderliche Ermächtigung nach Art. 329 Abs. 1 Unterabs. 2 AEUV gilt in diesem Fall ohne Weiteres als erteilt.

490 M.w.N. *Hecker* in *Sieber/Satzger/von Heintschel-Heinegg*, Europäisches Strafrecht, § 10, Rn. 45.

Harmonisierung nach Art. 83 Abs. 1 AEUV sind nicht komplett neu, wenn man auf die erforderliche Einstimmigkeit für den Erlass der Rahmenbeschlüsse im Rahmen der ehemaligen dritten Säule zurückblickt. Anders liegt allerdings der Fall bei der Strafrechtsharmonisierung aufgrund von Art. 83 Abs. 2 AEUV. Schon die vom EuGH nach der alten Rechtsgrundlage entwickelte Annexkompetenz kannte keine Notbremse.

Das Vetorecht der Mitgliedstaaten wird nicht ohne Grund als „Notbremse" bezeichnet und als solche verstanden. Denn ein Mitgliedstaat kann das Veto nur im Notfall einlegen. Um das Vetorecht auszuüben, genügt also das bloße Unterlassen der Zustimmung nicht, sondern der Mitgliedstaat muss, wie sich aus Art. 83 Abs. 3 AEUV ausdrücklich ergibt, eine bestimmte Voraussetzung erfüllen: Er kann sein Veto nur dann geltend machen, wenn er der Auffassung ist, dass der Entwurf einer strafrechtlichen Richtlinie grundlegende Aspekte seiner Strafrechtsordnung berühren würde. Es ist nicht erforderlich, dass andere Mitgliedstaaten oder europäische Organe diese Auffassung teilen. Zudem hat der Mitgliedstaat nach den vertraglichen Vorschriften eine nicht überprüfbare Einschätzungsprärogative.[491] Europarechtlich ist eine Begründung für die Einlegung des Vetos grundsätzlich verzichtbar, da der Mitgliedstaat nur der Auffassung sein muss, dass grundlegende Aspekte seiner Strafrechtsordnung betroffen werden. Anders gesagt: Auch ein ohne plausible Begründung eingelegtes Veto kann einen von der erforderlichen Mehrheit getragenen strafrechtlichen Rechtsakt grundsätzlich zu Fall bringen.[492] Dies gilt allerdings nicht, wenn ein Mitgliedstaat sein Veto missbräuchlich, d.h. aus anderen als den in Art. 83 Abs. 3 AEUV vorgesehenen Gründen einlegt – etwa wegen Bedenken in Bezug auf die politische Opportunität der Harmonisierung oder zur generellen Blockade der Arbeit in Brüssel.[493] Vielmehr können solche Gründe Gegenstand einer Nichtigkeitsklage

---

491 *Heger*, ZIS 2009, 406 (414); *Hecker* in *Sieber Satzger/von Heintschel-Heinegg*, Europäisches Strafrecht, § 10, Rn. 47. So auch im Zusammenhang mit Art. 82 Abs. 3 AEUV *Vogel/Eisele* in *Grabitz/Hilf/Nettesheim*, Recht der EU, Kommentar, Art. 82 AEUV, Rn. 117, die die Subjektivität der Formulierung „ist ein Mitgliedstaat des Rates der Auffassung" betont.

492 *Heger*, ZIS 2009, 406 (414); *Hecker* in *Sieber/Satzger/von Heintschel-Heinegg*, Europäisches Strafrecht, § 10, Rn. 47. Anders *Suhr* in *Calliess/Ruffert*, EUV/AEUV, Kommentar, Art. 83 AEUV, Rn. 31, der von einem ausreichend begründeten Antrag für das Ziehen der Notbremse spricht. Es sei im Einzelfall darzulegen, „was die spezifischen Unverträglichkeiten für die nationale Strafrechtsordnungen ausmacht".

493 *Heger*, ZIS 2009, 406 (414); *Vogel/Eisele* in *Grabitz/Hilf/Nettesheim*, Recht der EU, Kommentar, Art. 83 AEUV, Rn. 99; *Zimmermann*, Jura 2009, 844 (848).

(Art. 263 AEUV) oder eines Vertragsverletzungsverfahrens (Art. 258 AEUV) sein. Dazu, den „Notbremse-Mechanismus" zu aktivieren, berechtigen sie nicht, da die Gründe zentrale Aspekte des nationalen Strafrechtssystems betreffen müssen. Missbraucht ein Mitgliedstaat sein Notbremserecht aus sachfremden Gründen, steht der Weg vor den EuGH offen.[494] Das Notbremse-Verfahren darf nicht als politischer Kontrollhebel gegen einen exzessiven Gebrauch der Harmonisierungskompetenz eingesetzt werden.[495]

b. Berührung „grundlegender Aspekte der nationalen Rechtsordnung"

Im Hinblick auf die entscheidende Auffassung der Mitgliedstaaten ist, nicht nur aus deutscher Sicht, von Interesse, was zu den grundlegenden Aspekten einer Strafrechtsordnung gezählt werden kann.

Grundlegende Aspekte sind diejenigen Grundsätze, die zum verfassungsrechtlichen, strafrechtsdogmatischen und kriminalpolitischen Rahmen eines Mitgliedstaates gehören.[496] Diese allgemeinen Rechtsgrundsätze sind oft dadurch charakterisiert, dass sie in einer Mehrzahl von Rechtsordnungen gelten,[497] sodass insoweit mit einem breiten Misstrauen gegenüber einer Harmonisierungsrichtlinie gerechnet werden kann, die solche Grundsätze berührt. Welche Prinzipien des nationalen Strafrechts sich als grundlegende Aspekte etablieren, muss noch geklärt werden. Denkbar sind etwa folgende verfassungsrechtliche Grundsätze: Rechtsgutprinzip, Schuldprinzip, Rückwirkungsverbot, Verhältnismäßigkeitsgrundsatz, Rückwirkungsverbot, Ultima-Ratio-Prinzip, Bestimmtheitsgebot; auch Elemente des Allgemeinen Teils wie Akzessorietät, Teilnahme, Prinzip der Einheitstäterschaft; ebenso Konzepte im Bereich der

---

494 *Meyer* in *von der Groeben/Schwarze/Hatje*, EUV/AEUV, Kommentar, Art. 83 AEUV, Rn. 39. Siehe auch *Hecker*, Europäisches Strafrecht, § 8, Rn. 36; *Zimmermann*, Jura 2009, 844 (848). Im Zusammenhang mit Notbremse im Strafverfahren *Satzger* in *Streinz*, EUV/AEUV, Kommentar, Art. 82 AEUV, Rn. 64.

495 So *Vogel/Eisele* in *Grabitz/Hilf/Nettesheim*, Recht der EU, Kommentar, Art. 83 AEUV, Rn. 99; *Meyer* in *von der Groeben/Schwarze/Hatje*, EUV/AEUV, Kommentar, Art. 83 AEUV, Rn. 39. Anders aber *Satzger* in *Streinz*, EUV/AEUV, Kommentar, Art. 83 AEUV, Rn. 46; *Mitsilegas*, EU Criminal Law after Lisbon, S. 43 („primarily political mechanism").

496 Zu den möglichen grundlegenden Aspekten der Strafrechtsordnung: *Heger*, ZIS 2009, 406 (414 ff.); *Vogel/Eisele* in *Grabitz/Hilf/Nettesheim*, Recht der EU, Kommentar, Art. 83 AEUV, Rn. 99; *Böse* in *Schwarze/Becker/Hatje/Schoo*, EU-Kommentar, Art. 83 AEUV, Rn. 24.

497 So *Schünemann*, KritV 2008, 6 (8).

Sanktionen[498] wie etwa Mindest- und Höchststrafen oder bestimmte Strafarten, sowie kriminalpolitische Grundsatzentscheidungen.[499]

c. Ausübung des Vetorechts

Die Kompetenz zur Ausübung des Vetorechts ist für Deutschland im Integrationsverantwortungsgesetz (§ 9 Abs. 1 und 2 IntVG) geregelt, das grundsätzlich die entsprechenden Vorgaben aus dem Lissabon-Urteil des Bundesverfassungsgerichts umsetzt.[500] Der deutsche Vertreter im Rat aktiviert danach die Notbremse des Art. 83 Abs. 3 AEUV grundsätzlich nach Weisung des Bundestags bzw. des Bundesrats.[501] Nur damit werde dem Lissabon-Urteil zufolge hinreichend der notwendigen demokratischen Legitimation Rechnung getragen. Dem Bundestag und ggf. dem Bundesrat wird durch das IntVG ein autonomes Weisungsrecht eingeräumt. Allerdings ist es der Bundesregierung nicht verwehrt, auch auf eigene Initiative die „Notbremse zu ziehen", wenn sie grundlegende Aspekte der deutschen Strafrechtsordnung berührt sieht.[502]

5. Opt-out-Regelungen

Für die Anwendung des ordentlichen Gesetzgebungsverfahrens für alle Maßnahmen im Rahmen des RFSR bestehen zusätzliche Sonderregelungen. Es handelt sich um die Opt-out-Möglichkeit für Irland und Dänemark (Protokoll Nr. 21 über die Position des Vereinigten Königreichs[503] und Irlands hinsichtlich des Raums der Freiheit, der Sicherheit und des Rechts sowie Protokoll Nr. 22 über die Position Dänemarks). Während Irland eine Opt-in-Möglichkeit hinsichtlich jeder einzelnen vorgeschlagenen Maßnahme bis zu drei Monaten nach der Vorlage eines Legislativvorschlags gewährt wird (Art. 3 Abs. 1 Protokoll Nr. 21 über die Position des Vereinigten Königreichs und Irlands hinsichtlich des Raums der

498 *Böse* in *Schwarze/Becker/Hatje/Schoo*, EU-Kommentar, Art. 83 AEUV, Rn. 24.

499 Eine Aufzählung von Beispielen siehe bei *Heger*, ZIS 2009, 406 (414 ff.).

500 BVerfGE 123, 267 (413 ff.) – *Lissabon.*

501 Ausführlich dazu *Suhr* in *Calliess/Ruffert*, EUV/AEUV, Kommentar, Art. 83 AEUV, Rn. 34 ff.

502 So *Suhr* in *Calliess/Ruffert*, EUV/AEUV, Kommentar, Art. 83 AEUV, Rn. 36; *Hecker* in *Sieber/Satzger/von Heintschel-Heinegg*, Europäisches Strafrecht, § 10, Rn. 47. Siehe auch *Meyer* in *von der Groeben/Schwarze/Hatje*, EUV/AEUV, Kommentar, Art. 82 AEUV, Rn. 50, in Bezug auf die Notbremse im Strafverfahren.

503 Das Vereinigte Königreich ist aus der EU ausgetreten; diese Regelungen sind also beginnend mit dem 01.01.2021 obsolet.

Freiheit, der Sicherheit und des Rechts), hat sich Dänemark in diesem Bereich für ein vollständiges Opt-out entschieden.

Dänemark beteiligt sich nicht an der Rechtsetzung im Bereich des RFSR. Es kann aber nach einem positiven Ausgang einer Volksabstimmung mitteilen, dass es von dem Protokoll keinen Gebrauch mehr machen will (Art. 7 Protokoll Nr. 22). Der gesamte Rechtsbestand wäre dann für Dänemark verpflichtend.

II. Sonderregelungen auf der judikativen Ebene

1. Einschränkungen in Bezug auf die sicherheitspolitischen Aufgaben des Staates

Die Vorschriften über die Zuständigkeiten des EuGH nach Art. 35 Abs. 5 EUV a.F. werden beibehalten. Nach Art. 276 AEUV bleibt es in Strafsachen nämlich dabei, dass der Europäische Gerichtshof für die Überprüfung der Gültigkeit oder Verhältnismäßigkeit von Maßnahmen der Polizei oder der Strafverfolgungsbehörden oder der Wahrnehmung der Zuständigkeiten der Mitgliedstaaten für die Aufrechterhaltung der öffentlichen Ordnung und den Schutz der inneren Sicherheit nicht zuständig ist. Dieser Vorbehalt ist ausdrücklich im Vertrag vorgesehen. Nach Art. 72 AEUV bleiben die Aufrechterhaltung der öffentlichen Ordnung und der Schutz der inneren Sicherheit Sache der Mitgliedstaaten.

Art. 276 AEUV reflektiert die politische Sensibilität des Strafrechts und der inneren Sicherheit für die Mitgliedstaaten.[504] Diese Materien gehören zweifelsohne zum Kernbereich nationaler Souveränität, für den sich die Mitgliedstaaten weiter gehende Handlungsspielräume bewahren wollten als in anderen Sachgebieten des Unionsrechts. Andernfalls hätten die justizielle und die polizeiliche Zusammenarbeit in Strafsachen zu stark in die nationale Souveränität und die damit eng verbundenen Fragen der inneren Sicherheit eingreifen können.

2. Besonderheiten für die vor dem Vertrag von Lissabon erlassenen Rechtsakte

Die Einschränkungen der Zuständigkeit des EuGH werden durch den Vertrag von Lissabon im gesamten Raum der Sicherheit, der Freiheit und des Rechts größtenteils aufgehoben.[505] Die strafrechtlichen Rechtsakte, die vor dem Inkrafttreten

---

504 *Müller-Graff*, EuR Beiheft 1/2009, 105 (124); *Suhr*, ZEuS 2009, 678 (695).

505 *Pache/Rösch*, NVwZ 2008, 473 (478 ff.); *Calliess*, Die neue EU nach dem Vertrag von Lissabon, S. 446; *Suhr* in *Calliess/Ruffert*, EUV/AEUV, Kommentar, Art. 276 AEUV, Rn. 3.

des Vertrags von Lissabon angenommen wurden, wurden jedoch einem speziellen Regime unterworfen. Nach Art. 10 Abs. 1 bis 3 des Protokolls Nr. 36 über die Übergangsbestimmungen galt etwa für Rahmenbeschlüsse für weitere fünf Jahre nach dem Inkrafttreten des Lissaboner Vertrags, d.h. bis 30. November 2014, die begrenzte Kompetenz des EuGH gemäß Art. 35 EUV a.F. Diese Sonderregelung ist Ausdruck einer politischen Kompromisslösung, die eine Einigung auf einen umfassenden Rechtschutz auf dem Gebiet des Strafrechts überhaupt ermöglicht hat.[506] Erst nach Ablauf dieser Frist fanden für diesen Bereich bzw. den unveränderten Acquis der früheren dritten Säule die Rechtschutzmöglichkeiten des Art. 258 ff. AEUV Anwendung. Waren die Rechtsakte der ehemalige PJZS nach Inkrafttreten des Vertrags von Lissabon geändert oder ersetzt worden, galten die neuen Vorschriften über die Zuständigkeit des Gerichtshofs sofort.[507]

3. *Opt-out-Regelungen*

In den Kontext der Abweichungen vom Regelfall gehören auch die Opt-out-Regelungen für zwei Mitgliedstaaten. Da das Vereinigte Königreich Ende Januar 2020 aus der EU ausgetreten ist, sind alle Opt-out-Regelungen für das Vereinigte Königreich nach der Übergangszeit am 31. Dezember 2020 obsolet. Die Vorschriften aus dem „Protokoll über die Position des Vereinigten Königreichs und Irlands hinsichtlich des Raums der Freiheit der Sicherheit und des Rechts" gelten jedoch für Irland weiter. Demnach ist die Möglichkeit eines Opt-in für Irland denkbar.

Die Möglichkeit des Opt-in existiert bei Änderungen eines Rechtsakts der ehemaligen dritten Säule nach Inkrafttreten des Vertrages von Lissabon.[508] In diesem Fall besteht grundsätzlich keine Bindung an den Rechtsakt, da Irland nach dem „Protokoll über die Position des Vereinigten Königreichs und Irlands hinsichtlich des RFSR" von den Bestimmungen über den gesamten Bereich des RFSR (Art. 67–89 AEUV) und von den danach beschlossenen Sekundärakten befreit ist.[509] Folglich sind auch Entscheidungen der Unionsgerichte, „in denen solche Vorschriften oder Maßnahmen ausgelegt werden", „nicht bindend oder

506 *Suhr* in *Fastenrath/Nowak*, Der Lissaboner Reformvertrag, S. 310.

507 *Suhr* in *Fastenrath/Nowak*, Der Lissaboner Reformvertrag, S. 310.

508 Art. 3 und Art. 4 des Protokolls über die Position des Vereinigten Königreichs und Irlands hinsichtlich des Raums der Freiheit der Sicherheit und des Rechts.

509 Art. 4 a Abs. 1 i.V.m. Art. 1 Unterabs. 1 des Protokolls über die Position des Vereinigten Königreichs und Irlands hinsichtlich des Raums der Freiheit der Sicherheit und des Rechts.

anwendbar".[510] In dem Protokoll ist ausdrücklich nur von den Wirkungen der Entscheidungen des Gerichtshofs die Rede. Man kann jedoch davon ausgehen, dass damit auch die Einleitung von Verfahren vor den Unionsgerichten, die eine Bindung der Mitgliedstaaten an die Art. 67 ff. AEUV voraussetzen, unzulässig ist. Steht das materielle Recht aus diesem Bereich nicht als gerichtlicher Prüfungsmaßstab zur Verfügung, sind etwa Vertragsverletzungsverfahren sowie Vorabentscheidungsersuchen, Nichtigkeits- und Untätigkeitsklagen von Irland unzulässig, soweit hierin unmittelbar oder inzident die Anwendung der Art. 67–89 AEUV in Betracht kommen würde.[511] Die bereits erwähnte Möglichkeit des Opt-in bringt allerdings die allgemeinen Vertragsbestimmungen zur Anwendung, also auch die Kontrollzuständigkeiten des EuGH.[512]

Dänemark beteiligt sich nach dem Inkrafttreten des Vertrags von Lissabon gar nicht am Acquis der dritten Säule, d.h. weder an neuen Rechtsakten noch an Änderungen bestehender Rechtsakte.[513] Die Frage, ob Dänemark auf Sonderregelungen verzichtet, wurde am 31.12.2015 im Rahmen eines Referendums entschieden. Dabei wurde ein solcher Verzicht Dänemarks abgelehnt.[514] Wie im Fall Irlands bedeutet die fehlende Bindung an Primär- und Sekundärrecht des RFSR, dass die Entscheidungen der Unionsgerichte, die solche Vorschriften oder Maßnahmen auslegen, für Dänemark „nicht bindend oder anwendbar" sind.[515]

Hintergrund dieser speziellen Bestimmungen ist die Bedeutung des Strafrechts für das nationale Recht. Zum Ausdruck kommt dadurch erneut die Zurückhaltung der Mitgliedstaaten in Bezug auf die Europäisierung des Strafrechts und dessen Unterwerfung unter eine erweiterte Entscheidungskompetenz der europäischen Gerichte. Dies macht klar, dass die Idee, sich dem Kern der EU zu nähern und mehr und mehr Kompetenz von den Mitgliedstaaten auf die

---

510 Art. 2 des Protokolls Nr. 21 über die Position des Vereinigten Königreichs und Irlands hinsichtlich des Raums der Freiheit der Sicherheit und des Rechts.

511 So *Dörr* in *Grabitz/Hilf/Nettesheim*, Recht der EU, Kommentar, Art. 276 AEUV, Rn. 5 ff.

512 Art. 6 des Protokolls Nr. 21 über die Position des Vereinigten Königreichs und Irlands hinsichtlich des Raums der Freiheit der Sicherheit und des Rechts.

513 Art. 1 Unterabs. 1 Satz 1 und Art. 2 des Protokolls über die Position Dänemarks.

514 Die Fragestellung des Referendums lautete, ob Dänemark bei den EU-Verträgen auf nationale Ausnahmen im Bereich der Justiz und der inneren Sicherheit verzichten soll. Schließlich haben sich die Dänen gegen eine engere Zusammenarbeit mit den europäischen Sicherheits- und Polizeibehörden entschieden. Vgl. https://www.zeit.de/politik/ausland/2015-12/referendum-daenemark-eu-europol (Stand: Juli 2023).

515 Art. 2 Satz 1 des Protokolls über die Position Dänemarks.

EU zu verlagern, nicht der Haltung der Mitgliedstaaten im Strafrechtsbereich entspricht.

C. Fazit: integrationsfreundliche Harmonisierung unter mitgliedstaatlichem Vorbehalt

Blickt man genauer auf Art. 83 AEUV, erkennt man weiterhin das Spannungsverhältnis zwischen dem Integrationsanspruch der EU und den mitgliedstaatlichen souveränitätsbezogenen Vorbehalten.

Einerseits ist die Zusammenarbeit im Strafrecht durch nicht unerhebliche Integrationsfortschritte gekennzeichnet. Die Notwendigkeit einer Kooperation auf Unionsebene wurde von den Mitgliedstaaten also erkannt. Der nach dem Vertrag von Maastricht thematisierte und vom Vertrag von Amsterdam begonnene Übergang des Strafrechts zum supranationalen Rahmen findet mit dem Vertrag von Lissabon einen wichtigen Schritt nach vorne. Die Integration dieses Politikfeldes wird auf ein höheres Niveau gehoben, indem dieser Bereich grundsätzlich der gerichtlichen Kontrolle unterworfen wird, die der Kontrolle für die anderen Politiken der Europäischen Union entspricht. Zudem werden die der supranationalen EU spezifischen Handlungsformen nach Art. 288 Abs. 3 AEUV eingeführt, wobei für die Festlegung von Mindestvorschriften im materiellen Strafrecht eine Beschränkung auf Richtlinien[516] erfolgt. Eine wesentliche Neuerung ist die Einführung der qualifizierten Mehrheit im Gesetzgebungsverfahren. Der Übergang von der Einstimmigkeit zur qualifizierten Mehrheit war wegen der Möglichkeit der Annahme einer Entscheidung ohne die Zustimmung aller Mitgliedstaaten nur nach langen Verhandlungen erreicht worden. Besonders für die Legitimation des Strafrechts ist die neue Rolle des Europäischen Parlaments als Mitgesetzgeber im Entscheidungsverfahren von Relevanz.

Andererseits lässt sich feststellen, dass, auch wenn den Mitgliedstaaten die Notwendigkeit der Zusammenarbeit auf Unionsebene bewusst war, sie nur zögerlich bereit waren, der EU einen größeren Einfluss in dem Bereich nationaler Identität zu gewähren. Dies erklärt, warum die Neuerungen des Vertrags von Lissabon Sonderregelungen mit sich bringen. Aufgrund der Sensibilität des Strafrechts, das eng mit der Verschiedenheit der Rechtstraditionen der Mitgliedstaaten in diesem Bereich zusammenhängt, bestehen einige aus der dritten Säule bekannte

516 Eine Richtlinie ist zwar als eine supranationale Handlungsform (Handlungsform der supranationalen EU) zu verstehen. Durch eine Richtlinie entsteht im Bereich des Strafrechts jedoch kein supranationales Strafrecht.

Besonderheiten fort: kein Initiativmonopol der Kommission, Einschränkung der Mehrheitsentscheidungen durch den „Notbremse-Mechanismus", Beibehalten der Einstimmigkeit in bestimmten Bereichen (Erweiterung der Kriminalitätsbereiche nach Art. 83 Abs. 1 Unterabs. 3 AEUV). Die Notwendigkeit der Einführung der qualifizierten Mehrheit für die weitere Integration im strafrechtlichen Bereich wird demnach zwar von den Mitgliedstaaten akzeptiert, sie bestehen aber in diesem Politikfeld auf Möglichkeiten zur Bewahrung ihrer Souveränität und Traditionen. Durch die Einrichtung des „Notbremse-Mechanismus" können nicht bezweckte Folgen der Supranationalisierung für grundlegende Aspekte des innerstaatlichen Strafrechts vermieden werden. Einige Besonderheiten betreffen die Justiziabilität strafrechtlicher Rechtsakte. Diese tragen dem Vorbehalt der mitgliedstaatlichen Zuständigkeit Rechnung.

Die Sonderregelungen für die Strafrechtsharmonisierung sind als eine Kompensation für den Souveränitätsverlust der Mitgliedstaaten infolge der Abkehr von der intergouvernementalen Zusammenarbeit im Strafrecht zu verstehen.[517] Sie wurden oft als Zersplitterung des auf Vereinheitlichung angelegten EU-Rechts kritisiert.[518] Man sollte jedoch nicht übersehen werden, dass die Sonderregelungen politisch eine Gesamteinigung sowie die grundsätzliche Einführung der Mehrheitsentscheidung möglich gemacht haben.

Durch die Differenzierungen bleibt das Strafrecht trotz der Überleitung in die supranationale EU und der fortschreitenden Integration weiterhin ein besonderer Politikbereich, der mehr als andere EU-Politiken von den mitgliedstaatlichen Vorbehalten geprägt ist. Darüber hinaus werden die nationalen Parlamente stärker in die Entscheidungsprozesse der Union eingebunden und in eine Mitverantwortung für die europäische Strafrechtspolitik genommen. Die Verknüpfung des Prinzips der Mehrheitsentscheidung mit der Einbindung der nationalen Parlamente in die Rechtsetzung sowie dem „Notbremse-Mechanismus" stärkt sowohl die demokratische Legitimation bei der Strafgesetzgebung als auch den Schutz der kulturellen Identität der Mitgliedstaaten. Wenngleich die Zusammenarbeit im Strafrecht auch gegenwärtig von den mitgliedstaatlichen Vorbehalten beeinflusst wird, erreicht die europäische Strafrechtsintegration mit dem Vertrag von Lissabon eine neue Stufe. Es besteht nunmehr ein klares kriminalpolitisches Konzept in Bezug auf die weitere Integration, das eine Harmonisierung

---

517 *Vogel/Eisele* in *Grabitz/Hilf/Nettesheim*, Das Recht der EU, Kommentar, Art. 83 AEUV, Rn. 64; *Satzger* in *Streinz*, EUV/AEUV, Kommentar, Art. 83 AEUV, Rn. 3.

518 *Kretschmer* in *Vedder/Heintschel von Heinegg*, Europäischer Verfassungsvertrag, Handkommentar, Art. III-270, Rn. 34 ff.

des Strafrechts, nur im Rahmen der vom Vertrag erfassten Bereiche, unter Mitwirkung und Mitverantwortung der Mitgliedstaaten vorsieht.

§ 3 Reichweite der Harmonisierungskompetenz

Es stellt sich zudem die Frage, wie weit die Kompetenz zur Strafrechtsharmonisierung reichen kann. Alle Diskussionen über die Harmonisierungskompetenz im Bereich des Kriminalstrafrechts haben gezeigt, dass dem Strafrecht eine besondere Rolle zukommt und es daher nicht wie andere Rechtsfelder von der Union beeinflusst wird. Das entscheidende Argument dafür ist, dass die nationalen Straftatbestände sowie die Kriminalpolitik jedes Mitgliedstaates stark von den spezifischen sozio-kulturellen und historisch-traditionellen Vorstellungen in der jeweiligen Bevölkerung geprägt werden. Das europäische Recht und im Ergebnis die europäische Integration könnten daher bei den Menschen in den Mitgliedstaaten auf große Inakzeptanz stoßen, wenn es zu einer Spaltung der Wertvorstellungen käme. Daher wird versucht, das Strafrecht vor unverhältnismäßigen Eingriffen durch das europäische Recht zu bewahren. Dies wird in erster Linie dadurch erreicht, dass die Kompetenz der Union zur Strafrechtsetzung durch die allgemeinen, in Art. 5 EUV geregelten Prinzipien beschränkt wird. Das Strafrecht der Mitgliedstaaten ist allerdings besonders durch die bereichsspezifischen Grenzen (das strafrechtsspezifische Schonungsgebot und die „Notbremse" in Art. 83 Abs. 3 AEUV) am besten geschützt.

A. Allgemeine Grenzen der Strafrechtsharmonisierung

Das Strafrecht dient der Schaffung eines Raums der Freiheit, der Sicherheit und des Rechts (Art. 67 AEUV). Angesichts dieser Ziele mit hohem Wert, welche die Union in Einklang bringen soll, stellt sich die Frage, welche Maßstäbe die Strafrechtspolitik der EU bestimmen. Die Kompetenz zur Strafrechtsharmonisierung ergibt sich aus den vertraglichen Grundlagen. Der rechtliche Ausgangspunkt hat sich durch den Vertrag von Lissabon nicht geändert. Von besonderer Relevanz für die Harmonisierungskompetenz im Strafrecht sind die folgenden allgemeinen Grundsätze: das Prinzip der begrenzten Einzelermächtigung, das Subsidiaritätsprinzip und das Verhältnismäßigkeitsprinzip. Diese fungieren zugleich als Grenzen der Unionskompetenzen.

I. Prinzip der begrenzten Einzelermächtigung

Das Prinzip der begrenzten Einzelermächtigung setzt für das Tätigwerden der EU-Organe die Existenz einer Kompetenznorm voraus (Art. 5 Abs. 1 Satz 1 und Abs. 2 EUV). Das heißt, jeder Rechtsetzungsakt der Union erfordert eine ausdrückliche oder aber zumindest im Wege der Auslegung hinreichend sicher zu gewinnende Ermächtigungsgrundlage im Primärrecht.[519] Nach Art. 5 Abs. 2 EUV wird die Union nur innerhalb der Grenzen der Zuständigkeiten und der Ziele tätig, welche die Mitgliedstaaten ihr in den Verträgen übertragen haben. Hieraus ergibt sich eine begrenzte Kompetenz der Union, sodass ihr eine sogenannte Kompetenz-Kompetenz[520] zur Schaffung eigener Kompetenzen fehlt.

Im Bereich der Strafrechtspolitik teilt die Union mit dem Inkrafttreten des Vertrags von Lissabon die Zuständigkeit mit den Mitgliedstaaten (Art. 4 Abs. 2 lit. j AEUV). Im Rahmen der Kompetenzverteilung zwischen der EU und den Mitgliedstaaten lässt sich allerdings die Problematik der Strafrechtsetzungskompetenz nicht auf die Frage beschränken, ob die Union „für das Strafrecht" zuständig ist. Denn anders als das Grundgesetz enthalten die Verträge keine bereichsweise abgegrenzten Zuständigkeiten, sondern gemäß dem Prinzip der begrenzten Einzelermächtigung einzelne Handlungsermächtigungen zur Erreichung bestimmter im AEUV vorgegebener Ziele. Der Erlass europäischer Strafbestände ist dann zulässig, wenn in den Verträgen entsprechende Ermächtigungsgrundlagen vorliegen oder sich solche Kompetenzen durch die Auslegung der Ermächtigungsnormen ermitteln lassen. Kompetenzen zur Strafrechtsharmonisierung des materiellen Strafrechts sind explizit in Art. 83 AEUV vorgesehen.

II. Subsidiaritätsprinzip

1. Subsidiaritätsprinzip als Kompetenzausübungsgrenze

Zum unerlässlichen Bestandteil der vertraglichen Grundlagen der Strafrechtsharmonisierung gehört das in Art. 5 Abs. 3 EUV verankerte Subsidiaritätsprinzip. Dabei handelt es sich um eine rechtlich verbindliche und justiziable[521] Regel zur Kompetenzausübung innerhalb der Union. Nach dem Subsidiaritätsprinzip darf die Union in den Bereichen, die nicht in ihre ausschließliche Zuständigkeit fallen, nur tätig werden, sofern und soweit die Ziele der in Betracht gezogenen Maßnahmen von den Mitgliedstaaten weder auf zentraler noch auch regionaler oder lokaler Ebene ausreichend verwirklicht werden können, sondern

---

519 *Ambos*, Internationales Strafrecht, § 9, Rn. 5.

520 Dazu *Hecker*, Europäisches Strafrecht, § 4, Rn. 31 ff.

521 Subsidiaritätsklage nach Art. 8 Abs. 1 des Protokolls Nr. 2 des Vertrags von Lissabon über die Anwendung der Grundsätze der Subsidiarität und der Verhältnismäßigkeit, ABl. 2012 Nr. C 326, S. 206 ff.

vielmehr wegen ihres Umfangs oder ihrer Wirkungen auf Unionsebene zu verwirklichen sind.

Im Bereich des Kriminalstrafrechts hat das Subsidiaritätsprinzip ein besonderes Gewicht. Der souveräne Staat wird insofern als der einzig denkbare demokratische Rahmen angesehen. Darüber hinaus können die Möglichkeiten der Bürger, Entscheidungen zu thematisieren und zu beeinflussen, besser auf nationaler Ebene verwirklicht werden.[522] Dies wirft die Frage auf, welche Zuständigkeitsebene – europäische Harmonisierung *versus* mitgliedstaatliche Rechtsetzung – am besten geeignet ist, um eine möglichst bürgernahe Strafgesetzgebung sicherzustellen. Im Sinne des Subsidiaritätsprinzips können Harmonisierungsmaßnahmen nur insoweit erlassen werden, als die Ziele der in Betracht gezogenen Maßnahme auf der Ebene der Mitgliedstaaten nicht ausreichend verwirklicht werden können und insofern besser auf europäischer Ebene zu erreichen sind. Das Bedürfnis der Harmonisierung nationalrechtlicher Strafvorschriften reicht allein zur Rechtfertigung eines Harmonisierungsakts nicht aus, da sonst die Strafrechtsharmonisierung zum Selbstzweck werden würde. Die Harmonisierungsmaßnahmen müssen vielmehr im oben genannten Sinne erforderlich sein. Das sind sie, wenn die mitgliedstaatlichen Maßnahmen nicht zu akzeptierende Schutzlücken aufweisen, die nur durch eine Rechtsangleichung auf europäischer Ebene geschlossen werden können. Geringere Defizite in den mitgliedstaatlichen Strafrechtsordnungen genügen den Anforderungen des Subsidiaritätsprinzips nicht. Die Harmonisierung im materiellen Strafrecht ist ferner auf Kriminalitätsbereiche mit einer grenzüberschreitenden Dimension zu beschränken, bei denen die nationalen Strafverfolgungsorgane an ihre nationalen Grenzen stoßen, eine Bekämpfung der Straftat auf einer gemeinsamen europäischen Grundlage dagegen Erfolg verspricht.[523]

Bei jeder Harmonisierungsmaßnahme haben die an der Rechtsetzung beteiligten Organe nach Maßgabe des Subsidiaritätsprotokolls[524] eine Begründungslast: Sie müssen begründen, dass die Voraussetzungen des Subsidiaritätsprinzips – Erforderlichkeit und Effizienz – eingehalten werden.[525] Der Rechtsakt wird einer Analyse unter Abwägung aller Umstände und unter Einbeziehung aller Handlungsalternativen unterworfen. Eine nur formelle Bejahung der

---

522 So *Asp*, EuCLR 2011, 44 (49).

523 *Heger*, ZIS 2009, 406 (412).

524 Protokoll Nr. 2 des Vertrags von Lissabon über die Anwendung der Grundsätze der Subsidiarität und der Verhältnismäßigkeit, ABl. 2012 Nr. C 326, S. 206 ff.

525 *Asp*, EuCLR 2011, 44 (49).

Subsidiaritätsvoraussetzungen, wie es teilweise bis zum Inkrafttreten des Vertrags von Lissabon erfolgt ist, genügt nicht.[526] An die Erforderlichkeit eines Handelns auf Unionsebene sind also hohe Anforderungen zu stellen. Sie ist zu bejahen, wenn ein Unionsziel nur durch Maßnahmen der Union erreicht werden kann. Die Möglichkeit, dieses Ziel bereits durch Tätigwerden der Mitgliedstaaten in ausreichender Weise zu verwirklichen, spricht gegen die Erforderlichkeit der Unionsmaßnahme. Obwohl immer die Umstände des Einzelfalls maßgeblich und allgemeine Aussagen nur in begrenztem Maße möglich sind, gibt es in manchen Fällen Indizien dafür, dass ein nur mitgliedstaatliches Handeln keinen Erfolg verspricht, z.B. dann, wenn der Regelungsbereich eine grenzüberschreitende Dimension hat oder wenn es um die Herstellung gleicher Wettbewerbsbedingungen geht.[527]

Nachdem die Erforderlichkeit einer Unionsmaßnahme bejaht wurde, kommt es auf das Effizienzkriterium an. Dabei wird geprüft, wie effizient das Handeln der Union im Vergleich zu dem Handeln der Mitgliedstaaten ist. Die Effizienz der Unionsmaßnahme ergibt sich daraus, dass die Union die Maßnahme wegen ihres Umfangs oder ihrer Wirkungen besser verwirklichen kann. Wenn die Union ebenso wenig wie die Mitgliedstaaten in der Lage ist, ausreichende Maßnahmen zu treffen, um das Ziel zu erreichen, kann dies einer Unionsmaßnahme entgegenstehen.[528]

2. *Einbindung der nationalen Parlamente als Hüterinnen des Subsidiaritätsprinzips*

Art. 69 AEUV bestimmt neben den allgemeinen Vorschriften des Art. 12 EUV i.V.m. dem Subsidiaritätsprotokoll noch einmal ausdrücklich für die justizielle Zusammenarbeit in Strafsachen und die polizeiliche Zusammenarbeit, dass die nationalen Parlamente bei Gesetzgebungsvorschlägen in diesem Bereich die Verantwortung für die Achtung des Subsidiaritätsprinzips nach den Vorschriften des Subsidiaritätsprotokolls tragen.[529]

---

526 Siehe das Manifest zur Europäischen Kriminalpolitik, ZIS 2009, 697 (704 ff.), mit Beispielsfällen, in denen das Subsidiaritätsprinzip nicht gewahrt wird.

527 *Satzger*, Die Europäisierung des Strafrechts, S. 446 ff.

528 *Satzger*, Die Europäisierung des Strafrechts, S. 447.

529 Anders *Suhr*, ZEuS 2009, 678 (694), der Art. 69 AEUV nicht als überflüssige Wiederholung, sondern als verstärkte Aufforderung zur Einhaltung des Subsidiaritätsprinzips für den Strafrechtsbereich betrachtet.

Die nationalen Parlamente sorgen gemäß den vertraglichen Vorschriften für die Einhaltung des Subsidiaritätsprinzips mithilfe eines Frühwarnsystems („Subsidiaritätsrüge"). Ihnen wird nach Art. 6 Abs. 1 des Subsidiaritätsprotokolls die Möglichkeit eingeräumt, innerhalb von acht Wochen nach Vorlage des Vorschlags für einen Gesetzgebungsakt eine begründete Stellungnahme abzugeben, weshalb der Vorschlag nicht mit dem Subsidiaritätsprinzip vereinbar sei. Um die Pflicht der Europäischen Kommission zur Überprüfung ihres Gesetzgebungsvorschlags auszulösen (sogenannte „Gelbe Karte"[530]), ist gemäß Art. 7 Abs. 2 des Subsidiaritätsprotokolls eine bestimmte Anzahl solcher Stellungnahmen erforderlich. Eine Überprüfung der vorgelegten Gesetzgebungsvorschläge erfolgt dann, wenn die Gesamtzahl der begründeten Stellungnahmen ein Viertel der Gesamtzahl der den nationalen Parlamenten zugewiesenen Stimmen beträgt. In allen anderen Politikfeldern der EU ist das Quorum ein Drittel der Stimmen der nationalen Parlamente und damit höher. Die Kontrolle des Subsidiaritätsprinzips im Strafrechtsbereich ist also einfacher möglich. Der Grund für diese Besonderheit im Rahmen des Frühwarnsystems liegt darin, dass diese Materie als Kern der nationalen Souveränität gilt. Die Europäische Kommission wird bei einem solchen Verfahren den Gesetzgebungsvorschlag überprüfen und einen begründeten Beschluss fassen, mit dem sie an dem Vorschlag festhält, ihn ändert oder ihn zurückzieht (Art. 7 Abs. 2 Unterabs. 2 des Subsidiaritätsprotokolls).

Steht dem Gesetzgebungsvorschlag der Kommission nach Art. 7 Abs. 3 des Subsidiaritätsprotokolls mindestens die einfache Mehrheit der Gesamtzahl der den nationalen Parlamenten zugewiesenen Stimmen entgegen und ist auch eine Mehrheit von 55 % der Mitglieder des Rats oder eine Mehrheit der abgegebenen Stimmen im Parlament der Meinung, dass der Vorschlag nicht mit dem Subsidiaritätsprinzip vereinbar ist, wird der Gesetzgebungsvorschlag nicht weiter geprüft („Rote Karte").[531]

Die Stärkung der Rolle der nationalen Parlamente in den europäischen Gesetzgebungsverfahren ist von Relevanz. Man muss allerdings hervorheben, dass der Stellungnahme der nationalen Parlamente nicht mehr als eine „Appellfunktion"

530 Im Strafrechtsbereich wurde schon eine „gelbe Karte" für den Vorschlag für eine „Verordnung zur Schaffung der europäischen Staatsanwaltschaft" im Oktober 2013 erteilt. Die Kommission beschloss nach der Prüfung der von den nationalen Parlamenten eingereichten Begründungen, ihren Vorschlag aufrechtzuerhalten. Vgl. m.w.H. *Zeder*, EuR 2015, 487 (489).

531 *Schwarze*, EuR 2009, Beiheft 1, 9 (19). Die „rote Karte" gilt ohne Differenzierung für alle EU-Bereiche und wurde bisher nicht gezogen.

zukommt.[532] Zur Wahrung des Subsidiaritätsprinzips kann ein Viertel der nationalen Parlamente die für die Strafrechtsharmonisierung zuständigen Organe zur Überprüfung des Harmonisierungsvorschlags zwingen.[533] Eine sinnvolle Vertragsbestimmung ist, dass der Europäische Gerichtshof für Nichtigkeitsklagen wegen der Verletzung des Subsidiaritätsprinzips durch strafrechtliche Rechtsakte zuständig ist (die Subsidiaritätsklage).[534]

III. Verhältnismäßigkeitsprinzip

Bei der Harmonisierung von Strafrecht ist es wichtig, neben der Einhaltung des Subsidiaritätsprinzips auf das Verhältnismäßigkeitsprinzip nach Art. 5 Abs. 4 EUV zu achten. Im Vergleich zum Subsidiaritätsprinzip, das eine Kompetenzausübungsschranke darstellt, handelt es sich beim Verhältnismäßigkeitsgrundsatz um eine Kompetenzsausübungsregel. Dies bedeutet, der Verhältnismäßigkeitsgrundsatz betrifft nicht das „Ob", sondern das „Wie" der Kompetenzausübung der Union. Steht das Subsidiaritätsprinzip der Ausübung einer strafrechtrechtlichen Harmonisierungskompetenz der Union nicht entgegen, kommt dem Verhältnismäßigkeitsgrundsatz die Aufgabe zu, sicherzustellen, dass die Unionsmaßnahme nicht das zur Zielerreichung erforderliche Maß (Interventionsminimum) überschreitet.[535]

Entsprechend dem Verhältnis zwischen dem Staat und dem Bürger im Verfassungsrecht wird der Verhältnismäßigkeitsgrundsatz auf das Verhältnis der Union zu den Mitgliedstaaten ausgedehnt. Danach erscheint eine Maßnahme der Union gegenüber den Mitgliedstaaten als rechtmäßig, wenn sie zur Erreichung eines Unionsziels geeignet, erforderlich und angemessen ist.[536] Stehen mehrere geeignete Maßnahmen für die Zielerreichung zur Verfügung, besteht für die Harmonisierungsorgane die Pflicht, von mehreren Handlungsoptionen

532 *Zimmermann*, Jura 2009, 844 (848).

533 Art. 7 Abs. 2 Unterabs. 1 Satz 2 Protokoll Nr. 2 des Vertrags von Lissabon über die Anwendung der Grundsätze der Subsidiarität und der Verhältnismäßigkeit, ABl. 2012 Nr. C 326, S. 206 ff.

534 Art. 8 Protokoll Nr. 2 des Vertrags von Lissabon über die Anwendung der Grundsätze der Subsidiarität und der Verhältnismäßigkeit, ABl. 2012 Nr. C 326, S. 206 ff.

535 *Hecker*, Europäisches Strafrecht, § 8, Rn. 32; *Safferling*, Internationales Strafrecht, § 9, Rn. 64.

536 *Hecker*, Europäisches Strafrecht, § 8, Rn. 30; *Hecker* in *Ambos*, Europäisches Strafrecht post-Lissabon, S. 23 ff.; *Calliess* in *Calliess/Ruffert*, EUV/AEUV, Kommentar, Art. 5 EUV, Rn. 45 ff.

die mildere zu wählen.[537] Im Rahmen der Prüfung der Verhältnismäßigkeit geht es um das Verhältnis zwischen den mit dem Harmonisierungsakt auferlegten Belastungen und dem mit der Maßnahme angestrebten Ziel. Das mit der strafrechtlichen Rechtsharmonisierung verfolgte Ziel liegt in der Regel darin, die als sozialschädlich eingestufte Verhaltensweise zu verhindern.[538] Dazu, dieses Ziel zu erreichen, muss die Maßnahme zur Harmonisierung des Strafrechts geeignet sein. Das bedeutet, es muss zu erwarten sein, dass der Einsatz des Kriminalstrafrechts zur Einschränkung bzw. Verhinderung des schädlichen Verhaltens führt. Um die Erforderlichkeit einer Rechtsangleichungsmaßnahme festzustellen, wird geprüft, ob keine weniger belastende, gleich wirksame Maßnahme zur Verfügung steht als die Androhung von harmonisiertem Kriminalstrafrecht. Im Rahmen der Verhältnismäßigkeitsprüfung ist auch zu beachten, dass das Strafrecht aufgrund der mit ihm verbundenen stigmatisierenden Wirkung nur als Ultima Ratio eingesetzt werden darf.[539] Schließlich muss die Harmonisierungsmaßnahme angemessen sein. Die eingesetzten Mittel müssen in einem angemessenen Verhältnis zum verfolgten Ziel stehen. Der Einsatz von harmonisiertem Kriminalstrafrecht zur Bekämpfung bestimmter Verhaltensweisen ist dann angemessen, wenn diese in besonderem Maße sozialschädlich sind. Dies ist der Fall, wenn die Verhaltensweise grundlegende Werte und Interessen beeinträchtigt, welche die europäische Rechtsordnung als schutzwürdig ansieht.[540]

B. Bereichsspezifische Grenzen – strafrechtsspezifisches Schonungsgebot

Der europäischen Gesetzgebung im Strafrecht sind, wie gesehen, durch das Prinzip der Subsidiarität und der Verhältnismäßigkeit insofern Grenzen gesetzt, als die Union daran gehindert ist, Aufgaben an sich zu ziehen, die von den Mitgliedstaaten genauso gut erfüllt werden können.[541]

Mit Blick auf die sich intensivierende Europäisierung des nationalen Strafrechts innerhalb der letzten Jahrzehnte tritt für diesen Bereich der strafrechtsspezifische Schonungsgrundsatz hinzu. Dieser Grundsatz lässt sich rechtlich

---

537 *Wasmeier/Jour-Schröder* in *von der Groeben/Schwarze*, EGV/EUV, Kommentar, Art. 29 EUV Rn. 19.

538 So *Satzger*, NK 2007, 92 (97).

539 *Satzger*, NK 2007, 97 (97).

540 *Satzger*, NK 2007, 92 (97). So auch das Manifest zur Europäischen Kriminalpolitik, ZIS 2009, 697 (697).

541 *Heger*, ZIS 2009, 406 (409).

in Art. 4 Abs. 2 EUV und Art. 67 Abs. 1 AEUV verankern, welche die Union verpflichten, die nationale Identität der Mitgliedstaaten bzw. die verschiedenen Rechtsordnungen und -traditionen der Mitgliedstaaten zu achten.[542] Zur Begründung wird auf den besonderen Stellenwert des Strafrechts in den Rechtsordnungen der Mitgliedstaaten verwiesen.

Mit dem strafrechtlichen Schonungsgrundsatz wird konkret das Ziel verfolgt, dass die nationalen Strafrechtsordnungen vor Systembrüchen bewahrt werden, die durch eine Europäisierung des nationalen Strafrechts ohne die Beachtung der spezifischen sozial-ethischen Werteordnung des Mitgliedstaates auftreten können. Bei kriminalstrafrechtlichen Harmonisierungsmaßnahmen muss der europäische Gesetzgeber daher stets die innere Kohärenz jedes nationalen Strafrechtssystems beachten.[543] Nur unter diesen Umständen werden die Wertvorstellungen im jeweiligen Mitgliedstaat anerkannt und somit die Akzeptanz des Strafrechts gewährleistet. Man muss sich allerdings der Sache bewusst sein, dass die Harmonisierung des nationalen Strafrechts in die innere Stimmigkeit des nationalen Strafrechtssystems eingreift. Zudem soll vom Instrument der Harmonisierung nur dann Gebrauch gemacht werden, wenn diese zur Erreichung eines Unionsziels erforderlich ist. Dabei muss der Rechtsakt den Mitgliedstaaten so viel Spielraum lassen, dass sie die europäische Maßnahme unter Wahrung der Kohärenz ihres Strafrechtssystems in der nationalen Rechtsordnung umsetzen können.[544]

Das Bedürfnis, den strafrechtlichen Schonungsgrundsatz verfahrensrechtlich zur Geltung zu bringen, lässt sich besonders seit dem Inkrafttreten des Vertrags von Lissabon erkennen, da für die Strafrechtsharmonisierung die qualifizierte Mehrheit vorgesehen wird. Nach dem Vertrag von Amsterdam stand den Mitgliedstaaten mit dem Einstimmigkeitsprinzip die Möglichkeit zur Verfügung, ihre nationale Souveränität zu bewahren, indem jeder Mitgliedstaat durch Verweigerung der Zustimmung eine Strafrechtsharmonisierungsmaßnahme auf

---

542 *Hecker*, Europäisches Strafrecht, § 8, Rn. 33.

543 *Satzger*, Die Europäisierung des Strafrechts, S. 92 ff. Vgl. das Manifest zur Europäischen Kriminalpolitik, ZIS 2009, S. 699, in Bezug auf das Kohärenzprinzip. Demzufolge muss der europäische Gesetzgeber, im Sinne einer „good governance“, vor Erlass eines kriminalstrafrechtlichen Rechtsakts dessen Folgen für die Kohärenz der mitgliedstaatlichen Strafrechtsordnungen sowie der europäischen Rechtsordnung untersuchen.

544 *Hecker*, Europäisches Strafrecht, § 8, Rn. 33; *Böse*, ZIS 2010, 76 (85). Ebenso *Asp*, EuCLR 2011, 44 (52 ff.), der den Wert des Kohärenzprinzips besonders im Bereich der Strafen und der Sanktionen als deutlich sichtbar beurteilt.

EU-Ebene verhindern konnte. Eine solche verfahrensrechtliche Durchsetzung des strafrechtlichen Schonungsgebots kann nunmehr in dem „Notbremse-Verfahren" gemäß Art. 83 Abs. 3 AEUV gesehen werden.[545] Dadurch wird den Mitgliedstaaten genau das Recht eingeräumt, eine strafrechtliche Richtlinie zu blockieren, sofern durch sie aus Sicht der Mitgliedstaaten grundlegende Aspekte der Strafrechtsordnung berührt werden.

Der strafrechtsspezifische Schonungsgrundsatz wird auch vom Bundesverfassungsgericht anerkannt, indem es eine schonende Wahrnehmung der Einzelermächtigungen in Bezug auf strafrechtliche Normen fordert.[546] Im Zusammenhang damit ist auf die Entscheidung des Bundesverfassungsgerichts vom 18.07.2005 zum Europäischen Haftbefehl zu verweisen, in der das Bundesverfassungsgericht das Prinzip der gegenseitigen Anerkennung strafrechtlicher Urteile als einen gegenüber einer Harmonisierung des Strafrechts schonenderen Weg zur Wahrung der nationalen Identität beschreibt.[547] Diese Aussage des Bundesverfassungsgerichts entspricht dem durch den Vertrag von Lissabon gefestigten Vorrang der gegenseitigen Anerkennung gerichtlicher Entscheidungen.[548] Der seit dem Europäischen Rat von Tampere (1999) etablierte Grundsatz gegenseitiger Anerkennung wurde erstmals in den Vertrag von Lissabon vertraglich verankert. Der Vorrang der Integration durch gegenseitige Anerkennung vor einer Strafrechtsharmonisierung kommt im Wortlaut des Art. 82 AEUV zum Ausdruck: „Die justizielle Zusammenarbeit in Strafsachen in der Union beruht auf dem Grundsatz der gegenseitigen Anerkennung gerichtlicher Urteile und Entscheidungen und umfasst die Angleichung der Rechtsvorschriften der Mitgliedstaaten in den in Absatz 2 und Art. 83 genannten Bereichen." In diese Richtung deutet auch die Verwendung des Wortes „erforderlichenfalls" in Art. 67 Abs. 3 AEUV zum kriminalpolitischen Programm. Die Kriminalprävention und -bekämpfung, gefolgt von Maßnahmen zur Koordinierung der Strafrechtspflege, stehen weiterhin an erster Stelle. Ferner wird auf die gegenseitige Anerkennung

545 *Heger*, ZIS 2009, 406 (409).

546 BVerfGE 123, 267 (383), Rn. 304 – *Lissabon*.

547 BVerfGE 113, 273, Leitsatz 2 – *Europäischer Haftbefehl*: „Die in der ‚Dritten Säule' der Europäischen Union praktizierte Zusammenarbeit einer begrenzten gegenseitigen Anerkennung ist ein auch unter Subsidiaritätsgesichtspunkten (Art. 23 Abs. 1 GG) schonender Weg, um die nationale Identität und Staatlichkeit in einem einheitlichen europäischen Rechtsraum zu wahren."

548 *Heger*, ZIS 2009, 406 (409); *Mansdörfer*, HRRS 2010, 11 (13); *Böse*, ZIS 2010, 76 (85).

strafrechtlicher Entscheidungen und *erforderlichenfalls* auf die Angleichung der strafrechtrechtlichen Strafvorschriften zurückgegriffen.[549]

§ 4 Harmonisierungskonstellationen nach Art. 83 AEUV

A. Grundstruktur und Auslegung

Die Harmonisierung des Strafrechts steht im Mittelpunkt der europäischen Kriminalpolitik, da die Harmonisierung mitgliedstaatlicher Strafrechtsnormen eine zentrale Rolle für einen gleichmäßigen Schutz der Werte und Rechtsgüter der Union, für eine effektive Durchsetzung der europäischen Politiken sowie für die Bildung des Raums der Freiheit, der Sicherheit und des Rechts spielt.[550]

Die Ermächtigungsgrundlage für die Harmonisierung materiellen Strafrechts im Raum der Freiheit, der Sicherheit und des Rechts ist Art. 83 AEUV. Dieser lautet:

> (1) „Das Europäische Parlament und der Rat können gemäß dem ordentlichen Gesetzgebungsverfahren durch Richtlinien Mindestvorschriften zur Festlegung von Straftaten und Strafen in Bereichen besonders schwerer Kriminalität festlegen, die aufgrund der Art oder der Auswirkungen der Straftaten oder aufgrund einer besonderen Notwendigkeit, sie auf einer gemeinsamen Grundlage zu bekämpfen, eine grenzüberschreitende Dimension haben.
> Derartige Kriminalitätsbereiche sind: Terrorismus, Menschenhandel und sexuelle Ausbeutung von Frauen und Kindern, illegaler Drogenhandel, illegaler Waffenhandel, Geldwäsche, Korruption, Fälschung von Zahlungsmitteln, Computerkriminalität und organisierte Kriminalität.
> Je nach Entwicklung der Kriminalität kann der Rat einen Beschluss erlassen, in dem andere Kriminalitätsbereiche bestimmt werden, die die Kriterien dieses Absatzes erfüllen. Er beschließt einstimmig nach Zustimmung des Europäischen Parlaments.
>
> (2) Erweist sich die Angleichung der strafrechtlichen Rechtsvorschriften der Mitgliedstaaten als unerlässlich für die wirksame Durchführung der Politik der Union auf einem Gebiet, auf dem Harmonisierungsmaßnahmen erfolgt sind, so können durch Richtlinien Mindestvorschriften für die Festlegung von Straftaten und Strafen auf dem betreffenden Gebiet festgelegt werden. Diese Richtlinien werden unbeschadet des Artikels 76

---

549 Das Verhältnis zwischen dem Grundsatz der gegenseitigen Anerkennung und der Strafrechtsharmonisierung hat auch unter dem Aspekt der Verhältnismäßigkeit Relevanz. Dies betrifft die Verpflichtung der Harmonisierungsorgane, von mehreren Handlungsalternativen die mildere für die mitgliedstaatlichen Rechtsordnungen zu wählen.

550 *Vogel*, GA 2003, 314 (317 ff.).

gemäß dem gleichen ordentlichen oder besonderen Gesetzgebungsverfahren wie die betreffenden Harmonisierungsmaßnahmen erlassen.

(3) Ist ein Mitglied des Rates der Auffassung, dass der Entwurf einer Richtlinie nach den Absätzen 1 oder 2 grundlegende Aspekte seiner Strafrechtsordnung berühren würde, so kann es beantragen, dass der Europäische Rat befasst wird. In diesem Fall wird das ordentliche Gesetzgebungsverfahren ausgesetzt. Nach einer Aussprache verweist der Europäische Rat im Falle eines Einvernehmens den Entwurf binnen vier Monaten nach Aussetzung des Verfahrens an den Rat zurück, wodurch die Aussetzung des ordentlichen Gesetzgebungsverfahrens beendet wird.
Sofern kein Einvernehmen erzielt wird, mindestens neun Mitgliedstaaten aber eine Verstärkte Zusammenarbeit auf der Grundlage des betreffenden Entwurfs einer Richtlinie begründen möchten, teilen diese Mitgliedstaaten dies binnen derselben Frist dem Europäischen Parlament, dem Rat und der Kommission mit. In diesem Fall gilt die Ermächtigung zu einer Verstärkten Zusammenarbeit nach Artikel 20 Absatz 2 des Vertrags über die Europäische Union und Artikel 329 Absatz 1 dieses Vertrags als erteilt, und die Bestimmungen über die Verstärkte Zusammenarbeit finden Anwendung."

Art. 83 AEUV enthält zwei unterschiedliche Kompetenztitel, die der Vertrag von Lissabon in einer Vorschrift zusammengeführt hat. Nach der Normstruktur wird zwischen Harmonisierungskompetenzen in Bereichen besonders schwerer Kriminalität mit grenzüberschreitender Dimension (Abs. 1) und einer Annexkompetenz zur Harmonisierung des Strafrechts in bereits harmonisierten Politikbereichen (Abs. 2) unterschieden.[551] Die Voraussetzungen in Abs. 1 und Abs. 2 spiegeln das Bemühen der Vertragsarchitekten wider, gleichermaßen eine Konsolidierung wie auch eine Eingrenzung der gewachsenen Kompetenzen sicherzustellen.

Die Kompetenzen des Art. 83 AEUV unterscheiden sich in Bezug auf ihre Funktion. Abs. 1 ist als Grundlage für strafrechtliche Regelungspflichten konzipiert.[552] Die Harmonisierung des materiellen Strafrechts dient zunächst der Verbesserung der strafrechtlichen Zusammenarbeit, indem im Raum der Freiheit, der Sicherheit und des Rechts ein hohes Maß an Sicherheit zu gewährleisten ist (Art. 67 Abs. 3 AEUV). Die grenzüberschreitende Dimension von Straftaten kann, auch wenn für die Gewährleistung der Sicherheit primär die Mitgliedstaaten die Verantwortung tragen, einen gemeinsamen strafrechtlichen Mindeststandard erfordern, um territoriale Orte der Straflosigkeiten zu beseitigen.[553]

---

551 *Böse* in *Schwarze/Becker/Hatje/Schoo*, EU-Kommentar, Art. 83 AEUV, Rn. 2 ff.

552 *Böse* in *Schwarze/Becker/Hatje/Schoo*, EU-Kommentar, Art. 83 AEUV, Rn. 2; *Meyer* in *von der Groeben/Schwarze/Hatje*, EUV/AEUV, Kommentar, Art. 83 AEUV, Rn. 3.

553 *Vogel/Eisele* in *Grabitz/Hilf/Nettesheim*, Das Recht der EU, Kommentar, Art. 83 AEUV, Rn. 9 ff.

Erweist sich „eine gemeinsame Grundlage" im materiellen Strafrecht als notwendig für die strafrechtliche Zusammenarbeit (Art. 83 Abs. 1 Unterabs. 1), dient die Strafrechtsharmonisierung, als Alternative zu dem Verzicht auf die beiderseitige Strafbarkeit oder den Abbau von Rechtshilfehindernissen, der Erleichterung der strafrechtlichen Zusammenarbeit.[554] Im Gegensatz dazu ist die Strafrechtsharmonisierung in Abs. 2 auf die praktische Wirksamkeit und Durchführung der Politik der Union bedacht, da beides nur gewährleistet werden kann, wenn Verstöße gegen das Unionsrecht durch verhältnismäßige Sanktionen geahndet werden.[555]

Betreffend die Auslegung des Art. 83 AEUV gelten die europäischen Auslegungsgrundsätze. Das heißt, es wird grundsätzlich diejenige Auslegung angenommen, die am besten zur Erfüllung des Zwecks und des Ziels der Vorschrift beiträgt, sodass das Unionsrecht seine größtmögliche Wirksamkeit entfaltet. Wie sich aus den Vorarbeiten für den Vertrag von Lissabon und ebenfalls aus den inhaltlichen Regelungen des Art. 83 AEUV selbst herleiten lässt, wird mit dieser Vorschrift versucht, in dem speziellen Bereich des Strafrechts die Harmonisierungsinteressen der Union mit den Souveränitätsinteressen der Mitgliedstaaten in Einklang zu bringen. Vor diesem Hintergrund ist einerseits davon auszugehen, dass der *effet utile* nicht auf eine extensive Auslegung der Harmonisierungsmöglichkeiten abzielt.[556] Andererseits ist eine strikte oder restriktive Auslegung der Harmonisierungskompetenzen europarechtlich nicht verlangt, auch wenn dies aus der im Lissabon-Urteil geäußerten Sicht des Bundesverfassungsgerichts erforderlich sein mag, da „eine Übertragung von Hoheitsrechten über die intergouvernementale Zusammenarbeit hinaus in diesem grundrechtsbedeutsamen Bereich nur für bestimmte grenzüberschreitende Sachverhalte unter restriktiven Voraussetzungen zu einer Harmonisierung führen [darf]".[557]

554 *Meyer* in *von der Groeben/Schwarze/Hatje*, EUV/AEUV, Kommentar, Art. 83 AEUV, Rn. 3; *Satzger* in *Streinz*, EUV/AEUV, Kommentar, Art. 83 AEUV, Rn. 3.

555 *Böse* in *Schwarze/Becker/Hatje/Schoo*, EU-Kommentar, Art. 83 AEUV, Rn. 25; *Meyer* in *von der Groeben/Schwarze/Hatje*, EUV/AEUV, Kommentar, Art. 83 AEUV, Rn. 3.

556 *Vogel/Eisele* in *Grabitz/Hilf/Nettesheim*, Das Recht der EU, Kommentar, Art. 83 AEUV, Rn. 27.

557 BVerfGE 123, 267 (360), Rn. 253 – *Lissabon*.

B. Harmonisierung im Bereich schwerer grenzüberschreitender Kriminalität (Art. 83 Abs. 1 AEUV)

I. Voraussetzungen für die Kriminalisierung

Die Ermächtigung zur Strafrechtsharmonisierung nach Art. 83 Abs. 1 AEUV ist auf Kriminalitätsbereiche begrenzt, die kumulativ zwei Voraussetzungen erfüllen müssen[558]: Es handelt sich um besonders schwere Kriminalität, die zugleich eine grenzüberschreitende Dimension aufweist (Art. 83 Abs. 1 Unterabs. 1 AEUV).

Diese Voraussetzungen sind für die Kompetenzprüfung bei der Interpretation des Verhältnisses zu den Unterabsätzen 2 und 3 von maßgeblicher Relevanz. Es stellt sich nämlich die Frage, inwieweit die Voraussetzungen des Unterabs. 1 noch geprüft werden müssen, wenn es sich um Harmonisierungsmaßnahmen in Bezug auf die in Unterabs. 2 aufgelisteten Kriminalitätsbereiche handelt. Wie sich jedoch aus dem Wortlaut des Unterabs. 2 ergibt, der sich unmittelbar auf Unterabs. 1 bezieht („*Derartige* Kriminalitätsbereiche sind…"), ist eine gesonderte Prüfung der Voraussetzungen des Unterabs. 1 – das Bestehen eines Bereichs besonders schwerer Kriminalität mit grenzüberschreitender Dimension – im Rahmen des Unterabs. 2 nicht angezeigt.[559] Abs. 1 Unterabs. 3 wiederum bietet die Möglichkeit, den oben genannten Katalog nach entsprechender Entwicklung der Kriminalität zu erweitern. Außer dem Erweiterungsbedürfnis setzt die Erweiterung nach Abs. 1 Unterabs. 3 zusätzlich voraus, dass der betreffende Kriminalitätsbereich die kumulativen Kriterien des Unterabs. 1 erfüllt. Auf diese Weise sichern die genannten Kriterien für den gesamten Anwendungsbereich des Abs. 1 die Beachtung des Subsidiaritätsprinzips.[560]

---

558 *Meyer* in *von der Groeben/Schwarze/Hatje*, EUV/AEUV, Kommentar, Art. 83 AEUV, Rn. 9; *Satzger* in *Streinz*, EUV/AEUV, Kommentar, Art. 83 AEUV, Rn. 11.

559 *Böse* in *Schwarze/Becker/Hatje/Schoo*, EU-Kommentar, Art. 83 AEUV, Rn. 8; *Meyer* in *von der Groeben/Schwarze/Hatje*, EUV/AEUV, Kommentar, Art. 83 AEUV, Rn. 9. So auch *Walter*, ZStW 2005, 912 (926). A.A. *Satzger* in *Streinz*, EUV/AEUV, Kommentar, Art. 83 AEUV, Rn. 12, der auf der Grundlage der abweichenden niederländischen Fassung, auch wenn die Formulierung in den meisten anderen Amtssprachen dem deutschen Wortlaut entspricht, das Gegenteil als geltend ansieht; *Zimmermann*, Jura 2009, 844 (849). Differenzierend *Vogel/Eisele* in *Grabitz/Hilf/Nettesheim*, Das Recht der EU, Kommentar, Art. 83 AEUV, Rn. 53, in dem Sinne, dass den Mitgliedstaaten die Pflicht aufzuerlegen wäre, die Entwicklung der Kriminalität in den genannten Kriminalitätsbereichen zu beobachten.

560 *Satzger* in *Streinz*, EUV/AEUV, Kommentar, Art. 83 AEUV, Rn. 11.

1. Besondere Schwere

Mit dem Begriff der „besonderen Schwere“ wird der Anwendungsbereich der Strafrechtsharmonisierung von den Zuständigkeiten von Eurojust (Art. 85 Abs. 1 EUV) und Europol (Art. 88 Abs. 1 EUV) für „schwere“ Kriminalität abgegrenzt.[561]

Die Schwere des Deliktsbereichs ist in typisierender Betrachtungsweise nach kriminalistischer Erfahrung festzulegen.[562] Besonders schwere Kriminalität verletzt oder gefährdet Rechtsgüter oder rechtlich geschützte Interessen von besonders hohem Rang und ist besonders sozialschädlich. Alltagskriminalität wie Straßenverkehrs- oder gewöhnliche Eigentums- oder Vermögenskriminalität werden nicht erfasst.[563]

Nach kriminologischen Erkenntnissen kann zwar die typisierende Betrachtungsweise dazu führen, dass die Kriminalitätsbereiche auch weniger schwere Straftaten umfassen. Bei der Harmonisierung muss man jedoch anstreben, die Tatbestandsverbote auf eine Weise auszugestalten, dass der Beschränkung auf „besonders schwere Kriminalität“ Rechnung getragen wird.[564] So ist es zumindest möglich auszuschließen, dass Bagatellkriminalität erfasst wird.[565]

---

561 *Böse* in *Schwarze/Becker/Hatje/Schoo*, EU-Kommentar, Art. 83 AEUV, Rn. 4.

562 *Vogel/Eisele* in *Grabitz/Hilf/Nettesheim*, Das Recht der EU, Kommentar, Art. 83 AEUV, Rn. 41; *Böse* in *Schwarze/Becker/Hatje/Schoo*, EU-Kommentar, Art. 83 AEUV, Rn. 4; auch BVerfGE 123, 267 (412), Rn. 363 – *Lissabon*.

563 *Vogel/Eisele* in *Grabitz/Hilf/Nettesheim*, Recht der EU, Art. 83 AEUV, Rn. 41.

564 *Vogel/Eisele* in *Grabitz/Hilf/Nettesheim*, Recht der EU, Kommentar, Art. 83 AEUV, Rn. 34. So im Ausgangspunkt auch *Weigend*, ZStW 2004, 275 (283), der aber im Hinblick auf die Kriminalitätsbereiche die Frage stellt, welche Straftat eigentlich nicht „besonders schwer“ ist, wenn schon nach Abs. 1 Satz 2 jede Straftat zu dem Gebiet gehört, das dem gesetzgeberischen Zugriff der EU offensteht. A.A. *Böse* in *Schwarze/Becker/Hatje/Schoo*, EU-Kommentar, Art. 83 AEUV, Rn. 4.

565 *Böse* in *Schwarze/Becker/Hatje/Schoo*, EU-Kommentar, Art. 83 AEUV, Rn. 4. Die Union hat auf eine Pönalisierungspflicht in Bezug auf den Besitz von Drogen zum Eigenverbrauch wegen der fehlenden Notwendigkeit einer Harmonisierung verzichtet (Art. 2 Abs. 2 des Rahmenbeschlusse 2004/757/JI des Rates vom 25. Oktober 2004 zur Festlegung von Mindestvorschriften über die Tatbestandsmerkmale strafbarer Handlungen und die Strafen im Bereich des illegalen Drogenhandels, ABl. 2004 Nr. L 335, S. 8 ff.). *Rosenau/Petrus* in *Vedder/Heintschel von Heinegg*, Europäisches Unionsrecht, Handkommentar, Art. 83 AEUV, Rn. 12, gehen davon aus, dass im Einzelfall zu prüfen ist, ob wirklich Gegenstände besonders schwerer Kriminalität vorliegen.

2. *Grenzüberschreitende Dimension*

Die grenzüberschreitende Dimension der Kriminalitätsbereiche ist ebenfalls im Wege einer typisierenden Betrachtungsweise festzustellen.[566] Sie kann sich aus der Art oder den Auswirkungen der Straftaten ergeben, aber auch aus der besonderen Notwendigkeit, die Straftaten auf einer gemeinsamen Grundlage zu bekämpfen. Im Hinblick auf die *Art* haben Straftaten eine grenzüberschreitende Dimension, wenn sie nach ihrer Definition, Natur oder wegen ihrer typischen Durchführung grenzüberschreitend begangen werden (z.B. Drogen- und Menschenhandel, Terrorismus). In Bezug auf die *Auswirkungen* hat der Kriminalitätsbereich eine grenzüberschreitende Dimension, wenn die Straftaten in der Regel in einem oder mehreren EU-Mitgliedstaaten nachteilige Auswirkungen haben (grenzüberschreitende Fälschung des Euro als Zahlungsmittel).

Eine grenzüberschreitende Dimension weist ein Kriminalitätsbereich gemäß Art. 83 Abs. 1 Unterabs. 1 AEUV auch aufgrund einer besonderen Notwendigkeit auf, die Straftaten auf einer gemeinsamen Grundlage zu bekämpfen. Die „relative Vagheit“[567] der zweiten Alternative und besonders die Problematik der Selbstständigkeit des genannten Kriteriums wurden kontrovers im Schrifttum diskutiert.[568] Entsprechend einigen Stimmen in der Literatur[569] und dem Bundesverfassungsgericht ist jedoch davon auszugehen, dass die besondere Notwendigkeit nicht auf einer bloßen gemeinsamen politischen Willensbildung des europäischen Gesetzgebers beruhen kann.[570] Vielmehr unterliegt die Strafrechtsharmonisierung im Interesse verbesserter Zusammenarbeit einem erhöhten Rechtfertigungszwang, sodass für die Begründung der besonderen Notwendigkeit ein deutlicher Mehrwert der Harmonisierung für die

566 *Vogel/Eisele* in *Grabitz/Hilf/Nettesheim*, Recht der EU, Kommentar, Art. 83 AEUV, Rn. 42; *Böse* in *Schwarze/Becker/Hatje/Schoo*, EU-Kommentar, Art. 83 AEUV, Rn. 5.

567 *Ambos/Rackow*, ZIS 2009, 397 (402).

568 *Ambos/Rackow*, ZIS 2009, 397 (402); *Heger*, ZIS 2009, 406 (412). A.A. *Vogel/Eisele* in *Grabitz/Hilf/Nettesheim*, Recht der EU, Kommentar, Art. 83 AEUV, Rn. 43, die eine fehlende eigenständige Bedeutung des Notwendigkeitskriteriums für zu weitgehend halten. Andererseits sehen sie eine Harmonisierung mangels Mehrwert der Harmonisierungsmaßnahmen als zweifelhaft an, wenn Übereinkommen zu einem Kriminalitätsbereich bestehen, die von den meisten EU-Mitgliedstaaten ratifiziert worden sind und an die die EU explizit anknüpft.

569 *Böse* in *Schwarze/Becker/Hatje/Schoo*, EU-Kommentar, Art. 83 AEUV, Rn. 6; *Ambos/Rackow*, ZIS 2009, 397 (402).

570 BVerfGE 123, 267 (410), Rn. 359 – *Lissabon*.

Zusammenarbeit erforderlich ist.[571] Mit anderen Worten darf man zur Erleichterung des Auslieferungs- und Rechtshilfeverkehrs nicht voreilig auf eine Harmonisierung des materiellen Strafrechts zurückgreifen. Zuvor kommt dazu eine Abschaffung oder Einschränkung des Prinzips der beiderseitigen Strafbarkeit als vergleichbare, schonendere Alternativen in Betracht.[572] Der Bedarf an strafrechtlicher Harmonisierung kann nicht mit der Vereinfachung der internationalen Zusammenarbeit begründet werden, da die Erleichterung der Rechtshilfe hier nicht Selbstzweck ist.[573] Alle diese Aspekte führten dazu, dass das Bundesverfassungsgericht in seinem Lissabon-Urteil die eigenständige Bedeutung des Notwendigkeitskriteriums zu Recht infrage stellte, da „unerfindlich ist, woraus, wenn nicht aus der Art oder den Auswirkungen der betreffenden Straftaten, sich diese Notwendigkeit einer Bekämpfung der Straftat auf gemeinsamer Grundlage ergeben sollte".[574] Die selbstständige Bedeutung dieses Kriteriums lässt sich auch nicht überzeugend begründen, indem man die besondere Notwendigkeit darauf stützt, dass Straftaten die grundlegenden Werte oder die rechtsstaatlichen und demokratischen Grundlagen der Union berühren. Die Straftaten, welche die genannten Werte der Union, z.B. durch Rassismus und Fremdenfeindlichkeit oder Korruption, betreffen, können einerseits auch im Rahmen der Alternative „Art und Auswirkung" begründet werden, andererseits beziehen sie sich entweder nur auf einen Teil des jeweiligen Kriminalitätsbereichs, z.B. Korruption in Bezug auf die Bediensteten der Union, oder auf die Annexkompetenz.[575]

Die zweite Alternative – „aus der besonderen Notwendigkeit, die Straftaten auf einer gemeinsamen Grundlage zu bekämpfen" – lässt sich auf die intergouvernementale Herkunft der Angleichungskompetenz zurückführen, da im intergouvernementalen Rahmen die besondere Notwendigkeit auf strafrechtliche Zusammenarbeit i.e.S. Bezug genommen hat.[576]

---

571 *Böse* in *Schwarze/Becker/Hatje/Schoo*, EU-Kommentar, Art. 83 AEUV, Rn. 5.

572 In diesem Kontext ist auf den entsprechenden Prüfungsauftrag zur Darlegung des Zusammenhangs zwischen der Angleichung von Strafvorschriften und der Aufgabe des Grundsatzes beiderseitiger Strafbarkeit hinzuweisen, welcher der Kommission durch den Europäischen Rat im Stockholmer Programm erteilt wurde (ABl. 2010 Nr. C 115, S. 15).

573 So *Zimmermann*, Jura 2009, 844 (850).

574 BVerfGE 123, 267 (410 ff.), Rn. 359 – *Lissabon*.

575 *Böse* in *Schwarze/Becker/Hantje/Schoo*, EU-Kommentar, Art. 83 AEUV, Rn. 6.

576 So auch BVerfGE 123, 267 (410), Rn. 359 – *Lissabon*, wonach sich die Notwendigkeit einer Bekämpfung der Straftat auf gemeinsamer Grundlage nicht von der Art und den Auswirkungen der Straftat trennen lässt.

Die grenzüberschreitende Dimension dient auch zur Festlegung des möglichen Inhalts der Harmonisierungsmaßnahmen. Diese beschränken sich nicht nur auf grenzüberschreitende Straftaten, sondern beziehen sich auch auf reine Inlandstaten. Dies ergibt sich daraus, dass Art. 83 Abs. 1 Unterabs. 1 AEUV auf einen Kriminalitätsbereich mit grenzüberschreitender Dimension und nicht auf Bereiche grenzüberschreitender Kriminalität begrenzt ist.[577]

II. Kriminalitätsbereiche

1. Abschließender Katalog von Kriminalitätsbereichen

Art. 83 Abs. 1 AEUV knüpft an die bisherige Strafrechtsangleichungskompetenz des Art. 31 Abs. 1 lit. e EUV a.F. an, die eine Annäherung der Strafvorschriften der Mitgliedstaaten in den Bereichen organisierter Kriminalität, Terrorismus und illegaler Drogenhandel vorsah, soweit dies für die Bekämpfung der organisierten und nicht organisierten Kriminalität erforderlich war. Da vorher umstritten war, ob nur bei den in Art. 31 Abs. 1 lit. e EUV a.F. expliziten Bereichen oder, der h.M. folgend, auch bei den Bereichen des Art. 29 EUV a.F.[578] eine Strafrechtsharmonisierung möglich war,[579] war man bestrebt, im Vertrag von Lissabon in Bezug auf die erfassten Kriminalitätsbereiche eine Klarstellung zu erreichen.

Art. 83 Abs. 1 Unterabs. 2 AEUV nennt ausdrücklich die Kriminalitätsbereiche, die Gegenstand der Harmonisierungskompetenz sind: Terrorismus, Menschenhandel und sexuelle Ausbeutung von Frauen und Kindern, illegaler Drogenhandel, illegaler Waffenhandel, Geldwäsche, Korruption, Fälschung von Zählungsmitteln, Computerkriminalität und organisierte Kriminalität. Im Unterschied zur vorherigen Rechtsgrundlage, welche die Aufzählung von Kriminalitätsbereichen als exemplarisch betrachtete, ist dieser Katalog abschließend.[580] Dafür spricht die vertraglich vorgesehene Möglichkeit, die

---

577 *Böse* in *Schwarze/Becker/Hatje/Schoo*, EU-Kommentar, Art. 83 AEUV, Rn. 7.

578 Art. 29 Abs. 2 EUV a.F. sah die Bekämpfung von Kriminalität, besonders des Terrorismus, des Menschenhandels, der Straftaten gegenüber Kindern, des illegalen Dogen- und Waffenhandels, der Bestechung und Bestechlichkeit sowie des Betrugs vor.

579 Siehe oben Teil 2 § 2 B.

580 *Satzger* in *Streinz*, EUV/AEUV, Kommentar, Art. 83 AEUV, Rn. 13; *Suhr* in *Calliess/Ruffert*, EUV/AEUV, Kommentar, Art. 83 AEUV, Rn. 9; *Meyer* in *von der Groeben/Schwarze/Hatje*, EUV/AEUV, Kommentar, Art. 83 AEUV, Rn. 9; *Zimmermann*, Jura 2009, 844 (846); *Walter*, ZStW 2005, 912 (926 ff.). A.A. *Meyer J.* in FS Eser, 797 (801); so anfangs auch *Wessels/Beulke*, Strafrecht, Allgemeiner Teil: Die Straftat und ihr Aufbau, 2012, Rn. 77b („nicht abschließend"). Später heißt es jedoch „[...] in

Kriminalitätsbereiche unter den Voraussetzungen des Art. 83 Abs. 1 Unterabs. 3 AEUV zu erweitern.[581]

Die Aufzählung betrifft Bereiche „moderner Kriminalität".[582] Der Grund für diese Formulierung liegt darin, dass einige Kriminalitätsbereiche sich erst vor wenigen Jahrzehnen entwickelt haben (z.B. die Computerkriminalität) oder als strafwürdiges Unrecht charakterisiert werden konnten (Geldwäsche). Bei den traditionellen Kriminalitätsbereichen (Menschenhandel, Korruption, Fälschung von Zahlungsmitteln) ergibt sich deren Modernität daraus, dass sie wegen der in diesen Zeiten fortschreitenden Globalisierung häufiger und grenzüberschreitender geworden sind. Dieses Phänomen beschäftigt nicht nur die Union und ihre Mitgliedstaaten, sondern auch andere internationale Organisationen, und ist daher sowohl Gegenstand aktueller internationaler Kriminalitätspolitik als auch der Strafrechtsharmonisierung.[583]

Die hinreichende Bestimmtheit der Kriminalitätsbereiche wurde vereinzelt in der Literatur hinterfragt.[584] Danach erfasse Unterabs. 2 zum Teil Deliktsbereiche, die unscharf seien, oder nur kriminologische Phänomene (etwa Terrorismus, Menschenhandel, Drogenhandel, Waffenhandel, organisierte Kriminalität). Diese unklaren Rechtsbegriffe würden wegen fehlender kriminalpolitischer Konzepte auf Unionsebene[585] den Zugriff auf weite Bereiche des materiellen Strafrechts erlauben. So werde schließlich nicht mehr vorsehbar sein, in welcher Art und Weise künftig von der strafrechtsharmonisierenden Kompetenz Gebrauch gemacht werde. In diesem Sinne ist auch die Ansicht des Bundesverfassungsgerichts in seinem Lissabon-Urteil zu verstehen, dass, um solchen Ereignissen

---

ausgewählten Bereichen […]". Siehe *Wessels/Beulke/Satzger*, Strafrecht, Allgemeiner Teil: Die Straftat und ihr Aufbau, Rn. 119.

581 *Mansdörfer*, HRRS 2010, 11 (16); *Hecker*, Europäisches Strafrecht, § 8, Rn. 40.

582 So *Satzger* in *Streinz*, EUV/AEUV, Kommentar, Art. 83 AEUV, Rn. 13 m.w.N.

583 So *Vogel/Eisele* in *Grabitz/Hilf/Nettesheim*, Recht der EU, Kommentar, Art. 83 AEUV, Rn. 49.

584 *Ambos/Rackow*, ZIS 2009, 397 (402) (die Kriminalitätsbereiche greifen „unabgesicherte und gerade unter kriminalpolitischer Perspektive problematische kriminologische bzw. kriminalistische Konzepte auf („Terrorismus", „organisierte Kriminalität")"); *Braum*, ZIS 2009, 418 (421) („Geldwäsche" oder „Organisierte Kriminalität" sind „Trojanische Pferde"); *Satzger* in *Streinz*, EUV/AEUV, Art. 83 AEUV, Rn. 13. A.A. *Vogel/Eisele* in *Grabitz/Hilf/Nettesheim*, Recht der EU, Kommentar, Art. 83 AEUV, Rn. 51.

585 *Satzger* in *Streinz*, EUV/AEUV, Kommentar, Art. 83 AEUV, Rn. 13.

abzuhelfen, „die Mindestvorschriften nicht einen vollständigen Deliktsbereich, sondern lediglich eine Tatbestandsvariante erfassen" sollen.[586]

Dieses Argument überzeugt nicht. Auf primärrechtlicher Ebene kann ein Kompetenztitel keine Straftatbestände i.e.S. aufzählen, da die Tatbestände in den Mitgliedstaaten unterschiedlich ausgestaltet sind oder in einigen gar nicht existieren.[587] Man kann bezüglich der Unbestimmtheit der Kriminalitätsbereiche mit Recht darauf hinweisen, dass Art. 83 AEUV eine Kompetenzvorschrift ist und daher die Gesetzgebungskompetenz als solche nicht den strafrechtlichen Bestimmtheitsanforderungen an Strafgesetze unterliegt.[588] Inhaltlich stützen sich die genannten Begriffe grundsätzlich auf europarechtliche Harmonisierungsakte, sodass man sich im Ansatzpunkt an dem sekundärrechtlichen Begriffsverständnis (d.h. an der Richtlinie in dem jeweiligen Kriminalitätsbereich) orientieren müssen wird, das die Mitgliedstaaten bei der Formulierung des Art. 83 AEUV im Blick hatten.[589]

2. *Andere Kriminalitätsbereiche*

a. *Allgemeines zur Erweiterungsklausel*

Dem abschließenden Deliktskatalog von Kriminalitätsbereichen, in denen Mindestvorschriften erlassen werden dürfen, können „je nach Entwicklung der Kriminalität" durch einstimmigen Ratsbeschluss nach Zustimmung des Europäischen Parlaments weitere Kriminalitätsbereiche hinzugefügt werden (Art. 83 Abs. 1 Unterabs. 3 AEUV).

Eine solche Erweiterung verlangt die Erfüllung bestimmter Voraussetzungen. Erstens muss sich der Kriminalitätsbereich, im Vergleich mit der Situation zurzeit des Inkrafttretens des Vertrags von Lissabon, entwickelt haben, was empirisch zu belegen ist.[590] Zugleich muss diese Entwicklung zu einem kriminalpolitischen Problem geworden sein, das eine Harmonisierung notwendig

586 BVerfGE 123, 267 (413), Rn. 363 – *Lissabon*. Nach Meinung des Bundesverfassungsgerichts ließen sich die Kompetenzen der Mitgliedstaaten bei der Anwendung des Art. 83 Abs. 1 Unterabs. 2 AEUV durch eine Beschränkung auf Tatbestandsvarianten schonen.

587 *Walter*, ZStW 2005, 912 (927 ff).; *Mansdörfer*, HRRS 2010, 11 (16).

588 *Vogel/Eisele* in *Grabitz/Hilf/Nettesheim*, Recht der EU, Kommentar, Art. 83 AEUV, Rn. 51; *Böse* in *Schwarze/Becker/Hatje/Schoo*, EU-Kommentar, Art. 83 AEUV, Rn. 9.

589 *Böse* in *Schwarze/Becker/Hatje/Schoo*, EU-Kommentar, Art. 83 AEUV, Rn. 9.

590 *Vogel/Eisele* in *Grabitz/Hilf/Nettesheim*, Recht der EU, Kommentar, Art. 83 AEUV, Rn. 66; *Meyer* in *von der Groeben/Schwarze/Hatje*, EUV/AEUV, Kommentar, Art. 83 AEUV, Rn. 11.

macht. Das Potenzial der Erweiterungsklausel scheint jedoch trotz des vorhandenen Spielraums[591] grundsätzlich begrenzt und in seinem Wesen überschaubar zu sein, solange unter der Formulierung „je nach Entwicklung der Kriminalität" zu verstehen ist, dass sich die tatsächlichen Verhältnisse in jüngerer Zeit in einem bestimmten Bereich nachteilig verändert haben müssen.[592]

Zweitens muss der Kriminalitätsbereich die Voraussetzungen des Unterabs. 1 erfüllen.[593] Es muss sich also um einen Bereich besonders schwerer Kriminalität mit grenzüberschreitender Dimension handeln. Dies erfordert ebenfalls empirische Belege; die bloße Behauptung eines gemeinsam politischen Willens zu einer harmonisierten Bekämpfung konkreter Kriminalitätsfelder genügt nicht, auch wenn der Rat einen gewissen Einschätzungsspielraum hat.[594] Nur Kriminalitätsbereiche, die den in den Unterabs. 2 aufgezählten Bereichen angenähert sind und sich von diesen nicht völlig unterscheiden, dürfen bestimmt werden. Dafür spricht, dass die Verweisung in Unterabs. 3 Satz 1 sich auf den gesamten Abs. 1 und nicht nur auf Unterabs. 1 bezieht.[595] Der Erweiterungsbeschluss muss begründet und der Kriminalitätsbereich muss präzise bezeichnet werden.[596] Die Erfüllung der oben genannten Kriterien ist entsprechend der allgemeinen Begründungspflicht (Art. 296 Abs. 2 AEUV) nachzuweisen. Als mögliche Kriminalitätsbereiche, die Gegenstand eines Erweiterungsbeschlusses sein können, dürfen künftig aufgrund des Einschätzungsspielraums des Rats und des Europäischen Parlaments die „schweren Kriminalitätsformen"[597] in Betracht kommen,

---

591 So *Schünemann*, GA 2004, 193 (199).

592 *Calliess*, Die neue EU nach dem Vertrag von Lissabon, S. 471; *Walter*, ZStW 2005, 912 (926).

593 *Vogel/Eisele* in *Grabitz/Hilf/Nettesheim*, Recht der EU, Kommentar, Art. 83 AEUV, Rn. 66; *Suhr* in *Calliess/Ruffert*, EUV/AEUV, Kommentar, Art. 83 AEUV, Rn. 16; *Meyer* in *von der Groeben/Schwarze/Hatje*, EUV/AEUV, Kommentar, Art. 83 AEUV, Rn. 11.

594 *Satzger* in *Streinz*, EUV/AEUV, Kommentar, Art. 83 AEUV, Rn. 25; *Meyer* in *von der Groeben/Schwarze/Hatje*, EUV/AEUV, Kommentar, Art. 83 AEUV, Rn. 11; *Mansdörfer*, HRRS 2010, 11 (16).

595 *Suhr* in *Calliess/Ruffert*, EUV/AEUV, Kommentar, Art. 83 AEUV, Rn. 16.

596 *Vogel/Eisele* in *Grabitz/Hilf/Nettesheim*, Recht der EU, Kommentar, Art. 83 AEUV, Rn. 66: „urbane Kriminalität", „Jugendkriminalität" genügen nicht den Anforderungen.

597 Es bleibt jedoch im Auge zu behalten, dass es sich im Art. 83 Abs. 1 Unterabs. 1 AEUV bei den Kriminalitätsbereichen um „besonders schwerer Kriminalität" handelt.

die in Art. 4 Abs. 1 Europol-Beschluss i.V.m. dem Anhang hierzu[598] genannt werden.[599]

Das Bundesverfassungsgericht hat mit Blick auf das Prinzip der Einzelermächtigung die Erweiterungsklausel als eine (verdeckte) Vertragsänderung betrachtet und diese Möglichkeit in seinem Lissabon-Urteil sehr kritisch bewertet.[600] In der Literatur wurde die Option einer Erweiterung zum Teil als fragwürdige Kompetenz-Kompetenz[601] bezeichnet. Daher greifen beim Gebrauch der Erweiterungsklausel in Deutschland die Anforderungen für eine einzelne Hoheitsrechtsübertragung.[602] Dies bedeutet, dass der deutsche Ratsvertreter gemäß § 7 IntVG[603] einem Erweiterungsbeschluss nur zustimmen oder sich bei der Beschlussfassung enthalten darf, nachdem hierzu ein Gesetz gemäß Art. 23 Abs. 1 GG in Kraft getreten ist. Ohne ein solches Gesetz muss er den Beschlussvorschlag ablehnen.[604] In keinem anderen Mitgliedstaat ist ein derartiger Umweg bzw. ein derartiges Verfahren vorgesehen.

---

598 Beschluss des Rates vom 6. April 2009 zur Errichtung des Europäischen Polizeiamts (Europol), ABl. EG 2009 Nr. L 121, S. 37 ff.

599 *Vogel/Eisele* in *Grabitz/Hilf/Nettesheim*, Recht der EU, Kommentar Art. 83 AEUV, Rn. 66; *Suhr* in *Calliess/Ruffert*, EUV/AEUV, Kommentar, Art. 83 AEUV, Rn. 17.

600 BVerfGE 123, 267 (412 ff.), Rn. 363 – *Lissabon*: „Die Nutzung der dynamischen Blankettermächtigung nach Art. 83 Abs. 1 UAbs. 3 AEUV, je nach Entwicklung der Kriminalität eine Ausdehnung des Katalogs besonders schwerer grenzüberschreitender Straftaten vorzunehmen, entspricht in der Sache einer Erweiterung der geschriebenen Kompetenzen der Union […].“

601 So *Dannecker*, Jura 2006, 173 (176). Anders *Suhr* in *Fastenrath/Nowak*, Der Lissaboner Reformvertrag, S. 317, der zwischen dem freien Zugriff der EU auf Kompetenzen und der vertraglich verankerten Möglichkeit einer vereinfachten Vertragsänderung unterscheidet.

602 BVerfGE 123, 267 (411 ff.), Rn. 363 – *Lissabon*. Zustimmend *Satzger* in *Streinz*, EUV/AEUV, Kommentar, Art. 83 AEUV, Rn. 26; *Meyer* in *von der Groeben/Schwarze/Hatje*, EUV/AEUV, Kommentar, Art. 83 AEUV, Rn. 12.

603 Gesetz über die Wahrnehmung der Integrationsverantwortung des Bundestages und des Bundesrates in Angelegenheiten der Europäischen Union (Integrationsverantwortungsgesetz – IntVG), BGBl. I, S. 3022, geändert durch Artikel 1 des Gesetzes vom 1. Dezember 2009 (BGBl. I, S. 3822).

604 Zum Verfahren siehe *Vogel/Eisele* in *Grabitz/Hilf/Nettesheim*, Recht der EU, Kommentar, Art. 83 AEUV, Rn. 68; *Suhr* in *Calliess/Ruffert*, EUV/AEUV, Kommentar, Art. 83 AEUV, Rn. 18 ff.

b. Erweiterung der Straftatbestände um den Verstoß gegen restriktive Maßnahmen

Der russische Angriffskrieg gegen die Ukraine im Jahre 2022 hat erstmals die Erweiterung des Katalogs der Kriminalitätsbereiche in der Diskussion gebracht. Vor dem Hintergrund des Ukraine-Kriegs hat der Rat der EU mehrere Sanktionspakete erlassen, um Russlands Rückgriff auf verschiedene finanzielle Reserven begrenzen zu können. Darunter befinden sich eine große Anzahl zielgerichteter Sanktionen gegen Einzelpersonen.[605] Zugleich hat die Europäische Union zahlreiche wirtschaftliche und finanzielle Sanktionen erlassen, die sich nicht auf Einzelpersonen beziehen, sondern gewisse Tätigkeiten unterbinden.[606]

Der Erlass restriktiver Maßnahmen (Sanktionen) ist ein wesentliches Instrument zur Förderung der Gemeinsamen Außen- und Sicherheitspolitik (GASP). Für die Durchsetzung von EU-Sanktionen sind die Mitgliedstaaten zuständig. Die mitgliedstaatlichen Systeme zur Durchsetzung von EU-Sanktionen und zur Verfolgung von Sanktionsverstößen weichen aber teils erheblich voneinander ab.[607] In zwei EU-Mitgliedstaaten (Estland und Slowakei) sind EU-Sanktionen nicht strafbewehrt, so dass dort Sanktionsverstöße lediglich mit Geldbußen verfolgt werden können. In 13 Mitgliedstaaten kann die Verletzung von EU-Sanktionen eine Ordnungswidrigkeit oder eine Straftat darstellen. Dazu gehört auch Deutschland (§§ 18 und 19 des Außenwirtschaftsgesetzes). In den übrigen 12 Mitgliedstaaten kommt nur das Strafrecht zur Anwendung.

Um eine effektivere Sanktionsdurchsetzung sicherzustellen, soll die Strafbarkeit von Verstößen gegen EU-Sanktionen harmonisiert werden. Zu beachten ist, dass die Legislativakte nicht zu den Instrumenten der EU im Rahmen der GASP

---

605 Verordnung 269/2014/EU des Rates vom 17. März 2014 über restriktive Maßnahmen angesichts von Handlungen, die die territoriale Unversehrtheit, Souveränität und Unabhängigkeit der Ukraine untergraben oder bedrohen, mit nachträglichen Änderungen; konsolidierte Fassung vom 07.06.2023, abrufbar unter: https://eur-lex.europa.eu/legal-content/DE/TXT/PDF/?uri=CELEX:02014R0269-20230607 (Stand: Juli 2023).

606 Verordnung 833/2014/EU des Rates vom 31. Juli 2014 über restriktive Maßnahmen angesichts der Handlungen Russlands, die die Lage in der Ukraine destabilisieren; konsolidierte Fassung von 27.04.2023, abrufbar unter: https://eur-lex.europa.eu/legal-content/DE/TXT/PDF/?uri=CELEX:02014R0833-20230427 (Stand: Juli 2023).

607 So der Bericht von Eurojust vom Dezember 2021, abrufbar unter: https://www.eurojust.europa.eu/sites/default/files/assets/genocide_network_report_on_prosecution_of_sanctions_restrictive_measures_violations_23_11_2021.pdf, S. 22 ff. (Stand: Juli 2023).

gehören (vgl. Art. 24 Abs. 1 Unterabs. 2 Satz 2 und Art. 31 Abs. 1 Satz 2 EUV). Um legislativ durch Richtlinien zur Harmonisierung strafrechtlicher Vorschriften tätig werden zu können, steht den Unionsorganen Art. 83 AEUV zur Verfügung. Betrachtet man den Katalog von Kriminalitätsbereichen nach Art. 83 Abs. 1 Unterabs. 2 AEUV, sind die Sanktionsverstöße darunter nicht aufgezählt bzw. lassen sich in die dort genannten Kriminalitätsbereichen nicht einordnen. Daher ist in einem ersten Schritt eine Erweiterung des Straftatenkatalogs gem. Art. 83 Abs. 1 Unterabs. 3 AEUV im Hinblick auf Verstöße gegen restriktive Maßnahmen erforderlich, um die EU gem. Art. 83 AEUV überhaupt zuständig zu sein. Dann kann eine Richtlinie zur unionsweiten Mindestharmonisierung des Sanktionsstrafrechts erlassen werden.

(1) Beschluss des Rates zur Erweiterung der EU-Straftatbestände

Die Erweiterung des Katalogs von Kriminalitätsbereichen setzt formell nach Art. 83 Abs. 1 Unterabs. 3 AEUV einen einstimmigen Beschluss des Rats der EU mit vorheriger Zustimmung des EU-Parlaments voraus.

i. Einstimmiger Beschluss

Am 28.11.2022 beschloss der Rat der Europäischen Union nach vorheriger Zustimmung des EU-Parlaments,[608] die Liste der EU-Straftatbestände um den Verstoß gegen restriktive Maßnahmen der EU zu erweitern.[609] Damit sind Sanktionsverstöße in Bezug auf Russland, nachdem die am 02.12.2022 vorgeschlagene Richtlinie[610] zur Definition von Straftatbeständen und Sanktionen bei Verstoß gegen restriktive Maßnahmen der Union erlassen wird, Straftaten im Sinne des EU-Rechts. Dadurch werden Sanktionsverstöße begrifflich gleichgesetzt mit Terrorismus, Menschenhandel und sexueller Ausbeutung von Frauen und Kindern, illegalem Drogenhandel, illegalem Waffenhandel, Geldwäsche, Korruption, Fälschung von Zahlungsmitteln, Computerkriminalität und organisierter Kriminalität.

608 https://www.europarl.europa.eu/doceo/document/TA-9-2022-0295_DE.pdf (Stand: Juli 2023).

609 Beschluss 2022/2332 des Rates vom 28. November 2022 über die Feststellung des Verstoßes gegen restriktive Maßnahmen der Union als einen die Kriterien nach Artikel 83 Absatz 1 des Vertrags über die Arbeitsweise der Europäischen Union erfüllenden Kriminalitätsbereich, ABl. EU 2022 Nr. L 308, S. 18 ff.

610 KOM(2022) 684 endg.

ii. Deutscher Sonderweg: Zustimmung des Bundestages zum Ratsbeschluss

Der Rat muss über die Erweiterung mit Einstimmigkeit entscheiden, so dass jeder Mitgliedstaat durch seinen Vertreter im Rat zustimmen muss. Anders als in den anderen Mitgliedstaaten wird dessen Entscheidung in Deutschland, wie erwähnt, an die positive Zustimmung des Bundestages durch einfaches Gesetz im Sinne des Art. 23 Abs. 1 GG zurückgebunden.

Zwar scheint auf den ersten Blick nicht deutlich zu sein, ob eine einfache Mehrheit oder eine Zweitdrittelmehrheit für ein Gesetz, das zu einem Beschluss nach Art. 83 Abs. 1 Unterabs. 3 AEUV ermächtigt, im Bundestag notwendig ist. Es ist jedoch davon auszugehen, dass das Gesetz der Zustimmung des Bundestags gem. Art. 23 Abs. 1 S. 2 GG bedarf,[611] da das hohe Quorum nach Art. 23 Abs. 1 S. 3 i.V.m. Art. 79 Abs. 2 GG nicht anwendbar ist, weil die Schaffung eines neuen EU-Kriminalitätsbereichs das Grundgesetz seinem Inhalt nach weder ändert noch ergänzt.

Das von der Bundesregierung im Juli 2022 vorgeschlagene Gesetz zum Entwurf eines Beschlusses des Rates über die Feststellung des Verstoßes gegen restriktive Maßnahmen der Union als einen die Kriterien nach Art. 83 Abs. 1 des Vertrags über die Arbeitsweise der Europäischen Union erfüllenden Kriminalitätsbereich und zur Änderung des Infektionsschutzgesetzes[612] wurde auf Empfehlung des Ausschusses für die Angelegenheiten der Europäischen Union[613] am 13.10.2022 verabschiedet.[614] Im Rahmen der Anhörung des Ausschusses vom 26.09.2022 halten die Sachverständigen einheitlich die in Art. 83 Abs. 1 AEUV genannten Kriterien für die Aufnahme eines neuen Kriminalitätsbereiches als gegeben und daher sahen sie das Zustimmungsgesetz als politisch sinnvoll und aus rechtlicher Perspektive korrekt.[615]

---

611 BVerfGE 123, 267 (436) – *Lissabon; Suhr* in *Calliess/Ruffert*, EUV/AEUV, Kommentar, Art. 83 AEUV, Rn. 20 ff.

612 BT-Drs. 20/3441, https://dserver.bundestag.de/btd/20/034/2003441.pdf (Stand: Juli 2023).

613 Beschlussempfehlung und Bericht des Ausschusses für die Angelegenheiten der Europäischen Union vom 28.09.2022, BT-Drs. 20/3741, https://dserver.bundestag.de/btd/20/037/2003741.pdf (Stand: Juli 2023).

614 BGBl. II 2022, 539.

615 Protokoll-Nr. 20/18, BT – Ausschuss für die Angelegenheiten der Europäischen Union, abrufbar unter: https://www.bundestag.de/resource/blob/916682/8867a883663a49526e8ccb43b5ef8f90/protokoll-data.pdf, S. 5 ff. (Stand: Juli 2023). Die Stellungnahmen der Sachverständigen sind im Protokoll im Anschluss der öffentlichen Anhörung zu finden, S. 21 ff.

(2) Voraussetzungen für die Erweiterung des Strafbestandskatalogs

Fraglich ist, ob beim Verstoß gegen restriktive Maßnahmen der EU die materiellen Voraussetzungen des Art. 83 Abs. 1 Unterabs. 3 AEUV vorliegen. Danach muss es sich um einen Bereich besonders schwerer Kriminalität handeln, der sich so entwickelt hat, dass dieser aufgrund der Art oder der Auswirkungen der Straftaten oder aufgrund einer besonderen Notwendigkeit, ihn auf einer gemeinsamen Grundlage zu bekämpfen, eine grenzüberschreitende Dimension hat.

i. Entwicklung des Kriminalitätsbereichs

Die Erweiterung kann „je nach Entwicklung der Kriminalität" erfolgen. Es stellt sich die Frage, ob sich die tatsächlichen Verhältnisse im Bereich der Sanktionsverstöße nachteilig verändert haben. In einer Studie des Genocide Networks aus dem Jahr 2021 wird hervorgehoben, dass nur sehr wenige für einen Verstoß gegen restriktive Maßnahmen verantwortliche natürliche oder juristische Personen tatsächlich zur Rechenschaft gezogen werden.[616] Darüber hinaus gibt es nur ein paar wenige laufende Gerichtsverfahren, die mit Verstößen gegen restriktive Maßnahmen der Union im Zusammenhang stehen. Dies deutet darauf hin, dass der Ermittlung und Verfolgung von Verstößen gegen restriktive Maßnahmen der Union in vielen Mitgliedstaaten unzureichende Priorität eingeräumt wird. Im Zuge von Russlands Ukrainekrieg und der daraufhin von der EU ergriffenen Sanktionen erscheint für deren Effektivität als dringend notwendig, der Straflosigkeit ein Ende zu setzen.

Durch den Hinweis auf den Bericht des Genocide Networks, in dem eine vergleichende Untersuchung der Situation in den Mitgliedstaaten vorgenommen wurde sowie Fälle vorgestellt wurden, bei denen beispielsweise gegen Lieferverbote von Treibstoff oder Chemikalien verstoßen wurde,[617] haben die Unionsorgane konkrete Daten herangezogen, um deren Begründungspflicht nachzukommen,[618] dass die Notwendigkeit zu einer Ergänzung des Kataloges besteht.

---

616 https://www.eurojust.europa.eu/sites/default/files/assets/genocide_network_report_on_prosecution_of_sanctions_restrictive_measures_violations_23_11_2021.pdf, S. 13 (Stand: Juli 2023).

617 https://www.eurojust.europa.eu/sites/default/files/assets/genocide_network_report_on_prosecution_of_sanctions_restrictive_measures_violations_23_11_2021.pdf, S. 15 ff. (Stand: Juli 2023).

618 Kritisch dazu *Rath/Ruff*, EuZW 2022, 692 (694). Anders die Sachverständigen Prof. Mayer und Prof. Calliess im Rahmen der öffentlichen Anhörung, die die Ansicht vertreten haben, dass die Unionsorgane die Voraussetzungen empirisch herausgearbeitet

ii. Bereich besonders schwerer Kriminalität

Bei dem neuen Kriminalitätsbereich muss es sich konkret um einen Bereich besonders schwerer Kriminalität handeln, der „aufgrund der Art oder der Auswirkungen der Straftaten oder aufgrund einer besonderen Notwendigkeit, sie auf einer gemeinsamen Grundlage zu bekämpfen, eine grenzüberschreitende Dimension“ hat.

Auch hier haben die Unionsorgane eine Begründungspflicht (Art. 296 Abs. 2 AEUV). In den Erwägungsgründen 9–13 des Beschlusses führt der Rat insbesondere aus, dass die Verletzung von EU-Sanktionen von der Mehrheit der Mitgliedstaaten bereits als Straftat eingestuft worden ist, da der Verstoß gegen restriktive Maßnahmen den Weltfrieden und die internationale Sicherheit dauerhaft bedroht, die Festigung und Förderung von Demokratie, Rechtsstaatlichkeit und Menschenrechten untergräbt sowie erheblichen wirtschaftlichen, gesellschaftlichen und ökologischen Schaden verursachen kann. Mit Blick auf derartige Werte ist davon auszugehen, dass Verstöße gegen solche Maßnahmen grundsätzlich schweres Unrecht darstellen. Zwar wird nicht jeder Verstoß gegen restriktive Maßnahmen der EU ungeachtet seiner Auswirkungen und ungeachtet der Schuld des Täters im Einzelfall besonders schweres Unrecht darstellen, es handelt sich jedoch dabei ganz regelmäßig um besonders schwere Kriminalität.[619]

Darüber hinaus ist die Vergleichbarkeit mit den in Art. 83 Abs. 1 Unterabs. 2 AEUV genannten Kriminalitätsbereichen zu prüfen. Betrachtet man einerseits die dort genannten Bereiche (etwa Terrorismus, Menschenhandel, sexuelle Ausbeutung von Frauen und Kindern, illegaler Drogenhandel), erscheint der Verstoß gegen EU-Sanktionen nicht auf der gleiche Wertungsebene zu liegen.[620] Andererseits werden Kriminalitätsbereiche wie illegaler Waffenhandel, Geldwäsche, Korruption, Fälschung von Zahlungsmitteln, Computerkriminalität aufgezählt, die eine gewisse Ähnlichkeit mit dem Verstoß gegen EU-Sanktionen

---

und sie nachvollziehbar begründet haben. Protokoll-Nr. 20/18, BT – Ausschuss für die Angelegenheiten der Europäischen Union, abrufbar unter: https://www.bundestag.de/resource/blob/916682/8867a883663a49526e8ccb43b5ef8f90/protokoll-data.pdf, S. 6 ff. (Stand: Juli 2023).

619 *Vogel*, Stellungnahme im Rahmen der öffentlichen Anhörung des Ausschusses für die Angelegenheiten der Europäischen Union vom 26.09.2022, https://www.bundestag.de/resource/blob/912158/efe1b3b9510bc87174e40996d2226d14/Dr-Benjamin-Vogel-data.pdf (Stand: Juli 2023), S. 3; *Rath/Ruff*, EuZW 2022, 692 (694).

620 *Rath/Ruff*, EuZW 2022, 692 (694).

aufweisen. So betreffen EU-Sanktionen z.B. die Durchsetzung von Waffenembargos, was im Fall eines Sanktionsverstoßes einen engen Bezug zum „illegalen Waffenhandel" aufweist. Überdies zeigt der Verstoß von EU-Sanktionen bezüglich der Schwere eine Nähe zu der in Art. 83 AEUV genannten Bereiche auf, da er unter anderem den Weltfrieden und die internationale Sicherheit dauerhaft bedrohen kann.[621]

iii. Grenzüberschreitende Dimension

Die grenzüberschreitende Dimension ergibt sich daraus, dass die Verstöße meist von Personen begangen werden, die weltweit aktiv sind und Tätigkeiten entfalten, die den Frieden sowie die internationale Sicherheit gefährden. Die Sanktionen verbieten grenzüberschreitende Geschäfte, indem sie in der Regel vor allem Handlungen auf dem Territorium der einzelnen Mitgliedstaaten betreffen, etwa nicht über sanktioniertes Vermögen zu verfügen, sanktionierten Personen keine wirtschaftlichen Ressourcen zur Verfügung zu stellen beziehungsweise bestimmte Waren nicht in sanktionierte Drittstaaten auszuführen.[622]

Für verbotswidrig handelnde Wirtschaftsteilnehmer aus einem stärker auf die Durchsetzung von Sanktionen achtenden Mitgliedstaat ist es möglich, die fraglichen Güter und andere wirtschaftliche Ressourcen in einen für sie weniger riskanten Mitgliedstaat zu verlagern. Da auf diese Weise die Sanktionsdurchsetzung im ersteren Mitgliedstaat verhindert wird, haben im letzteren Mitgliedstaat begangene Sanktionsverstöße aufgrund ihrer Auswirkungen eine grenzüberschreitende Dimension.

Eine grenzüberschreitende Dimension von Sanktionsverstößen ergibt sich darüber hinaus auch aus der Art ihrer Begehung, weil sie sich regelmäßig zugleich auf mehrere Staaten erstrecken. Insbesondere werden von restriktiven Maßnahmen betroffene Personen und Organisationen ihr Vermögen regelmäßig hinter komplexen Strukturen verbergen, um es dem Zugriff der Mitgliedstaaten zu entziehen.

---

621 Ratsdok. 9641/22 vom 01.06.2022 abrufbar unter: https://www.parlament.gv.at/dokument/XXVII/EU/104404/imfname_11159071.pdf, S. 8 (Stand: Juli 2023).

622 *Vogel*, Stellungnahme im Rahmen der öffentlichen Anhörung des Ausschusses für die Angelegenheiten der Europäischen Union vom 26.09.2022, https://www.bundestag.de/resource/blob/.912158/efe1b3b9510bc87174e40996d2226d14/Dr-Benjamin-Vogel-data.pdf, S. 2 (Stand: Juli 2023).

(3) Zusammenfassung und Bewertung

Das Ziel des Maßnahmenpakets der Kommission vom Mai 2022 besteht ohne Zweifel darin, die weitere Finanzierung des Ukrainekriegs und die Ressourcen der russischen Eliten und Oligarchen zu unterbinden und damit letztendlich Frieden in der Ukraine und weltweite Sicherheit zu erreichen.

Die effektive Umsetzung der restriktiven Maßnahmen sowie die effektive Verfolgung bei Verstößen gegen EU-Sanktionen scheitern momentan insbesondere daran, dass in den Mitgliedstaaten unterschiedliche Rechtsregime bestehen. Die rechtswidrige Aggression Russlands gegen die Ukraine hat dazu geführt, dass die EU umgehend mit Maßnahmenvorschlägen, wie der Beschlagnahme und Verwertung von Vermögenswerten, reagiert hat, was der EU ermöglicht, den russischen Oligarchen die Vermögenswerte endgültig wegzunehmen und das Geld für den Wiederaufbau der Ukraine zu verwenden.[623] Zu diesem Zweck soll der Verstoß gegen EU-Sanktionen europaweit strafbar werden bzw. das Sanktionsstrafrecht harmonisiert werden. Nachdem die Kriminalitätsbereiche um den Verstoß gegen restriktive Maßnahmen der EU durch den Ratsbeschluss erweitert wurden, hat die Kommission im Dezember 2022 einen Richtlinienentwurf zur Definition von Straftatbeständen und Sanktionen bei Verstoß gegen restriktive Maßnahmen der Union[624] vorgelegt. Am 09.06.2023 hat sich der Rat auf seinen Standpunkt[625] zur Harmonisierung auf Ebene der Mitgliedstaaten der Straftatbestände und Sanktionen für Verstöße gegen restriktive Maßnahmen der EU geeinigt. In dem Entwurf wird festgelegt, welche Handlungen eine Straftat darstellen: die Unterstützung von Personen bei der Umgehung eines EU-Reiseverbots, der Handel mit Waren, die mit restriktiven Maßnahmen belegt wurden oder die Durchführung von Transaktionen mit Personen, die restriktiven Maßnahmen der EU unterliegen. Die Sanktionen sollten je nach Straftat unterschiedlich ausfallen, aber wirksam, verhältnismäßig und abschreckend sein. Die vereinbarte allgemeine Ausrichtung bildet die Grundlage für die Verhandlungen mit dem Europäischen Parlament, um zu einem gemeinsamen Standpunkt zu dem Gesetzesentwurf zu gelangen. Die Kommission hat im Jahre 2022 auch

---

623 Der EU-Justizkommissar Didider Reynders schlug vor, den gesamten konfiszierten Geldbetrag in einen gemeinsamen Fonds für ukrainische Opfer einzubringen, https://de.euronews.com/my-europe/2022/05/25/brussel-oligarchen-sollen-ukrainischen-wiederaufbau-mitfinanzieren (Stand: Juli 2023).

624 KOM(2022) 684 endg.

625 Ratsdok. 9312/23 vom 17.05.2023, abrufbar unter: https://data.consilium.europa.eu/doc/document/ST-9312-2023-INIT/de/pdf (Stand: Juli 2023).

einen Richtlinienvorschlag über die Abschöpfung und Einziehung von Vermögenswerten gemacht.[626] In der Allgemeinen Ausrichtung zum Richtlinienentwurf zur Abschöpfung und Einziehung von Vermögenswerten hat sich der Rat am 22.05.2023 darauf verständigt, dass neben der klassischen Einziehung auch temporäre Maßnahmen, wie vorübergehendes Einfrieren, geschaffen werden sollen.[627] Da das EU-Parlament seinen Bericht[628] bereits angenommen hat und der Aufnahme von Trilogverhandlungen zugestimmt hat, kann der Trilog beginnen.

Insofern ist zu sehen, dass das Bedürfnis, zu dem Zeitpunkt zu agieren, rechtspolitischer Natur ist. Das Strafrecht ist jedoch nur als Ultima Ratio anzuwenden. Vor diesem Hintergrund unterliegt die Begründungspflicht der EU-Organe höheren Anforderungen. In diesem Zusammenhang ist die Begründungspflicht bezüglich der Entwicklung der Kriminalität kritisch zu betrachten.[629] Diese muss nämlich nicht nur behauptet, sondern statistisch nachgewiesen werden. Die Kommission hätte ausführlich die Anzahl der Verstöße gegen restriktive Maßnahmen analysieren müssen.[630] Somit könnte deutlich begründet werden, dass sich die Verhältnisse im Bereich der Sanktionsverstöße tatsächlich nachteilig verändert haben.

Zugleich ist darauf hinzuweisen, dass die genannten Richtlinienentwürfe im Einklang mit den Grundrechten und Grundsätzen, die in der Charta der Grundrechte der Europäischen verankert sind, stehen müssen.[631] Trotzdem werden an keiner Stelle diese Grundrechte (z.B. Eigentumsschutz) mit den öffentlichen Interessen abgewogen. Die Kommission erwähnt nur, dass der Eingriff durch die Notwendigkeit gerechtfertigt wird, Straftätern und insbesondere der organisierten Kriminalität ihre illegal erworbenen Vermögenswerte wirksam zu entziehen.[632] Den Mitgliedstaaten steht in Bezug auf die geplanten Richtlinien noch die Notbremse gemäß Art. 83 Abs. 3 AEUV zur Verfügung, wenn ein Mitgliedstaat der Auffassung ist, dass der Entwurf einer Richtlinie grundlegende Aspekte seiner Strafrechtsordnung berühre.

---

626 KOM(2022) 245 endg.

627 Ratsdok. 9314/23 vom 22.05.2023, abrufbar unter: https://data.consilium.europa.eu/doc/document/ST-9314-2023-INIT/de/pdf (Stand: Juli 2023).

628 Bericht A9-0199/2023 vom 26.05.2023, abrufbar unter: https://www.europarl.europa.eu/doceo/document/A-9-2023-0199_DE.html (Stand: Juli 2023).

629 So auch *Suhr* in *Calliess/Ruffert*, EUV/AEUV, Kommentar, Art. 83 AEUV, Rn. 15.

630 So auch *Rath/Ruff*, EuZW 2022, 692 (694).

631 KOM(2022) 684 endg., S. 13; KOM(2022) 245 endg., S. 12.

632 KOM(2022) 245 endg., S. 12.

3. Substanzielle Ausweitung von Harmonisierungskompetenzen?

Von dem Hintergrund der Erweiterungsklausel[633] und der Tatsache, dass einige Stimmen in der Literatur[634] von einer exemplarischen Aufzählung der Kriminalitätsbereiche in Art. 83 Abs. 1 Unterabs. 2 AEUV ausgehen, wird zum Teil im Schrifttum und vom Bundesverfassungsgericht die Meinung vertreten, dass „die Zuständigkeiten der Europäischen Union im Bereich der Strafrechtspflege *erheblich* erweitert [werden]".[635] Dieser Meinung ist nicht zuzustimmen. Berücksichtigt man die extensive Auslegung der Vorgängernorm und den nach der aktuellen Rechtgrundlage vorgesehenen abschließenden Katalog von Kriminalitätsbereichen, lässt sich nicht von einer erheblichen Ausweitung der Strafrechtsharmonisierungskompetenz sprechen.[636]

Der Katalog weicht in der Tat inhaltlich von Art. 29 Unterabs. 2 EUV a.F. i.V.m. Art. 31 Abs. 1 lit. e EUV a.F. ab. Neu hinzugefügt sind im Vergleich zu den ausdrücklich in den vorherigen Verträgen genannten Kriminalitätsbereichen die Computerkriminalität, die Geldwäsche, die Fälschung von Zahlungsmitteln sowie die sexuelle Ausbeutung von Frauen und Kindern. Im Katalog von Art. 83 Abs. 1 Unterabs. 2 AEUV sind einige Bereiche nicht mehr enthalten. Zu erwähnen ist der Betrug (Betrugsbekämpfung gemäß dem Übereinkommen vom 26. Juli 1995[637]). Ebenfalls fehlen jetzt die Bereiche der Bestechung und

---

633 Irrtümlich geht *Weigend*, ZStW 2004, 275 (283), davon aus, dass nach der Erweiterungsklausel der Ministerrat den Katalog durch *schlichten* Beschluss „je nach den Entwicklungen der Kriminalität" jederzeit *beliebig* erweitern könnte. Darauf ist zu erwidern, dass für den Erweiterungsbeschluss die Einstimmigkeit der Mitgliedstaaten erforderlich ist und aus Erfahrung in Bezug auf den Erlass der Rahmenbeschlüsse diese Einstimmigkeit nicht einfach zu erzielen ist.

634 So *Meyer J.* in FS Eser, 797 (801).

635 BVerfGE 123, 267 (406 ff.), Rn. 352 – *Lissabon*. Hervorhebung durch die Verfasserin.

636 *Satzger* in *Streinz*, EUV/AEUV, Kommentar, Art. 83 AEUV, Rn. 13: *Suhr* in *Calliess/Ruffert*, EUV/AEUV, Kommentar, Art. 83 AEUV, Rn. 10, der zutreffend bemerkt, dass Rechtsakte, die im Rahmen der erweiterten Auslegung des Art. 31 EUV a. F. darauf gestützt wurden, jetzt nicht mehr ohne Weiteres auf Art. 83 Abs. 1 AEUV gestützt werden könnten, z.B. den Rahmenbeschluss über Rassismus und Fremdenfeindlichkeit (RB 2008/9137JI); *Suhr*, ZEuS 2009, 687 (706). Anders BVerfGE 123, 267 (296 ff.). Eine substanzielle Erweiterung hätte man sehen können, wenn Art. 31 Abs. 1 lit. e EUV a.F. als abschließend zu betrachten gewesen wäre, was, wie oben ausgeführt, nach der h.M. nicht der Fall war. Siehe *Suhr* in *Fastenrath/Nowak*, Der Lissaboner Reformvertrag, S. 316.

637 Übereinkommen über den Schutz der finanziellen Interessen der Europäischen Gemeinschaften vom 26. Juli 1995, ABl. EG 1995 Nr. C 316, S. 48 ff., und die

Bestechlichkeit im Katalog, nunmehr ist die Rede von Korruption, sowie die Bereiche Rassismus und Fremdenfeindlichkeit.

Dies bedeutet nicht, dass entsprechende Rechtsakte nicht mehr erlassen werden können oder die Überführung in dem neuen Rechtsrahmen nicht mehr möglich ist. Als Rechtgrundlage für die Strafrechtsharmonisierung in den genannten Bereichen kommen in Betracht entweder die strafrechtliche Annexkompetenz gemäß Art. 83 Abs. 2 AEUV, wenn die Maßnahmen den Schutz von Rechtsgütern der Union oder die Durchsetzung des Unionsrechts als Gegenstand haben, oder die Erweiterungsklausel nach Art. 83 Abs. 1 Unterabs. 3 AEUV, soweit es sich um einen Bereich besonders schwerer Kriminalität mit grenzüberschreitender Dimension handelt.

In Bezug auf Rassismus und Fremdenfeindlichkeit ist in der Literatur umstritten, ob der Rahmenbeschluss zur strafrechtlichen Bekämpfung von Rassismus und Fremdenfeindlichkeit nach dem Vertrag von Lissabon keine Rechtsgrundlage mehr hat und wie mit der Änderung des bestehenden Rahmenbeschlusses umzugehen ist.[638] Der nach siebenjährigen Beratungen entstandene Rahmenbeschluss war schon vorher umstritten, da er, anstatt, wie bei anderen Rahmenbeschlüssen üblich, Art. 31 Abs. 1 lit. e EUV a.F. als Rechtsgrundlage anzugeben, nur allgemein auf Art. 31 EUV a.F. gestützt wurde.[639] Nach der aktuellen Grundlage ist eine Überführung des RB 2008/913/JI zur strafrechtlichen Bekämpfung von Rassismus und Fremdenfeindlichkeit anhand der Erweiterungsklausel nach Art. 83 Abs. 1 Unterabs. 3 denkbar.[640] Im Bereich der Betrugsbekämpfung findet

---

dazugehörigen Protokolle, abrufbar unter: http://eur-lex.europa.eu/legal-content/DE/TXT/?uri=URISERV%3Al33019 (Stand: Juli 2023).

638 *Satzger* in *Streinz*, EUV/AEUV, Kommentar, Art. 83 AEUV, Rn. 17; *Böse*, ZIS 2010, 76 (82); *Suhr*, ZEuS 2009, 687 (699); *Vogel/Eisele* in *Grabitz/Hilf/Nettesheim*, Recht der EU, Kommentar, Art. 83 AEUV, Rn. 70. A.A. *Hecker*, Europäisches Strafrecht, § 8, Rn. 40.

639 *Suhr*, ZEuS 2008, 45 (56 ff.); *Suhr*, ZEuS 2009, 687 (699).

640 So auch *Satzger* in *Streinz*, EUV/AEUV, Kommentar, Art. 83 AEUV, Rn. 17; *Böse*, ZIS 2010, 76 (82); *Suhr*, ZEuS 2009, 687 (699); *Vogel/Eisele* in *Grabitz/Hilf/Nettesheim*, Recht der EU, Kommentar, Art. 83 AEUV, Rn. 70. A.A. *Hecker*, Europäisches Strafrecht, § 8, Rn. 40, nach dessen Meinung sich eine Harmonisierungskompetenz aus Art. 67 Abs. 3 AEUV ableiten lässt, wonach es ebenfalls zu den Aufgaben der EU gehört, Maßnahmen zur Verhütung und Bekämpfung von Rassismus und Fremdenfeindlichkeit und erforderlichenfalls zur Angleichung der strafrechtlichen Vorschriften zu treffen.

sich im AEUV eine eigene Rechtsgrundlage für die Strafrechtsharmonisierung (Art. 325 AEUV).

Zusammenfassend wird deutlich, dass durch Art. 83 Abs. 1 Unterabs. 2 einige Ausweitungen (genauer gesagt, betrifft es die Computerkriminalität, die Geldwäsche, die Fälschung von Zahlungsmitteln sowie die sexuelle Ausbeutung von Frauen und Kindern), aber auch Einschränkungen (nicht mehr erfasst ist z.B. der Betrug) vorgenommen wurden. Die Kriminalitätsbereiche sind aber nun abschließend in einem Katalog aufgezählt. Zu beachten ist allerdings, dass gemäß Unterabs. 3 weitere Kriminalitätsbereiche bestimmt werden können. Da diese Erweiterung nur unter strikten Voraussetzungen stattfinden kann, erscheint deshalb die Ansicht des Bundesverfassungsgerichts im Lissabon-Urteil, die strafrechtlichen Kompetenzen der EU seien erheblich ausgeweitet worden, nicht überzeugend.[641]

4. *Fazit*

Art. 83 Abs. 1 AEUV weist zwar eine gewisse Ähnlichkeit mit der vorherigen Strafrechtsharmonisierungskompetenz auf, bringt aber auch Änderungen mit sich in der Absicht, in Bezug auf die erfassten Kriminalitätsbereiche eine Klarstellung zu erreichen. Nach der alten Rechtsgrundlage sprach sich die herrschende Meinung für eine weite Auslegung der nicht unumstrittenen Normen aus.[642] Mit dem Vertrag von Lissabon wird ein abschließender Katalog von Kriminalitätsbereichen vorgesehen, der einer Erweiterung nur unter strengen Voraussetzungen zugänglich ist. In dem abschließenden Katalog werden auch die Bereiche der bislang bereits praktizierten weiten Auslegung vertraglich festgeschrieben. Somit ist die aktuelle Lage im Gegensatz zu der vorherigen klarer. Die Strafrechtsharmonisierung wird darüber hinaus an bestimmte Kriterien geknüpft. Gegenstand der Harmonisierung dürfen nur Bereiche von besonders schwerer Kriminalität mit grenzüberschreitender Dimension sein. Diese Kriterien gelten sowohl für die Kriminalitätsbereiche des Unterabs. 2 als auch für die Kriminalitätsbereiche, die Gegenstand eines Erweiterungsbeschlusses sein könnten. Mit der Nennung konkreter Kriminalitätsbereiche in einem abschließenden Katalog, die zudem bestimmte Voraussetzungen erfüllen müssen, schafft der Vertrag von Lissabon eine deutliche Präzisierung der Strafharmonisierungsbereiche.

---

641 *Heger*, ZIS 2009, 406 (411 ff.); *Suhr*, ZEuS 2009, 687 (699); *Suhr* in *Calliess/Ruffert*, EUV/AEUV, Kommentar, Art. 83 AEUV, Rn. 10.

642 Siehe Teil 2 § 2 B.

III. Überblick über die erlassenen Rechtsakte auf Grundlage von Art. 83 Abs. 1 AEUV

1. Terrorismus

Terrorismus in Europa ist keine neue Erscheinung, sodass die Terrorismusbekämpfung einer der Zentralbereiche der Harmonisierung im Strafrecht ist.

Infolge der terroristischen Anschläge in Europa, zuletzt im November 2015 in Paris, und zur Umsetzung der Europäischen Sicherheitsagenda,[643] welche die Terrorismusbekämpfung als eine von drei für die Sicherheit in der EU wesentlichen Prioritäten festgesetzt hatte, legte die Europäische Kommission am 02.12.2015 einen Vorschlag für eine Richtlinie zur Terrorismusbekämpfung[644] vor. Deren Ziel war es, die EU-Bürger und alle in der EU lebenden Menschen vor terroristischen Handlungen zu schützen und auf solche wirksam und angemessen reagieren zu können. Die Richtlinie sollte die Vorbereitungshandlungen sowie Beihilfe, Anstiftung und Versuch der Begehung einer terroristischen Handlung kriminalisieren.[645]

Nach knapp eineinhalb Jahren wurde am 15.03.2017 die Richtlinie 2017/541/EU zur Terrorismusbekämpfung[646] erlassen. Insbesondere werden darin folgende Vorbereitungshandlungen unter Strafe gestellt: Reisen zu terroristischen Zwecken (Art. 9), deren Organisation und Unterstützung (Art. 10) sowie das Absolvieren einer Ausbildung für terroristische Zwecke (Art. 8) und die Bereitstellung finanzieller Mittel für terroristische Straftaten (Art. 11). Die in den Art. 8–10 vorgeschriebenen Krimininalisierungsverpflichtungen tragen dem im Jahr 2015 angenommenen Zusatzprotokoll zum Übereinkommen des Europarats zur Verhütung des Terrorismus[647] sowie der Resolution 2178 des

---

643 KOM(2015)185 endg., S. 2, 15 ff.

644 KOM(2015)625 endg.

645 Siehe ausführlich zum Richtlinienvorschlag *Kraml*, Vorschlag für eine Richtlinie zur Terrorismusbekämpfung und zur Ersetzung des Rahmenbeschlusses 2002/475/JHA zur Terrorismusbekämpfung, abrufbar unter: https://ales.univie.ac.at/fileadmin/user_upload/p_ales/Gesetzesvorhaben/Vorschlag_fuer_eine_Richtlinie_zur_Terrorismusbekaempfung.pdf (Stand: Juli 2023).

646 Richtlinie 2017/541/EU des Europäischen Parlaments und des Rates vom 15. März 2017 zur Terrorismusbekämpfung und zur Ersetzung des Rahmenbeschlusses 2002/475/JI des Rates und zur Änderung des Beschlusses 2005/671/JI des Rates, ABl. EU 2017, Nr. L 88, S. 6 ff.

647 SEV Nr. 217, abrufbar unter: https://www.coe.int/de/web/conventions/full-list/-/conventions/rms/090000168047c5ea (Stand: Juli 2023).

Sicherheitsrates der Vereinten Nationen[648] Rechnung. Bestraft werden auch die Anwerbung (Art. 6) und die Ausbildung von Personen für terroristische Zwecke (Art. 7) sowie Anstiftung, Beihilfe oder Versuch zur Begehung einer terroristischen Handlung (Art. 14). Die Richtlinie schließt Bestimmungen zum Schutz der Opfer und ihrer Familien vor Terroranschlägen ein (Art. 25). Enthalten sind auch Bestimmungen, um sofortige Hilfe und Unterstützung für die Opfer und ihre Angehörigen nach einem Anschlag zu garantieren (Art. 25). Nach der Veröffentlichung im EU-Amtsblatt hatten die Mitgliedstaaten 18 Monate Zeit, um die Bestimmungen in nationales Recht umzusetzen.[649]

2. *Menschenhandel*

Menschenhandel ist eine der weltweit schwersten Straftaten und stellt einen schwerwiegenden Verstoß gegen die Menschenrechte dar. Menschenhandel bezeichnet eine moderne Forme der Sklaverei, die Menschen bzw. ihre Arbeitskraft, ihren Körper oder ihre Organe zur Ware und damit zum Objekt wirtschaftlicher oder sexueller Ausbeutung macht. Zu den praxisrelevanten Formen zählen: Prostitutionstourismus, Organhandel, organisierter Heiratshandel sowie Adoptionskinderhandel.

Mit der Richtlinie 2011/36/EU[650] zur Verhütung und Bekämpfung des Menschenhandels und zum Schutz seiner Opfer[651] wurde der erste auf Art. 83

---

648 Resolution 2178 (2014) des UN-Sicherheitsrets vom 24.09.2014, abrufbar unter: https://www.un.org/Depts/german/sr/sr_14/sr2178.pdf (Stand: Juli 2023).

649 Dänemark ist wegen der Opt-out-Möglichkeiten nicht betroffen („Dänemark beteiligt sich nicht an der Annahme von Maßnahmen durch den Rat, die nach dem dritten Teil Titel V des Vertrags über die Arbeitsweise der Europäischen Union vorgeschlagen werden“, Art. 1, Protokoll Nr. 22 über die Position Dänemarks). Irland ist nicht beteiligt, kann aber der EU-Kommission mitteilen, wenn es die Richtlinie auf ihrem Staatsgebiet anwenden will. Vgl. Art. 1 und 3, Protokoll Nr. 22 über die Position des Vereinigten Königreichs und Irlands hinsichtlich des Raums der Freiheit, der Sicherheit und des Rechts.

650 Zur Unterstützung der Umsetzung der Richtlinie 2011/36/EU wurde am 19.06.2012 die EU-Strategie zur Bekämpfung des Menschenhandels 2012–2016 (EU-Strategie 2012–2016 abrufbar unter: https://eur-lex.europa.eu/legal-content/DE/TXT/HTML/?uri=CELEX:52012DC0286&from=EN) von der EU-Kommission vorgestellt. Sie enthält 40 konkrete und praktische Maßnahmen gegen Menschenhandel, wobei der Schutz und die Rechte der Opfer an erster Stelle stehen. Zwei Berichte der Europäischen Kommission über die Fortschritte bei der Bekämpfung des Menschenhandels folgten in den Jahren 2016 und 2018 (KOM(2016)267 endg. und KOM(2018)777 endg).

651 Richtlinie 2011/36/EU des Europäischen Parlaments und des Rates vom 5. April 2011 zur Verhütung und Bekämpfung des Menschenhandels und zum Schutz seiner Opfer

Abs. 1 AEUV erlassene Rechtsakt Realität. Um zwischenzeitliche Entwicklungen des Menschenhandels zu berücksichtigen, wird der Begriff des Menschenhandels weit gefasst. Zusätzlich erfasst werden Betteltätigkeiten (Art. 2 Abs. 3 RL 2011/36/EU), Ausnützung von Straftaten oder illegale Organentnahme (Art. 2 Abs. 1 RL 2011/36/EU).[652] Gemäß Art. 2 Abs. 1 der RL 2011/36/EU umfasst Menschenhandel die Anwerbung, Verbringung und Aufnahme von Personen durch Nötigung, Täuschung oder Missbrauch von Macht zum Zwecke der sexuellen Ausbeutung, der Ausbeutung der Arbeitskraft, der Zwangsarbeit, der Leibeigenschaft oder andere Formen der Ausbeutung, wie der Entnahme von Organen.

3. *Sexuelle Ausbeutung von Kindern und Frauen*

Häufig hat der Menschenhandel, vor allem beim Frauen- und Kinderhandel, den Zweck der sexuellen Ausbeutung. Somit ist es verständlich, dass Art. 83 Abs. 1 Unterabs. 2 AEUV diese beiden Bereiche in einen engen Zusammenhang stellt („und"). Auf diesem Gebiet hat die Kommission am 29.03.2010 auf der Grundlage von Art. 83 Abs. 1 AEUV einen Vorschlag für eine Richtlinie zur Bekämpfung des sexuellen Missbrauchs und der sexuellen Ausbeutung von Kindern sowie der Kinderpornografie gemacht.[653]

Die Richtlinie 2011/93/EU zur Bekämpfung des sexuellen Missbrauchs und der sexuellen Ausbeutung von Kindern sowie der Kinderpornografie[654] harmonisiert in der EU die Definition von Straftaten in Bezug auf den sexuellen Missbrauch und die sexuelle Ausbeutung von Kindern sowie die Kinderpornografie.[655] Die Straftaten, die einer umfassenden strafrechtlichen Harmonisierung zugeführt wurden, werden in vier Kategorien unterteilt: sexueller Missbrauch, sexuelle Ausbeutung, Kinderpornografie und Kontaktaufnahme zu Kindern im Internet für sexuelle Zwecke (Art. 1 RL 2011/93/EU). Neu sind die Bestimmungen

---

sowie zur Ersetzung des Rahmenbeschlusses 2002/629/JI des Rates, ABl. EU 2011 Nr. L 101, S. 1 ff.

652 Dazu *Hecker*, Europäisches Strafrecht, § 8, Rn. 57 ff.

653 KOM(2010)94 endg.

654 Richtlinie 2011/93/EU des Europäisches Parlaments und des Rates vom 13. Dezember 2011 zur Bekämpfung des sexuellen Missbrauchs und der sexuellen Ausbeutung von Kindern sowie der Kinderpornografie sowie zur Ersetzung des Rahmenbeschlusses 2004/68/JI des Rates, ABl. EU 2011 Nr. L 355, S. 1 ff.

655 *Vogel/Eisele* in *Grabitz/Hilf/Nettesheim*, Recht der EU, Kommentar, Art. 83 AEUV, Rn. 56, ist der Meinung, dass in der Richtlinie 2011/93/EU der Begriff „sexuelle Ausbeutung" als Oberbegriff für sexuellen Missbrauch und das Ausnutzen von Prostitution und Pornografie angesehen wird.

zur Bekämpfung der Kinderpornografie im Internet (Art. 25 RL 2011/93/EU)[656] und des Sextourismus (Art. 21 RL 2011/93/EU).

Bei der Festlegung der Mindesthöchststrafen wird hier bemerkenswert von der Regel, dass bei der Festlegung vier Niveaus angewendet werden sollen, abgewichen. Denn bei dieser Richtlinie werden weitaus differenziertere Mindesthöchststrafen vorgeschrieben (Erwägungsgründe 11 und 13 der RL 2011/93/EU).

4. *Geldwäsche*

Die Gelwäsche als „Herzstück der organisierten Kriminalität“[657] ist dadurch charakterisiert, dass auf europäischer Ebene unzählige Rechtsakte zur Geldwäschebekämpfung verabschiedet worden sind. Ihr gemeinsames Ziel ist es, die materiellen und formellen Strafrechtsbestimmungen der Mitgliedstaaten zur Geldwäsche einander anzugleichen. Unter Geldwäsche fallen Handlungen, mit denen nicht nur die Herkunft der Gegenstände verschleiert werden soll (Verschleierungstatbestand), sondern auch deren betrügerischer Erwerb oder Besitz (Erwerbs- und Besitztatbestand).

Die Kommission kündigte 2013 an, die repressiven Maßnahmen der EU zur Geldwäschebekämpfung zu verstärken, indem auf der Grundlage von Art. 83 Abs. 1 AEUV für dieses Delikt eine Strafrechtsharmonisierung vorgeschlagen werden sollte.[658] Allerdings wurde erst Ende des Jahres 2016 ein Vorschlag für eine Richtlinie über die strafrechtliche Bekämpfung der Geldwäsche vorgelegt.[659] Diese sollte dafür sorgen, dass die zuständigen Behörden Terroristen und sonstige Kriminelle strafrechtlich verfolgen können.

Im Oktober 2018 wurde die Richtlinie 2018/1673/EU über die strafrechtliche Bekämpfung der Geldwäsche verabschiedet.[660] Mit dieser Richtlinie wurden

---

656 Zu den Fortschritten und nächsten Maßnahmen im Bereich der Kinderpornografie im Internet KOM(2016)872 endg., „Bericht der Kommission über die Bewertung der Umsetzung der Maßnahmen nach Artikel 25 der Richtlinie 2011/93/EU vom 13. Dezember 2011 zur Bekämpfung des sexuellen Missbrauchs und der sexuellen Ausbeutung von Kindern sowie der Kinderpornografie“, abrufbar unter: http://ec.europa.eu/transparency/regdoc/rep/1/2016/DE/COM-2016-872-F1-DE-MAIN-PART-1.PDF (Stand: Juli 2023).

657 *Hecker*, Europäisches Strafrecht, § 8, Rn. 83.

658 KOM(2013)45 endg., S. 2; KOM(2016)50 endg, S. 11; *Brodowski*, ZIS 2013, S. 466.

659 KOM(2016)826 endg.

660 Richtlinie 2018/1673/EU des Europäischen Parlaments und des Rates vom 23. Oktober 2018 über die strafrechtliche Bekämpfung der Geldwäsche, ABl. EU 2018 Nr. L 284, S. 22 ff.

schärfere strafrechtliche Bestimmungen eingeführt, mit denen Kriminellen der Zugang zu Finanzmitteln abgeschnitten und verwehrt wird – nicht zuletzt zu solchen, die für terroristische Aktivitäten genutzt werden.[661] Sie enthält Vorgaben zur Harmonisierung der Strafbarkeit wegen Geldwäsche, zu strafprozessualen Voraussetzungen für die Verfolgung von Geldwäsche in den EU-Staaten sowie zur internationalen Zusammenarbeit. Geldwäsche wird mit einer Freiheitsstrafe von mindestens vier Jahren geahndet, und neben der Haftstrafe können vom Gericht zusätzliche Sanktionen und Maßnahmen verhängt werden (z.B. Geldstrafen, vorübergehender oder dauerhafter Ausschluss vom Zugang zu öffentlichen Finanzmitteln) (Art. 5 Abs. 2 und 3 RL 2018/1673/EU). Der Katalog der Vortaten zur Geldwäsche wird vereinheitlicht (Art. 2 RL 2018/1673/EU). Die in Art. 2 der Richtlinie genannten Straftaten gelten in jedem Fall als Vortat. Für grenzüberschreitende Fälle präzisieren die neuen Vorschriften, welcher Mitgliedstaat gerichtlich zuständig ist, wie die betroffenen Mitgliedstaaten zusammenarbeiten sollen und wie Eurojust einbezogen werden soll (Art. 10 RL 2018/1673/EU).

5. *Korruption*

Korruptionsbekämpfung steht seit vielen Jahren auf der Agenda der EU. Definiert wird die Korruption als „Machtmissbrauch zum privaten Vorteil".[662] Unter Korruption versteht man nicht nur die Bestechung und Bestechlichkeit von Amtsträgern, sondern auch die Korruption im geschäftlichen Verkehr.[663] Korruption

---

661 Damit wird den Empfehlungen der Arbeitsgruppe „Bekämpfung der Geldwäsche und der Terrorismusfinanzierung" (Financial Action Task Force, FATF) Rechnung getragen (siehe Erwägungsgrund 3). Die FATF ist eine Expertengruppe der OECD, welche die Methoden der Geldwäsche und der Finanzierung des Terrorismus analysiert und Maßnahmen zu deren Bekämpfung entwickelt. Das Ziel der FATF ist es, weltweit einheitliche Standards in der Bekämpfung der Geldwäsche und der Terrorismusfinanzierung zu erarbeiten. Für diese Bereiche setzt sie internationale Standards (40 Empfehlungen zur Geldwäschebekämpfung und 9 Empfehlungen zur Terrorismusfinanzierung). Die Standards stellen zwar nicht unmittelbar bindendes Recht („soft law") dar, sie wurden aber bislang von mehr als 170 Ländern als verbindlich anerkannt. Mehr dazu unter: http://www.fatf-gafi.org/ (Stand: Juli 2023).

662 *Vogel/Eisele* in *Grabitz/Hilf/Nettesheim*, Recht der EU, Kommentar, Art. 83 AEUV, Rn. 60 m.w.N.

663 So *Böse* in *Schwarze/Becker/Hatje/Schoo*, EU-Kommentar, Art. 83 AEUV, Rn. 13; *Vogel/Eisele* in *Grabitz/Hilf/Nettesheim*, Recht der EU, Kommentar, Art. 83 AEUV, Rn. 60. Zu den enthaltenen Strafhandlungen siehe *Hecker*, Europäisches Strafrecht, § 8, Rn. 89.

erfasst auch Begleit- oder Vorbereitungstaten sowie die missbräuchliche Einflussnahme. Damit unterliegt der Harmonisierungskompetenz der EU das gesamte Korruptionsstrafrecht. Anfangs fand eine Harmonisierung der Strafvorschriften über Bestechung und Bestechlichkeit nur statt, wenn eine Schädigung oder Gefährdung der finanziellen Interessen der Europäischen Union vorlag.[664] Mit dem Übereinkommen von 1997 über die Bekämpfung der Bestechung, wenn Beamte der EG oder der Mitgliedstaaten beteiligt sind,[665] ist man umgehend zu einem breiteren Bereich übergegangen. Damit erstreckte sich die Verpflichtung der Mitgliedstaaten nicht nur auf die Fälle, welche die finanziellen Interessen der EG betrafen, sondern sie waren zu einer umfassenden Kriminalisierung der Amtsträger- und Wirtschaftskorruption verpflichtet. Die Europäische Union geht mit dem Rahmenbeschluss 2003/568/JI[666] gegen die Bestechung im privaten Sektor vor. Die Mitgliedstaaten sind verpflichtet, die Korruption unter Strafe zu stellen, die juristischen Personen für diese Straftaten haftbar zu machen, und sicherzustellen, dass wirksame, angemessene und abschreckende Sanktionen verhängt werden können (Art. 6 Abs. 1 RB 2003/568/JI).

Die Bekämpfung und Vorbeugung der Korruption durch eine regelmäßige Evaluierung des Fortschritts in den einzelnen Mitgliedstaaten im Rahmen von Korruptionsbekämpfungsberichten, die ab 2013 alle zwei Jahre veröffentlicht wurden, ist 2017 gescheitert.[667] Vor diesem Hintergrund überlegte die

---

664 Protokoll zum Übereinkommen zum Schutz der finanziellen Interessen der Europäischen Gemeinschaft, ABl. EG Nr. C 313, 1996, S. 2.

665 Übereinkommen v. 26. Mai 1997 aufgrund von Artikel K.3 Absatz 2 Buchstabe c) des Vertrags über die Europäische Union über die Bekämpfung der Bestechung, an der Beamte der Europäischen Gemeinschaften oder der Mitgliedstaaten der Europäischen Union beteiligt sind, ABl. EG Nr. C 195, S. 2.

666 Rahmenbeschluss 2003/568/JI des Rates vom 22. Juli 2003 zur Bekämpfung der Bestechung im privaten Sektor, ABl. EG 2003 Nr. L 192, S. 54 ff. Dieser ersetzt die Gemeinsame Maßnahme 98/42/JI v. 22.12.1998 betreffend die Bestechung im privaten Sektor. Dazu *Hecker*, Europäisches Strafrecht, § 8, Rn. 90 ff.

667 Trotz starker Kritik hat der Kommissions-Vizepräsident *Timmermans* mit Schreiben vom 25. Januar 2017 die Fortsetzung des EU-Antikorruptionsberichts ausgesetzt, da die Kommission Korruption auf andere Weise untersuchen wolle. Der Kampf gegen die Korruption solle künftig nur noch im Rahmen des Europäischen Semesters stattfinden. *Timmermans* betonte in seinem Schreiben, dass Korruption in mehreren Mitgliedstaaten ein zentrales Problem („key issue“) darstelle, hält dessen weitere Erörterung im Europäischen Semester (ein Koordinierungsprojekt ohne rechtliche Bindungswirkung) jedoch offenbar für ausreichend. Dazu: http://www.lto.de/recht/

Kommission, den Rahmenbeschluss 2003/568/JI durch eine Richtlinie zu ersetzen. Sie machte ihre Entscheidung davon abhängig, ob die Mitgliedstaaten sämtliche Bestimmungen des Rahmenbeschlusses 2003/568/JI unverzüglich und vollständig in innerstaatliches Recht umsetzten. Je nach den erreichten Fortschritten zog es die Kommission dann in Erwägung, den Rahmenbeschluss durch eine Richtlinie zu ersetzen.[668]

6. *Fälschung von Zahlungsmitteln*

Im Zusammenhang mit der Kapitalsverkehrsfreiheit und der Währungsunion ist die Bekämpfung der Fälschung von Zahlungsmitteln von besonderer Bedeutung. Unter die Fälschung von Zahlungsmitteln fallen die Fälschung von Bargeld, aber auch der unbaren Zahlungsmittel, insbesondere von Geld- und Kreditkarten. Umfasst sind auch Begleit-, Vorbereitungs-, Unterstützungs- und Anschlusstaten.[669]

Nach Inkrafttreten des Vertrags von Lissabon legte die Kommission 2013, gestützt auf Art. 83 Abs. 1 AEUV, einen Vorschlag vor für eine Richtlinie des Europäischen Parlaments und des Rates zum strafrechtlichen Schutz des Euro und anderer Währungen gegen Geldfälschung und zur Ersetzung des Rahmenbeschlusses 2000/383/JI des Rates.[670] Der Schutz des Euro und anderer Währungen sollte gegen Geldfälschung durch strafrechtliche Maßnahmen verstärkt werden. Erwähnenswert ist, dass der Rat den Kommissionsvorschlag im Bereich der Sanktionen entschärfte. Dieser sah nur Mindesthöchststrafen (Art. 5 Abs. 3) sowie die Möglichkeit einer Freiheitsstrafe (Art. 5 Abs. 2) vor. Die Kommission hatte dagegen ein differenziertes Sanktionssystem mit Mindeststrafen und Mindesthöchststrafen vorgeschrieben (Art. 5).[671] Diese Entschärfung wurde in der 2014 erlassenen Richtlinie 2014/62/EU zum strafrechtlichen Schutz des Euro und anderer Währungen gegen Geldfälschung[672] beibehalten. Danach müssen

---

hintergruende/h/eu-kommission-schafft-anti-korruptionsbericht-ab-heimlich-begraben/ (Stand: Juli 2023).

668 KOM(2011)308 endg., S. 10 ff.

669 *Vogel/Eisele* in *Grabitz/Hilf/Nettesheim*, Recht der EU, Kommentar, Art. 83 AEUV, Rn. 61.

670 KOM(2013)42 endg.

671 Ratsdok. 14671/13 vom 11.10.2013 abrufbar unter: https://www.eerstekamer.nl/eu/documenteu/14671/13_algemene_orientatie_over_het/f=/vjerds0kerue.pdf (Stand: Juli 2023). Siehe auch *Brodowski*, ZIS 2013, S. 465.

672 Richtlinie 2014/62/EU des Europäischen Parlaments und des Rates vom 15. Mai 2014 zum strafrechtlichen Schutz des Euro und anderer Währungen gegen Geldfälschung

die verhängten Sanktionen wirksam, angemessen und abschreckend sein und eine Freiheitsstrafe vorsehen (Art. 5 der RL 2014/62/EU). Die Richtlinie legt Mindestvorschriften für die Definition von Straftatbeständen (Art. 3 RL 2014/62/EU) und strafrechtliche Sanktionen für die Geldfälschung fest (Art. 5 RL 2014/62/EU). Die Straftatbestände umfassen beispielsweise die betrügerische Fälschung oder Verfälschung von Geld, betrügerisches Inumlaufbringen von falschem oder verfälschtem Geld sowie das Sichverschaffen von Computerprogrammen zur Fälschung oder Verfälschung von Geld (Art. 3 RL 2014/62/EU). Zudem verbessert die Richtlinie die Ermittlung dieser Delikte (Art. 9 RL 2014/62/EU) und sie enthält gemeinsame Bestimmungen für die Bekämpfung der Geldfälschung.

Auf der Grundlage von Art. 83 Abs. 1 AEUV wurde darüber hinaus im April 2019 die Richtlinie 2019/713/EU zur Bekämpfung von Betrug und Fälschung im Zusammenhang mit unbaren Zahlungsmitteln[673] verabschiedet, die mehrere Ziele der EU im Zusammenhang mit unbaren Zahlungsmitteln bündelt. Die Richtlinie sieht strengere Vorschriften zur Bekämpfung der Fälschung unbarer Zahlungsmittel und zur Bekämpfung von Betrug mit unbaren Zahlungsmitteln (Kreditkarten, Online-Einkäufe) im Vergleich zu der früheren Grundlage nach dem Rahmenbeschluss 2001/413/JI zur Bekämpfung von Betrug und Fälschung im Zusammenhang mit unbaren Zahlungsmitteln vor.[674] Als Zahlungsmittel gelten nunmehr auch nicht-körperliche „Gegenstände“ oder

---

und zur Ersetzung des Rahmenbeschlusses 2000/383/JI des Rates, ABl. EU 2014 Nr. L 151, S. 1 ff.

673 Richtlinie 2019/713/EU des Europäischen Parlaments und des Rates vom 17. April 2019 zur Bekämpfung von Betrug und Fälschung im Zusammenhang mit unbaren Zahlungsmitteln und zur Ersetzung des Rahmenbeschlusses 2001/413/JI des Rates, ABl. EU 2019 Nr. L 123, S. 18 ff.

674 Die Richtlinie beabsichtigt, technologieneutral zu sein, und erfasst nicht nur traditionelle unbare Zahlungsmittel wie Bankkarten und Schecks, sondern auch neue Zahlungsmethoden, die in den letzten Jahren hinzugekommen sind, etwa elektronische Brieftaschen, mobile Zahlungen und virtuelle Währungen. Darüber hinaus sind Maßnahmen vorgesehen, um die Öffentlichkeit stärker für Betrugstechniken wie Phishing oder Skimming zu sensibilisieren. Zu den wichtigsten Vorschriften gehört die einheitliche Definition der betrügerischen Verwendung von unbaren Zahlungsinstrumenten (Art. 3 RL 2019/713/EU). Die Richtlinie differenziert die Handlungen, die unter Strafen zu stellen sind. Es sind zum einen diejenigen, welche die betrügerische Verwendung körperlicher unbarer Zahlungsinstrumente (Art. 4 RL 2019/713/EU) betreffen, zum anderen diejenigen, welche die betrügerische Verwendung nicht-körperlicher unbarer Zahlungsinstrumente (Art. 5 RL 2019/713/EU) betreffen.

„Aufzeichnungen" (Kreditkartendaten oder virtuelle Währungen). Zugleich wird das Thema Cyberkriminalität berührt. Dies ist verständlich vor dem Hintergrund, dass die Richtlinie Teil der Reaktion der EU auf die Herausforderung „Cybersicherheit" ist.

7. *Computerkriminalität*

Die Entwicklung der Computertechnologie hat in den letzten Jahrzehnten wesentliche Veränderungen in Wirtschaft, Verwaltung, Wissenschaft und im privaten Bereich mit sich gebracht.[675] Die Computerkriminalität umfasst Straftaten gegen die Vertraulichkeit, Unversehrtheit und Sicherheit von Informationsdaten und -systemen (Informationsdaten und -systeme sind *Angriffsobjekt*), aber auch mithilfe des Computers begangene Straftaten („Computerstraftaten"), wie inhaltsbezogene Straftaten (z.B. Kinderpornografie, Rassismus und Fremdenfeindlichkeit) und Urheberrechtsverletzungen (Informationsdaten und -systeme sind *Angriffsmittel*).[676]

Eine der wichtigsten Rechtsgrundlagen in diesem Bereich ist die Cybercrime-Konvention des Europarats vom 23. November 2001,[677] welche die erste internationale Vereinbarung über mittels Internets oder sonstiger Computernetze begangene Straftaten betrifft, vor allem Verletzungen des Urheberrechts, Betrug mithilfe des Computers, Kinderpornografie und Verstöße gegen die Sicherheit von elektronischen Netzen. Da die Angriffe auf Informationssysteme häufig eine grenzüberschreitende Dimension annahmen und die Bekämpfung der Computerkriminalität durch wesentliche Unterschiede der einschlägigen Rechtsvorschriften der Mitgliedstaaten behindert war, verabschiedete der Rat den Rahmenbeschluss 2005/222/JI über Angriffe auf Informationssysteme.[678]

---

675 *Hecker*, Europäisches Strafrecht, § 8, Rn. 106.

676 *Böse* in *Schwarze/Becker/Hatje/Schoo*, EU-Kommentar, Art. 83 AEUV, Rn. 13; *Vogel/Eisele* in *Grabitz/Hilf/Nettesheim*, Recht der EU, Kommentar, Art. 83 AEUV, Rn. 62.

677 SEV Nr. 185 abrufbar unter: https://rm.coe.int/CoERMPublicCommonSearchServices/DisplayDCTMContent?documentId=090000168008157a (Stand: Juli 2023).

678 Rahmenbeschluss 2005/222/JI des Rates vom 24. Februar 2005 über Angriffe auf Informationssysteme, ABl. EU 2005 Nr. L 69, S. 67 ff. Dieser griff auf die Vorschriften der Cybercrime-Konvention auf, schrieb allerdings eine weiter reichende Kriminalisierung vor. Die Mitgliedstaaten verpflichteten sich, durch eine Mindestangleichung des materiellen Rechts auf dem Gebiet der Computerkriminalität sicherzustellen, dass alle Formen schwerwiegender Angriffe auf Informationssysteme mithilfe des Strafrechts verfolgt und geahndet werden können (Art. 2, Art. 6 des Rahmenbeschlusses 2005/222/JI). Dazu *Hecker*, Europäisches Strafrecht, § 8, Rn. 108.

Die Europäische Union nutzte ihre Kompetenz zur Strafrechtsharmonisierung gem. Art. 83 Abs. 1 AEUV und verabschiedete die Richtlinie 2013/40/EU über Angriffe auf Informationssysteme,[679] die im September 2013 in Kraft trat. Sie dient der Angleichung des materiellen Strafrechts zwischen den EU-Ländern sowie der Stärkung der Zusammenarbeit zwischen Justizbehörden bezüglich der Cyberkriminalität. Die Richtlinie sieht neue Regeln zur Harmonisierung der Kriminalisierung für eine Reihe von Straftaten gegen Informationssysteme vor. Diese Regeln betreffen z.B. das Nutzungsverbot von sogenannten Botnetzen. Botnetz heißt ein Computernetz, das mit einer Schadsoftware (Computervirus) infiziert wurde.[680] Die Richtlinie legt ebenfalls die Straftaten fest: rechtswidriger Zugang zu Informationssystemen, rechtwidriger Systemeingriff, rechtswidrige Eingriffe in Daten sowie, neu eingeführt, rechtswidriges Abfangen von Daten. Die Straftaten beziehen sich auf Angriffe auf Informationssysteme, die sich von Denial-of-Service-Angriffen, um einen Serverausfall zu verursachen, bis zum Abfangen von Daten und Botnetz-Angriffen erstrecken. Umfasst sind auch Anstiftung, Beihilfe und Versuch (Art. 8 RL 2013/40/EU). Erforderlich ist bei Computerkriminalität immer ein tatbestandlicher Bezug zu Computersystemen oder -daten.[681]

Festgelegt sind auch die Mindeststandards der strafrechtlichen Ahndung moderner Formen von Cyberkriminalität. Die Mitgliedstaaten müssen die erforderlichen Maßnahmen treffen, um sicherzustellen, dass die genannten Straftaten mit wirksamen, verhältnismäßigen und abschreckenden Sanktionen bedroht werden (Art. 9 RL 2013/40/EU). Neu eingeführt ist die Pönalisierung u.a. der Herstellung, des Verkaufens und der Verbreitung von Zugangscodes (Art. 7 lit. b RL 2013/40/EU). Außerdem verschärft die Richtlinie die Strafe bei Tatbegehung im Rahmen einer kriminellen Vereinigung, indem die Mindesthöchststrafe von zwei bis fünf Jahren (Art. 7 RB 2005/222/JI) einheitlich auf fünf Jahre angehoben wird (Art. 9 Abs. 4 lit. a RL 2013/40/EU).

---

679 Richtlinie 2013/40/EU des Europäischen Parlaments und des Rates vom 12. August 2013 über Angriffe auf Informationssysteme und zur Ersetzung des Rahmenbeschlusses 2005/222/JI des Rates, ABl. EU 2013 Nr. L 218, S. 8 ff.

680 KOM(2010)517, S. 3.

681 Dazu mehr bei *Vogel/Eisele* in *Grabitz/Hilf/Nettesheim*, Recht der EU, Kommentar, Art. 83 AEUV, Rn. 62.

8. *Organisierte Kriminalität*

Organisierte Kriminalität stand seit langer Zeit im Mittelpunkt der Kriminalpolitik der Union, und die Bekämpfung der organisierten Kriminalität wurde von der Kommission im Jahre 2010 zum Handlungsschwerpunkt für die nächsten vier Jahre erklärt.[682] Auch wenn eine geraume Zeit keine Definition existierte, zeigte sich inzwischen ein Konsens über den Rechtsbegriff der organisierten Kriminalität: Voraussetzung ist ein auf längere Zeit angelegter, strukturierter Zusammenschluss von mindestens drei Personen zur Begehung schwerer Straftaten mit dem Ziel, sich finanzielle oder sonstige materielle Vorteile zu verschaffen.[683]

Anfangs war im Bereich organisierter Kriminalität nur die Beteiligung an einer kriminellen Vereinigung Gegenstand der Harmonisierungsmaßnahmen. Der Rahmenbeschluss 2008/841/JI zur Bekämpfung der organisierten Kriminalität[684] hatte das Ziel der Harmonisierung der materiellen Strafvorschriften fortgeführt und die Kriminalisierung erweitert, indem nicht nur die Beteiligung, sondern auch die Unterstützung unter Strafe gestellt worden war.

Auf der Grundlage des Art. 83 Abs. 1 Unterabs. 2 AEUV können Mindestvorschriften zur Festlegung von Straftaten und Strafen auf dem Gebiet der grenzüberschreitenden organisierten Kriminalität erlassen werden. In diesem Rahmen können die sogenannten Organisationsstraftaten wie Beteiligung (Gründung und Mitgliedschaft) an einer kriminellen Organisation sowie, im Anschluss an völkerrechtliche Übereinkommen, typische Begleittaten (z.B. Behinderung der Justiz)[685] harmonisiert werden. Zur Bekämpfung der organisierten Kriminalität liegt auf der neuen Rechtsgrundlage bisher kein Kommissionsvorschlag vor. Weder mit dem Subsidiaritäts- noch mit dem Verhältnismäßigkeitsprinzip vereinbar wäre dagegen die Harmonisierung der typisch organisierten Kriminalität (etwa Eigentums- und Vermögensdelikte, Anschlussdelikte, Urkundenfälschung). Eine solche Auslegung der Harmonisierungskompetenz wäre zu extensiv, da die meisten Kriminalitätsbereiche (u.a. Drogen- und

---

682 KOM(2010)673 endg., S. 2.

683 Art. 2 lit. a United Nations Convention against Transnational Organized, abrufbar unter: https://www.unodc.org/documents/treaties/UNTOC/Publications/TOC%20Convention/TOCebook-e.pdf (Stand: Juli 2023); siehe auch *Kreß/Gazeas* in *Sieber/Satzger/von Heintschel-Heinegg*, Europäisches Strafrecht, § 18, Rn. 2.

684 Rahmenbeschluss 2008/841/JI des Rates vom 24. Oktober 2008 zur Bekämpfung der organisierten Kriminalität, ABl. EG 2008 Nr. L 300, S. 42 ff. Dazu *Hecker*, Europäisches Strafrecht, § 8, Rn. 116 ff.; *Kreß/Gazeas* in *Sieber/Satzger/von Heintschel-Heinegg*, Europäisches Strafrecht, § 18, Rn. 8 ff.

685 *Böse* in *Schwarze/Becker/Hatje/Schoo*, EU-Kommentar, Art. 83 AEUV, Rn. 14.

Menschenhandel, Korruption)[686] schon im Katalog aufgezählt werden und daher die Aufnahme der meisten aufgeführten Bereiche entbehrlich wäre.[687]

C. Strafrechtliche Harmonisierung in den bereits harmonisierten Bereichen (Art. 83 Abs. 2 AEUV)

I. Gegenstand der Neuregelung

1. Allgemeines

Mit Art. 83 Abs. 2 AEUV wurde die Rechtsprechung des EuGH zur umstrittenen Existenz einer Anweisungskompetenz[688] gesetzlich festgeschrieben und damit die Annexzuständigkeit ausdrücklich[689] in den Vertrag übernommen. Zugleich wurden jedoch bedeutsame Grenzen gesetzt.

Nach Art. 83 Abs. 2 AEUV geht es um die Zuständigkeit der Union für die Harmonisierung der strafrechtlichen Vorschriften der Mitgliedstaaten, solange sich dies als unerlässlich für die Durchführung der Politik der Union auf einem Gebiet erweist, auf dem Harmonisierungsmaßnahmen bereits erfolgt sind. Da diese Ermächtigungsgrundlage an eine bestehende unionsrechtliche Kompetenz anknüpft, hat sie einen akzessorischen Charakter (daher der Name *Annex*zuständigkeit).[690] Die Akzessorietät der Kompetenz nach Art. 83 Abs. 2 AEUV bringt

---

686 Die meisten der in den Art. 83 Abs. 1 Unterabs. 2 AEUV genannten Kriminalitätsbereiche wurden schon auf der vorherigen Rechtsgrundlage harmonisiert. Diese noch bis 30.11.2014 anwendbaren Rechtsakte der EU (meistens Rahmenbeschlüsse) können dadurch bestehen bleiben, dass eine Überführung in den neuen primärrechtlichen Rechtsrahmen stattfindet, d.h. Neuerlass als Richtlinie bei sorgfältiger Reform in der Sache oder Neustrukturierung. Wie gezeigt, wurden nach dem Inkrafttreten des Vertrags von Lissabon in den meisten Bereichen bereits Richtlinien nach Art. 83 AEUV erlassen.

687 Siehe *Böse* in *Schwarze/Becker/Hatje/Schoo*, EU-Kommentar, Art. 83 AEUV, Rn. 14; ähnlich *Vogel/Eisele* in *Grabitz/Hilf/Nettesheim*, Recht der EU, Kommentar, Art. 83 AEUV, Rn. 63, der die Meinung vertritt, dass die Harmonisierungskompetenz bei Ausführungsstraftaten darauf begrenzt werden dürfe, die Qualifikations- bzw. Straferschwerungsgründe sowie Straffreistellungs- bzw. -milderungsgründe bei Lossagung von der kriminellen Organisation zu harmonisieren.

688 Siehe Teil 2 § 1 C. II.

689 So wird den problematischen Rückgriff auf die Implied-Powers-Doktrin ausgeschlossen. Siehe *Csonka/Landewehr,* eucrim 4/2019, 261 (262).

690 So *Böse* in *Böse*, Enzyklopädie Europarecht, Bd. 11: Europäisches Strafrecht, § 4, Rn. 16; *Meyer* in *von der Groeben/Schwarze/Hatje*, EUV/AEUV, Kommentar, Art. 83 AEUV, Rn. 42.

Klarheit bezüglich ihrer Reichweite. Die Annexzuständigkeit ist grundsätzlich in allen Politikbereichen der Union denkbar, vorausgesetzt, auf dem einschlägigen Gebiet haben Harmonisierungsmaßnamen bereits stattgefunden. Anders sieht es aber das Bundesverfassungsgericht, das im Hinblick auf die Reichweite des Art. 83 Abs. 2 AEUV nicht der europäischen Vertragspraxis folgt, sondern die Notwendigkeit einer engen Auslegung hervorhebt.[691]

Aus der Analyse der Rechtslage vor dem Inkrafttreten des Vertrags von Lissabon ergibt sich, dass Art. 83 Abs. 2 AEUV an diese anknüpft. Infolge der Überführung der vorherigen dritten Säule in den einheitlichen Rahmen der Union können durch Richtlinien auch Art und Maß der Strafen festgesetzt werden. Dies begründet jedoch, im Gegensatz zur Meinung des Bundesverfassungsgerichts,[692] keine Kompetenzausdehnung im Vergleich zur bisher geltenden Grundlage. Die Regelung durch eine Richtlinie stellt nämlich keine sachliche Erweiterung dar, da nach der alten Rechtsgrundlage die Bestimmung von Art und Maß der Strafe durch Rahmenbeschluss erfolgte. Darüber hinaus sind auch die Befürchtungen gegenstandslos, dass mit Art. 83 Abs. 2 AEUV eine uferlose Ermächtigung zur Strafrechtsharmonisierung geschaffen werde, indem überall dort, wo eine Unionszuständigkeit zur Harmonisierung bestehe, die Union zur wirksamen Durchführung ihrer Politik Mindestvorschriften für die Festlegung von Strafen erlassen könne, sodass die Harmonisierung nicht mehr mit dem Prinzip einer sachlich bestimmten und nur begrenzten Übertragung von Hoheitsrechten (Prinzip der begrenzten Einzelermächtigung) und dem Demokratieprinzip zu vereinbaren sei.[693] Die Annexzuständigkeit unterliegt jedoch mit der Aufnahme in den Vertrag gerade den unionsrechtlichen Grundsätzen (einschließlich des Prinzips der begrenzten Einzelermächtigung) sowie bestimmten Garantien (wie dem „Notbremse-Mechanismus" gemäß Art. 83 Abs. 3 AEUV und dem Unerlässlichkeitserfordernis), wodurch sie beschränkt wird.[694] Mit diesen engen

---

691 BVerfGE 123, 267 (411), Rn. 361 – *Lissabon*: „Im Hinblick auf den Bereich der Annexzuständigkeit, die eine Angleichung des Strafrechts in bereits harmonisierten Politikbereichen ermöglicht (Art. 83 Abs. 2 AEUV), kann das Zustimmungsgesetz nur deshalb als verfassungskonform beurteilt werden, weil diese Zuständigkeit nach dem Vertrag eng auszulegen ist." Siehe auch *Suhr* in *Calliess/Ruffert*, EUV/AEUV, Kommentar, Art. 83 AEUV, Rn. 29.

692 BVerfGE 123, 267 (411), Rn. 361 – *Lissabon*.

693 BVerfGE 123, 267 (411), Rn. 361 – *Lissabon*: „wegen drohender Uferlosigkeit [...]".

694 So auch *Vogel/Eisele* in *Grabitz/Hilf/Nettesheim*, Recht der EU, Art. 83 AEUV, Rn. 74; *Böse* in *Böse*, Enzyklopädie Europarecht, Bd. 11: Europäisches Strafrecht, § 4, Rn. 16, der auf die Rückbindung an das Prinzip der begrenzten Einzelermächtigung abstellt.

Voraussetzungen existieren ausdrückliche Sicherungen gegen einen ausufernden Gebrauch der Annexzuständigkeit.

Die Annexzuständigkeit dient in der Tat der Durchsetzung des harmonisierten Unionsrechts mithilfe des Strafrechts. Das Strafrecht als bloßen „Durchsetzungsmechanismus“ für die Unionspolitiken zu begreifen, wurde im Schrifttum kritisiert. Denn das Strafrecht dient in seinem Kernbestand nicht als Instrument zur Effektuierung einer internationalen Zusammenarbeit, sondern steht für die besonders sensible Entscheidung über das rechtliche Minimum.[695] Als Eingriff in Freiheitsrechte kann allerdings auch eine Strafnorm nach Maßgabe des Verhältnismäßigkeitsprinzips durch einen verfassungsmäßigen Zweck gerechtfertigt sein. Strafrecht kann somit auch in solchen Fällen wie Art. 83 Abs. 2 AEUV als Regelungsinstrument eingesetzt werden, denn die im Rahmen der Unionspolitiken verfolgten Ziele können nicht schlechthin als ein derartiger legitimer Zweck disqualifiziert werden.[696]

Obwohl der Einsatz des Strafrechts zur Durchsetzung der europäischen Politiken nicht dem Sinn und Zweck der Strafrechtseuropäisierung entspricht, ist allerdings zu beachten, dass das Strafrecht ein Durchsetzungsinstrument nur für unionsrechtliche Verhaltensnormen ist, an die eine Sanktionsnorm hinreichend bestimmt anknüpfen kann. Die Reichweite der Strafrechtsharmonisierung strikt von den außerstrafrechtlich harmonisierten Ver- oder Gebotsregelungen abhängig zu machen, wäre inadäquat, da die Bestimmung autonomer strafbewehrter Ver- oder Gebote, auch wenn erforderlich, nicht mehr möglich wäre.[697] Von Bedeutung ist vielmehr, dass die Harmonisierung auf dem betreffenden Gebiet einen Umfang und eine Reichweite erreicht, die ermöglicht, strafwürdige Zuwiderhandlungen gegen harmonisiertes Unionsrecht mit hinreichender Bestimmtheit festzustellen.

---

695 *Ambos/Rackow*, ZIS 2009, 397 (401).

696 *Böse* in *Schwarze/Becker/Hatje/Schoo*, EU-Kommentar, Art. 83 AEUV, Rn. 25.

697 *Vogel/Eisele* in *Grabitz/Hilf/Nettesheim*, Recht der EU, Kommentar, Art. 83 AEUV, Rn. 75, 79; *Böse* in *Böse*, Enzyklopädie Europarecht, Bd. 11: Europäisches Strafrecht, § 4, Rn. 20. Anders *Meyer* in *von der Groeben/Schwarze/Hatje*, EUV/AEUV, Kommentar, Art. 83 AEUV, Rn. 44; *Walter*, ZStW 2005, 912 (929), der nur auf bereits ausdrücklich verbotene Verhaltensweisen abstellt, welche die Festlegung von Mindestvorschriften nur über Blankettstrafgesetze möglich machen würden.

2. *Voraussetzungen der Annexkompetenz*

a. *Harmonisierte Rechtsbereiche*

Die Annexkompetenz dient der Durchsetzung des harmonisierten Unionsrechts. Dies bedeutet, dass die Harmonisierungskompetenz nach Art. 83 Abs. 2 AEUV nur besteht, wenn in dem entsprechenden Politikbereich Harmonisierungsmaßnahmen bereits erfolgt sind. Daraus folgt, dass die Angleichung des Strafrechts nur *nach* der außerstrafrechtlichen Harmonisierung stattfinden kann.[698] Diese Voraussetzung bedeutet, dass zum einen überhaupt harmonisiertes Unionsrecht vorhanden ist, zu dessen Durchsetzung auf Strafrecht zurückzugreifen ist. Zum anderen muss sich das Strafrecht als letztes Mittel zur wirksamen Durchführung der Unionspolitik verstehen, nachdem sich zuvor andere Mittel zur Durchsetzung des Unionsrechts als unzureichend erwiesen haben.[699] Dies trägt der Anforderung der Unerlässlichkeit der strafrechtlichen Harmonisierung und zugleich dem Verständnis vom Einsatz des Strafrechts als Ultima Ratio Rechnung.

In Bezug auf die Reichweite betrifft die Strafrechtsharmonisierung nicht nur harmonisiertes Unionsrecht, das bestimmte Verhaltensnormen vorsieht,[700] sondern sie bezieht auch Sekundärrecht mit ein, das derartige Ver- oder Gebote anordnen kann.[701]

b. *Zu den einzelnen harmonisierten Bereichen*

Anders als Art. 83 Abs. 1 AEUV ist die Annexkompetenz in Abs. 2 nicht auf Bereiche besonders schwerer Kriminalität begrenzt.[702] Eine solche Beschränkung widerspräche nicht nur dem Wortlaut, sondern auch Sinn und Zweck der Annexzuständigkeit, Verstöße gegen unionsrechtliche Vorschriften zu sanktionieren, die sich im Bereich der geringeren und mittleren Kriminalität befinden.[703]

---

698 *Vogel/Eisele* in *Grabitz/Hilf/Nettesheim*, Recht der EU, Kommentar, Art. 83 AEUV, Rn. 78; *Satzger* in *Streinz*, EUV/AEUV, Kommentar, Art. 83 AEUV, Rn. 28.

699 *Böse* in *Böse*, Enzyklopädie Europarecht, Bd. 11: Europäisches Strafrecht, § 4, Rn. 17; *Suhr* in *Calliess/Ruffert*, EUV/AEUV, Kommentar, Art. 83 AEUV, Rn. 25.

700 *Walter*, ZStW 2005, 912 (929).

701 *Vogel/Eisele* in *Grabitz/Hilf/Nettesheim*, Recht der EU, Kommentar, Art. 83 AEUV, Rn. 79.

702 So aber für die Vorgängernorm im Vertrag für eine Verfassung für Europa: *Walter*, ZStW 2005, 912 (929), *Bacigalupo*, ZStW 2004, 326 (329).

703 *Böse* in *Böse*, Enzyklopädie Europarecht, Bd. 11: Europäisches Strafrecht, § 4, Rn. 17; *Meyer* in *von der Groeben/Schwarze/Hatje*, EUV/AEUV, Kommentar, Art. 83 AEUV, Rn. 45.

Hinsichtlich der harmonisierten Bereiche kommt grundsätzlich jedes Gebiet in Betracht, das in die Zuständigkeit der Union fällt und in dem Harmonisierungsmaßnahmen bereits erfolgt sind. Daher sind die Bereiche, in denen der Union nur die Zuständigkeit zur Unterstützung, Koordinierung oder Ergänzung der Maßnahmen zukommt, von vornherein ausgeschlossen (z.B. Industrie, Kultur, Tourismus, Jugend und Sport, Katastrophenschutz). In anderen Bereichen sind Harmonisierungsmaßnahmen zwar erlaubt, diese Bereiche sind jedoch so „strafrechtsfern", dass eine Strafrechtsangleichung kaum in Betracht kommt (Strukturpolitik – Art. 174 ff. AEUV; Freizügigkeit – Art. 45 ff. AEUV).

Nach der Unionspraxis[704] und der Literatur[705] gehören zu den Politikbereichen, in denen eine Strafrechtsharmonisierung möglich ist bzw. das Strafrecht als notwendiges Mittel für die Gewährleistung einer wirksamen Rechtsdurchsetzung eine Rolle spielen kann, vor allem folgende Bereiche:

- **Einwanderungspolitik** (Art. 79 AEUV), bei illegaler Einwanderung, Beschäftigung[706] und illegalem Aufenthalt sowie bei der Beihilfe zur unerlaubten Ein- und Durchreise und zum unerlaubten Aufenthalt;[707]
- **Verkehr** (Art. 90 ff. AEUV), z.B. bei Verstößen gegen Sicherheitsbestimmungen;[708]
- **Wettbewerb** (Art. 101 ff. AEUV), bei Angleichung der strafrechtlichen Sanktionen wegen Marktmanipulation;[709]
- **Indirekte Steuern** (Art. 113 ff. AEUV), wenn die strafrechtlichen Vorschriften zur Bekämpfung von Steuerbetrug harmonisiert werden müssen. Bisher

---

704 Siehe die Aufzählung in der Mitteilung der Kommission KOM(2011)573 endg., S. 11 ff.

705 *Vogel/Eisele* in *Grabitz/Hilf/Nettesheim*, Recht der EU, Kommentar, Art. 83 AEUV, Rn. 82 ff.; *Hecker* in *Sieber/Satzger/von Heintschel-Heinegg*, Europäisches Strafrecht, § 10, Rn. 20 ff.

706 Richtlinie 2009/52/EG des Europäischen Parlaments und des Rates vom 18. Juni 2009 über Mindeststandards für Sanktionen und Maßnahmen gegen Arbeitgeber, die Drittstaatsangehörige ohne rechtmäßigen Aufenthalt beschäftigen, ABl. 2009. Nr. L 168, S. 24 ff.

707 Diese Bereiche sind besonders harmonisierungsfähig. *Vogel/Eisele* in *Grabitz/Hilf/Nettesheim*, Recht der EU, Kommentar, Art. 83 AEUV, Rn. 82.

708 In diesem Bereich sind Richtlinien betreffend etwa die Verbesserung der Verkehrssicherheit erlassen worden.

709 Richtlinie 2014/57/EU des Europäischen Parlaments und des Rates vom 16 April 2014 über strafrechtliche Sanktionen bei Marktmanipulation (Marktmissbrauchsrichtlinie), ABl. EU 2014, Nr. L 173, S. 179 ff.

wurde ein Vorschlag zur Rechtsangleichung in Bezug auf die Tatbestandsmerkmale und Strafen bei Steuerbetrug angekündigt,[710] aber noch nicht vorgelegt.

- **Errichtung und Funktionieren des Binnenmarkts** (Art. 114 AEUV), wo es gilt, schwerwiegende illegale Praktiken wie Nachahmung und Fälschung, Korruption oder das Verschweigen von Interessenkonflikten im öffentlichen Auftragswesen zu unterbinden. Die auf Grundlage des Art. 114 AEUV erlassenen Richtlinien können grundsätzlich die Möglichkeit einer Strafrechtsharmonisierung nach Art. 83 Abs. 2 AEUV eröffnen.
- **Schutz des geistigen Eigentums** (Art. 118 AEUV), wenn es um strafrechtliche Maßnahmen zur Durchsetzung des geistigen Eigentums geht. Den Erlass einer Richtlinie zur strafrechtlichen Durchsetzung des geistigen Eigentums hat der Europäische Rat im Stockholmer Programm veranlasst.[711] Trotz eines geänderten Vorschlags der Kommission für eine solche Richtlinie wurde sie bislang nicht realisiert.[712]
- **Gesundheitsschutz** (Art. 168 Abs. 4 AEUV), wo das Arzneimittel- und Medizinproduktestrafrecht harmonisierungsfähig ist, da das Recht der Arzneimittel und Medizinprodukte weitgehend angeglichen ist.[713]
- **Verbraucherschutz** (Art. 169 AEUV), zur möglichen Harmonisierung des Verbraucherschutzstrafrechts und besonders der strafrechtlichen Produkthaftung. In diesem Bereich, als Schwerpunkt der Unionspolitik, wurden zahlreiche verbraucherschützende Richtlinien erlassen.
- **Umwelt** (Art. 191 ff.). Umweltstrafrecht war vor dem Inkrafttreten des Vertrags von Lissabon der Ausgangpunkt, der zur Etablierung einer Anweisungskompetenz der früheren EG im Strafrechtsbereich geführt hat.[714] Die früher erlassenen Richtlinien können unter den Voraussetzungen des Art. 83 Abs. 2 AEUV geändert oder erweitert werden.

---

710 KOM(2005)184, S. 25 (im Anhang).

711 Stockholmer Programm, ABl. 2010, Nr. C 115, S. 15.

712 KOM(2010)147 endg. (Richtlinie gestützt auf Art. 83 Abs. 2 AEUV), S. 3 i.V.m. KOM(2006)168 endg.

713 KOM(2010)171 endg., S. 39.

714 Richtlinie 2008/99/EG des Europäischen Parlaments und des Rats vom 19. November 2008 über den strafrechtlichen Schutz der Umwelt, ABl. 2008, Nr. L 328, S. 28 ff.

c. Unerlässlichkeit der Strafrechtsharmonisierung

Der Einsatz des Strafrechts durch die Inanspruchnahme der Annexzuständigkeit der Union (Art. 83 Abs. 2 AEUV) darf nur erfolgen, wenn dies zur Durchsetzung der Politik der Union „unerlässlich" ist. Im Vergleich zur früheren Rechtsgrundlage, in der nur von Erforderlichkeit die Rede war,[715] ist nun der allgemeine Maßstab der Erforderlichkeit (Art. 67 Abs. 3 AEUV) in Art. 83 Abs. 2 AEUV durch die strengere Voraussetzung der Unerlässlichkeit verschärft worden.[716]

(1) Unterschiedliche Ansätze zur Bestimmung des Begriffs der Unerlässlichkeit

Was genau das Erfordernis der Unerlässlichkeit bedeutet, ist bisher nicht hinreichend konkretisiert worden, weil vor allem wegen einer fehlenden Definition und Präzisierung des Begriffs des Kriminalstrafrechts auf europäischer Ebene eine Abgrenzung des Kriminalstrafrechts zu anderen Sanktionsnormen nicht möglich war.[717] Zudem ist umstritten, ob es sich bei der Unerlässlichkeit um ein empirisches oder um ein normatives Kriterium handelt, und im Zusammenhang damit, ob dem europäischen Gesetzgeber eine Einschätzungsprärogative[718] zukommt.[719]

Aus der Perspektive der Unionspraxis ist die Unerlässlichkeit als ein normatives Kriterium zu verstehen. Die Unerlässlichkeit ist dann gegeben, wenn die Zuwiderhandlungen gegen harmonisiertes Recht ohne Zweifel strafwürdiges und

---

715 Art. 29 Abs. 2, letzter Spiegelstrich EUV a.F.: „[...] Annäherung der Strafvorschriften der Mitgliedstaaten nach Art. 31 Buchstabe e, soweit dies erforderlich ist".

716 *Vogel/Eisele* in *Grabitz/Hilf/Nettesheim*, Recht der EU, Kommentar, Art. 83 AEUV, Rn. 93; *Böse* in *Böse*, Enzyklopädie Europarecht, Bd. 11: Europäisches Strafrecht, § 4, Rn. 19; *Satzger* in *Streinz*, EUV/AEUV, Kommentar, Art. 83 AEUV, Rn. 31; *Meyer* in *von der Groeben/Schwarze/Hatje*, EUV/AEUV, Kommentar, Art. 83 AEUV, Rn. 55.

717 *Meyer* in *von der Groeben/Schwarze/Hatje*, EUV/AEUV, Kommentar, Art. 83 AEUV, Rn. 56. In den ersten Einschätzungen in Literatur und Rechtsprechung gingen die Auslegungen des Kriteriums der Unerlässlichkeit weit auseinander. Siehe *Mansdörfer*, HRRS 2010, S. 17 m.w.N.

718 Dafür *Vogel/Eisele* in *Grabitz/Hilf/Nettesheim*, Recht der EU, Kommentar, Art. 83 AEUV, Rn. 93. Zurückhaltend *Suhr* in *Calliess/Ruffert*, EUV/AEUV, Kommentar, Art. 83 AEUV, Rn. 24: „[...] besteht hier jedenfalls keine weite Einschätzungsprärogative des EU-Gesetzgebers".

719 *Vogel/Eisele* in *Grabitz/Hilf/Nettesheim*, Recht der EU, Kommentar, Art. 83 AEUV, Rn. 92 ff.; *Meyer* in *von der Groeben/Schwarze/Hatje*, EUV/AEUV, Kommentar, Art. 83 AEUV, Rn. 55 ff.

strafbedürftiges Unionsrecht enthalten, das straflos zu lassen nicht mehr vertretbar wäre.[720] Als Argument wird angeführt, dass erfahrungsgemäß Verwaltungssanktionen häufig nicht abschreckend genug seien, sodass in schwerwiegenden Fällen Kriminalstrafen vorzuschreiben seien, damit die unionsrechtlichen Verbote faktisch zum Tragen kommen.[721]

Im Gegensatz dazu sprechen sich das Bundesverfassungsgericht und, ihm folgend, die überwiegende Meinung in der Literatur für ein empirisches Verständnis des Unerlässlichkeitskriteriums aus, gestützt auf die enge Auslegung der Verträge zum Schutz der nationalen Rechtstraditionen. Das Bundesverfassungsgericht fordert, dass ein gravierendes „Vollzugsdefizit" bestehen müsse, das nur durch Strafdrohung beseitigt werden könne.[722] Über die Beseitigung des Vollzugsdefizits nur durch Strafrechtsangleichung müssten, so das Bundesverfassungsgericht, Nachweise erbracht werden („nachweisbar feststehen [muss], dass [...]"). Ein solches Erfordernis widerspricht allerdings der bisherigen Rechtsprechung des Bundesverfassungsgerichts, das dem deutschen Strafgesetzgeber einen weiten Beurteilungsspielraum einräumt, wonach dieser bei der Entscheidung über den Erlass von Strafrechtsnormen „grundsätzlich frei" ist.[723] In der Literatur wird daher teilweise die Ansicht vertreten, einen solchen Beurteilungsspielraum auch dem Unionsgesetzgeber einzuräumen.[724] Die Einschränkung des Beurteilungsspielraums des europäischen Gesetzgebers sollte sich dementsprechend nur aus dem Unionsrecht ergeben.

---

720 Siehe auch *Vogel/Eisele* in *Grabitz/Hilf/Nettesheim*, Recht der EU, Kommentar, Art. 83 AEUV, Rn. 93. A.A. BVerfGE 123, 267 (412), Rn. 362 – *Lissabon*.

721 Z.B. Erwägungsgrund 21 und 22 der Richtlinie 2009/52/EG des Europäischen Parlaments und des Rates vom 18. Juni 2009 über Mindeststandards für Sanktionen und Maßnahmen gegen Arbeitgeber, die Drittstaatsangehörige ohne rechtmäßigen Aufenthalt beschäftigen, ABl. 2009. Nr. L 168, S. 24 ff. Die Richtlinie sieht das Verbot vor, Drittstaatsangehörige ohne rechtmäßigen Aufenthalt zu beschäftigen, und verpflichtet die Mitgliedstaaten, schwere Fälle von Zuwiderhandlungen unter Strafe zu stellen.

722 BVerfGE 123, 267 (411), Rn. 362 – *Lissabon*. So auch *Zimmermann*, Jura 2009, 844 (847 *Ambos/Rackow*, ZIS 2009, 397 (403).

723 BVerfGE 123, 267 (408 ff.), Rn. 356 – *Lissabon*. Vgl. auch BVerfGE 52, 142 (162); BVerfGE 90, 145 (172 ff.); BVerfGE 120, 224 (240).

724 *Vogel/Eisele* in *Grabitz/Hilf/Nettesheim*, Recht der EU, Kommentar, Art. 83 AEUV, Rn. 93; *Böse* in *Böse*, Enzyklopädie Europarecht, Bd. 11: Europäisches Strafrecht, § 4, Rn. 19; *Kubiciel*, GA 2010, 99 (105).

(2) Stellungnahme und Fazit

Der Begriff der Unerlässlichkeit in Art. 83 Abs. 2 AEUV ist ein eigenständiger Begriff des EU-Rechts und daher autonom auszulegen. Nach dem allgemeinen Sprachgebrauch bedeutet unerlässlich, dass etwas für die Verwirklichung eines bestimmten Ziels *unverzichtbar* oder *unbedingt notwendig* ist.[725] Sind also in diesem Wortsinne Kriminalstrafen unbedingt notwendig bzw. unverzichtbar für die wirksame Durchführung der Politik der Union auf einem Gebiet, auf dem Harmonisierungsmaßnahmen erfolgt sind, soll die Union auf Kriminalstrafen zurückgreifen können. Art. 67 Abs. 3 AEUV enthält dagegen das allgemeine Kriterium der Erforderlichkeit. Art. 83 Abs. 2 AEUV verlangt damit, nicht nur semantisch, sondern auch systematisch betrachtet, ein ausdrückliches Mehr gegenüber Art. 67 Abs. 3 AEUV. Daraus ergeben sich bei der Prüfung der Voraussetzungen des Art. 83 Abs. 2 AEUV gesteigerte Anforderungen an die Verhältnismäßigkeit (Art. 5 Abs. 4 EUV)[726]: Es gilt nicht das Gebot des mildesten Mittels, sondern die Angleichung der strafrechtlichen Rechtsvorschriften nach Art. 83 Abs. 2 AEUV muss das einzige erfolgversprechende Mittel sein.[727]

Auch Sinn und Zweck der Regelung in Art. 83 Abs. 2 AEUV und deren Entstehungsgeschichte stützen diese Annahme. Die darin enthaltene Annexkompetenz zielt auf die wirksame Durchführung der Politik der Union durch die Angleichung von nationalen Strafvorschriften. Sie beruht auf dem Grundgedanken, dass die praktische Wirksamkeit des Unionsrechts nur gewährleistet werden kann, wenn die Mitgliedstaaten sicherstellen, dass Verstöße gegen das Unionsrecht durch abschreckende, effektive und verhältnismäßige Sanktionen geahndet werden. Dabei muss die Anwendung solcher Sanktionen zur Bekämpfung schwerer Beeinträchtigungen der Unionspolitik eine unerlässliche Maßnahme darstellen.[728] Der Zweck des Unerlässlichkeitserfordernisses ist es, die Souveränität der Mitgliedstaaten zu schützen, in deren Zuständigkeit der national geprägte Strafrechtsbereich fällt. Dementsprechend sollte die Union Strafvorschriften nur dann erlassen dürfen, wenn die Mitgliedstaaten Verstöße gegen das Unionsrecht nicht durch Sanktionen anderer Art unterbinden können,

---

725 Diese Bedeutung entspricht den Begriffen, die in unterschiedlichen Fassungen des Art. 83 Abs. 2 AEUV gebraucht werden („essential" in der englischen bzw. „indispensable" in der französischen und italienischen Fassung).

726 *Suhr* in *Calliess/Ruffert*, EUV/AEUV, Kommentar, Art. 83 AEUV, Rn. 24.

727 So auch *Zimmermann*, Jura 2009, 844 (847).

728 So früher auch EuGH, Urteil v. 13.09.2005, C-176/03, ECLI:EU:C:2005:542, Rn. 48 – *Umweltstrafrecht*.

also nur insoweit, als die Angleichung von Strafvorschriften für die praktische Durchsetzung der Politik der Union unerlässlich ist. Wegen des engen Bezugs des Strafrechts zur nationalen Souveränität wollten die Mitgliedstaaten sicherstellen, dass das Strafrecht auf Unionsebene nur als letztes Mittel eingesetzt wird. Diese Voraussetzung entspricht einem wichtigen Prinzip der Strafrechtswissenschaft: dem Ultima-Ratio-Prinzip.

Der Gedanke der staatlichen Souveränität hat im Strafrecht besondere Bedeutung. Schlichte Behauptungen des EU-Gesetzgebers, dass Kriminalstrafen zur Durchsetzung der Politik der Union wirksam und unerlässlich sind, genügen daher nicht. Der Gesetzgeber muss vielmehr mit relevanten Nachweisen belegen, warum auf den Verstoß gegen harmonisiertes Unionsrecht effektiv nur mit Strafnormen reagiert werden kann. Die Pflicht, den Einsatz des Strafrechts zur Befolgung des harmonisierten Unionsrechts substantiiert darzustellen, lässt sich des Weiteren aus dem Vertrag von Lissabon ableiten, der ebenfalls ein empirisches Verständnis der Unerlässlichkeit nahelegt. Danach ist, auch wenn es sich nicht um in gleicher Weise restriktive Anforderungen wie diejenigen des Bundesverfassungsgerichts handelt, der Unionsgesetzgeber verpflichtet, auf die Unerlässlichkeit der Strafrechtsharmonisierung in rechtlicher und tatsächlicher Hinsicht grundlegend einzugehen und damit eine Basis für eine kriminalpolitische Diskussion mit den nationalen Parlamenten zu schaffen.[729]

Ein strikt normatives Verständnis der Unerlässlichkeit, wie es der Praxis der Union zu entnehmen ist, überzeugt daher nicht. Zwar sei Unerlässlichkeit gegeben, wenn Zuwiderhandlungen gegen unionsrechtlich harmonisierte Vorschriften zweifelsohne strafwürdiges und strafbedürftiges Unrecht beinhalteten, das straflos zu lassen nicht mehr vertretbar wäre.[730] Die Ermittlung der unionsrechtlichen Bedeutung des Begriffs „Unerlässlichkeit" erfordert aber eine genauere Analyse der in Art. 83 Abs. 2 AEUV enthaltenen Voraussetzung, dass nur *Kriminalstrafen* zur Durchführung der Unionspolitik beitragen können. Wie gezeigt, ist der Begriff „europäisches Kriminalstrafrecht" unbestimmt. Inzwischen hat sich allerdings das Verständnis etabliert, dass beim europäischen Kriminalstrafrecht zwei Elementen, nämlich der Freiheitsstrafe und dem sozialethischen Unwerturteil, eine entscheidende Rolle zukommt.[731] Diese mit

---

729 Art. 5 des Protokolls Nr. 2 zum Vertrag von Lissabon über die Anwendung der Grundsätze der Subsidiarität und der Verhältnismäßigkeit.

730 *Vogel/Eisele* in *Grabitz/Hilf/Nettesheim*, Recht der EU, Kommentar, Art. 83 AEUV, Rn. 93.

731 Richtlinie 2009/52/EG des Europäischen Parlaments und des Rates vom 18.06.2009 über Mindeststandards für Sanktionen und Maßnahmen gegen Arbeitgeber, die

der Kriminalstrafe verbundene gesellschaftliche Missbilligung unterscheidet sie wesentlich von anderen Sanktionen.

Die Unerlässlichkeit einer Kriminalstrafe ist jedoch bezogen auf die wirksame Durchführung der Politik der Union zu beurteilen. Deshalb stellt sich die Frage, was in diesem Sinne unter der Wirksamkeit des Strafrechts bei der Durchsetzung der Unionspolitik zu verstehen ist. Nach den Schlussanträgen der Generalanwältin *Kokot* in der Rechtssache „Berlusconi" ist eine Sanktionsregelung wirksam, wenn sie so ausgestaltet ist, dass die Verhängung der vorgesehenen Sanktion und damit die Verwirklichung der vom Gemeinschaftsrecht vorgegebenen Ziele nicht praktisch unmöglich gemacht oder übermäßig erschwert wird.[732] Um wirksam zu sein, muss die Kriminalstrafe also geeignet sein, ein bestimmtes Ziel der Unionspolitik zu erreichen. Diese Definition der Kriminalstrafe entspricht der Auffassung der Kommission bzw. des EuGH. Danach können Sanktionen als wirksam betrachtet werden, wenn sie die Einhaltung des EU-Rechts sicherstellen können.[733] Nach diesen Erwägungen ist das Strafrecht zur Durchführung der Politik der Union wirksam, wenn es zur Erreichung der Unionsziele in der betreffenden Unionspolitik beiträgt.[734]

Man muss allerdings zwischen der Wirksamkeit des Strafrechts als Mittel zur Durchführung der Politik der Union und der Unerlässlichkeit dieses Mittels unterscheiden. Während es bei dem Wirksamkeitsprinzip darum geht, ob das Strafrecht zur Durchsetzung der europäischen Politiken beiträgt, geht es bei dem Merkmal der Unerlässlichkeit um die Frage, ob Kriminalstrafen wirksamer

---

Drittstaatsangehörige ohne rechtmäßigen Aufenthalt beschäftigen, ABl. 2009 EG, Nr. L 168, S. 24, Erwägungsgrund 21: „Die Erfahrung zeigt, dass die derzeitigen Sanktionsregelungen nicht ausreichen, um das Verbot der Beschäftigung von Drittstaatsangehörigen ohne rechtmäßigen Aufenthalt voll und ganz durchzusetzen. Dies liegt unter anderem daran, dass *Verwaltungssanktionen allein gewisse skrupellose Arbeitgeber nicht abschrecken dürften*. Die Durchsetzung dieses Verbots kann und sollte durch die Verhängung strafrechtlicher Sanktionen verbessert werden."; Richtlinie 2014/57/EU über strafrechtliche Sanktionen bei Marktmanipulation, Erwägungsgrund 6: „ Es ist daher unverzichtbar, die Einhaltung der Vorschriften über Marktmissbrauch durch die Einführung von strafrechtlichen Sanktionen zu unterstützen, *die die gesellschaftliche Missbilligung in stärkerer Weise deutlich machen als verwaltungsrechtliche Sanktionen.*". Hervorhebung durch die Verfasserin.

732 *GAin Kokott*, Schlussanträge von 14.10.2004, C-387/02, C-391/02 und C-403/02, ECLI:EU:C:2004:624, Rn. 88 – *Berlusconi*.

733 KOM(2010)716 endg., S. 5. EuGH, Urteil v. 23.10.2007, C-440/05, ECLI:EU:C:2007:625, Rn. 68, 69 – *Meeresverschmutzung*.

734 So auch *Öberg*, New J. Eur. Crim. Law 2014, 370 (372 ff.).

als nicht-strafrechtliche Sanktionen zur Durchsetzung der betreffenden Unionspolitik bzw. deren Ziele sind. Anders als das Wirksamkeitsprinzip, das nicht selten als Begründung für die Erweiterung der EU-Kompetenzen dient, stellt die Voraussetzung der Unerlässlichkeit in Art. 83 Abs. 2 AEUV eine Kompetenzausübungsschranke dar.[735] Auch insofern wird daher hinsichtlich des Unerlässlichkeiterfordernisses deutlich, dass, um auf die Annexkompetenz zurückzugreifen, nachgewiesen werden muss, dass andere Sanktionen als Kriminalstrafen nicht in gleicher Weise zur wirksamen Durchsetzung der Politik der Union geeignet sind.

Ein wesentlicher Aspekt bei der Beantwortung der Frage, ob der Erlass von Strafnormen auf Unionsebene unerlässlich ist, um eine Unionspolitik wirksam durchzuführen, ist der, ob die Regeln zur Verwirklichung der politischen Ziele im Großen und Ganzen von den Normadressaten beachtet werden. Handelt es sich bei den Regelverstößen um solche, die hinreichend strafwürdig in dem Sinne sind, dass hinreichend bedeutende Unionsnormen und hinreichend bedeutsame Interessen von Bürgern der Union verletzt worden sind, kann der Einsatz des Strafrechts unerlässlich werden. Die Inanspruchnahme der Annexkompetenz aus Art. 83 Abs. 2 AEUV kann dabei jedoch, wie gezeigt, nicht allein auf einer normativen Einschätzung beruhen, denn zum Schutz der nationalen Souveränität sind für die Bejahung der Unerlässlichkeit im Sinne des Art. 83 Abs. 2 AEUV mehr als bloße Behauptungen des EU-Gesetzgebers erforderlich. Dieser muss vielmehr empirisch belegen, warum der Einsatz von Strafnormen bei Verstößen gegen harmonisiertes Unionsrecht effektiver ist.[736] Dabei ist dem Unionsgesetzgeber zwar ein Einschätzungsspielraum[737] zuzubilligen, er muss

---

735 *Miglietti*, IES Workig Paper 5/2013, 1. (15 ff.), die die Unerlässlichkeit als Grenze der EU-Kompetenz versteht, wobei die Einhaltung dieser Voraussetzung sowohl den Schutz des Verhältnismäßigkeitsprinzips (Strafrecht als Ultima Ratio) als auch den Schutz der Kompetenzen der Mitgliedstaaten in dem sensiblen Strafrechtsbereich (Subsidiaritätsprinzip) einschließe. Abrufbar unter: http://aei.pitt.edu/60846/1/2013.5.pdf (Stand: Juli 2023).

736 *Meyer* in *von der Groeben/Schwarze/Hatje*, EUV/AEUV, Kommentar, Art. 83 AEUV, Rn. 59, der sich im Zusammenhang mit der Unerlässlichkeit für ein „normativ-empirisches Strafverständnis" ausspricht.

737 So auch *Meyer* in *von der Groeben/Schwarze/Hatje*, EUV/AEUV, Kommentar, Art. 83 AEUV, Rn. 61, der die Einräumung einer unbegrenzten Wirkungseinschätzungsprärogative dem Unionsgesetzgeber ablehnt, da dieser eine Darlegungs- und Präzisierungslast trägt, um eine strafrechtliche Annexfrage an sich ziehen zu dürfen. Mit Blick auf den Grundsatz der begrenzten Einzelermächtigung dienen die Prärogativen der Gesetzgeber seiner Meinung nach dazu, eine Kompetenz zu begründen.

jedoch die prognosetragenden Aspekte durch fundierte Tatsachen belegen[738] bzw. relevante Nachweise[739] wie „*impact assessments und explanatory memorandums*"[740] beibringen.

Die *exklusive* Tauglichkeit des Strafrechts zur Durchsetzung der harmonisierten Unionspolitik muss somit nachgewiesen werden. Diese Sichtweise entspricht grundsätzlich der Auffassung des Bundesverfassungsgerichts, dass „nachweisbar feststehen [muss], dass ein gravierendes Vollzugsdefizit *tatsächlich* besteht"[741].[742] Die strenge Anforderung des deutschen Bundesverfassungsgerichts geht jedoch aus unionsrechtlicher Sicht zu weit. Eine strenge Nachweispflicht mit Blick auf den Einschätzungsspielraum des Unionsgesetzgebers wird zu Recht für ungeeignet gehalten.[743] Denn eine unionsweite strafrechtliche Harmonisierung zur Durchsetzung einer Unionspolitik auf der Grundlage des durch das Bundesverfassungsgericht eng ausgelegten Art. 83 Abs. 2 AEUV wäre unmöglich, da Nachweise über tatsächliche Vollzugsdefizite nicht gleich nach der Umsetzung von Richtlinienvorgaben in den Mitgliedstaaten vorliegen.[744] Zudem sind sichere

---

738 KOM(2011) 573 endg., S. 9, wonach die EU-Organe klare Fakten und daher statistische Daten von den Mitgliedstaaten benötigen.

739 EuGH, Urteil v. 07.09.2006, C-310/04, ECLI:EU:C:2006:521, Rn. 122, 123: „dass sie [*die Gemeinschaftsorgane*] beim Erlass des Rechtsakts ihr Ermessen tatsächlich ausgeübt haben, was voraussetzt, alle erheblichen Faktoren und Umstände der Situation, die mit diesem Rechtsakt geregelt werden sollte, berücksichtigt worden sind" – *Council v. Spain*.

740 Dazu *Öberg*, New J. Eur. Crim. Law 2014, 370 (374); *Miglietti*, IES Workig Paper 5/2013, 1 (17). Zurückhaltend in Bezug auf die Aussagekraft der *impact assessments Meyer* in *von der Groeben/Schwarze/Hatje*, EUV/AEUV, Kommentar, Art. 83 AEUV, Rn. 59.

741 BVerfGE 123, 267 (412), Rn. 362 – *Lissabon*.

742 Hervorhebung durch die Verfasserin.

743 *Hecker*, Europäisches Strafrecht, § 8, Rn. 26, der betont, dass bei der Strafrechtsharmonisierung im Rahmen der Annexzuständigkeit meistens Bereiche betroffen seien, die weniger stark von den nationalen Wertvorstellungen geprägt seien; *Meyer* in *von der Groeben/Schwarze/Hatje*, EUV/AEUV, Kommentar, Art. 83 AEUV, Rn. 58.

744 Der Nachweis darüber, dass nur der Einsatz des Strafrechts das Vollzugsdefizit beseitigen kann, könnte letztlich nur erbracht werden, wenn feststünde, dass Unionsrecht in einem oder mehreren Mitgliedstaaten in einem besorgniserregenden Ausmaß missachtet würde und in den betreffenden Mitgliedstaaten keine oder nur unzureichende einschlägige strafrechtliche Vorschriften bestünden, während in anderen Mitgliedstaaten solche Vorschriften existierten und das Unionsrecht ausreichend beachtet würde. So *Vogel/Eisele* in *Grabitz/Hilf/Nettesheim*, Recht der EU, Kommentar, Art. 83 AEUV, Rn. 93.

Erkenntnisse aus empirischen Daten zur Rechtfertigung der Unerlässlichkeit des Unionsstrafrechts schwer zu erlangen. Als Nachweise stehen sie daher selten zur Verfügung. Die genannten relevanten Nachweise kombinieren dagegen verfügbare empirische Daten mit geeigneten Argumenten.[745]

II. Überblick über die auf der Grundlage von Art. 83 Abs. 2 AEUV erlassenen Rechtsakte

1. Richtlinie über strafrechtliche Sanktionen bei Marktmanipulation

Die Europäische Kommission legte 2011 einen Vorschlag für eine EU-Verordnung über Insiderhandel und Marktmissbrauch[746] und einen Vorschlag für eine Richtlinie über strafrechtliche Sanktionen für Insiderhandel und Marktmanipulation[747] vor, um die Bekämpfung von Insiderhandel und Marktmanipulation zu reformieren. Die Einführung verwaltungsrechtlicher Sanktionen durch die Mitgliedstaaten infolge der Umsetzung der Richtlinie 2003/6/EG[748] hatte sich als nicht ausreichend erwiesen, um die Einhaltung der Vorschriften zur Verhinderung und Bekämpfung von Marktmissbrauch sicherzustellen. Die Kommission strebte deshalb eine Harmonisierung der strafrechtlichen Regelungen nach Art. 83 Abs. 2 AEUV an. Die Einhaltung der Vorschriften über Marktmissbrauch sollte durch die Einführung von strafrechtlichen Sanktionen unterstützt werden, welche die gesellschaftliche Missbilligung in stärkerer Weise deutlich machten als verwaltungsrechtliche Sanktionen.

2014 wurde die Richtlinie 2014/57/EU über strafrechtliche Sanktionen bei Marktmanipulation (Marktmissbrauchsrichtlinie)[749] verabschiedet.[750] Die

---

745 So *Öberg*, New J. Eur. Crim. Law 2014, 370 (374): „[…] 'relevant' evidence requires a serious attempt to justify the conclusion by means of reference to empirical data in combination with adequate arguments."

746 KOM(2012)421 endg.

747 KOM(2012)420 endg.

748 Richtlinie 2003/6/EG des Europäischen Parlaments und des Rates vom 28. Januar 2003 über Insider-Geschäfte und Marktmanipulation, ABl. 2003 EG, Nr. L 96, S. 16 ff.

749 Richtlinie 2014/57/EU des Europäischen Parlaments und des Rates vom 16. April 2014 über strafrechtliche Sanktionen bei Marktmanipulation, ABl. 2014 EU, Nr. L 173, S. 179 ff.

750 Der Kommissionsvorschlag wurde in Deutschland bezüglich der kompetenzrechtlichen Grundlage kritisiert, da die Kommission nicht hinreichend dargelegt habe, warum die vorgesehenen strafrechtlichen Sanktionen zur Erreichung des angestrebten Ziels „unerlässlich" im Sinne des Art. 83 Abs. 2 AEUV seien. Vgl. BT-Drs. 17/9770

Richtlinie sieht strafrechtliche Sanktionen für Arten des Marktmissbrauchs vor, die als Straftaten zu betrachten sind: Insiderhandel (Art. 3 RL 2014/57/EU), unrechtmäßige Offenlegung von Insider-Informationen (Art. 4 RL 2014/57/EU) und Marktmanipulation (Art. 5 RL 2014/57/EU). Die konkret beschriebenen Tathandlungen in Art. 3 Abs. 2 bis 8, Art. 4 Abs. 2 bis 5, Art. 5 Abs. 2 RL 2014/57/EU müssen jedoch nur in schwerwiegenden Fällen zwingend mit Strafe belegt werden.

2. *Richtlinie über die strafrechtliche Bekämpfung von gegen die finanziellen Interessen der Union gerichtetem Betrug*

Am 11.07.2012 legte die Europäische Kommission einen Richtlinienvorschlag über die strafrechtliche Bekämpfung von gegen die finanziellen Interessen der EU gerichtetem Betrug vor, der den rechtlichen Rahmen für die Verfolgung und Ahndung von gegen den EU-Haushalt gerichteten Straftaten vereinheitlichen sollte.[751]

Die Grundlage sowie einige inhaltliche Vorschriften (besonders die Umsatzsteuerbetrügereien[752]) waren Gegenstand umstrittener Diskussionen zwischen den europäischen Institutionen. Die Kommission stützte den Vorschlag auf Art. 325 Abs. 4 AEUV, während das Europäische Parlament und der Rat Art. 83 Abs. 2 AEUV als die taugliche Rechtsgrundlage für die Richtlinie ansahen.

Im Trilog konnte nach fünfjährigen Verhandlungen eine politische Einigung über den Vorschlag erzielt werden,[753] sodass die Richtlinie 2017/1371/EU[754] im Juli 2017 auf der Grundlage des Art. 83 Abs. 2 AEUV[755] erlassen wurde. Die

---

vom 23.05.2012, S. 3 ff., abrufbar unter: http://dipbt.bundestag.de/doc/btd/17/097/1709770.pdf (Stand: Juli 2023).

751 KOM(2012)363 endg.

752 Dazu *Brodowski*, ZIS 2017, 11 (16).

753 Standpunkt (EU) Nr. 4/2017 des Rates in erster Lesung im Hinblick auf den Erlass einer Richtlinie des Europäischen Parlaments und des Rates über die strafrechtliche Bekämpfung von gegen die finanziellen Interessen der Union gerichtetem Betrug, ABl. EU 2017, Nr. C 184, S. 1 ff.

754 Richtlinie 2017/1371/EU des Europäischen Parlaments und des Rates vom 5. Juli 2017 über die strafrechtliche Bekämpfung von gegen die finanziellen Interessen der Union gerichtetem Betrug, ABl. EU 2017, Nr. L 198, S. 29 ff.

755 KOM(2017)246, S. 4: „Die Kommission unterstützt den Standpunkt des Rates in erster Lesung in Bezug auf die wesentlichen Bestimmungen der Richtlinie. Sie ist jedoch der Auffassung, dass die Richtlinie auf Artikel 325 AEUV hätte gegründet werden müssen, und behält sich das Recht vor, bezüglich der Rechtsgrundlage ein Verfahren beim Gerichtshof einzuleiten."

Richtlinie regelt in Art. 2 den Anwendungsbereich. Bezüglich der Umsatzsteuerbetrügereien wurde ein Kompromiss erzielt. Sie fallen in den Anwendungsbereich der Richtlinie nur bei schwerwiegenden Verstößen gegen das gemeinsame Mehrwertsteuersystem, d.h., wenn vorsätzliche Handlungen oder Unterlassungen mit dem Hoheitsgebiet von zwei oder mehr Mitgliedstaaten der Union verbunden sind und einen Gesamtschaden von mindestens 10.000.000 EUR umfassen (Art. 2 Abs. 2 RL 2017/1371/EU). Nach der Richtlinie richten sich folgende unter Strafe zu stellenden Handlungen gegen die finanziellen Interessen der Union: Betrug zum Nachteil der finanziellen EU-Interessen, Geldwäsche, Bestechlichkeit und Bestechung mit Auswirkungen auf den EU-Haushalt (Art. 3 und 4 RL 2017/1371/EU). Die Straftaten von natürlichen Personen werden mit Höchststrafen von mindestens vier Jahren Freiheitsstrafe geahndet, wenn sie einen erheblichen Schaden oder Vorteil beinhalten (Art. 7 RL 2017/1371/EU). Geregelt werden auch Mindestvorgaben hinsichtlich nationaler Verjährungsvorschriften (Art. 12 RL 2017/1371/EU).

D. Harmonisierung durch Mindestvorschriften

I. Mindestvorschriften

Die Kompetenz zur Strafrechtsharmonisierung nach Art. 83 AEUV umfasst wie die alte Rechtsgrundlage (Art. 31 Abs. 1 lit. a EUV a.F.) die Schaffung eines strafrechtlichen Mindeststandards („strafrechtliches Minimum“)[756] durch Mindestvorschriften. Bei den Mindestvorschriften handelt es sich um die Festlegung eines Mindestmaßes, das die nationalen Regelungen, also, formell gesehen, die Vorschriften, die in den Mitgliedstaaten mindestens gelten, beachten müssen. Materiell sehen die Mindestvorschriften über *Straftaten* das Verhalten vor, das mindestens unter Strafe gestellt sein muss, während die Mindestvorschriften über *Strafen* die Strafen vorschreiben, die mindestens verhängt werden müssen. Die Mitgliedstaaten bleiben also frei, andere strafwürdige Verhaltensweisen festzustellen bzw. strengere Strafen zu verhängen. Ihnen ist es jedoch nicht erlaubt, die Mindestvorschriften zu einer strafbaren Handlung zu unterschreiten, indem sie zusätzliche Strafbarkeitsvoraussetzungen aufstellen.[757]

---

756 So *Böse* in *Schwarze/Becker/Hatje/Schoo*, EU-Kommentar, Art. 83 AEUV, Rn. 17 (m.w.N.).

757 So *Hecker* in *Ambos*, Europäisches Strafrecht post-Lissabon, S. 21.

Der Begriff „Mindestvorschriften" schließt jedenfalls nicht ein, dass sich die Vorschriften auf die geringstmögliche Regelungsdichte beschränken müssen.[758] Vielmehr darf die Europäische Union einen eigenen Mindeststandard als Basis für die Harmonisierung feststellen, mit dem sicherzustellen ist, dass der Mehrwert des angestrebten gemeinsamen Vorgehens erreicht wird.[759] Der Unionsgesetzgeber hat die Straftaten und Strafen in den nach Art. 83 AEUV erlassenen Rechtsakten möglichst klar und deutlich festzulegen, sonst würden diese in einem Spannungsverhältnis mit dem Gesetzlichkeitsprinzip gemäß Art. 49 Abs. 1 Satz 1 GRCh stehen (vgl. auch Art. 7 EMRK).[760]

Die Verwendung des Begriffs „Mindestvorschriften" für Straftaten und Strafen weist darauf hin, dass auf der Grundlage des Art. 83 Abs. 1 Unterabs. 1 AEUV der EU keine Kompetenz zum Erlass von Rechtsakten zukommt, die eine Entkriminalisierung von Verhaltensweisen vorschreiben.[761] In diesem Sinne ist „eine limitierende Strafrechtsharmonisierung" im Rahmen des Art. 83 AEUV grundsätzlich nicht möglich. Mindestvorschriften implizieren, dass die Mitgliedstaaten eine Untergrenze an Pönalisierung berücksichtigen müssen. Sie dürfen jedoch eine darüberhinausgehende Verschärfung der Kriminalisierung im nationalen Recht vornehmen.

Diese einseitig punitive Orientierung der europäischen Kriminalpolitik mit strafschärfender Tendenz[762] im Rahmen der Mindestharmonisierung wurde im Schrifttum zum Teil kritisch betrachtet.[763] Trotz dieser Ausrichtung der Kriminalpolitik ist daher nicht ausgeschlossen, dass auf der Grundlage des

---

758 *Meyer* in *von der Groeben/Schwarze/Hatje*, EUV/AEUV, Kommentar, Art. 83 AEUV, Rn. 20; *Vogel/Eisele* in *Grabitz/Hilf/Nettesheim*, Recht der EU, Kommentar, Art. 83 AEUV, Rn. 33.

759 *Meyer* in *von der Groeben/Schwarze/Hatje*, EUV/AEUV, Kommentar, Art. 83 AEUV, Rn. 20.

760 So *Vogel/Eisele* in *Grabitz/Hilf/Nettesheim*, Recht der EU, Kommentar, Art. 83 AEUV, Rn. 33.

761 *Vogel/Eisele* in *Grabitz/Hilf/Nettesheim*, Recht der EU, Kommentar, Art. 83 AEUV, Rn. 33; *Böse* in *Schwarze/Becker/Hatje/Schoo*, EU-Kommentar, Art. 83 AEUV, Rn. 17.

762 *Rosenau/Petrus* in *Vedder/Heintschel von Heinegg*, Europäisches Unionsrecht, Handkommentar, Art. 83 AEUV, Rn. 15.

763 *Satzger* in *Streinz*, EUV/AEUV, Kommentar, Art. 83 AEUV, Rn. 2 („[...] beklagenswerte Zunahme der Punitivität des Rechts in Europa"); *Schünemann*, GA 2004, 193 (195 ff.); *Rosenau*, ZIS 2008, 9 (16), der die Meinung vertritt, dass die Idee von einem fragmentarischen Strafrecht der europäischen Kriminalpolitik fremd ist („vom Geist zunehmender Punitivität gekennzeichnet"). A.A. *Vogel/Eisele* in *Grabitz/Hilf/Nettesheim*, Recht der EU, Kommentar, Art. 83 AEUV, Rn. 32.

Art. 83 AEUV begleitende Regelungen mit entkriminalisierender Wirkung erlassen werden, vorausgesetzt, dass ein hinreichender sachlicher Zusammenhang mit der Festlegung von Straftaten und Strafen besteht.[764] Eine „limitierende Strafrechtsharmonisierung", z.B. entkriminalisierenden Vorschriften oder Vorschriften über Höchststrafen,[765] ist weder vom Wortlaut noch vom Sinn und Zweck des Art. 83 AEUV gedeckt. Das Strafrecht ist nämlich als Schutzrecht zu verstehen und dessen Einsatz als Recht zum Schutz der Unionsbürger entspricht der Unionspflicht zur Gewährleistung der Sicherheit durch Strafrecht. Das Strafrecht kann allerdings in Grund- und Menschenrechte eingreifen. Eine Strafrechtslimitierung wird daher nur über die Grund- und Menschenrechte im Unionsrecht bewirkt. Diese setzten dem Strafrecht als potenziell freiheitsgefährdendem Mechanismus die erforderlichen Grenzen.[766]

II. Mindestvorschriften zu Straftaten

1. Harmonisierung von Straftaten

Mit Mindestvorschriften können zuerst Straftaten festgelegt werden. Formell ist unter „Straftat" die bedrohliche Verhaltensweise zu verstehen. Materiell hat die Straftat die Anforderung des Art. 83 Abs. 1 AEUV zu erfüllen, dass es sich um Straftaten „besonders schwerer Kriminalität" handeln muss.[767]

Die weite Formulierung im Vertrag von Lissabon („Straftaten" statt „Tatbestandsmerkmale") weist auf die Formulierung eines vollständigen Tatbestandes

---

764 Siehe Art. 9 der Richtlinie 2011/36/EU zur Verhütung und Bekämpfung des Menschenhandels, ABl. 2011 EU Nr. L 101, S. 1 ff.

765 Etwa darüber, welche Höchststrafen ein Mitgliedstaat nicht überschreiten darf.

766 So *Vogel/Eisele* in *Grabitz/Hilf/Nettesheim*, Recht der EU, Kommentar, Art. 83 AEUV, Rn. 32, die darauf hindeuten, dass Strafrechtslimitierung unions- und völkerrechtlich über die Grund- und Menschenrechte bewirkt wird. Dies in Bezug auf den Einwand, dass Strafrechtslimitierung die punitive Ausrichtung der Kriminalpolitik beweise. *Vogel/Schneider* in *Böse*, Enzyklopädie Europarecht, Bd. 11: Europäisches Strafrecht, § 7, Rn. 12, nach deren Meinung die „limitierende Strafrechtsangleichung" durch Art. 6 EUV herbeigeführt wird. Im Ergebnis so auch *Meyer* in *von der Groeben/Schwarze/Hatje*, EUV/AEUV, Kommentar, Art. 83 AEUV, Rn. 21.

767 Das heißt, dass schwerwiegendes und strafwürdiges Unrecht umfasst werden muss, das bedeutsame, rechtlich geschützte Rechte und Interessen erheblich beeinträchtigt. So *Vogel/Eisele* in *Grabitz/Hilf/Nettesheim*, Recht der EU, Kommentar, Art. 83 AEUV, Rn. 34.

hin.[768] Vor allem sind Mindestvorschriften zu Tatbeständen des Besonderen Teils festzulegen. Diese können beispielsweise in einer Definition enthalten sein, die ebenfalls sämtliche objektiven und subjektiven Voraussetzungen der strafbaren Handlung beschreibt.[769] Die subjektiven Tatbestandvoraussetzungen (Vorsatz, Absicht, in Ausnahmefällen auch Fahrlässigkeit[770]) sind Ausdruck des allgemein unionsrechtlich anerkannten Schuldprinzips. Dieser Grundsatz gehört aber auch zum integrationsfesten Kernbereich der deutschen Verfassung, da „die Zuständigkeiten der Europäischen Union im Bereich der Strafrechtspflege zudem in einer Weise ausgelegt werden [müssen], die den Anforderungen des Schuldprinzips genügt".[771] Eine einfache objektive, verschuldensunabhängige Strafbarkeit („*strict liability*") ist daher auf europäischer Ebene nicht zulässig.[772] Dies wird durch die in der Charta der Grundrechte und in der Europäischen Menschenrechtskonvention vorgesehene Unschuldsvermutung (Art. 48 Abs. 1 GRCh; Art. 6 Abs. 2 EMRK) und Strafzumessungsschuld (Art. 49 GRCh) untermauert. In dieselbe Richtung gehen auch die Vorgaben für die subjektive Seite des Tatbestands aus den Orientierungspunkten für die Verhandlungen des Rates im Strafrecht.[773]

Zusammenfassend sprechen die unionsrechtlichen Grundsätze (der Bestimmtheitsgrundsatz gemäß Art. 49 Abs. 1 GRCh und der Schuldprinzip) dafür, dass die Tatbestandsmerkmale sowohl in objektiver als auch in subjektiver Hinsicht hinreichend bestimmt sein müssen und mithin einen vollständigen Tatbestand ergeben. Dies ist ein Unterschied zur bisherigen Praxis der PJZS,

---

768 *Vogel/Eisele* in *Grabitz/Hilf/Nettesheim*, Recht der EU, Kommentar, Art. 83 AEUV, Rn. 35. Anders BVerfGE 123, 267 (413) – *Lissabon*.

769 *Vogel/Eisele* in *Grabitz/Hilf/Nettesheim*, Recht der EU, Kommentar, Art. 83 AEUV, Rn. 35; *Böse* in *Schwarze/Becker/Hatje/Schoo*, EU-Kommentar, Art. 83 AEUV, Rn. 18; *Hecker*, Europäisches Strafrecht, § 8, Rn. 41.

770 Siehe Ratsdok. 16542/09 vom 23.11.2009 über Musterbestimmungen als Orientierungspunkte für die Verhandlung des Rates, S. 6, Nr. 7. Vgl. u.a. auch *Vogel/Eisele* in *Grabitz/Hilf/Nettesheim*, Recht der EU, Kommentar, Art. 83 AEUV, Rn. 35.

771 BVerfGE 123, 267 (413) – *Lissabon*. Das Urteil betont, dass der Grundsatz, dass jede Strafe Schuld voraussetzt, seine Grundlage in der Menschenwürdegarantie des Art. 1 Abs. 1 GG hat.

772 Siehe u.a. auch *Vogel/Eisele* in *Grabitz/Hilf/Nettesheim*, Recht der EU, Kommentar, Art. 83 AEUV, Rn. 35. So auch Ratsdok. 16542/09 vom 23.11.2009 über Musterbestimmungen als Orientierungspunkte für die Verhandlung des Rates, S. 6, Nr. 8.

773 Ratsdok. 16542/09 vom 23.11.2009 über Musterbestimmungen als Orientierungspunkte für die Verhandlung des Rates, S. 6, Nr. 5–8.

wonach auch die Erfassung einzelner Tatbestandsvarianten erlaubt war bzw. für denkbar gehalten wurde.[774]

2. Harmonisierungstiefe

Für die Harmonisierungstiefe auf der Tatbestandsebene gelten die gleichen Grundsätze.[775] Eine Vollharmonisierung ist schon wegen der Begrenzung auf Mindestvorschriften ausgeschlossen. Die Harmonisierungstiefe ist vom Regelungsziel und von dem zur Zielerreichung erforderlichen Maß der Anpassung abhängig. Zu berücksichtigen bei der Bestimmung des Deliktbezugs und der Notwendigkeit zur Zielerreichung ist die Begrenzung der unionsrechtlichen Kompetenz auf Straftaten besonders schwere Kriminalität mit grenzüberschreitender Dimension.[776] Die Begrenzung der EU-Kompetenz auf besonders schwere Kriminalität impliziert, dass die Mitgliedstaaten Strafvorschriften unterhalb dieser Schwelle ausgestalten können, da diese in dem genannten Fall von der Ermächtigung der Union nicht berührt sind. Deshalb kann in Ausnahmekonstellationen (z.B. Kriminalisierung von Vorfeldhandlungen, Grundrechtskollisionen) von einer Befugnis der Union ausgegangen werden, die Reichweite des tatbestandlichen Verbotes durch eine abschließende Regelung zu bestimmen.[777] Bei genauerem Hinsehen stellt man fest, dass sich die Regelungsaktivitäten der Mitgliedstaaten in erheblichem Maße auf solche Ausnahmekonstellationen beziehen und ihre Befugnis gerade aus den abschließenden Vorschriften schafft. In diesem Zusammenhang ist auf die neuerliche Tendenz des Unionsgesetzgebers hinzuweisen, durch die Unionsrechtsakte den Mitgliedstaaten ein Ermessen zur Entkriminalisierung bestimmter Handlungen zu gewähren, zugleich aber einigermaßen verbindliche Vorgaben zu machen.[778]

---

774 *Wasmeier* in *von der Groeben/Schwarze*, EUV/EGV, Kommentar, Art. 31 EUV, Rn. 73 ff., der davon ausgeht, dass eine Annäherung für eine bestimmte Deliktsform auch nur einen Teil des Straftatbestands (z.B. den objektiven Tatbestand) erfassen könne. Die Formulierung des vollständigen Tatbestands werde dann den Mitgliedstaaten überlassen.

775 *Satzger* in *Streinz*, EUV/AEUV, Art. 83 AEUV, Rn. 40; *Heger* ZIS 2009, 406 (412); *Meyer* EuR 2011, 169 (179).

776 *Meyer* in *von der Groeben/Schwarze/Hatje*, EUV/AEUV, Kommentar, Art. 83 AEUV, Rn. 22.

777 *Böse* in *Schwarze/Becker/Hatje/Schoo*, EU-Kommentar, Art. 83 AEUV, Rn. 17. Im Ergebnis so auch *Meyer* in *von der Groeben/Schwarze/Hatje*, EUV/AEUV, Kommentar, Art. 83 AEUV, Rn. 22.

778 Siehe Art. 8 (zum Umsetzungsspielraum bei einverständlichen sexuellen Handlungen) und Art. 14 (Straffreiheit der Opfer) der Richtlinie 2011/93/EU zur Bekämpfung des

3. *Zur Harmonisierung des Allgemeinen Teils des Strafrechts*

Mit Blick auf die enge Verbindung zwischen dem Besonderen und dem Allgemeinen Teil des Strafrechts ist es nicht überraschend, dass die Frage einer Harmonisierung von Aspekten des Allgemeinen Teils des Strafrechts Gegenstand wissenschaftlicher Diskussionen wurde.[779]

Wie in den meisten bisherigen Rechtsakten (Rahmenbeschlüsse oder Richtlinien) praktiziert, werden die Tatbestandsvorgaben durch allgemeine Regelungen über die strafrechtliche Verantwortlichkeit (subjektive Tatseite, Beteiligung, Versuch) ergänzt, obwohl eine Harmonisierung des Allgemeinen Teils nicht ausdrücklich vorgesehen ist. Der EU-Gesetzgeber hat bislang bezüglich der Fragen des Allgemeinen Teils auf pauschale Formulierungen zurückgegriffen:

> „(1) Die Mitgliedstaaten treffen die erforderlichen Maßnahmen, um sicherzustellen, dass die Beihilfe zur Begehung einer Straftat nach […] strafbar ist.
> (2) Die Mitgliedstaaten treffen die erforderlichen Maßnahmen, um sicherzustellen, dass die Anstiftung zur Begehung einer Straftat nach […] strafbar ist.
> (3) Die Mitgliedstaaten treffen die erforderlichen Maßnahmen, um sicherzustellen, dass der Versuch der Begehung einer Straftat nach […] strafbar ist.“[780]

Auch wenn dies auf den ersten Blick positiv bewertet wird, da auf diese Weise die Kohärenz von Rechtsakten gewährleistet werden kann, bringen solche Vorschriften keine Klarheit.[781] In den Rechtsakten finden sich nämlich weder eine Definition noch ein Hinweis darauf, was unter Beihilfe, Anstiftung oder Versuch zu verstehen ist. Zudem ist unklar, ob auf die entsprechenden Begriffe aus den Strafrechtsordnungen der Mitgliedstaaten verwiesen wird oder der europäische Gesetzgeber europäische Begriffe bestimmen wollte.

In der Literatur wird die Meinung vertreten, dass ein europäischer Allgemeiner Teil wünschenswert ist, und es werden unterschiedliche Wege zu dessen Erreichung dargestellt. Nach *Vogel/Eisele* ist ein hinreichender Sachzusammenhang

---

sexuellen Missbrauchs und der sexuellen Ausbeutung von Kindern sowie der Kinderpornografie sowie zur Ersetzung des Rahmenbeschlusses 2004/68/JI des Rates, ABl. EU 2011, Nr. L 335, S. 1 ff.

779 *Stuckenberg* in *Böse*, Enzyklopädie Europarecht, Bd. 11: Europäisches Strafrecht, § 10, Rn. 1 ff.; *Grünewald*, JZ 2011, 972 (972 ff.).

780 Art. 14 der Richtlinie 2017/541/EU zur Terrorismusbekämpfung, ABl. 2017 EU, Nr. L 88, S. 6 ff.

781 *Satzger*, ZIS 2016, 771 (774); *Satzger* in *Böse*, Enzyklopädie Europarecht, Bd. 11: Europäisches Strafrecht, § 2, Rn. 89, der diese Regelungen als „floskelhafte Bestimmungen“ betrachtet.

zwischen den Tatbeständen des Besonderen Teils zu den Vorschriften des Allgemeinen Teils[782] im Rahmen einer wirksamen Bekämpfung des jeweiligen Kriminalitätsbereichs[783] erforderlich. Ein enger Deliktbezug zu allgemeinen Vorschriften besteht etwa bei Vorfeldtatbeständen, die sowohl den Versuch als auch die Beteiligung betreffen. Bereichsspezifische Vorgaben zur Strafbarkeit des Versuchs einer bestimmten Straftat und der Teilnahme (Anstiftung, Beihilfe) seien somit zu Recht unproblematisch.[784] *Stuckenberg* findet es zutreffend, dass der europäische Allgemeine Teil auf einer komplexen rechtsvergleichenden Grundlage gestaltet werden muss.[785] Er sieht es als erforderlich an, die nationalen Strafrechte aller Mitgliedstaaten zu untersuchen, um die gemeinsamen Grundsätze und bestehenden Unterschiede zu finden. Er hebt hervor, dass es nicht auf die ungefilterte Übernahme nationaler Regelungen ankomme, sondern es darum gehe, aus den divergierenden nationalen Lösungen diejenige auszuwählen, die an die Zwecke eines europäischen Allgemeinen Teils am besten angepasst werden könne.[786] *Klip* entwickelt auf rechtsvergleichender Basis Prinzipien, auf die sich aus den nationalen Regelungen ein Allgemeiner Teil auf europäischer Ebene erschaffen lässt. Danach müssten die europäischen Vorschriften mit den Verfassungstraditionen der Mitgliedstaaten und der EMRK vereinbar sein (Art. 6 Abs. 2 AEUV) sowie Kohärenz und Praktikabilität („*enforceability*") aufweisen.[787] Man müsse jedoch beachten, dass es bei dem neu entstandenen System nicht um die Effektivität gehe, indem die Schließung letzter Strafbarkeitslücken verfolgt werde. Vielmehr werde auf die Verwirklichung bestimmter Gerechtigkeitsvorstellung gezielt.[788] *Satzger* spricht sich für einen Allgemeinen Teil aus, in dem der EU-Gesetzgeber eigene Vorstellungen für die entsprechenden Begriffe etabliert.[789] *Jähnke/Schramm* sehen die Entwicklung eines europäischen

---

782 *Vogel/Eisele* in *Grabitz/Hilf/Nettesheim*, Recht der EU, Kommentar, Art. 83 AEUV, Rn. 36.

783 So *Hecker*, Europäisches Strafrecht, § 8, Rn. 23; *Hecker* in *Sieber/Satzger/von Heintschel-Heinegg*, Europäisches Strafrecht, § 10, Rn. 33.

784 *Heger*, ZIS 2009, 406 (412).

785 *Stuckenberg* in *Böse*, Enzyklopädie Europarecht, Bd. 11: Europäisches Strafrecht, § 10, Rn. 71.

786 *Vogel* bezieht sich auf diese Methode zu Recht als auf einen „Funktionsvorbehalt zugunsten des Europarechts". *Vogel*, JZ 1995, 331 (336).

787 *Klip* in *Klip*, Substantive Criminal Law of the European Union, S. 245.

788 So *Weigend* in *Zieschang/Hilgendorf/Laubenthal*, Strafrecht und Kriminalität in Europa, S. 60 ff.

789 *Satzger* in *Böse*, Enzyklopädie Europarecht, Bd. 11: Europäisches Strafrecht, § 2, Rn. 91 ff.

Allgemeinen Teils als eine Aufgabe des EuGH, der sie bereits in Angriff genommen habe, betrachte man die Fortentwicklungen im Kartellrecht[790].[791]

Trotz der in der Praxis etablierten Möglichkeit der ergänzenden Regelungen ist eine gezielte vollständige Harmonisierung des Allgemeinen Teils unzulässig,[792] da eine umfassende Regelungskompetenz der EU für das Strafrecht fehlt. Die Rechtsgrundlage zur Harmonisierung des materiellen Strafrechts findet sich in Art. 83 AEUV. Es handelt sich um eine bereichsspezifische Rechtsgrundlage, sodass der EU-Gesetzgeber nur im Rahmen der von der Harmonisierung erfassten Bereiche Vorschriften des Allgemeinen Teils treffen könnte.[793] Andernfalls wären die Grundlagen der Kompetenzordnung auf EU-Ebene und das Subsidiaritätsprinzip verletzt.

Mindestvorschriften zum Allgemeinen Teil sind nur begrenzt möglich und bereiten große Schwierigkeiten, da besonders die allgemeinen Vorschriften von dogmatischen sowie kriminalpolitischen Eigenheiten der Mitgliedstaaten geprägt sind.[794] Die Harmonisierung des Allgemeinen Teils darf daher nicht in die Grundstruktur der mitgliedstaatlichen Strafrechtssysteme eingreifen. Sollte doch ein Mitgliedstaat den Eindruck haben, dass ein Eingriff in sein strafrechtliches Rechtssystem stattfinden könnte, hat er die Möglichkeit, den „Notbremse-Mechanismus" zu aktivieren (Art. 83 Abs. 3 AEUV).

Bei der Festlegung von strafrechtlichen Mindestvorschriften im Allgemeinen Teil ist besonders die Kohärenz der Strafvorschriften sowohl auf europäischer als auch auf nationaler Ebene zu berücksichtigen. Zur Sicherstellung einer kohärenten Strafrechtsetzung auf Unionsebene (*horizontale Kohärenz*) hat der Rat Musterbestimmungen als Orientierungspunkte für die Verhandlungen des

790 Die EU übt in diesem Bereich eine echte Sanktionsgewalt aus.

791 *Jähnke/Schramm*, Europäisches Strafrecht, Kap. 14, Rn. 2 ff., mit Bezug auf Art. 325 Abs. 4 AEUV zum Schutz der finanziellen Interessen der EU. Anders *Grünewald*, die sich hierin für eine mögliche Kompetenz der EU zur Schaffung eines supranationalen EU-Finanzstrafrechts ausspricht, das materielle Vorschriften zum Allgemeinen wie zum Besonderen Teil enthält. *Grünewald*, JZ 2011, 972 (973 ff.)

792 So auch *Vogel/Eisele* in *Grabitz/Hilf/Nettesheim*, Recht der EU, Kommentar, Art. 83 AEUV, Rn. 36; *Meyer* in *von der Groeben/Schwarze/Hatje*, EUV/AEUV, Kommentar, Art. 83 AEUV, Rn. 22.

793 So *Satzger*, ZIS 2016, 771 (775); *Stuckenberg* in *Böse*, Enzyklopädie Europarecht, Bd. 11: Europäisches Strafrecht, § 10, Rn. 69.

794 Siehe *Walter*, ZStW 2005, 912 (925), mit einem Beispiel für die Schwierigkeit der europaweiten Mindestnormen wegen unterschiedlicher Rechtsordnungen der Mitgliedstaaten.

Rates im Bereich des Strafrechts beschlossen.[795] Die Musterbestimmungen enthalten auch Regelungen zum Allgemeinen Teil, etwa zur Kriminalisierung des Versuchs und der Teilnahme (Nr. 9). So werden Unstimmigkeiten zwischen den Vorschriften der einzelnen Unionsrechtsakte vermieden.

Beim Erlass von Mindestvorschriften muss ebenfalls auf kohärente mitgliedstaatliche Strafvorschriften geachtet werden (*vertikale Kohärenz*), da die Umsetzung der unionsrechtlichen Pflichten, etwa zur Kriminalisierung von Versuch und Beteiligung, in unterschiedlichen Strafrechtssystemen die Kohärenz gefährden kann. Daher ist zu beachten, dass die in den europäischen Rechtsakten enthaltenen strafrechtlichen Vorschriften zum Allgemeinen Teil mit den allgemeinen Lehren des Strafrechts der meisten Mitgliedstaaten, die durch eine lange Tradition geprägt sind, übereinstimmen. Beim Erlass der strafrechtlichen Rechtsakte muss die Union darauf achten, „die innere Balance" der gewachsenen nationalen Strafrechtssysteme beizubehalten.[796] Zudem sollten die Integrationsfriktionen bei der Ausarbeitung von Rechtsakten durch die Berücksichtigung kriminalpolitischer Leitlinien[797] so gering wie möglich gehalten werden.[798] Zur Vermeidung der vertikalen Inkohärenz ist zudem die Einführung salvatorischer Klauseln denkbar, welche die Ausgestaltung inhaltlicher Anforderungen an Versuch und Teilnahme dem nationalen Gesetzgeber überlassen.[799]

Insgesamt zeigt sich, dass die Harmonisierung von Straftaten zwar schon seit einigen Jahren eine der etablierten Aufgaben der EU ist. Im Bereich des Allgemeinen Teils gibt es aber bisher nur diverse Diskussionen im Schrifttum, während eine konsistente Linie des EU-Gesetzgebers, die das Entstehen einer europäischen Strafrechtsdogmatik ermöglichen würde, fehlt.

795 Ratsdok. 16542/09 vom 23.11.2009 über Musterbestimmungen als Orientierungspunkte für die Verhandlung des Rates.

796 *Meyer* in *von der Groeben/Schwarze/Hatje*, EUV/AEUV, Kommentar, Art. 83 AEUV, Rn. 23; *Asp*, EuCLR 2011, 44 (53).

797 Z.B. die oben genannten Musterbestimmungen als Orientierungspunkte für die Verhandlungen des Rates im Bereich des Strafrechts oder die im Manifest zur europäischen Kriminalpolitik festgelegten Grundsätze.

798 *Satzger* in *Streinz*, EUV/AEUV, Kommentar, Art. 83 AEUV, Rn. 4.

799 So *Böse* in *Schwarze/Becker/Hatje/Schoo*, EU-Kommentar, Art. 83 AEUV, Rn. 19, der die Konkretisierung europäischer Pflichten zum Allgemeinen Teil durch die Mitgliedstaaten als eine „schleichende Europäisierung des Allgemeinen Teils" ansieht.

III. Mindestvorschriften zu Strafen

Mit den Mindestvorschiften werden auch Strafen festgelegt, mit denen die jeweilige Straftat mindestens bedroht werden muss. Möglich sind aber auch strafbezogene Nebenrechtsfolgen oder sonstige Maßnahmen wie Verfall und Einziehung.[800]

Abweichend von der vorherigen Rechtsprechung des EuGH zur Unzulässigkeit von Richtlinienbestimmungen zu Art und Maß der Strafe,[801] können sich die Richtlinien nun sowohl auf die Art als auch auf das Maß der Strafe beziehen. Im Hinblick auf die Festlegung der Strafarten erkennt man eine zurückhaltende Tendenz der Union, andere Sanktionsarten als Freiheitsstrafe vorzuschreiben. Vorgaben zu Nebenrechtsfolgen sind nicht unzulässig, aber in der bisherigen Praxis selten, da wegen unterschiedlicher Rechtsordnungen ein Mitgliedstaat die betreffenden Nebenstrafen meist nicht kennt und somit grundlegende Aspekte seiner Strafrechtsordnung berührt sehen kann (Art. 83 Abs. 3 AEUV).

Zum Strafmaß darf die Union Mindestvorgaben machen. Zu beachten bei den europäischen Vorgaben ist, dass das Strafmaß zur Straftat nicht unverhältnismäßig sein darf. Dies ergibt sich ausdrücklich aus Art. 49 Abs. 3 GRCh. Nach dem Wortlaut des Art. 83 Abs. 1 AEUV wären in Bezug auf das Strafmaß die Festlegung sowohl einer Untergrenze des Strafniveaus als auch einer Obergrenze möglich.[802] Nach der früheren Unionspraxis wurden zur Gewährleistung einer vertikalen Kohärenz nur Vorgaben zu Mindesthöchststrafen gemacht. Der Rat entwickelte 2002 durch die „Schlussfolgerungen über einen Ansatz zur Angleichung von Strafen“[803] ein System, das vier Niveaus von Mindesthöchststrafen von einem bis zehn Jahren vorsah. Mindeststrafen wurden dagegen wegen des stärkeren Eingriffs in die mitgliedstaatlichen Rechtsordnungen in der Praxis der PJZS nicht festgelegt. Nach der Erklärung (Nr. 8) der Schlussakte zum Vertrag von Amsterdam durfte ein Mitgliedstaat nicht zur Einführung einer Mindeststrafe verpflichtet werden, wenn in seinem Strafrechtssystem eine Mindeststrafe

---

800 *Vogel/Eisele* in *Grabitz/Hilf/Nettesheim*, Recht der EU, Kommentar, Art. 83 AEUV, Rn. 37; *Meyer* in *von der Groeben/Schwarze/Hatje*, EUV/AEUV, Kommentar, Art. 83 AEUV, Rn. 25.

801 EuGH, Urteil v. 23.10.2007, C-440/05, ECLI:EU:C:2007:625 – *Meeresverschmutzung.*

802 *Satzger* in *Streinz*, EUV/AEUV, Kommentar, Art. 83 AEUV, Rn. 41; *Meyer* in *von der Groeben/Schwarze/Hatje*, EUV/AEUV, Kommentar, Art. 83 AEUV, Rn. 25.

803 Ratsdok. 9141/02 vom 27.05.2002, abrufbar unter: https://db.eurocrim.org/db/de/doc/1305.pdf (Stand: Juli 2023).

unbekannt war.[804] Im Ergebnis wurde ein Mindestmaß für die Obergrenze des Strafrahmens (Mindesthöchststrafe) vorgegeben und es wurden strafschärfende,[805] strafmildernde[806] oder strafbarkeitsausschließende[807] Umstände geregelt.

Die nach dem Inkrafttreten des Vertrags von Lissabon erlassenen Rechtsakte sehen weiterhin Mindesthöchststrafen vor. Da aber eine ähnliche Erklärung über Mindeststrafen in der Schlussakte zum Vertrag von Lissabon nicht enthalten ist, kann man davon ausgehen, dass Vorgaben zu Mindeststrafen grundsätzlich nicht ausgeschlossen sein sollen.[808] Zu beachten ist, dass diese Erklärungen nicht rechtsverbindlich, sondern eher rechtspolitische Bekenntnisse sind. Dies bedeutet allerdings nicht, dass das Fehlen einer solchen Erklärung in der Schlussakte des Lissaboner Vertrags für die Zulässigkeit von Mindeststrafen spricht.[809] Die Souveränitätsvorbehalte der Mitgliedstaaten könnten ein weiteres Argument dafür sein, dass von Mindeststrafen abgesehen werden soll. Die Kommission geht aber von der grundsätzlichen Zulässigkeit von Mindeststrafen aus, daher sind auch vermehrt Gesetzgebungsvorschläge festzustellen, die Vorschriften zu Mindeststrafen enthalten.[810] Die Einführung von Mindeststrafen wird in der Regel damit begründet, dass diese zur Verbesserung des Vorgehens gegen die Kriminalität in dem entsprechenden Bereich bedeutend beitragen könne. Dies ergebe sich aus Erkenntnissen von Folgeabschätzungen und Studien zu den

---

804 Erklärung Nr. 8 der Schlussakte zum Vertrag von Amsterdam, ABl. EG 1997 Nr. C 340, S. 133.

805 Z.B. Art. 3 Abs. 2 des Rahmenbeschlusses 2008/841/JI vom 24. Oktober 2008 zur Bekämpfung der organisierten Kriminalität, ABl. EG 2008, Nr. L 300, S. 42.

806 Z.B. Art. 5 des Rahmenbeschlusses 2004/757/JI vom 25. Oktober 2004 zur Festlegung von Mindestvorschriften über die Tatbestandsmerkmale strafbarer Handlungen und die Strafen im Bereich des illegalen Drogenhandels, ABl. EG 2004 Nr. L 335, S. 10.

807 Z.B. Art. 3 Abs. 2 des Rahmenbeschlusses 2004/68/JI des Rates vom 22. Dezember 2003 zur Bekämpfung der sexuellen Ausbeutung von Kindern und der Kinderpornografie, ABl. EG 2004 Nr. L 13, S. 46.

808 Siehe *Dorra*, Strafrechtliche Legislativkompetenzen der Europäischen Union, S. 225 ff., der sich für eine Zulässigkeit der Mindeststrafen im technischen Sinn bzw. aus kompetenzrechtlicher Sicht ausspricht.

809 So *Meyer* in *von der Groeben/Schwarze/Hatje*, EUV/AEUV, Kommentar, Art. 83 AEUV, Rn. 25.

810 KOM(2012)363 endg., Art. 8 Abs. 1 lit. a („Freiheitsstrafe im Mindestmaß von mindestens sechs Monaten"); KOM(2013)42 endg., Art. 5 Abs. 4 lit. a („Freiheitsstrafe im Mindestmaß von mindestens sechs Monaten").

Defiziten der aktuellen Situation.[811] Dass der Rat nicht der gleichen Meinung wie die Kommission ist, folgt aus den Vorschlägen oder aus den bereits erlassenen Richtlinien, welche die Paragrafen zu den Mindeststrafen entweder gestrichen oder in strafschärfende Umstände umgestaltet haben.[812]

Die Reichweite der Kompetenz auf der Rechtsfolgenseite hängt überdies vom Subsidiaritätsprinzip und von den Erwägungen zu unterschiedlichen Strafrechtsordnungen ab. Betrachtet man die oben ausgeführten Bemerkungen, kann man zu dem Schluss kommen, dass die Regelung zum Maß der Strafe letztlich den Mitgliedstaaten überlassen wird.[813]

IV. Mindestvorschriften im Fall der Annexzuständigkeit

Grundsätzlich gelten zwar die Ausführungen zu Art. 83 Abs. 1 AEUV auch für Abs. 2, bei der konkreten Anwendung der beiden Regelungen können sich aber Unterschiede ergeben. Der wichtigste Unterschied bei der Festlegung von Mindestvorschriften zu Straftaten im Rahmen der Annexzuständigkeit ist, dass der Begriff „Mindestvorschriften" von der Akzessorietät der Kompetenz geprägt ist. Dies bedeutet im Extremfall, dass dann, wenn die Verhaltensnormen schon durch die außerstrafrechtliche Harmonisierung abschließend festgelegt werden, für darüber hinausgehende Strafvorschriften kein Raum mehr ist.[814] Üblicherweise steht jedoch der Ausgestaltungsspielraum bei der Annexkompetenz in Bezug auf das tatbestandliche Verbot in einem engen Abhängigkeitsverhältnis

---

811 KOM(2012)363 endg., S. 11 („für Kohärenz […] sorgen"); KOM(2013)42 endg., S. 3, 7.

812 Ratsdok. 10729/13 vom 10.06.2013, Art. 7 und Art. 8, S. 18, abrufbar unter: http://db.eurocrim.org/db/en/doc/1912.pdf (Stand: Juli 2023); zum Vorschlag der Kommission für eine Richtlinie über die strafrechtliche Bekämpfung von gegen die finanziellen Interessen der Europäischen Union gerichtetem Betrug, KOM(2012)363 endg.); Ratsdok. 14761/13 vom 11.10.2013, Art. 5, S. 13, abrufbar unter: http://db.eurocrim.org/db/en/doc/1990.pdf (Stand: Juli 2023); zum Vorschlag für eine Richtlinie zum strafrechtlichen Schutz des Euro und anderer Währungen gegen Geldfälschung und zur Ersetzung des Rahmenbeschlusses 2000/383/JI des Rates, KOM(2013)42 endg.); siehe dazu auch Art. 5 Abs. 3 und 4 (Mindesthöchststrafen) der Richtlinie 2014/62/EU zum strafrechtlichen Schutz des Euro und anderer Währungen gegen Geldfälschung und zur Ersetzung des Rahmenbeschlusses 2000/383/JI des Rates, ABl. EU 2014 Nr. L 141, S. 1 ff.

813 *Meyer* in *von der Groeben/Schwarze/Hatje*, EUV/AEUV, Kommentar, Art. 83 AEUV, Rn. 25.

814 *Böse* in *Böse*, Enzyklopädie Europarecht, Bd. 11: Europäisches Strafrecht, § 4, Rn. 20 m.w.N.

mit der Regelung in der vorangehenden Harmonisierung auf dem betreffenden Gebiet.

Neu an der in Art. 83 Abs. 2 AEUV geregelten Annexkompetenz ist, dass diese auch dazu ermächtigt, Mindestvorschriften zu Strafen (Strafarten und Strafmaß) durch Richtlinien festzulegen.[815] Derartige Vorgaben bedürfen jedoch einer besonderen Rechtfertigung. Denn die Festlegung eines bestimmten Strafmaßes kann dazu führen, dass die Kohärenz der nationalen Strafvorschriften beeinträchtigt wird. In Anbetracht der früheren EuGH-Rechtsprechung zur Annexkompetenz liegt in der Festlegung von Mindestvorschriften zu Art und Maß der Strafe gemäß Art. 83 Abs. 2 AEUV keine Erweiterung der Kompetenz. Mindestvorgaben zu Strafen waren früher nach der EuGH-Rechtsprechung im Rahmen von Rahmenbeschlüssen der PJZS ebenso zulässig.

Bezüglich der Frage, wer am besten über die Mindesthöchststrafe entscheidet, ist zum einen eine einheitliche Unionsregelung zu begrüßen. Zum anderen ist es in der Praxis wegen der Unterschiede zwischen den nationalen Sanktionssystemen und der unterschiedlichen Strafempfindlichkeiten der Unionsbürger letztlich erforderlich, die Entscheidung zur konkreten Mindeststrafhöhe den Mitgliedstaaten zu überlassen.[816]

§ 5 Mindestvorschriften nach Art. 83 AEUV als alleinige Rechtsetzungsmöglichkeit im Strafrecht?

Art. 83 AEUV stellt die einzige ausdrückliche Rechtsetzungskompetenz im Strafrecht dar. In diesem Zusammenhang stellt sich die Frage, ob diese Vorschrift die ausschließliche Grundlage für die Harmonisierung materieller Strafvorschriften ist. Dieser Frage kommt eine wichtige Rolle mit Blick auf andere Normen des AEUV zu (etwa Art. 114, Art. 79 oder Art. 325 Abs. 4 AEUV). Nach diesen Normen könnten der EU – wie zu zeigen ist – ebenfalls Strafrechtsetzungsbefugnisse eingeräumt werden.

---

815 *Böse* in *Böse*, Enzyklopädie Europarecht, Bd. 11: Europäisches Strafrecht, § 4, Rn. 20; *Meyer* in *von der Groeben/Schwarze/Hatje*, EUV/AEUV, Kommentar, Art. 83 AEUV, Rn. 65. A.A. *Heger*, ZIS 2009, 406 (413), wonach eine (Mindest-)Harmonisierung der Strafen, trotz expliziter Zulässigkeit, jedenfalls nicht „unerlässlich“ für die Durchführung der Unionspolitik sei und daher auch nach Inkrafttreten des Vertrags von Lissabon zu unterbleiben habe.

816 In dieser Richtung auch *Meyer* in *von der Groeben/Schwarze/Hatje*, EUV/AEUV, Kommentar, Art. 83 AEUV, Rn. 65.

A. Historische und systematische Auslegung des Art. 83 AEUV

Dafür, dass Art. 83 AEUV eine alleinige Kompetenznorm zum Erlass von harmonisiertem Strafrecht ist, spricht die Entstehungsgeschichte des Art. 83 AEUV, da die Kompetenzen aus der ehemals ersten und dritten Säule der EU einheitlich im Raum der Freiheit, der Sicherheit und des Rechts (Dritter Teil, Titel V, Kapitel 4 des AEUV „Justizielle Zusammenarbeit in Strafsachen") zusammengefügt worden sind.[817] Art. 83 AEUV regelt detailliert die Kompetenzen der EU zur Harmonisierung des materiellen Strafrechts. Aus der mit dem Lissaboner Vertrag geschaffenen Neuordnung der strafrechtlichen Zuständigkeiten folgt, dass es dem Unionsgesetzgeber grundsätzlich verwehrt ist, auf der Grundlage anderer vertraglicher Ermächtigungen Rechtsakte im materiellen Strafrechtsbereich zu erlassen.

Diese Feststellung wird gestützt durch systematische Erwägungen. Art. 83 AEUV ist eine Vorschrift, die sich in mehrfacher Hinsicht von anderen Normen des Vertrags unterscheidet. Denn sie beschränkt sich auf materielles Strafrecht und enthält wegen ihres speziellen Gegenstands Sicherungen zur Bewahrung der nationalstaatlichen Souveränität. Als Handlungsinstrument für die Harmonisierung des Strafrechts ist zudem nur die Richtlinie zulässig. Zudem wird den Mitgliedstaaten über den „Notbremse-Mechanismus" ein Vetorecht zugestanden. Mit diesen Eigenschaften und besonderen Beschränkungen wird zum Ausdruck gebracht, dass Art. 83 AEUV eine Spezialvorschrift ist, die den Zugriff auf andere vertragliche Ermächtigungsgrundlagen versperrt.[818]

B. Das Verhältnis zu potenziellen Strafrechtsetzungsnormen

Ungeachtet der Besonderheit und der grundsätzlich bestehenden Sperrwirkung des Art. 83 AEUV werden in der Literatur andere Vertragsbestimmungen als Ermächtigung für die Strafrechtsetzung angesehen.[819] So ist fragwürdig, ob ein Rückgriff auf Art. 114 AEUV als Kompetenznorm für eine Strafrechtsharmonisierung in Betracht kommt. Diese Norm ist die Zentralnorm der

---

817 Erstmals in dem Entwurf eines Vertrags über eine Verfassung für Europa, CONV 850/03, S. 138, abrufbar unter: https://eur-lex.europa.eu/legal-content/DE/TXT/PDF/?uri=OJ:C:2004:310:FULL (Stand: Juli 2023).

818 *Heger*, ZIS 2009, 406 (415 ff.); *Böse* in *Böse*, Enzyklopädie Europarecht, Bd. 11: Europäisches Strafrecht, § 4, Rn. 23, der allerdings von einer „Sperrwirkung" des Art. 83 Abs. 2 EUV für das Kriminalstrafrecht spricht.

819 Dazu *Hecker*, Europäisches Strafrecht, § 4, Rn. 62 ff.

außerstrafrechtlichen Rechtsangleichung. Dennoch wurden auf sie Richtlinien mit strafrechtlichem Gehalt gestützt, etwa die Insider- und Geldwäscherichtlinien.[820] Zwar wurden die Mitgliedstaaten verpflichtet, Verstöße mit wirksamen, verhältnismäßigen und abschreckenden Sanktionen zu ahnden, in der Sache war jedoch klar, dass Straftatbestände definiert wurden. Beim Erlass der jüngsten Geldwäscherichtlinie hat der Unionsgesetzgeber die neuen Regeln strikt befolgt.[821] Sie basiert auf Art. 114 AEUV, der sich mit der Verwirklichung des Binnenmarktes befasst, und enthält keine Anweisung zum Erlass von strafrechtlichen Bestimmungen. Die Möglichkeit der Strafrechtsharmonisierung wird in diesem Bereich auf der Grundlage von Art. 83 Abs. 1 AEUV eröffnet, in dessen Unterabs. 2 die Geldwäsche als eine der Straftaten genannt wird, die eine grenzüberschreitende Dimension haben. In den anderen Bereichen bezüglich des Binnenmarktes, in denen eine außerstrafrechtliche Harmonisierung stattgefunden hat, kann gestützt auf Art. 83 Abs. 2 AEUV eine Strafrechtsharmonisierung zur Durchsetzung der harmonisierten Unionspolitik erfolgen.[822]

Versperrt ist auch ein Zugriff auf Art. 79 AEUV.[823] Hierbei geht es um die Bekämpfung illegalen und in der Regel strafbaren Verhaltens (etwa illegale Einwanderung, Menschenhandel). Grundsätzlich ist die Einwanderungspolitik nach Art. 79 AEUV durch zahlreiche Richtlinie harmonisiert, sodass eine Strafrechtsharmonisierung auf Grundlage von Art. 83 Abs. 2 AEUV stattfinden kann. Wegen

---

820 Richtlinie 89/592/EWG des Rates vom 13. November 1989 zur Koordinierung der Vorschriften betreffend Insider-Geschäfte, ABl. EG, Nr. L 334 S. 30 ff.; Richtlinie 91/308/EWG des Rates vom 10. Juni 1991 zur Verhinderung der Nutzung des Finanzsystems zum Zwecke der Geldwäsche, ABl. EG, Nr. L 166, S. 77 ff.

821 Richtlinie 2018/843/EU des Europäischen Parlaments und des Rates vom 30. Mai 2018 zur Änderung der Richtlinie 2015/849/EU zur Verhinderung der Nutzung des Finanzsystems zum Zwecke der Geldwäsche und der Terrorismusfinanzierung und zur Änderung der Richtlinien 2009/138/EG und 2013/36/EU, ABL. EU, Nr. L 156, S. 43 ff.

822 So *Hecker*, Europäisches Strafrecht, § 8, Rn. 3, 24; differenzierend *Meyer* in *von der Groeben/Schwarze/Hatje*, EUV/AEUV, Kommentar, Art. 83 AEUV, Rn. 48, der von einer ambivalenten Lage in diesem Fall ausgeht. Solle die Strafrechtsharmonisierung auf die Herstellung gleicher Wettbewerbsbedingungen abzielen, könne die Harmonisierung auf Art. 114 AEUV gestützt werden. Ginge es dagegen um die Gewährleistung der Wirksamkeit einer Unionspolitik (erlassenes Sekundärrecht zur Erreichung des Binnenmarktes gem. Art. 114 AEUV), wäre die Annexkompetenz (Art. 83 Abs. 2 AEUV) einschlägig.

823 *Safferling*, Internationales Strafrecht, § 10, Rn. 44 ff.; *Heger*, ZIS 2009, 406 (415 ff.). Beide sprechen sich gegen die Annahme einer Strafrechtssetzungskompetenz nach Art. 79 AEUV aus.

dieser Vorschrift ist es nicht mehr möglich, Richtlinien zu Mindestvorschriften über Straftaten und Strafen auf allgemeine Ermächtigungsgrundlagen in den einzelnen Politikbereichen zu stützen. Insoweit ist Art. 83 Abs. 2 AEUV nach der Systematik der vertraglichen Zuständigkeiten die alleinige Rechtsgrundlage, da er nach dem Willen der Mitgliedstaaten die frühere Reichweite der Sachkompetenzen abgelöst hat.[824] Diese Rechtsnorm sieht besondere Voraussetzungen vor, wie die Begrenzung auf Richtlinien und den „Notbremse-Mechanismus", die im Fall eines Rückgriffs auf die allgemeinen Grundlagen umgegangen werden würden. Während die Stützung der Strafrechtsharmonisierung zur Durchsetzung der Einwanderungspolitik auf Art. 83 Abs. 2 AEUV unproblematisch ist, ist die Lage beim Menschenhandel anders: Ein entsprechender strafrechtlicher Rechtsakt kann auf Art. 83 Abs. 1 AEUV gestützt werden, der Menschenhandel ausdrücklich als einen der harmonisierbaren Kriminalitätsbereiche nennt.[825] Die Bekämpfung von Menschenhandel ist ohne Zweifel eine Materie des Kernstrafrechts, und Strafrecht ist Gegenstand des Art. 83 AEUV.

C. Ausnahmefall: Art. 325 Abs. 4 AEUV

Fraglich ist weiterhin, ob eine Vorrangigkeit des Art. 83 AEUV im Verhältnis zu Art. 325 Abs. 4 AEUV besteht oder, mit anderen Worten, ob die Sperrwirkung auch Art. 325 Abs. 4 AEUV umfasst.

I. Art. 325 Abs. 4 AEUV als Sondernorm mit strafrechtlicher Relevanz

Die Straftaten zum Nachteil der finanziellen Interessen der Union waren Gegenstand der ersten Harmonisierungsmaßnahmen der Union, nämlich des Übereinkommens über den Schutz der finanziellen Interessen der Europäischen Gemeinschaften vom 26.11.1995 auf der Grundlage des EU-Vertrags in der Fassung von Maastricht. Weitere Versuche, die materiell-strafrechtliche Harmonisierung zu entwickeln, blieben wegen der zweifelhaften Kompetenz der EG (Art. 280 Abs. 4 Satz 2 EUV a.F.) erfolglos.[826] Die jetzige Regelung in Art. 325

---

824 *Böse* in *Schwarze/Becker/Hatje/Schoo*, EU-Kommentar, Art. 83 AEUV, Rn. 30.

825 *Vogel/Eisele* in *Grabitz/Hilf/Nettesheim*, Recht der EU, Kommentar, Art. 83 AEUV, Rn. 82; *Meyer* in *von der Groeben/Schwarze/Hatje*, EUV/AEUV, Kommentar, Art. 83 AEUV, Rn. 50. Im Ergebnis so auch *Böse* in *Böse*, Enzyklopädie Europarecht, Bd. 11: Europäisches Strafrecht, § 4, Rn. 25.

826 *Safferling*, Internationales Strafrecht, § 10, Rn. 16 ff. (mit einer Entwicklungsgeschichte des Art. 280 Abs. 4 Satz 2 EUV a.F. bis zu dessen Streichung durch den Vertrag von Lissabon).

Abs. 4 AEUV wirft die Frage auf, ob die dortigen Kompetenzen auch die Befugnis der EU zur Harmonisierung von Strafnormen und sogar zum Erlass supranationaler Tatbestände enthalten.

Art. 325 AEUV hat eine Sonderstellung. Denn die Rechtsnorm hat eine besondere Zielrichtung: den Kampf gegen Betrügereien und sonstige gegen die finanziellen Interessen der Union gerichtete rechtswidrige Handlungen. Die aus dem Strafrecht entlehnte Terminologie ist ein Indiz dafür, dass die Norm es ebenfalls gestattet, auf EU-Ebene zur Erreichung des Ziels mit dem Einsatz des Strafrechts zu reagieren.[827] Allerdings ist Kriminalitätsbekämpfung ein Ziel des Raums der Freiheit, der Sicherheit und des Rechts. Daher können die von Art. 325 Abs. 4 AEUV geforderten strafrechtlichen Maßnahmen zum Schutz der finanziellen Interessen der EU in Konkurrenz zu Maßnahmen geraten, zu denen Art. 83 AEUV als Kompetenznorm berechtigt (etwa Maßnahmen gegen Geldwäsche und Korruption) und die zugleich relevant für die EU-Finanzen sind.

Systematisch steht diese Vorschrift aber außerhalb des Raums der Freiheit, der Sicherheit und des Rechts, im sechsten Teil, Titel II, des AEUV, der die Finanzvorschriften betrifft, jedoch nach den Gemeinsamen Bestimmungen für die Finanzvorschriften, in einem eigenen Kapitel (Kapitel 6). Schon diese Verortung lässt vermuten, dass Gegenstand des Art. 325 AEUV weder Finanzvorschriften noch verwaltungsrechtliche Regelungen sind. In diese Richtung deutet auch eine Entscheidung des EuGH, in welcher der EuGH die Bedeutung dieser Vorschrift im Kampf gegen Verhaltensweisen hervorhebt, die eine Schädigung der finanziellen Interessen der EU beabsichtigen. Im konkreten Fall konnte eine beträchtliche Anzahl von schweren Betrugsfällen nicht strafrechtlich geahndet werden, weil die Verjährungsregeln die Verhängung wirksamer und abschreckender Sanktionen verhinderten. Es durfte keine unterschiedlichen Verjährungsfristen bei Betrug zulasten Italiens oder der EU geben, sodass der Gerichtshof entschied, dass zu kurze Verjährungsfristen unangewendet bleiben.[828] Auch wenn der konkrete Fall in erster Linie die Strafverfolgung betrifft, hat das Urteil eine besondere Bedeutung auch in Bezug auf das materielle Strafrecht. Die Mitgliedstaaten haben danach die Pflicht, das Mittel des Strafrechts wirksam gegen Finanzstraftaten einzusetzen, welche die finanziellen Interessen der EU beeinträchtigen.[829]

827 *Sturies*, HRRS 2012, 273 (277).
828 EuGH, Urteil v. 08.09.2015, Rs. C-105/14, EU:C:2015:555, Rn. 39 ff. – *Taricco*.
829 EuGH, Urteil v. 08.09.2015, Rs. C-105/14, EU:C:2015:555, Rn. 50 – *Taricco*.

Alle diese Erwägungen stützen die Annahme, dass Art. 325 AEUV eine Sondernorm ist, die sich der üblichen Kompetenzsystematik entzieht.

II. Das Verhältnis von Art. 325 Abs. 4 AEUV zu Art. 83 AEUV

Vor diesem Hintergrund stellt sich die Frage, inwieweit Art. 325 Abs. 4 AEUV eine speziellere Ermächtigungsgrundlage in Strafsachen gegenüber der Harmonisierungskompetenz nach Art. 83 AEUV darstellt.

Die meisten Handlungen zulasten der Unionsfinanzen werden in die Kriminalitätsbereiche des Art. 83 Abs. 1 AEUV fallen. Art. 325 Abs. 4 AEUV wiederum nennt deutlich nur den Betrug gegen das Schutzgut „finanzielle Interessen der Union", verglichen mit Bereichen, die zur schweren Kriminalität von grenzüberschreitender Art oder mit grenzüberschreitenden Auswirkungen gehören. Zudem ist Gegenstand dieser Rechtsnorm ausschließlich des Schutzes der EU-Struktur- und Kohäsionsfonds. Somit stellt der Schutz der finanziellen Interessen der EU den Schwerpunkt der Regelung in Art. 325 Abs. 4 AEUV im Bereich der Betrugsbekämpfung dar, während Art. 83 AEUV einen weiteren Anwendungsbereich hat.[830]

Ein Konkurrenzverhältnis des Art. 83 Abs. 2 AEUV mit Art. 325 Abs. 4 AEUV kommt grundsätzlich nicht in Betracht, da die Kompetenzen nicht dem gleichen Zweck dienen.[831] Man muss nämlich zwischen der strafrechtlichen Harmonisierung zur Bekämpfung von Kriminalität nach Art. 83 Abs. 1 AEUV und der strafrechtlichen Harmonisierung zur Durchsetzung der Politiken der Union nach Art. 83 Abs. 2 AEUV differenzieren. Die Auswahl der Ermächtigungsgrundlage steht in einer engen Verbindung mit dem Regelungsgehalt der Norm. Nach der ständigen Rechtsprechung des EuGH muss sich die Auswahl der Rechtsgrundlage an objektiven, justiziell überprüfbaren Kriterien orientieren (z.B. Hauptziel und Inhalt der Maßnahme). Entscheidend ist daher, wo der inhaltliche Schwerpunkt liegt und was als notwendige Maßnahme i.S.d. Art. 325 Abs. 4 AEUV zu betrachten ist.[832] Hier beinhaltet Art. 325 Abs. 4 AEUV als Schwerpunkt nicht die Durchsetzung interner Politiken, sondern den Schutz der finanziellen Interessen der EU durch (ebenfalls strafrechtliche) Maßnahmen zur Verhütung und Bekämpfung von gegen die finanziellen Unionsinteresse

---

830 So auch *Sicurella* in *Klip*, Substantive Criminal Law of the European Union, S. 238.

831 *Meyer* in *von der Groeben/Schwarze/Hatje*, EUV/AEUV, Kommentar, Art. 83 AEUV, Rn. 52.

832 *Meyer* in *von der Groeben/Schwarze/Hatje*, EUV/AEUV, Kommentar, Art. 83 AEUV, Rn. 52.

gerichteten Betrügereien. Zum Teil wird explizit die Ansicht vertreten, dass der Schutz der finanziellen Interessen der EU nach der Streichung der strafrechtlichen Vorbehaltsklausel in Art. 280 Abs. 4 EUV a.F. in den Anwendungsbereich des Art. 83 Abs. 2 AEUV falle,[833] da das zugrunde liegende Unionsrecht harmonisiert sei. Diese Ansicht überzeugt jedoch nicht.[834] Denn zu den bereits dargestellten Argumenten kann man hinzufügen, dass es sich bei der Betrugsbekämpfung nicht um eine interne EU-Politik wie diejenigen handelt, die in den Anwendungsbereich des Art. 83 Abs. 2 AUV fallen.[835]

Anders ist es im Fall des Art. 83 Abs. 1 AEUV. Bei einer Harmonisierung mitgliedstaatlicher Vorschriften, um einen effektiven und gleichwertigen Schutz gegen die Betrügereien zulasten der Union in den Mitgliedstaaten sowie in den Organen der EU zu erreichen, kann es, abhängig von der Kriminalitätsform, zu einer Konkurrenz zwischen Art. 325 Abs. 4 AEUV und Art. 83 Abs. 1 AEUV kommen. Dies ist insbesondere dann der Fall, wenn es sich um einen Kriminalitätsbereich handelt, der dem Katalog des Art. 83 Abs. 1 Unterabsatz 2 AEUV zugeordnet werden kann und eine schwere und grenzüberschreitende Kriminalitätsform darstellt. Eine Konkurrenz kann ebenfalls bestehen, wenn es sich um Kriminalitätsbereiche handelt, die über die Erweiterungsklausel nach Art. 83 Abs. 1 Satz 3 AEUV zum Gegenstand der Kriminalitätsbekämpfung werden können. Der Regelfall ist, dass in diesen Konkurrenzfällen vor dem Hintergrund seines Charakters Art. 83 AEUV Vorrang hat.

Von diesem Grundsatz gibt es allerdings Ausnahmen, insbesondere dann, wenn Art. 325 AEUV aufgrund der Schwerpunktregelungen als Spezialnorm gilt und daher vorrangig angewendet werden wird.[836] Die Straftaten müssen

---

833 So *Böse* in *Schwarze/Becker/Hatje/Schoo*, EU-Kommentar, Art. 83 AEUV, Rn. 31.

834 So auch *Meyer* EuR 2011, 169 (184).

835 Die internen Politikfelder der EU sind im dritten Teil des AEUV („Die internen Politiken und Maßnahmen der Union") geregelt. Die gegen die finanziellen Interessen der Union gerichtete Betrugsbekämpfung steht dagegen im sechsten Teil, Titel II des AEUV, der die Finanzvorschriften betrifft.

836 So *Hadding*, Strafrechtliche Aspekte des Unionsrechts, S. 247 ff. Zu Art. 325 Abs. 4 AEUV als spezieller und somit vorrangiger Ermächtigung im Bereich der Betrugsbekämpfung siehe auch *Hecker* in *Sieber/Satzger/von Heintschel-Heinegg*, Europäisches Strafrecht, § 10, Rn. 23 ff.; *Zimmermann*, Jura 2009, 844 (844); *Vogel/Eisele* in *Grabitz/Hilf/Nettesheim*, Recht der EU, Kommentar, Art. 83 AEUV, Rn. 91; *Satzger* in *Streinz*, EUV/AEUV, Kommentar, Art. 325 AEUV, Rn. 30. So auch *Sicurella* in *Klip*, Substantive Criminal Law of the European Union, S. 233, 235 ff., die den speziellen Charakter des Art. 325 Abs. 4 AEUV deutlich betonnt: „By introducing the general provision of art. 83 TFEU (together with the specific provision of art. 325

jedenfalls einen unmittelbaren Bezug zu den Unionsfinanzen aufweisen. Art. 325 Abs. 4 AEUV stellt dann eine Kompetenznorm für eine umfassende Harmonisierung des Strafrechts gegen sämtliche Betrügereien dar, welche die Finanzinteressen der Union beeinträchtigen. Es ist folglich möglich, dass im Rahmen des Schutzes der Unionsfinanzen auch leichte bis normale und sogar schwere Straftaten im Finanzbereich bekämpft werden. Nach Art. 83 Abs. 1 AEUV können dagegen nur besonders schwere Straftaten harmonisiert werden. Dies entspricht jedoch ebenfalls dem Ziel des Art. 325 AEUV, da es auch in diesen Fällen darum geht, die finanziellen Interessen der EU zu schützen. Hätte Art. 83 Abs. 1 AEUV in solchen Fällen Vorrang gegenüber Art. 325 Abs. 4 AEUV, würde dieser Zweck vereitelt werden, da nur einzelne Kriminalitätsformen in den Anwendungsbereich des Art. 83 Abs. 1 AEUV fallen.

Beachtenswert sind im Kontext des Verhältnisses von Art. 325 Abs. 4 AEUV zu Art. 83 Abs. 2 AEUV die Positionen der europäischen Institutionen beim Erlass der Richtlinie über die Bekämpfung von Betrug zulasten der finanziellen Interessen der EU.

Die Kommission stützte den Vorschlag auf Art. 325 Abs. 4 AEUV mit der Begründung, diese Norm schließe die Befugnis ein, strafrechtliche Vorschriften zum Schutz der finanziellen Interessen der EU gegen sämtliche denkbaren Formen rechtswidriger Handlungen zu erlassen.[837] Demgegenüber hielt das Europäische Parlament mit dem Rat Art. 83 Abs. 2 AEUV für die taugliche Rechtsgrundlage zum Erlass der Richtlinie, wobei die Wahl der Rechtsgrundlage in bemerkenswerter Offenheit auf den Vergleich gestützt wurde, welcher Kompetenztitel dem Europäischen Parlament mehr Mitentscheidungsrechte gebe.[838] Der Rat führte als Argument u.a. an, dass ein Legislativvorschlag, mit dem „einschlägige Straftatbestände und Sanktionen“ definiert werden sollen (Art. 1 des Richtlinienvorschlags), nicht auf eine Bestimmung wie Art. 325 Abs. 4 AEUV, sondern nur auf Art. 83 Abs. 2 AEUV als Rechtsgrundlage gestützt werden könne. Zudem seien der „Notbremse-Mechanismus“ und die Möglichkeit der verstärkten Zusammenarbeit so konzipiert, dass sie für alle Richtlinien über Mindestvorschriften für die Festlegung von Straftaten und Strafen gälten. Eine derartige Angleichung auf einer anderen Rechtsgrundlage vorzunehmen, käme daher einem Umgehen dieses im Vertrag vorgesehenen Schutzmechanismus

---

TFEU […], the Treaty of Lisbon establishes the necessary legal basis allowing the EU to make the very crucial choice of what has to be 'criminalised' […]“.

837 Dazu KOM(2012)363 endg., S. 14. Siehe auch KOM(2017)246 vom 16.05.2017, S. 4.

838 Ratsdok. 6964/14 vom 25.02.2014, S. 2 ff.

gleich.[839] Der juristische Dienst des Rates geht weiterhin davon aus, dass die Streichung des letzten Satzes des Art. 280 EGV a.F.[840] so zu verstehen sei, dass alle materiell-rechtlichen Ermächtigungsbestimmungen im AEUV (also auch Art. 325 AEUV) an die allgemeine Regelung angeglichen werden, der zufolge eine Angleichung des Strafrechts durch die Festlegung von Straftaten und Strafen zum Zweck der wirksamen Durchführung der EU-Politikfelder gemäß Art. 83 Abs. 2 AEUV erfolgen müsse.[841] Er zieht dabei jedoch nicht in Betracht, dass Art. 325 Abs. 4 AEUV eine spezielle Ermächtigungsgrundlage ist, auf deren Grundlage, wie gezeigt, eine Strafrechtsharmonisierung stattfinden kann.[842] In diesem Zusammenhang ist hervorzuheben, dass Art. 83 Abs. 2 AEUV nicht jede praktische Wirksamkeit genommen würde, wie der juristische Dienst betont,[843] da sich diese Argumentation nicht auf alle potenziellen Ermächtigungsgrundlagen übertragen lässt.

Letztlich entschieden sich die Mitgliedstaaten im Rahmen der Verhandlungen im Rat für Art. 83 Abs. 2 AEUV als gesetzliche Grundlage für den Erlass der Richtlinie 2017/1371/EU.[844] Diese Entscheidung hätte nach hier vertretener Meinung einer Überprüfung durch den EuGH höchstwahrscheinlich nicht standgehalten. Art. 325 Abs. 4 AEUV stellt eine ausdrückliche Rechtsgrundlage für Maßnahmen zum Schutz der finanziellen Interessen der EU dar, die sich von den Zielen und Inhalten der Kompetenz nach Art. 83 Abs. 2 AEUV klar

---

839 Ratsdok. 15309/12 vom 22.10.2012, S. 3 ff.

840 Art. 280 Abs. 4 Satz 2 EGV a.F.: „Die Anwendung des Strafrechts der Mitgliedstaaten und ihre Strafrechtspflege bleiben von diesen Maßnahmen unberührt."

841 Ratsdok. 15309/12 vom 22.10.2012, S. 5.

842 *Satzger* in *Streinz*, EUV/AEUV, Kommentar, Art. 325 AEUV, Rn. 30; *Meyer* in *von der Groeben/Schwarze/Hatje*, EUV/AEUV, Kommentar, Art. 83 AEUV, Rn. 52 m.w.N.

843 Ratsdok. 15309/12 vom 22.10.2012, S. 5.

844 Ratsdok. 8604/2015 vom 07.05.2015, abrufbar unter: https://db.eurocrim.org/db/en/doc/2370.pdf (Stand: Juli 2023). Siehe jedoch KOM(2017)246, S. 4: „Die Kommission unterstützt den Standpunkt des Rates in erster Lesung in Bezug auf die wesentlichen Bestimmungen der Richtlinie. Sie ist jedoch der Auffassung, dass die Richtlinie auf Artikel 325 AEUV hätte gegründet werden müssen, und behält sich das Recht vor, bezüglich der Rechtsgrundlage ein Verfahren beim Gerichtshof einzuleiten." Die Kommission hat jedoch schließlich keine Klage wegen der Rechtsgrundlage beim EuGH eingereicht. Vielmehr gibt es einen Vorschlag der Kommission, u.a. zur Änderung der Richtlinie 2017/1371/EU vom 03.05.2023, deren Rechtsgrundlagen Art. 83 Abs. 1, Art. 83 Abs. 2 und Art. 82 Abs. 1 Buchstabe d AEUV sind. KOM(2023) 234 endg., S. 6 ff.

unterscheidet. Insoweit ist auf das Urteil des EuGH vom 06.05.2014[845] zur Nichtigkeit der Richtlinie zum Informationsaustausch über Verkehrsdelikte zu verweisen. Nach der Analyse der Ziele des Rechtsakts kommt der Gerichtshof darin zu dem Ergebnis, dass die Richtlinie eher einen engeren Bezug zur Straßenverkehrssicherheit und Verkehrspolitik (Art. 90 ff. AEUV) hat als zur polizeiliche Zusammenarbeit nach Art. 87 Abs. 2 AEUV.

III. Fazit

Art. 83 AEUV stellt die Grundlage für die strafrechtliche Harmonisierung dar, die eine wesentlich detaillierte Ausgestaltung durch den Vertrag von Lissabon findet. Wie oben gezeigt, besitzt jedoch Art. 325 Abs. 4 AEUV strafrechtliche Relevanz und lässt sich dahingehend auslegen, dass eine strafrechtliche Harmonisierung auf dessen Grundlage möglich ist. Dies spricht gegen eine ausschließliche Wirkung von Art. 83 AEUV. Ob ein strafrechtlicher Rechtsakt auf Art. 325 Abs. 4 AEUV gestützt wird, bleibt abzuwarten. Mit Sicherheit lässt sich allerdings mit Blick auf die bisher erlassenen Rechtsakte feststellen, dass die Union nur im Rahmen des Art. 83 AEUV und im Rahmen von Art. 325 Abs. 4 AEUV strafrechtlich tätig geworden ist bzw. tätig werden will.

D. Exkurs: Erlass supranationaler Strafrechtsnormen

Neben der Harmonisierung der nationalen Rechtsvorschriften durch Richtlinien kann der EU-Gesetzgeber supranationales Recht durch Verordnung erlassen, die in den Mitgliedstaaten unmittelbare Wirkung entfaltet. Im Gegensatz zu der Verordnung gilt die Richtlinie nicht unmittelbar, sondern muss erst von den Mitgliedstaaten umgesetzt werden.

Den früher geltenden Verträgen war keine Kompetenz zur Schaffung supranationaler Straftatbestände zu entnehmen. Der neue Vertrag über die Arbeitsweise der Union verleiht ebenso wenig Befugnisse zu einer supranationalen Strafrechtsetzung. In der Literatur wird jedoch intensiv, u.a. mit Blick auf Art. 325 Art. 4 AEUV, die Existenz einer solchen Kompetenz diskutiert. Diese Vorschrift enthält zwar keine ausdrückliche Regelung einer Strafrechtsetzungskompetenz der EU, ist aber nach häufig vertretener Meinung in diesem Sinne zu verstehen. Das Thema ist jedoch umstritten.

---

845 EuGH, Urteil v. 06.05.2014, Rs. C-43/12, EU:C:2014:298, Rn. 31 ff.

I. Meinungen in der Literatur

1. Bereichsspezifische Strafgesetzgebungskompetenz

Ein großer Teil der Stimmen in der deutschen Literatur geht davon aus, dass sowohl der Wegfall der Vorbehaltsklausel des Art. 280 Abs. 4 Satz 2 EGV, wonach die Anwendung des Strafrechts der Mitgliedstaaten unberührt bleiben musste, als auch die Tatsache, dass Art. 325 Abs. 4 AEUV nicht ausdrücklich die Richtlinie als alleiniges Handlungsinstrument vorsieht, die Auslegung zulassen, dass Art. 325 Abs. 4 AEUV der EU eine Kompetenz zum Erlass supranationaler Straftatbestände verleiht.[846] Zum Schutz der finanziellen Interessen der EU gegen Betrug und vergleichbare Verhaltensweisen werde die EU somit zur Schaffung von supranationalem Kriminalstrafrecht durch Verordnungen ermächtigt. Dies sei die „tiefgreifendste Erweiterung“ der europäischen Kompetenzen in der Geschichte der europäischen Einigung. Durch den Vertrag von Lissabon erhalte die EU nicht nur eine eigene Rechtspersönlichkeit, sondern auch eine eigene Strafgewalt.[847]

2. Keine Ermächtigung zur Schaffung supranationalen Strafrechts

Einige Autoren lehnen hingegen eine unmittelbare Strafgesetzgebungskompetenz der EU nach dem Inkrafttreten des Vertrags von Lissabon ab.[848] Dass eine Kompetenzübertragung im strafrechtsrelevanten Bereich nicht ausdrücklich und unmissverständlich erfolgt und der Vertrag die materielle Harmonisierungskompetenz nach Art. 83 AEUV vorsieht, lasse den Umkehrschluss zu, dass eine Gesetzgebungskompetenz im Kriminalstrafrecht nicht bestehe oder von den Vertragsparteien nicht habe gewollt sein können.[849] Denn eine solche Kompetenz hätten die „Herren der Verträge“ erst recht ausdrücklich im Vertragstext verankern müssen. Es hätte beispielsweise einer Formulierung bedurft, welche ausdrücklich die Regelungsbefugnis durch Verordnung zulasse.[850] Auch die

---

846 *Jähnke/Schramm*, Europäisches Strafrecht, Kap. 4, Rn. 25 ff.; *Mansdörfer*, HRRS 2010, 11 (18); *Waldhoff* in *Calliess/Ruffert*, EUV/EGV, Kommentar, Art. 325, Rn. 19; *Krüger*, HRRS 2012, 311 (314 ff.); *Hecker*, Europäisches Strafrecht, § 4, Rn. 70; *Ambos*, Internationales Strafrecht, § 9, Rn. 8; *Hadding*, Strafrechtliche Aspekte des Unionsrechts, S. 234 ff.; *Mitsilegas*, EU Criminal Law after Lisbon, S. 65 ff.

847 *Rosenau*, ZIS 2008, (9) 16.

848 *Zöller*, ZIS 2009, 340 (344); *Sturies*, HRRS 2012, 273 (278 ff.); eingehend *Dorra*, Strafrechtliche Legislativkompetenzen, S. 282 ff.

849 So *Zöller*, ZIS 2009, 340 (342); *Sturies*, HRRS 2012, 273 (278 ff.)

850 *Zöller* in Bitburger Gespräche, Jahrbuch 2011/I, 54. Bitburger Gespräche, S. 129 ff.

Einführung einer Europäischen Staatsanwaltschaft setze nicht eine Strafrechtsetzungskompetenz gem. Art. 325 Abs. 4 AEUV voraus, da Art. 86 Abs. 4 AEUV die Zuständigkeit auch für andere Bereiche vorsehe. Zudem bestünden zwischen den Anwendungsbereichen des Art. 325 Abs. 4 AEUV und des Art. 83 AEUV nicht derart grundlegende Unterschiede, dass eine weitergehende Verordnungskompetenz in Art. 325 Abs. 4 AEUV zu rechtfertigen wäre. Art. 83 Abs. 2 AEUV erlaube z.B. Mindestvorschriften für Straftaten, wenn dies unerlässlich für die Durchführung der Politik der Union sei. Hierunter falle vor allem der Schutz supranationaler Rechtsgüter, etwa der Umwelt.[851]

II. Stellungnahme

1. Zum Erlass supranationaler Strafnormen

Im Bereich des Schutzes der Finanzinteressen der Europäischen Union übernimmt der Vertrag von Lissabon Art. 280 EGV fast unverändert in Art. 325 AEUV.[852] Gestrichen wurde jedoch der bisherige strafrechtliche Vorbehalt des Art. 280 Abs. 4 Satz 2 EGV[853] zugunsten der Anwendung des Strafrechts der Mitgliedstaaten und ihrer Strafrechtspflege. Art. 325 AEUV steht somit im Grunde strafrechtlichen Maßnahmen offen gegenüber.[854] Auch wenn in den vertraglichen Vorschriften allgemein von „erforderlichen Maßnahmen" die Rede ist, führen neben dem Wortlaut insbesondere die historische und die teleologische Interpretation zu der Erkenntnis, dass strafrechtliche Maßnahmen an sich nicht aus dem Maßnahmenkatalog des Art. 325 AEUV ausgeschlossen werden dürfen.[855] Die Vorgängerregelung (Art. 280 Abs. 4 EGV) besagte, dass die Anwendung des Strafrechts der Mitgliedstaaten von den erforderlichen Maßnahmen „unberührt" bleiben sollte. Jetzt ist allerdings diese Vorschrift weggefallen, sodass auch ein zentrales Argument entfällt, das bislang stets gegen jegliche strafrechtliche Kompetenz vorgebracht werden konnte. Die Streichung der Vorbehaltsklausel bringt somit in erster Linie zum Ausdruck, dass nach Lissabon das nationale Strafrecht vom europäischen Recht beeinflusst werden kann. In diesem Kontext ist insbesondere beachtenswert, dass „die erforderlichen

---

851 *Sturies*, HRRS 2012, 273 (280).

852 *Magiera* in *Grabitz/Hilf/Nettesheim*, Recht der EU, Kommentar, Art. 325 AEUV, Rn. 9.

853 *Heger* nennt diese Vorschrift „Sperrnorm", *Heger*, ZIS 2009, 406 (416).

854 *Calliess*, Die neue EU nach dem Vertrag von Lissabon, S. 468 m.w.N.

855 Anders *Böse* in *Schwarze/Becker/Hatje/Schoo*, EU-Kommentar, Art. 83 AEUV, Rn. 31, nach dessen Meinung der gestrichene Vorbehalt zugunsten des Strafrechts (Art. 280 Abs. 4 EGV) durch die Annexkompetenz nach Art. 83 Abs. 2 AEUV ersetzt wurde.

Maßnahmen" die Betrugsbekämpfung betreffen, also einen Bereich, der nicht explizit im Katalog des Art. 83 Abs. 1 enthalten ist.

Darüber hinaus spricht der Wortlaut gegen die Reduzierung des sachlichen Gehalts auf bloße Präventivmaßnahmen, da die Rechtsnorm Maßnahmen zur Verhütung und Bekämpfung von Betrügereien vorsieht. „Bekämpfung" deutet auf die Anwendung von repressiven Maßnahmen hin, während Betrügereien und rechtswidrige Handlungen Kriminalitätsfelder darstellen, gegen die grundsätzlich strafrechtlich vorgegangen werden muss.[856]

Art. 325 Abs. 4 AEUV kommt damit eine strafrechtliche Relevanz zu. Für den Schutz der EU-Finanzinteressen ist damit jedenfalls eine Strafrechtsharmonisierung durch Richtlinien möglich.[857] Zu klären bleibt, ob auf der Grundlage von Art. 325 AEUV auch supranationale Straftatbestände durch Verordnung erlassen werden dürfen. Dafür spricht, dass Art. 325 Abs. 4 AEUV es gestattet, „alle erforderlichen Maßnahmen" zu ergreifen, ohne die Wahl der Handlungsform zu begrenzen.[858] Schon daraus lässt sich schließen, dass als Maßnahmen in diesem Sinne grundsätzlich sowohl Richtlinien als auch unmittelbar anwendbare Verordnungen in Betracht kommen.[859]

Für eine solche Kompetenz spricht ebenfalls, dass Art. 325 Abs. 4 AEUV eine stärkere Pflicht zur Gesetzgebung („beschließen") im Vergleich mit Art. 83 AEUV („können") enthält. Art. 325 Abs. 4 AEUV verlangt zudem den Erlass von „erforderlichen Maßnahmen", dagegen sieht Art. 83 AEUV den Erlass von „Mindestvorschriften" vor.[860]

Da Art. 325 Abs. 4 AEUV nur Maßnahmen zulässt, die „erforderlich" sind, kann die Setzung supranationaler Straftatbestände durch Verordnung nur bei Erfüllung dieser Voraussetzung in Betracht kommen. Im Kontext von Art. 325 AEUV wird mit der Erforderlichkeit nicht nur der Grundsatz der Verhältnismäßigkeit angesprochen, sondern ebenso das Subsidiaritätsprinzip.[861] Dies bedeutet, dass die Union erst zuständig werden darf, „sofern und soweit die Ziele der in Betracht gezogenen Maßnahmen von den Mitgliedstaaten weder

---

856 *Hecker*, Europäisches Strafrecht, § 4, Rn. 69.

857 M.w.N. *Hecker*, Europäisches Strafrecht, § 4, Rn. 69.

858 *Hecker*, Europäisches Strafrecht, § 4, Rn. 70; *Sturies*, HRRS 2012, 273 (277).

859 *Hecker*, Europäisches Strafrecht, § 4, Rn. 70; *Meyer*, EuR 2011, 169 (176). Anders *Zöller* in Bitburger Gespräche, Jahrbuch 2011/I, 54. Bitburger Gespräche, S. 129 ff., der für eine solche Kompetenz eine ausdrückliche Regelungsbefugnis durch eine Verordnung für erforderlich hält.

860 *Mitsilegas*, EU Criminal Law after Lisbon, S. 66.

861 *Krüger*, HRRS 2012, 311 (314 ff.).

auf zentraler noch auf regionaler oder lokaler Ebene ausreichend verwirklicht werden können, sondern vielmehr wegen ihres Umfangs oder ihrer Wirkungen auf Unionsebene besser zu verwirklichen sind" (Art. 5 Abs. 3 EUV). Sollte die Bekämpfung von Betrügereien gegen die finanziellen Interessen der Union von den Mitgliedstaaten nicht ausreichend bewältigt werden, ist also nicht ausgeschlossen, dass der Schutz finanzieller Interessen auf europäischer Ebene stattfindet.

Eine Strafrechtsetzungskompetenz der EU auf der Grundlage von Art. 325 Abs. 4 AEUV ist somit nur denkbar, wenn sie sich bereichsbezogen auf den Schutz der finanziellen Interessen der EU vor Betrügereien[862] bezieht, die Maßnahmen i.S.v. Art. 325 Abs. 4 AEUV abschreckend sind und als erforderlich zur Gewährleistung eines effektiven und gleichwertigen Schutzes der finanziellen Interessen der Union angesehen werden können. Die Worte „abschreckend" und „effektiv" finden ihren Gebrauch in der Rechtsprechung des EuGH, in der gefordert wird, dass die strafrechtlichen Sanktionen „abschreckend, wirksam und verhältnismäßig" sein müssen. Art. 325 AEUV sieht, anders als die Vorgängernorm, nicht nur die Betrugsbekämpfung in den Mitgliedstaaten, sondern auch in den Organen, Einrichtungen und sonstigen Stellen der Union vor. Auch dadurch wird deutlich, dass es sich um den strafrechtlichen Schutz nicht nur in den Mitgliedstaaten, sondern auch auf EU-Ebene handelt.

Schon die obigen Erwägungen sprechen dafür, dass Art. 325 Abs. 4 AEUV eine Ermächtigungsgrundlage zur supranationalen Strafrechtsetzung in einem bestimmten Bereich (Betrugsbekämpfung zum Schutz der EU-Finanzinteressen) darstellt. Vor dem Hintergrund der Besonderheiten des Strafrechts sowie der Zurückhaltung der Mitgliedstaaten bezüglich der Europäisierung dieser Materie ist allerdings zu beachten, dass die strafrechtliche Kompetenz nach Art. 325 Abs. 4 AEUV keinesfalls extensiv ausgelegt werden darf.[863]

2. Supranationale Tatbestände und die Europäischen Staatsanwaltschaft

Eine Strafrechtsetzungskompetenz der EU wird schließlich auch durch systematische Argumente gestützt. Art. 325 AEUV darf nicht isoliert betrachtet werden, sondern ist im Zusammenhang mit Art. 86 AEUV zu lesen.[864]

---

862 *Satzger*, Internationales und europäisches Strafrecht, § 8, Rn. 21 ff.; *Ambos*, Internationales Strafrecht, § 3, Rn. 8; *Hecker*, Europäisches Strafrecht, § 4, Rn. 70; *Zimmermann*, Jura 2009, 844 (845 ff.) A.A. *Zöller* in Bitburger Gespräche, Jahrbuch 2011/I, 54. Bitburger Gespräche, S. 129 ff.; *Sturies*, HRRS 2012, 273 (277 ff.)

863 *Hadding*, Strafrechtliche Aspekte des Unionsrechts, S. 246.

864 *Krüger*, HRRS 2012, 311 (317); *Weißer*, GA 2014, 433 (433).

Die Europastraftaten könnten von einer Europäischen Staatsanwaltschaft verfolgt werden, deren Einsetzung in Art. 86 AEUV vorgeschrieben wird. Die Möglichkeit einer supranationalen Strafrechtsetzung durch die Europäische Union ist eng verbunden mit der Einrichtung einer Europäischen Staatsanwaltschaft. Solange die Verfolgung europäischer Straftatbestände allein den mitgliedstaatlichen Behörden obliegt, lässt sich die von Art. 325 Abs. 4 AEUV bezweckte EU-weit einheitliche Verfolgung von Betrügereien zum Nachteil der Union nicht erreichen. Auch deshalb erscheint eine originäre Strafrechtsetzungskompetenz zum Schutz der finanziellen Interessen der Europäischen Union nach dem Vertrag von Lissabon nicht ausgeschlossen. Sie kann grundsätzlich aus einem Zusammenspiel von Erlass supranationaler Tatbestände von Straftaten nach Art. 325 Abs. 4 AEUV und deren Verfolgung durch eine Europäische Staatsanwaltschaft gefolgert werden.[865] Durch die Errichtung einer Europäischen Staatsanwaltschaft können eigene Rechtsgüter der Union effizienter geschützt werden, da die Europäische Staatsanwaltschaft eine von den Strafverfolgungsbehörden der Mitgliedstaaten gelöste, unabhängige Strafverfolgungsbehörde der Europäischen Union ist, die für die Ermittlung, die Verfolgung und die Anklageerhebung bei Straftaten zum Nachteil des EU-Haushalts zuständig ist.[866] Verordnungen sind besonders dann sinnvoll und geboten, wenn es eine Europäische Staatsanwaltschaft gibt. In diesem Sinne ist neben der Offenheit des Art. 325 Abs. 4 AEUV für die Wahl des Rechtsinstruments Art. 86 Abs. 2 Satz 1 AEUV relevant. Danach ist die Europäische Staatsanwaltschaft zuständig etwa für die strafrechtliche Untersuchung und Verfolgung von Personen, die als Täter oder Teilnehmer Straftaten zum Nachteil der finanziellen Interessen der Union begangen haben, die in der Verordnung zur Errichtung der Staatsanwaltschaft festgelegt sind.[867] Es handelt sich hier nicht um gemäß Art. 83 AEUV harmonisierte innerstaatliche Strafvorschriften, deren Verfolgung den nationalen Strafverfolgungsbehörden obliegt. Vielmehr geht es um kraft Verordnung festgelegte Betrugsstraftaten zum Nachteil der Unionsfinanzen, für deren Verfolgung die Europäische Staatsanwaltschaft zuständig sein sollte.[868]

---

865 *Krüger*, HRRS 2012, 311 (317); *Heger*, ZIS 2009, 406 (416). Anders *Böse*, ZIS 2010, 76 (88).

866 *Vogel/Eisele* in *Grabitz/Hilf/Nettesheim*, Recht der EU, Kommentar, Art. 86 AEUV, Rn. 2, 44.

867 So *Krüger*, HRRS 2012, 311 (317).

868 *Vogel/Eisele* in *Grabitz/Hilf/Nettesheim*, Recht der EU, Kommentar, Art. 86 AEUV, Rn. 40 ff.

Die Tätigkeit dieser Behörde[869] betrifft nach Art. 86 Abs. 1 AEUV nicht nur das supranationale Kriminalstrafrecht, sondern kann auf die Bekämpfung der schweren Kriminalität mit grenzüberschreitender Dimension ausgedehnt werden (Art. 86 Abs. 4 AEUV). Bei der Bekämpfung von Straftaten zum Nachteil der finanziellen Interessen der Union besteht eine Kompetenz zum Erlass supranationaler Straftatbestände,[870] von der man nicht unbedingt Gebrauch machen muss, und wenn, dann nur unter bestimmten Voraussetzungen. Die Einrichtung der Europäischen Staatsanwaltschaft ist nicht von der Existenz supranationalen Rechts abhängig,[871] eher bedarf umgekehrt der Erlass supranationaler Tatbestände im begrenzten Bereich der europäischen Finanzinteressen einer Europäischen Staatsanwaltschaft.

3. *Supranationale Strafrechtsnormen nach Art. 325 Abs. 4 AEUV*

Die bisherigen Erwägungen sprechen dafür, dass auf der Grundlage von Art. 325 Abs. 4 AEUV supranationale Strafnormen erlassen werden können.[872] Dennoch bleiben Zweifel.

Denn wie mehrfach festgestellt, ist die strafrechtliche Tätigkeit der Union durch den Vertrag von Lissabon auf die Harmonisierung nach Art. 83 AEUV begrenzt worden. Ausnahmsweise kann jedoch die Harmonisierung im Fall des Schutzes der finanziellen Interessen der Union auf die speziellere Grundlage des Art. 325 Abs. 4 AEUV gestützt werden. Die Kompetenz zum Erlass

---

869 Nach jahrelangen Diskussionen haben die EU-Justizminister am 12. Oktober 2017 endgültig den Aufbau einer Europäischen Staatsanwaltschaft für Finanzkriminalität beschlossen (Verordnung 2017/1939/EU des Rates vom 12. Oktober 2017 zur Durchführung einer Verstärkten Zusammenarbeit zur Errichtung der Europäischen Staatsanwaltschaft (EUStA), ABl. EU 2017, Nr. L 283, S. 1 ff.). Die Behörde nahm am 1. Juni 2021 ihre Arbeit auf und hat ihren Sitz in Luxemburg. Bis Juni 2021 haben sich 22 Mitgliedstaaten der Zusammenarbeit angeschlossen: Belgien, Bulgarien, Deutschland, Estland, Finnland, Frankreich, Griechenland, Italien, Kroatien, Lettland, Litauen, Luxemburg, Malta, Niederlande, Österreich, Portugal, Rumänien, Slowakei, Slowenien, Spanien, Tschechien und Zypern. https://www.consilium.europa.eu/de/policies/eppo/ (Stand: Juli 2023).

870 Anders *Sturies*, HRRS 2012, 273 (278).

871 So *Böse* ZIS 2010, 76 (88).

872 Dass von Art. 325 Abs. 4 AEUV auch der Erlass strafrechtlicher Verordnungen umfasst werden kann, bestätigt auch *Sturies*, HRRS 2012, 273 (278 ff.). Er kommt jedoch am Schluss zu einem anderen Ergebnis: Die Annahme einer Verordnungskompetenz werde durch die detaillierten Regelungen zur Richtlinienkompetenz nach Art. 83 AEUV ausgeschlossen.

supranationaler Strafnormen muss allerdings ausscheiden, wenn in dem entsprechenden Bereich eine andere strafrechtliche Kompetenznorm der Union besteht, mit der sich das Normziel ebenso erreichen lässt. Dabei handelt es sich darum, ob der Zweck des Art. 325 Abs. 4 AEUV bereits sinnvoll und in ausreichendem Maße durch eine Harmonisierung mitgliedstaatlicher Rechtsnormen erreicht werden kann oder ob der Erlass supranationalen Strafrechts durch EU-Verordnung erforderlich ist.

Bei den EU-Finanzen handelt es sich um ein originär supranationales Rechtsgut. Aus diesem Grund erscheint zu dessen wirksamem Schutz der Erlass supranationaler Normen auf der Grundlage von Art. 325 Abs. 4 AEUV notwendig. Dies ist besonders dann der Fall, wenn der Schutz der finanziellen Interessen der EU nicht ausreichend durch unterschiedliche mitgliedstaatliche Strafgesetzbücher, sondern nur durch gesamteuropäische Straftatbestände erfolgen kann.

Eine Harmonisierungskompetenz nach Art. 325 Abs. 4 AEUV kommt, wie gezeigt, der Union jedenfalls zu. Sie wirkt sich aber zunächst nur auf die mitgliedstaatlichen Rechtsordnungen aus. Die Harmonisierung nach Art. 325 Abs. 4 AEUV kann jedoch keinen effektiven und gleichwertigen Schutz in den Organen, Einrichtungen und anderen Stellen der Union gewährleisten. Denn mithilfe der mitgliedstaatlichen Strafrechtsnormen können wegen des unterschiedlich ausgestalteten Strafrechts oftmals weder die Bekämpfung von Betrügereien innerhalb der Organe der Union noch der Schutz der EU-Finanzinteressen gleichwertig und effektiv gewährleistet werden.[873] Dagegen lassen sich Betrügereien zum Nachteil der EU-Finanzen innerhalb der Union mittels Unionsnormen effektiv bekämpfen. In diesem Rahmen kommt daher eine Strafnormsetzung durch Verordnung in Betracht. Bisher wurde jedoch von dieser Rechtsetzungskompetenz kein Gebrauch gemacht.

Sollte es zum Erlass supranationaler Normen kommen, ist dies jedoch nur möglich, um innerhalb der Organe und Einrichtungen der Union einen effektiven und gleichwertigen Schutz im Finanzbereich zu gewährleisten. Wenn es allein um die Gewährleistung eines effektiven und gleichwertigen Schutzes in den Mitgliedstaaten geht, ist eine supranationale Strafrechtsetzung ausgeschlossen, da dieses Ziel bereits durch eine Harmonisierung der Strafnormen nach Art. 325 Abs. 4 AEUV erreicht werden kann.

---

873 So *Fromm*, HRRS 2008, 87 (94).

4. Analoge Anwendung des Art. 83 Abs. 3 AEUV?

Art. 325 Abs. 4 AEUV kann zum Zweck der Betrugsbekämpfung und zum Schutz der finanziellen Unionsinteressen Grundlage für die Harmonisierung entsprechender Strafvorschriften durch Richtlinien sein. Die Gegenmeinungen[874] argumentieren, dass dadurch die engen Voraussetzungen des Art. 83 AEUV, besonders das „Notbremse-Verfahren" nach Art. 83 Abs. 3 AEUV, umgegangen würden. Die „Notbremse" stellt eine Restriktion für den Erlass von Richtlinien dar, wenn die Richtlinie grundlegende Aspekte der Strafrechtsordnung eines Mitgliedstaates betrifft. Daher sei nicht verständlich, warum für den Erlass strafrechtlicher Richtlinien nach Art. 83 AEUV strengere Anforderungen als für den Erlass von Richtlinien nach Art. 325 Abs. 4 gelten sollten.[875] Unklar ist, ob diese Restriktion ebenfalls auf eventuelle Verordnungen anwendbar ist. Es stellt sich in diesem Kontext die Frage, ob eine analoge Erstreckung des „Notbremse-Mechanismus" auf die Kompetenz zur Betrugsbekämpfung nach Art. 325 Abs. 4 AEUV möglich ist.

Nach dem Wortlaut des Art. 83 Abs. 3 AEUV liegt die Aufgabe der „Notbremse" strafrechtsspezifisch in der Sicherung der Grundstrukturen der nationalen Strafrechtssysteme. Zu diesem Zweck erlaubt Art. 83 Abs. 3 AEUV den Mitgliedstaaten, ein Veto gegen Richtlinienvorschläge einzulegen, wenn diese grundlegende Aspekte ihrer Strafrechtsordnung berühren. Es geht um Richtlinien, die sich auf Art. 83 Abs. 1 und 2 AEUV stützen. Das „Notbremse-Verfahren" kommt nach den vertraglichen Vorschriften nur bei Richtlinien und bei der Strafrechtsharmonisierung zur Anwendung.

Wie jedoch gezeigt, gibt es neben der expliziten Kompetenz in Art. 83 AEUV zur strafrechtlichen Harmonisierung eine weitere solche Kompetenz. Auch Art. 325 Abs. 4 AEUV ermöglicht zum effektiven und gleichwertigen Schutz der finanziellen Interessen der EU eine strafrechtliche Harmonisierung durch Richtlinie. Damit liegt die Frage nahe, ob eine analoge Anwendung des in Art. 83 Abs. 3 AEUV geregelten „Notbremse-Verfahrens" möglich ist. Die Grundvoraussetzungen für eine Analogie sind die Existenz einer planwidrigen Regelungslücke und eine vergleichbare Interessenlage. Eine Regelungslücke liegt vor, wenn der Gesetzgeber bei der Regelung eines Komplexes übersehen hat, einen spezifischen Punkt mitzuregeln. Planwidrig bedeutet, dass diese Lücke vom Gesetzgeber

874 *Sturies*, HRRS 2012, 273 (278 ff.); *Mansdörfer*, HRRS 2010, 11 (20); Ratsdok. 15309/12, S. 6 ff.

875 *Sturies*, HRRS 2012, 273 (278 ff.).

nicht beabsichtigt war.[876] Dies kann der Fall bei Art. 325 Abs. 4 AEUV sein, der genauso wie Art. 83 AEUV eine Harmonisierung durch Richtlinien ermöglicht. Ansonsten wäre der Unterschied zwischen der Inanspruchnahme der allgemeinen strafrechtlichen Harmonisierung gem. Art. 83 AEUV und der besonderen strafrechtlichen Harmonisierung gem. Art. 325 Abs. 4 AEUV nicht erklärbar. Teilweise wurde die Existenz einer planwidrigen Regelungslücke bezweifelt.[877] Die „Notbremse“ sei ein Schutzmechanismus, der mit den Harmonisierungskompetenzen im Straf- und Strafprozessrecht in enger Verbindung stehe. Im Finanzbereich sei allerdings eine „Notbremse“ nicht gewünscht und sogar fraglich, da die Mitgliedstaaten im Rahmen der Unionstreue verpflichtet seien, die finanziellen Interessen der Union sowie nationale Interessen zu schützen. Dies spreche dagegen, ein „Notbremse-Verfahren“ zu verwenden. Diese Meinung überzeugt nicht. Solange kein Strafrechtssystem auf europäischer Ebene besteht und die Union materiell- und verfahrensrechtlich auf die Strafrechtsordnungen der Mitgliedstaaten zum Schutz ihrer finanziellen Interessen zurückgreift, ist eine Anwendung des „Notbremse-Verfahrens“ angebracht.[878] Denn der Zweck des Art. 83 Abs. 3 AEUV ist es, die Strafrechtsordnung der Mitgliedstaaten in

---

876 *Bydlinski/Bydlinski*, Grundzüge der juristischen Methodenlehre, S. 85 ff. Zur Regelungslücke auch *Wank*, Juristische Methodenlehre, § 15, Rn. 58 ff. Siehe auch BGH, Urteil vom 04.08.2010, XII ZR 118/08, Rn. 11: „Voraussetzung für eine Analogie ist, dass das Gesetz eine planwidrige Regelungslücke enthält und der zu beurteilende Sachverhalt in rechtlicher Hinsicht so weit mit dem Tatbestand vergleichbar ist, den der Gesetzgeber geregelt hat, dass angenommen werden kann, der Gesetzgeber wäre bei einer Interessenabwägung, bei der er sich von denselben Grundsätzen hätte leiten lassen wie bei dem Erlass der herangezogenen Gesetzesvorschrift, zu dem gleichen Abwägungsergebnis gekommen.“

877 *Vogel* in *Ambos*, Europäisches Strafrecht nach Lissabon, S. 49.

878 *Meyer* in *von der Groeben/Schwarze/Hatje*, EUV/AEUV, Kommentar, Art. 83 AEUV, Rn. 70. Für eine Anwendung des Art. 83 Abs. 3 AEUV auch *Heger*, ZIS 2009, 406 (416); *Satzger* in *Streinz*, EUV/AEUV, Kommentar, Art. 325 AEUV, Rn. 32; *Satzger*, Internationales und europäisches Strafrecht, § 9, Rn. 61 ff.; *Meyer*, EuR 2011, 169 (185); *Hecker*, Europäisches Strafrecht, § 4, Rn. 70, der aber die Anwendung nicht als eine analoge Anwendung, sondern als logische Konsequenz der Koexistenz zweier autonomer Rechtsordnungen sieht. Im Gegensatz zu einer Anweisung der EU zur Schaffung nationalen Strafrechts soll ein supranationaler Straftatbestand nicht in die gesetzgeberische Gestaltungsfreiheit der Mitgliedstaaten eingreifen. Anders *Jähnke/Schramm*, Europäisches Strafrecht, Kap. 4, Rn. 27; *Vogel* in *Ambos*, Europäisches Strafrecht nach Lissabon, S. 49; *Safferling*, Internationales Strafrecht, § 10, Rn. 67 ff.

all den Fällen zu schützen, in denen die EU von einer Kompetenz zur strafrechtlichen Harmonisierung Gebrauch macht.

Zudem müssen vergleichbare Sachverhalte vorliegen. Bei Art. 83 Abs. 3 AEUV geht es im Kern um die Interessen der Mitgliedstaaten und den Schutz der grundlegenden Aspekte ihrer Rechtsordnungen. Die Frage stellt sich: Ist die Interessenlage im Falle einer Harmonisierung des Strafrechts nach Art. 325 Abs. 4 AEUV derjenigen in den von Art. 83 AEUV geregelten Fällen vergleichbar? Bejahen lässt sich diese Frage dann, wenn die mit Art. 83 Abs. 3 AEUV geschützten Interessen auch im Falle des Art. 325 Abs. 4 AEUV betroffen sind.[879] Genauer gesagt, müssen die grundlegenden Aspekte der nationalen Strafrechtsordnungen im Rahmen der Ausübung der Kompetenzen im Finanzbereich ebenso betroffen sein wie im Fall der ausdrücklich normierten Kompetenzen zur Strafrechtsharmonisierung nach Art. 83 AEUV.

Sachlich betrifft Art. 325 Abs. 4 AEUV den Schutz der finanziellen Interessen der EU, der ebenfalls durch strafrechtliche Maßnahmen erreicht werden kann. Kommt es zur Harmonisierung der strafrechtlichen Vorschriften mittels Richtlinien, ist es nicht ausgeschlossen, dass hierdurch grundlegende Aspekte der nationalen Strafrechtsordnung berührt werden. Dies erklärt sich dadurch, dass bei Richtlinien die nationalen Strafgesetzgeber ihr Strafrechtssystem entsprechend den vorgegebenen Anweisungen umgestalten müssen. In diesem Fall sind die Auswirkungen der beiden Vorschriften – Art. 83 AEUV und Art. 325 Abs. 4 AEUV – gleich. Es ist wahr, dass Art. 325 AEUV ein Eigeninteresse der Union, nämlich den Bestand ihrer finanziellen Fähigkeiten schützt. Kommt es aber zu einer Harmonisierung durch Richtlinien, wird die Gestaltungsfreiheit des nationalen Gesetzgebers bei deren Umsetzung genauso betroffen wie im Fall der Harmonisierung nach Art. 83 AEUV. In diesem Kontext kann der Mitgliedstaat also ebenfalls grundlegende Aspekte seiner Rechtsordnung als berührt betrachten. Somit ist eine analoge Anwendung des Art. 83 Abs. 3 AEUV bei einer Harmonisierung des Strafrechts durch Richtlinien im Rahmen von Art. 325 Abs. 4 AEUV angemessen.

Fraglich ist, ob die analoge Anwendung auch auf den Fall des Erlasses von Verordnungen zum Schutz der finanziellen Interessen der EU vor Betrügereien in den Organen und Einrichtungen der Europäischen Union in Betracht kommt. Hier fehlt es allerdings an einer vergleichbaren Interessenlage. Solche Verordnungen betreffen explizit den Finanzschutz auf europäischer Ebene, sodass die

879 Ausführlich dazu *Hadding*, Strafrechtliche Aspekte des Unionsrechts, S. 267 ff.

grundlegenden Aspekte des mitgliedstaatlichen Strafrechts in dieser Konstellation nicht berührt werden.

III. Fazit: keine allgemeine supranationale Kompetenz im Strafrecht

Eine Kompetenz zur Strafrechtsetzung im Sinne der Schaffung genuin europäischer Straftatbestände besteht grundsätzlich nicht.

Der Vertrag von Lissabon schließt allerdings eine solche Auslegung nicht komplett aus. Vielmehr bringt er eine neue Perspektive bezüglich der originären Rechtsetzungskompetenz der Union im strafrechtlichen Bereich mit sich, wenngleich nur in einem schmalen Bereich der Strafrechtspflege, der ausschließlich die unionalen Interessen betrifft. Aus Art. 325 Abs. 4 AEUV lassen sich im Bereich der Betrugsbekämpfung supranationale Kompetenzen in Bezug auf Betrügereien zulasten der EU entnehmen. Es handelt sich allerdings lediglich um supranationale Normen im Fall von Betrügereien zum Nachteil der EU-Finanzen in den Organen und Einrichtungen der Europäischen Union.

Die Vorschriften bezüglich des Schutzes von europäischen Finanzinteressen und der Errichtung einer Europäischen Staatsanwaltschaft werden nach optimistischen Meinungen sogar als „Nukleus"[880] eines europäischen Strafrechts betrachtet. Nach allen diesen Schritten sei es möglich, dass die Union auf der Grundlage der Art. 325 EUV das bereits 1997 erarbeitete „Corpus Juris zum Schutz der finanziellen Interessen der Europäischen Union" umsetzt.[881] In welche Richtung sich die Strafrechtsetzungskompetenz im Finanzbereich entwickeln wird, ist derzeit jedoch schwer vorherzusehen.

---

880 So *Mansdörfer*, HRRS 2010, 11 (18).

881 *Waldhoff* in *Calliess/Ruffert*, EUV/AEUV, Kommentar, Art. 325 AEUV, Rn. 19.

Teil 4: Weiterentwicklungsmöglichkeiten des Strafrechts auf europäischer Ebene

Die Harmonisierung des Strafrechts begleitet das allgemeine Verfahren der europäischen Integration mit dem Ziel, auch in diesem Bereich ein klares und den rechtlichen Vorgaben angemessenes Strafrechtskonzept zu entwickeln. Mit der Europäisierung des Strafrechts wird nicht nur darauf abgezielt, die Effektivität der Strafverfolgung in Fällen mit grenzüberschreitender Dimension zu steigern. Das europäische Strafrecht soll zugleich einen einheitlichen, auf hohem Niveau stehenden rechtsstaatlichen Standard für die gesamte Union gewährleisten.

Nach dem Vertrag von Lissabon erfolgt die Harmonisierung auf einer in bestimmtem Maße neuen Rechtsgrundlage. Zum Abschluss dieser Untersuchung werden im Folgenden diejenigen Unionsrechtsakte betrachtet, die im letzten Jahrzehnt erlassen wurden und die einen Bezug zum materiellen Strafrecht haben, um sich zunächst in einem Überblick noch einmal die gegenwärtige rechtliche Situation zu vergegenwärtigen. Anschließend werden die Entwicklungstendenzen im materiellen europäischen Strafrecht aufgezeigt.

§ 1 Strafrechtsharmonisierung nach Lissabon

A. Überlegungen zur Rechtsetzungstätigkeit

Mehr als zehn Jahre nach dem Inkrafttreten des Vertrags von Lissabon lassen sich die Aktivitäten der EU im Bereich der Strafrechtsetzung grundsätzlich wie folgt charakterisieren: Während im Strafverfahren eine erhöhte Rechtsetzungstätigkeit infolge der Umsetzung der im Stockholmer Programm festgelegten politischen Prioritäten stattfand, änderte sich das materielle Strafrecht meist nur insofern, als es Änderungen und Ergänzungen derjenigen Strafrechtsakte durchlief, die bereits mittels Rahmenbeschlüssen erlassenen worden waren und die durch Richtlinien ersetzt wurden (sogenannte „Lissabonisierung").

Eine Reihe von Richtlinien[882] verfolgte insbesondere das Ziel, die Rechte von Verdächtigen oder Beschuldigten im Strafverfahren zu schützen, um das

882 So u.a. die Richtlinie 2016/800/EU des Europäischen Parlaments und des Rates vom 11. Mai 2016 über Verfahrensgarantien in Strafverfahren für Kinder, die Verdächtige oder beschuldigte Personen in Strafverfahren sind, ABl. EU 2016, Nr. L 132, S. 1 ff.; Richtlinie 2016/1919/EU des Europäischen Parlaments und des Rates vom

gegenseitige Vertrauen zwischen den Mitgliedstaaten und das Vertrauen der Allgemeinheit in die Union aufrechtzuerhalten.

Im materiellen Strafrecht konzentrierte sich der Gesetzgeber grundsätzlich auf die Neubewertung der altbekannten Themen (Menschenhandel, Terrorismus, Kinderpornografie usw.), die bereits in den Rahmenbeschlüssen geregelt worden waren.[883] Die Ersetzung durch Richtlinien[884] eröffnete zugleich die Möglichkeit, die gewonnene Erfahrung zu nutzen und eventuell auch ein neues Bestreben auszudrücken. Dies stellt ein typisches Verfahren dar. Man muss jedoch stets im Auge behalten, dass es der Gegenstand des materiellen Strafrechts ist, Straftaten zu definieren und Strafen festzustellen. Es soll nicht nur als Mittel zum Schutz der grundlegenden Interessen der Bürger dienen, sondern auch als Maßstab für die Bürgerfreiheiten fungieren.

Im Mittelpunkt der Rechtsetzung standen allerdings auch neue Themen wie z.B. die strafrechtlichen Sanktionen bei Marktmanipulationen. Außerdem wurde im Bereich der Bekämpfung des Betrugs gegen die finanziellen Interessen der Union eine Regelung geschaffen, die „wirksame, verhältnismäßige und abschreckende“ strafrechtliche Mindestsanktionen vorsieht und letztlich die großen Hoffnungen zum Schutz der EU-Finanzinteressen erfüllen könnte.[885]

Betrachtet man die Mitteilung der Kommission vom 20.09.2011,[886] welche mit ihrer für das Jahr 2020 angestrebte Vision einer kohärenten, einheitlichen Strafrechtspolitik der EU, abgeschlossen wurde, kommt man zu dem Schluss, dass sich einige damals festgesetzten Ziele nicht haben realisieren lassen. Einerseits

---

26. Oktober 2016 über Prozesskostenhilfe für Verdächtige und beschuldigte Personen in Strafverfahren sowie für gesuchte Personen in Verfahren zur Vollstreckung eines Europäischen Haftbefehls, ABl. EU 2016, Nr. L 297, S. 1 ff.; Richtlinie 2016/343/EU des Europäischen Parlaments und des Rates vom 9. März 2016 über die Stärkung bestimmter Aspekte der Unschuldsvermutung und des Rechts auf Anwesenheit in der Verhandlung in Strafverfahren, ABl. EU 2016, Nr. L 65, S. 1 ff.

883 Für einen Überblick über die seit dem 1. Dezember 2009 auf der Grundlage des Art. 83 AEUV erlassenen Rechtsakte siehe Teil 3 § 4 B. III. und C. II.

884 In einigen Bereichen gemäß Art. 83 Abs. 1 Unterabs. 2 AEUV wie z.B. dem illegalen Waffenhandel, der Korruption oder der organisierten Kriminalität existieren nach zehn Jahren noch keine spezifischen Regelungen durch Richtlinien. Sie wurden allerdings in anderen Richtlinien (z.B. als Vortaten zur Geldwäsche) genannt (z.B. Art. 3 Nr. 4 lit. a und c der Richtlinie 2018/843/EU).

885 Die Richtlinie über die strafrechtliche Bekämpfung von gegen die finanziellen Interessen der Union gerichtetem Betrug wurde 2017 erlassen.

886 KOM(2011)573 endg.

hat die Kommission eine Reihe harmonisierter politischer Bereiche, wie den Finanzsektor (z.B. Marktmanipulation), die Bekämpfung von gegen die finanziellen Interessen der Europäischen Union gerichtetem Betrug oder den Schutz des Euro vor Fälschung, festgestellt, in denen strafrechtliche Maßnahmen auf EU-Ebene erforderlich sind. Alle diese Bereiche sind, wie gezeigt, durch Richtlinien geregelt worden. Andererseits erwähnt die Kommission weitere Bereiche der EU-Politik (z.B. Fischerei, Landwirtschaft, Zoll, Straßenverkehr und Datenschutz sowie verschiedene Aspekte des Binnenmarktes wie Rechte des geistigen Eigentums, Kulturgüter), in denen Harmonisierungsmaßnahmen erfolgt sind und in denen eine Angleichung des Strafrechts auf EU-Ebene als unerlässlich angesehen werden könnte, um die wirksame Durchführung einer Unionspolitik zu gewährleisten. Kein Kommissionsvorschlag hat sich allerdings bislang mit einem von diesen Bereichen befasst.

Zu beachten ist ebenfalls, dass in der letzten Zeit der Wunsch der Mitgliedstaaten nach neuen Maßnahmen eher selten oder zurückhaltend formuliert worden ist. Darauf deutet die im Jahr 2019 von der rumänischen Präsidentschaft veranlasste Debatte über „die Zukunft des materiellen Strafrechts" hin.[887] Die Mitgliedstaaten erklärten, dass vorerst eine weitere „Lissabonisierung" nicht erforderlich erscheine. Sie betonten, dass gegenwärtig der Schwerpunkt darauf gelegt werden solle, die „Wirksamkeit und die Qualität der Durchführung *geltender* EU-Rechtsvorschriften zu gewährleisten".[888] Die Mitgliedstaaten einigten sich ebenfalls darüber, dass es sinnvoll sein könnte, die Notwendigkeit und Zweckmäßigkeit des Erlasses von (weiteren) Mindestvorschriften zur Festlegung von Straftaten und Strafen in konkreten Bereichen (z.B. Umweltkriminalität, illegaler Handel mit Kulturgütern, Nachahmung, Fälschung und illegale Ausfuhr von Arzneimitteln, Wahlmanipulation, Identitätsdiebstahl) eingehend zu analysieren. Das Initiativrecht der Kommission bleibt zwar von dem geäußerten Standpunkt der Mitgliedstaaten unberührt. Dennoch sind in der letzten Zeit im Bereich des materiellen Strafrechts die Kommissionvorschläge eher limitiert, wenn nicht kaum vorhanden.

B. Problematische Tendenzen

Im Rahmen der Harmonisierung nach Art. 83 AEUV sind neben den begrüßenswerten Entwicklungen auch einige festzustellen, die problematische Tendenzen

887 Ratsdok. 9726/19 vom 28.05.2019.
888 Ratsdok. 9726/19 vom 28.05.2019, S. 8.

aufweisen. Diese Tendenzen haben die Strafrechtsetzung vor Lissabon geprägt und prägen diese immer noch, trotz Versuchen der Vertragsstaaten, die Situation durch den Vertrag von Lissabon zu verbessern. Näher zu untersuchen sind besonders die Verletzung der grundlegenden Prinzipien des materiellen Strafrechts, die fragwürdigen Rechtsetzungsinitiativen im Bereich des Allgemeinen Teils des Strafrechts und die bedenklichen Entwicklungen hinsichtlich der Strafen.

I. Nicht hinreichende Beachtung der grundlegenden Prinzipien des materiellen Strafrechts

1. Missachtung des Bestimmtheitsgebots

Bei den Harmonisierungsrichtlinien kann als besonders bedenklich der Umgang mit dem Bestimmtheitsgrundsatz bzw. dessen Missachtung angesehen werden. Nach Art. 49 Abs. 1 Satz 1 der Grundrechtecharta darf niemand wegen einer Handlung oder Unterlassung verurteilt werden, die zur Zeit ihrer Begehung nach innerstaatlichem oder internationalem Recht nicht strafbar war (*nulla poena sine lege*). Dies gilt für die Anforderungen an die Bestimmtheit der einzelnen Straftatbestände, damit der Rechtsunterworfene sein Verhalten an den Geboten des Strafrechts ausrichten kann. Eine Harmonisierung mittels Mindestvorschriften nach Art. 83 AEUV belässt in Bezug auf die genaue Form der Umsetzung den Mitgliedstaaten einen Spielraum (siehe Art. 288 Abs. 3 AEUV). Dies bedeutet aber nicht, dass die Richtlinienvorschriften allgemein weniger bestimmt sein dürften als der eigentliche Straftatbestand, weil, wenn die umsetzungsbedürftige Richtlinie teils auf eine Vollharmonisierung angelegt ist, den Mitgliedstaaten keine andere Wahl bleibt, als die Unionsvorgabe in der Richtlinie einfach ins nationale Recht zu übernehmen.[889] Der nationale Gesetzgeber kann dann die europäischen Bestimmtheitsdefizite nicht mehr ändern, ohne zugleich das Risiko einzugehen, seine Umsetzungspflicht zu verletzen. Eine solche Problematik besteht, wenn ein Unionsrechtsakt eine durch die Mitgliedstaaten unter Strafe zu stellende Tat durch Merkmale beschreibt, denen es an Bestimmtheit mangelt. In dieser Hinsicht ist auf die Harmonisierung der Kinderpornografie durch die Richtlinie 2011/93/EU hinzuweisen. Unter Kinderpornografie sind nach Art. 2 lit. c Pkt. iii) auch Abbildungen volljähriger Personen mit kindlichem Erscheinungsbild zu verstehen. Da ein typisches Erscheinungsbild einer Altersgruppe

---

889 *Satzger* in *Böse*, Enzyklopädie Europarecht, Bd. 11: Europäisches Strafrecht, § 2, Rn. 41.

wegen der individuell unterschiedlichen körperlichen Entwicklung und der weltweiten Unterschiede nicht existiert, gerät die Definition in Konflikt mit dem Bestimmtheitsgrundsatz.[890] Dies gilt auch im Fall der Definition der Straftatbestände betreffend den Menschenhandel. Nach Art. 2 Abs. 2 RL 2011/36/EU liegt eine besondere Schutzbedürftigkeit vor, wenn die betreffende Person keine wirkliche oder für sie annehmbare andere Möglichkeit hat, als sich dem Missbrauch zu beugen. Damit wird die Strafbarkeit von subjektiven Eigenschaften abhängig gemacht, die für den Täter nicht unbedingt vorsehbar sind. Die Mitgliedstaaten werden somit verpflichtet, die besondere Schutzbedürftigkeit aus der individuellen Perspektive des Opfers, d.h., ob es die besagte annehmbare Möglichkeit hatte, zu bestimmen.[891] Ebenfalls zu unbestimmt ist Art. 5 Abs. 2 lit. a der RL 2014/57/EU zur Marktmanipulation, der als Straftaten folgende Handlungen vorsieht: Vornahme einer Transaktion, Erteilung eines Handelsauftrags oder jegliche sonstige Handlung, die falsche oder irreführende Signale hinsichtlich des Angebots oder des Preises eines Finanzinstruments oder des damit verbundenen Waren-Spot-Kontrakts oder der Nachfrage danach geben oder die die Preise eines oder mehrerer Finanzinstrumente oder eines damit verbundenen Waren-Spot-Kontrakts beeinflussen, um ein anormales oder künstliches Preisniveau zu erzielen. Die tatbestandliche Beschreibung von Marktmanipulationen entspricht nicht dem strafrechtlichen Bestimmtheitsgrundsatz, weil sie ungenügend definierte Tatbestandsmerkmale vorgibt.[892]

2. *Missachtung des Subsidiaritätsprinzips*

Das Unionsrecht unterliegt – seit jeher – dem Subsidiaritätsprinzip. Gemäß Art. 5 Abs. 3 EUV darf der europäische Gesetzgeber nur dann und insofern tätig werden, als die Ziele der in Betracht gezogenen Maßnahme auf der Ebene der Mitgliedstaaten nicht ausreichend erreichbar sind und daher wegen ihres Umfangs oder ihrer Wirkungen besser auf europäischer Ebene erreicht werden können. Dem Subsidiaritätsprinzip kommt nach wie vor, besonders im Bereich des Kriminalstrafrechts, eine hervorgehobene Bedeutung zu, da die strafrechtliche Werteordnung der Mitgliedstaaten zu ihrer „nationalen Identität" zählt. Gerade die jeweilige nationale Identität hat die Union nach Art. 4 Abs. 2 EUV

---

890 Siehe schon *Baier*, ZUM 2004, 39 (39 ff.), im Zusammenhang mit den Regelungen des Rahmenbeschlusses 2004/68/JI zur Bekämpfung der sexuellen Ausbeutung von Kindern und der Kinderpornografie (Art. 3 Abs. 2 lit. a).

891 Ausführlich dazu *Satzger/Zimmermann/Langheld*, EuCLR 2013, 107 (114 ff.)

892 *Schröder*, HRRS 2013, 253 (258 ff.)

ausdrücklich zu achten, sodass der europäische Gesetzgeber in jedem Einzelfall nachweisen muss, dass die angestrebten Ziele auf der Ebene der Mitgliedstaaten nicht ausreichend erreichbar sind.

Bei den erlassenen Rechtsakten ist trotz ausdrücklicher Regeln in Protokoll Nr. 2 des Vertrags von Lissabon festzustellen, dass das Subsidiaritätsprinzip nicht selten unbeachtet bleibt.[893] So zählt beispielsweise Art. 3 der Richtlinie 2011/93/EU zur Bekämpfung des sexuellen Missbrauchs und der sexuellen Ausbeutung von Kindern sowie der Kinderpornografie Tatbestände auf, die zwar eine grenzüberschreitende Dimension haben können. Dies bedeutet jedoch keinesfalls, dass bei diesen Tatbeständen die grenzüberschreitende Dimension und die dazu erforderliche gemeinsame Bekämpfung den gewöhnlichen Stand darstellen. Daher hätte die Annahme, warum die Mitgliedstaaten diese Straftaten mit ihren nationalen Gesetzen nicht hinreichend verfolgen können, eine ausführliche Begründung verdient. Diese Problematik betrifft auch die Straftaten in Bezug auf den Menschenhandel. Für jede in Art. 2 Abs. 1 der diesbezüglichen Richtlinie vorgesehene Straftat gilt die gleiche Behandlung, unabhängig davon, ob sie grenzüberschreitend begangen wird oder nicht. Zwar trifft die Annahme zu, dass die meisten Straftaten einen grenzüberschreitenden Bezug aufweisen können, diese Straftaten können jedoch auch keinen internationalen Charakter haben und daher von den nationalen Behörden verfolgt werden. Die Richtlinie macht allerdings keinen Unterschied und ist gleichermaßen auf Straftaten ohne grenzüberschreitenden Zusammenhang anwendbar.[894] Der EU-Gesetzgeber gibt jedoch keine Begründung dafür, warum die Anforderungen des Subsidiaritätsprinzips auch für nicht transnationale Taten erfüllt sind.

Kritisch zu sehen ist im Übrigen, dass bei den meisten Rechtsakten die Wahrung des Subsidiaritätsprinzips nur knapp mit einem Satz und nur formelhaft festgestellt wird. Benutzt wurde folgende, grundsätzlich aus dem EU-Vertrag übernommene Formulierung: „Da die Ziele der Richtlinie auf Ebene der Mitgliedstaaten nicht ausreichend erreicht werden können und daher wegen des Umfangs der Maßnahme besser auf der Unionsebene zu erreichen sind, kann die Union im Einklang mit dem Subsidiaritätsprinzip tätig werden“.[895] Die konkrete

---

893 *Satzger* in *Böse*, Enzyklopädie Europarecht, Bd. 11: Europäisches Strafrecht, § 2, Rn. 45.

894 Mehr dazu *Satzger/Zimmermann/Langheld*, EuCLR 2013, 107 (115 ff.)

895 Siehe z.B. Erwägungsgrund 49 der Richtlinie 2011/11/EU zur Bekämpfung des sexuellen Missbrauchs der Kinder und der Kinderpornografie, Erwägungsgrund 32 der Richtlinie 2011/36/EU zur Verhütung und Bekämpfung des Menschenhandels und

Begründung, dass die Mitgliedstaaten nicht genug unternehmen können, um die Ziele einer Richtlinie zu erreichen, sowie die konkrete Benennung dieser Ziele fehlen.

Das Subsidiaritätsprinzip steht in einer engen Beziehung mit dem Kohärenzprinzip in dem Sinne, dass dem EU-Gesetzgeber bewusst sein sollte, dass die Harmonisierung immer Auswirkungen auf das nationale Kriminalstrafrecht hat. Daher sollte die Harmonisierung nur mit einer guten Begründung stattfinden. Dies entspricht dem wesentlichen Gedanken, dass das Strafrecht nicht als Durchsetzungsinstrument, sondern als letzte Maßnahme benutzt werden sollte, also nur dann, wenn die Harmonisierung zur Erfüllung der Vertragsziele beiträgt, und nur unter der Beachtung der nationalen Strafrechtssysteme.

3. *Mangelhafte Wahrung der Kohärenz*

Die Harmonisierung des nationalen Strafrechts bedeutet einen Eingriff in das nationale Recht. Damit wird die Kohärenz der nationalen Vorschriften bedroht. Auch wenn die europäische Harmonisierung per Definition die nationalen Systeme beeinflusst, muss sie dabei die grundlegenden Strukturen der Strafjustizsysteme der Mitgliedstaaten beachten.[896] Zwischen dem Ziel der Harmonisierung einerseits und der Wahrung der Kohärenz der mitgliedstaatlichen Strafrechtssysteme andererseits besteht unvermeidlich ein Spannungsverhältnis. In der Regel sind die Änderungen durch die Harmonisierungsakte, verabschiedet infolge der Übertragung von Kompetenzen an die EU, hinzunehmen. Problematisch wäre es jedoch, wenn ein europäischer Rechtsakt grundlegende Strukturen der nationalen Strafrechtssysteme gefährden oder das europäisierte nationale Strafrecht den sozial-ethischen Wertvorstellungen der Gesellschaft nicht mehr entsprechen würde. Dies würde zu einem Verlust an Überzeugungskraft des Strafrechtssystems und damit seiner Akzeptanz in der Bevölkerung führen. Der Verlust der Akzeptanz hätte negative Folgen für jedes Strafrechtssystem, da es seine Präventivwirkung verlieren würde.[897]

Beim Erlass von Strafrechtsakten muss der EU-Gesetzgeber grundsätzlich von sich aus die horizontale Kohärenz untersuchen. Das heißt, der durch bestehende Rechtsakte geschaffene Rahmen muss mit den neuen Vorschriften

---

zum Schutz seiner Opfer, oder Erwägungsgrund 34 der Richtlinie 2017/541/EU zur Terrorismusbekämpfung.

896 Ausführlich zum Kohärenzprinzip *Asp*, EuCLR 2011, 44 (47 ff.)

897 *Satzger* in *Böse*, Enzyklopädie Europarecht, Bd. 11: Europäisches Strafrecht, § 2, Rn. 49.

kohärent sein.[898] Ebenfalls hat er die vertikale Kohärenz zu beachten, d.h., die Abstimmung der europäischen Strafrechtsakte mit den Vorschriften auf der nationalen Ebene muss gewährleistet werden. Da das Strafrecht als eingriffsintensivste Maßnahme gilt und die Strafrechtsordnungen in der „nationalen Identität" verankert sind, die von der Union vertraglich geschützt werden muss (Art. 4 Abs. 2 EUV), ist die Beachtung der vertikalen Kohärenz von besonderer Bedeutung. In diesem Kontext sind die nationalen Strafrechtsordnungen vor allem gegenüber Vorgaben der Union in Bezug auf die Rechtsfolgen sensibel. Vorgaben über Mindesthöchststrafen bergen die Gefahr, dass es in den Mitgliedstaaten zu systemwidrigen Erhöhungen der Höchststrafen kommt. Zudem kann es zu Konflikten mit den Basiskonzepten der nationalen Systeme kommen (beispielsweise kann in dem Fall der Richtlinie zur Bekämpfung des Menschenhandels die Anwerbung in Konflikt mit den mitgliedstaatlichen Konzepten hinsichtlich der Beteiligung geraten[899]).

II. Bedenklichkeit bezüglich der Aktivitäten des europäischen Gesetzgebers im Bereich des Allgemeinen Teils des Strafrechts

Eine andere Tendenz, welche die europäischen Rechtsakte charakterisiert, betrifft die Maßnahmen der EU, Angelegenheiten des Allgemeinen Teils zu regeln. Eine ausdrückliche Kompetenz der Europäischen Union in diesem Bereich fehlt. Daher war die Union skeptisch in Bezug auf die Einführung von Mindestvorschriften zum Allgemeinen Teil in ihren Richtlinien. Darin existieren jedoch Vorschriften zur Kriminalisierung des Versuchs oder der Beteiligung. Dies kann auch grundsätzlich gerechtfertigt sein, da in einigen Mitgliedstaaten der Versuch nur bei ausdrücklich vorgesehenen Straftaten bestraft wird.

Anders liegt allerdings der Fall bei den Vorschriften zur Verjährung, die in der Richtlinie 2017/1371/EU über die strafrechtliche Bekämpfung von gegen die finanziellen Interessen der Union gerichtetem Betrug geregelt werden. Diese Vorschriften weisen eine Eingriffstiefe auf, deren Vorgabe nicht von den Kompetenzen der EU gedeckt ist.[900] Art. 12 der Richtlinie erwartet von

---

898 Siehe *Satzger/Zimmermann/Langheld*, EuCLR 2013, 107 (117 ff.) zu Unstimmigkeiten zwischen der Richtlinie zur Bekämpfung des Menschenhandels und der Richtlinie zur Bekämpfung des sexuellen Missbrauchs der Kinder und der Kinderpornografie (z.B. Bestrafung der Anwerbung von Kindern zum Zweck der sexuellen Ausbeutung; Strafhöhe).

899 *Satzger/Zimmermann/Langheld*, EuCLR 2013, 107 (116).

900 *Kaiafa-Gbandi*, EuCLR 2015, 3 (11 ff.)

den Mitgliedstaaten, eine Verjährungsfrist zur Verfügung zu stellen, durch die Ermittlungen, Strafverfolgungsmaßnahmen, Gerichtsverfahren und gerichtliche Entscheidungen für einen ausreichend langen Zeitraum nach der Begehung dieser Straftaten ermöglicht werden, damit diese Straftaten wirksam bekämpft werden können. Die Richtlinie verlangt in Art. 12 Abs. 2 einen Zeitraum von mindestens fünf Jahren ab dem Zeitpunkt der Begehung der Straftat, um Ermittlungen, Strafverfolgungsmaßnahmen, Gerichtsverfahren und gerichtliche Entscheidungen zu ermöglichen. Für einige Mitgliedstaaten ist die Verjährung eine Institution des materiellen Strafrechts, zugleich aber auch ein Grund für die Befreiung von der Kriminalstrafe. Sie steht also für jede Kategorie von Straftaten und mit mehreren rechtlichen Regelungen in Verbindung. Im Gegensatz zu z.B. Straftaten gegen Minderjährige brauchen die Straftaten im Bereich des Betrugs gegen EU-Finanzen keine speziellen Vorschriften. In diesem Fall kommt die Assimilierung zur Geltung, wonach die Interessen der EU wie die nationalen Finanzinteressen geschützt werden. Dies bedeutet, dass für bestimmte Straftaten betreffend die finanziellen Interessen der EU die Verjährungsfristen die gleiche sind wie die nationalen Verjährungsfristen. Durch die ungerechtfertigte Festlegung von Verjährungsfristen für Straftaten gegen die finanziellen Interessen der EU wird in die nationalen Strafjustizsysteme eingegriffen. Dies verstößt sowohl gegen die Grenzen der EU-Kompetenzen als auch gegen die EU-Pflicht, die Eigenartigkeit der nationalen Strafjustizsysteme aufrechtzuerhalten.

III. Bedenkliche Entwicklung in Bereich der Harmonisierung von Strafen

Der Union steht eine Kompetenz zur Festlegung von Strafen nach Art. 83 AEUV zu. Derzeit besteht in der Europäischen Union ein komplexes System für die Festlegung der Strafe durch Mindestvorschriften. Die Richtlinien verlangen von den Mitgliedstaaten nicht nur, wirksame, angemessene und abschreckende Sanktionen festzuschreiben, sondern stellen die Mindesthöchststrafe fest, die der nationale Gesetzgeber bestimmten Strafhandlungen zuschreiben muss.[901] In manchen Richtlinien werden erschwerende

901 Siehe z.B. Art. 3 Abs. 2 der Richtlinie 2011/92/EU zur Bekämpfung des sexuellen Missbrauchs und der sexuellen Ausbeutung von Kindern sowie der Kinderpornografie: „Wer für sexuelle Zwecke veranlasst, dass ein Kind, das das Alter der sexuellen Mündigkeit noch nicht erreicht hat, Zeuge sexueller Handlungen wird, auch ohne an diesen teilnehmen zu müssen, wird mit Freiheitsstrafe im *Höchstmaß von mindestens einem Jahr* bestraft." Hervorhebung durch die Verfasserin.

Umstände[902] eingeführt.

Zu betonen ist, dass die Festlegung der Höchststrafe dadurch unflexibel wurde, dass eine Zahl und nicht, wie bis zum Vertrag von Lissabon, eine Spannbreite für die Mindesthöchststrafe genannt wird. Eine Folge der Festlegung einer Zahl als Mindesthöchststrafe, mit der der nationale Gesetzgeber im nationalen Recht drohen soll, ist u.a. die Verletzung des Verhältnismäßigkeitsprinzips. Diese zeigt sich darin, dass sich eine Strafe auf mehrere Verhaltensweisen mit unterschiedlichem Niveau von Gefährlichkeit bezieht.[903] Versucht man den Verhältnismäßigkeitsgrundsatz zu beachten, indem man für jede Handlung eine unterschiedliche Strafe festlegt,[904] werden wesentliche Probleme hinsichtlich des Kohärenzprinzips in den Mitgliedstaaten entstehen. Denn bestehen unterschiedliche Strafen, ist es schwieriger, sich an den entsprechenden Bereich im nationalen Recht anzupassen. So kann die Kohärenz in den Mitgliedstaaten aus dem Gleichgewicht gebracht werden.

Problematisch für die Einhaltung des Verhältnismäßigkeitsgrundsatzes ist ebenfalls die Vorgehensweise der Union bei der Festlegung der Strafen, vor allem im Fall der erschwerenden Umstände. Hinzuweisen ist besonders auf die Straftaten, die im Rahmen der organisierten Kriminalität begangen werden, wo die reine Beteiligung auch eine eigenständige Straftat ist, bei der keine spezielle Vorschrift verlangt wird, die den erschwerenden Umstand für jeden Verstoß betrifft.

§ 2 Perspektiven der Strafrechtsharmonisierung

Angesichts der aufgezeigten Probleme, denen sich die Europäische Union gegenübersieht, ist ein Blick in die Zukunft interessant. Nachdem sich die ersten Teile dieser Arbeit mit den Mechanismen der strafrechtlichen Harmonisierung und deren Entwicklung innerhalb der letzten drei Jahrzehnte befasst haben, ging es im weiteren Verlauf der Untersuchung um die Frage, ob die Etablierung eines europäischen Strafrechts als eines systematisierten Politikfeldes auf europäischer Ebene notwendig erscheint. Eine kohärente, konsistente und

---

902 Art. 8 der Richtlinie 2017/1371/EU über die strafrechtliche Bekämpfung von gegen die finanziellen Interessen der Union gerichtetem Betrug; Art. 9 der Richtlinie 2011/92/EU zur Bekämpfung des sexuellen Missbrauchs und der sexuellen Ausbeutung von Kindern sowie der Kinderpornografie.

903 Siehe Art. 4 der Richtlinie 2011/36/EU zur Verhütung und Bekämpfung des Menschenhandels und zum Schutz seiner Opfer.

904 Siehe Art. 4 der Richtlinie 2011/92/EU zur Bekämpfung des sexuellen Missbrauchs und der sexuellen Ausbeutung von Kindern sowie der Kinderpornografie.

prinzipienorientierte[905] Kriminalpolitik scheint unerlässlich zu sein, um die strafrechtlichen Kompetenzen auf EU-Ebene durchdacht und angemessen einzusetzen. In diesem Abschnitt werden Konzepte vorgestellt, die dazu beitragen können, strafrechtliche Harmonisierungsmaßnahmen im Sinne einer solchen deutlichen europäischen Kriminalpolitik zu verbessern.

A. Entwicklung einer europäischen Kriminalpolitik

Das Strafrecht als Rechtsmaterie hat in den letzten Jahrzehnten auf europäischer Ebene stetig an Bedeutung gewonnen. Ein systematisiertes materielles Strafrecht gibt es bisher aber nicht. Dies lässt sich besonders durch die starke Politisierung der Strafgesetzgebung erklären.

Erste Versuche zur Systematisierung des materiellen Strafrechts wurden durch den Rat im Jahr 2009 unternommen, indem er Musterbestimmungen als Orientierungspunkte im Bereich des Strafrechts[906] annahm. Der Rat bekräftigte in den Orientierungspunkten, dass Strafrecht nur als Ultima Ratio und nur unter Wahrung der Grundsätze der Verhältnismäßigkeit und der Subsidiarität und unter Beachtung des Bestimmtheitsgebots einzusetzen sei. Zur gleichen Zeit stellte eine internationale Wissenschaftlergruppe („European Criminal Policy Initiative“) ein kriminalpolitisches Konzept, das „Manifest zur Europäischen Kriminalpolitik“,[907] vor, das auf europarechtlich anerkannten Prinzipien wie Verhältnismäßigkeit, Subsidiarität, Gesetzlichkeit und Kohärenz aufbaute. Mit einer Mitteilung[908] aus dem Jahr 2011 übernahm die Europäische Kommission viele in dem Manifest enthaltenen Forderungen. Die vielfach kritisierte[909] Meinung der Kommission, dass das Strafrecht u.a. als Mittel zur Effektuierung der Unionspolitik zu betrachtet sei, wurde von ihr abgemildert, indem sie ausdrücklich anerkannte, dass das Strafrecht wegen seiner stigmatisierenden Wirkung nur als Ultima Ratio eingesetzt werden dürfe und dass das Subsidiaritätsprinzip beim Strafrecht eine besondere Rolle spiele. Die Einhaltung dieser Grundsätze wurde auch vom Europäischen Parlament in seiner „Entschließung zum EU-Ansatz zum Strafrecht“[910] vom Mai 2012 betont.

---

905 Dies wird von den Strafrechtswissenschaftlern der „European Criminal Policy Initiative“ gefordert.

906 Ratsdok. 16542/09 vom 23.11.2009.

907 ZIS 2009, 697 (697 ff.)

908 KOM(2011)573 endg.

909 Vgl. *Satzger*, ZIS 2009, 691 (692).

910 Entschließung des Europäischen Parlaments vom 22. Mai 2012 zum EU-Ansatz zum Strafrecht, P7_TA(2012)0208, ABl. EU 2013, Nr. C 264 E, S. 7 ff.

Wie sich aus den obigen Ausführungen herausstellt, erkennen die europäischen Institutionen die Notwendigkeit eines Gesamtkonzepts der europäischen Kriminalpolitik an. Die oben genannten Stellungnahmen der Kommission, des Rats und des Parlaments sind nur politische Erklärungen, die für den EU-Gesetzgeber nicht verbindlich sind. Sie weisen jedoch deutlich darauf hin, dass die Entscheidungsträger sich für eine prinzipienorientierte Kriminalpolitik bereit zeigen.

Mit der Konsolidierung der Unionszuständigkeiten auf dem Gebiet des Strafrechts erscheint es sinnvoll, dass die Entwicklung eines Konzepts für eine europäische Kriminalpolitik mit klaren kriminalpolitischen Leitlinien der nächste Schritt ist. Der europäische Gesetzgeber betreibt seit mehreren Jahren Kriminalpolitik, auch wenn die Kriminalpolitik anders als andere europäische Politiken vor dem Vertrag von Lissabon nicht als eigenständiges Politikfeld anerkannt war. Im Rahmen aktueller Entwicklungen kristallisiert sich jedoch langsam die Systematisierung einer europäischen Kriminalpolitik heraus. Die Frage, von welchen Prinzipien sich der EU-Gesetzgeber leiten lassen sollte, beschäftigt seit einigen Jahren aktiv die Wissenschaftler[911] sowie die europäischen Institutionen. Die Kriminalpolitik sollte sich nach Meinung der EU-Organe auf europarechtlich anerkannte und im Unionsrecht verankerte Prinzipien wie Verhältnismäßigkeit (Art. 5 Abs. 4 EUV), Schuldprinzip (abzuleiten aus Art. 1 i.V.m. Art. 49 GrCh), Gesetzlichkeit (Art. 6 Abs. 3 EUV) und Subsidiarität (Art. 5 Abs. 3 EUV) stützen. Von besonderer Relevanz ist das Ultima-Ratio-Prinzip, das vom Verhältnismäßigkeitsprinzip geprägt wird, weil das Strafrecht als tief in die Rechte der Beschuldigten eingreifendes Mittel nur dann eingesetzt werden darf, wenn die Rechtsgüter nicht durch mildere Mittel geschützt werden können. Wichtig für die Kriminalpolitik ist die Kohärenz, die für eine Stimmigkeit des gesamten strafrechtrechtlichen Systems sorgt und die Akzeptanz der Strafjustiz in der Bevölkerung sichert. Die Kohärenz steht in engem Zusammenhang mit der gemäß Art. 4 Abs. 2 EUV zu schützenden nationalen Identität. Diese Grundsätze entsprechen den Prinzipien aus dem „Manifest zur Europäischen Kriminalpolitik".

B. Europäische Standards ohne ein europäisches Strafgesetzbuch

Für die Strafgesetzgebung der Union sind die strafrechtsnormativen Vorgaben dem Unionsrecht zu entnehmen. Die Legalität und Legitimität des Unionsstrafrechts hängt von der Einhaltung der Grund- und Menschenrechte ab, wie sie

---

911 Dazu *Buisman*, EurJCrimeCrLCrJ 2022, S. 163 ff.

in Art. 6 EUV und Art. 49 GrCh verankert sind. Zugleich ist die Einhaltung rechtsstaatlicher Grundsätze entscheidend für eine besonnene Kriminalpolitik und verantwortliche Gesetzgebung. Im strafrechtswissenschaftlichen Umfeld wird nach Konsistenz, Kohärenz, Systematisierung und Prinzipienorientierung des Strafrechts gerufen. In der Strafgesetzgebung müssten diese Aspekte in einer Kodifikation ihren Platz finden.

Es ist jedoch zweifelhaft, ob ein einheitliches europäisches Strafgesetzbuch derzeit einen gangbaren und angemessenen Weg darstellt. Eine vertiefte Harmonisierung im Sinne des supranationalen Modells von *Sieber*[912] würde bedeuten, dass ein einheitlicher Regulierungsrahmen geschaffen würde, der zentral zur Geltung kommt. In der Europäischen Union gibt es eine solche Lösung im Fall der Verwaltungssanktionen bei Kartellverstößen. Sie basiert auf einer Verordnung, die in der Union einheitlich unmittelbar gilt.[913]

Die Schaffung eines einheitlichen europäischen Strafgesetzbuches ist erstens eine umfassende Thematik, denn sie umfasst die Harmonisierung des materiellen Strafrechts und des Strafverfahrensrechts. Zweitens ist die Harmonisierung des materiellen Strafrechts ein sensibles Thema. Die strafrechtlichen Vorschriften der Mitgliedstaten sind Ausdruck unterschiedlicher Rechtstraditionen und hängen nicht selten eng mit der eigenen geschichtlichen Entwicklung zusammen. Aus diesem Grund basiert die Entwicklung eines einheitlichen Rechtsraums in erster Linie auf dem Grundsatz der gegenseitigen Anerkennung, wobei das materielle Recht nur in einigen spezifischen Bereichen harmonisiert wird. Dieser pragmatische Ansatz reflektiert auch die aktuelle Haltung der Mitgliedstaaten, die sich bereits bei den Verhandlungen zum Vertrag von Lissabon insofern kompromissbereit zeigten, als sie sich u.a. mit einer zwischen Union und

912 *Sieber*, ZStW 2009, 1 (22 ff.). Die Idee der Schaffung eines europäischen Modellstrafgesetzbuches war seit geraumer Zeit, schon vor dem Inkrafttreten des Vertrags von Lissabon im Schrifttum, diskutiert worden. Mehrere Stimmen sprechen sich dafür aus. *Sieber* vertritt die Meinung, dass ein Strafgesetzbuch alle möglichen Formen der Zusammenarbeit in einer flexiblen und weichen Weise unterstützen und die Berücksichtigung kultureller Besonderheiten ermöglichen würde (*Sieber*, JZ 1997, S. 380). *Dannecker* hält es für geeignet, allgemeine Rechtsprinzipien und Gesetzregelungen zu normieren und dadurch die Harmonisierung zu erreichen (*Dannecker* in FS Hirsch, S. 147). Diese Idee wird allerdings, besonders aufgrund der erheblichen kulturellen Differenzen, auch kritisiert. So *Weigend*, ZStW 1993, 774 (790); *Hilgendorf* in *Dreier/Forkel/Laubenthal*, Raum und Recht, S. 342.

913 Art. 23 (Sanktionen) der Verordnung 1/2003/EG vom 16 Dezember 2002 zur Durchführung der in den Artikeln 81 und 82 des Vertrags niedergelegten Wettbewerbsregeln.

Mitgliedstaaten geteilten Zuständigkeit im Strafrecht einverstanden erklärten. Es ist fraglich, ob derzeit ein politischer Wille auch zur Einigung auf Grundprinzipien bzw. zur Schaffung eines europäischen Strafgesetzbuches besteht.

Auch wenn die Zeit für ein europäisches Strafgesetzbuch als nicht reif erscheint, kommt dennoch ein „Draft Common Frame of Reference – Criminal Law" nach dem bestehenden Modell im Zivilrecht[914] in Betracht, der Prinzipien, Definitionen und Musterformulierungen enthalten sollte. Dies würde eine wissenschaftliche Arbeit darstellen, die dem „Manifest zur Europäischen Kriminalpolitik" vergleichbar, jedoch komplexer wäre. Ein solcher Entwurf kann als eine wertvolle Quelle für die Politik beim Suchen entsprechender Lösungen kriminalstrafrechtlicher Fragen genutzt werden. Es wurde auf politischer Ebene bereits angedeutet, dass nach dem Vertrag von Lissabon der Rat, die Kommission und das Parlament zusammenarbeiten sollten, um die Schlussfolgerungen des Rates für die Verhandlungen im Bereich des Strafrechts weiterzuentwickeln und zu vertiefen.[915] Auf Einladung von *Dennis De Jong*, Mitglied des Europäischen Parlaments, trafen sich jedoch erst sechs Jahre später (im Mai 2015) Vertreter der europäischen Legislativorgane im Rahmen einer „Criminal Law Contact Group" (CLCG), um über eine kohärente Herangehensweise bei künftigen Legislativmaßnahmen im Bereich des materiellen Strafrechts zu diskutieren.[916] Das Treffen zeigte jedenfalls die Bereitschaft, die oben erwähnten Rahmendokumente der europäischen Institutionen[917] über die bei der Strafrechtsetzung zu beachtenden Prinzipien in ein gemeinsames, wenngleich unverbindliches Dokument zu überführen. Ein solches Dokument würde einen kohärenten Rahmen schaffen und die Kontinuität und Qualität der strafrechtlichen Gesetzgebung

914 Siehe *Bar/Clive/Schulte-Nölke*, Principles, Definitions and Model Rules of European Private Law. Draft Common Frame of Reference, abrufbar unter: https://www.law.kuleuven.be/personal/mstorme/2009_02_DCFR_OutlineEdition.pdf (Stand: Juli 2023).

915 Ratsdok. 16542/09 vom 23.11.2009, S. 4, abrufbar unter: https://db.eurocrim.org/db/de/doc/1167.pdf (Stand: Juli 2023).

916 Ratsdok. 10137/15 vom 24.06.2015.

917 Schlussfolgerungen des Rates über Musterbestimmungen als Orientierungspunkte für die Beratungen des Rates im Bereich des Strafrechts (Ratsdok. 16798/09), Mitteilung der Kommission „Auf dem Weg zu einer europäischen Strafrechtspolitik: Gewährleistung der wirksamen Durchführung der EU-Politik durch das Strafrecht" (KOM(2011)573 endg.); Resolution des Europäischen Parlaments über einen EU-Ansatz für das Strafrecht (Entschließung des Europäischen Parlaments vom 22. Mai 2012, P7_TA(2012)0208).

auf EU-Ebene verbessern.[918] Einige Mitgliedstaaten waren offen hinsichtlich der Schaffung eines Einzeldokuments über die Prinzipien der Rechtsetzung im Bereich des materiellen Strafrechts, das einen zwanglosen Charakter haben sollte.[919] Auch wenn hinsichtlich der materiellen Prinzipien Konsens herrscht, dürfte eine Einigung über Musterbestimmungen im Detail nicht einfach sein. Zudem gibt es kein entsprechendes Verhandlungsmandat seitens des Rates. Es bleibt daher abzuwarten, wie sich die Kodifikation des Unionsstrafrechts und die Prinzipien im Unionsstrafrecht entwickeln.

Bis dahin kommt in erster Linie dem Unionsgesetzgeber die Aufgabe zu, die genannten Grundsätze im Gesetzgebungsverfahren zu berücksichtigen und dafür zu sorgen, dass das scharfe Instrument des Strafrechts mit Achtsamkeit eingesetzt wird. Dies bedeutet, dass der erste Schritt bei der Strafrechtsgesetzgebung immer darin bestehen sollte, zu entscheiden, ob überhaupt materielle strafrechtliche Maßnahmen ergriffen werden sollen. Ist dies der Fall, ist ausführlich und substanziell zu begründen, warum der Erlass einer Strafvorschrift für eine Zuwiderhandlung, also eine strafrechtliche Maßnahme, notwendig ist. Bei der Gesetzgebung kann der EU-Gesetzgeber sich an der vom Rat entworfenen Musterformulierung für strafrechtliche Harmonisierungsakte orientieren, die im Grunde die gleichen Prinzipien und Ziele im Bereich des Strafrechts verfolgt wie diejenigen, die in den Mitteilungen der Kommission und des Europäischen Parlaments herausgearbeitet werden. Auch wenn der Gesetzgeber nicht daran gebunden ist, könnte deren Anwendung zu einer einheitlichen Gesetzgebungspraxis beitragen, in der dem Subsidiaritäts- und Verhältnismäßigkeitsprinzip und der Sicherstellung der Kohärenz der nationalen Strafrechtssysteme Rechnung getragen wird.

C. Harmonisierung von Strafen mittels eines klaren europäischen Systems

Seit 2002 orientierte sich der Rat beim Erlass von Rahmenbeschlüssen an den Vorschriften des Rats zur Angleichung der Strafen, in denen ein System von Mindesthöchststrafen mit vier Niveaus unterschiedlicher strafrechtlicher Sanktionen entwickelt wurde.[920]

---

918 Ratsdok. 10599/16 vom 30.06.2016.

919 Ratsdok. 10599/16 vom 30.06.2016, S. 3.

920 Diese Methode ergab sich als Kompromiss zwischen den unterschiedlichen Vorschlägen der Mitgliedstaaten und trug ihren wesentlichen Forderungen Rechnung. Zu dieser Methode und ihrer Bewertung anhand der erlassenen Vorschriften *Giannakoula*, EuCLR 2015, 133 (135 ff.).

Mit dem Inkrafttreten des Vertrags von Lissabon verabschiedete der Rat 2009 die Schlussfolgerungen über Musterbestimmungen als Orientierungspunkte für die Verhandlungen des Rates im Bereich des Strafrechts. Darin wird festgestellt, dass es in einigen Fällen ausreichen würde, wirksame, angemessene und abschreckende strafrechtliche Sanktionen vorzusehen. In anderen Fällen könne aber eine gewisse Angleichung des Strafmaßes notwendig sein. In diesen Fällen sollten im Lichte des Vertrags von Lissabon die Schlussfolgerungen des Rates vom April 2002 über einen Ansatz zur Angleichung der Strafen berücksichtigt werden.[921] Die Kommission äußerte 2005 ihre Absicht, sich bei der Festlegung von Straftaten an den Schlussfolgerungen des Rates zu orientieren.[922] 2009 erklärte sie jedoch, ihr Initiativrecht unabhängig von den Musterbestimmungen auszuüben, da diese die Auslegungen des Art. 83 AEUV begrenzten. Dass der Vertrag nur die Festlegung von Mindestvorschriften vorsehe, bedeute nicht, dass punktuelle oder minimalistische Regelungen getroffen werden müssten. Die Harmonisierung der Rechtsfolgen solle sich nicht nur auf die Festlegung von Mindesthöchststrafen beschränken, sondern auch etwa Mindeststrafen (Freiheitsstrafen) oder Geldstrafen beinhalten. Seit jenem Zeitpunkt ist die Kommission von ihrer Praxis im Bereich der Harmonisierung von Strafen abgewichen, allerdings ohne eine klare Linie erkennen zu lassen. In einigen Vorschlägen, wie demjenigen zur Ahndung von Marktmanipulationen, seien Sanktionen nach der Auffassung der Kommission als ausreichend anzusehen, wenn Verstöße gegen EU-Recht mit wirksamen, angemessenen und abschreckenden Sanktionen geahndet würden.[923] In dem Entwurf der Richtlinie zum strafrechtlichen Schutz des Euro und anderer Währungen gegen Geldfälschung wurde ein differenziertes Sanktionssystem vorgesehen, das ebenfalls Mindeststrafen enthielt.[924] Geldfälschung sei eine schwer wiegende Handlung mit erheblichen negativen Folgen für die betroffenen Bürger und Unternehmen. Es sei daher erforderlich, das Vertrauen der Unionsbürger in die Echtheit des Euro und anderer Währungen zu wahren. Die Mitgliedstaaten sollten daher bestimmte Mindestsanktionen und Mindeststrafmaße vorsehen. In den meisten Mitgliedstaaten seien bereits Mindeststrafen vorgesehen. Es wäre nach Meinung der Kommission daher konsequent und angebracht, so auf der gesamten Unionsebene zu verfahren.[925]

---

921 Ratsdok. 16542/09 vom 23.11.2009, S. 6.

922 KOM(2005)583 endg., S. 4, Fn. 7.

923 KOM(2011)654 endg., Art. 6 des RL-Entwurfs, S. 13.

924 KOM(2013)42 endg., Art. 5 Abs. 4 lit. a, S. 17.

925 Anderes ergibt sich zutreffend aus einer Studie über die Mindeststrafen in den Mitgliedstaaten, die vom ECLAN (The European Criminal Law Academic Network) und

Der Rat hat beim Erlassen der Richtlinie die Vorschläge der Kommission hinsichtlich der Harmonisierung der Strafen allerdings nicht angenommen. Analysiert man die in dem letzten Jahrzehnt verabschiedeten Richtlinien, kommt man dennoch zu dem Ergebnis, dass auch der Rat nach dem Inkrafttreten des Vertrags von Lissabon einen einigermaßen differenzierten Weg eingeschlagen hat. Seit dem Erlass der Richtlinie 2011/36/EU zur Verhütung und Bekämpfung des Menschenhandels wird bei der Festlegung der Mindesthöchststrafen nicht mehr die vier Niveaus angewendet, sondern die Mindesthöchststrafen werden in Form einer Zahl formuliert (z.B. Art. 4 Abs. 1 RL 2011/36/EU: „Die Mitgliedstaaten treffen die erforderlichen Maßnahmen, um sicherzustellen, dass eine Straftat nach Artikel 2 mit einer Freiheitsstrafe im *Höchstmaß von mindestens fünf Jahren* bedroht ist."[926]). Auch wenn im Erwägungsgrund 11 der Richtlinie 2011/93/EU zur Bekämpfung des sexuellen Missbrauchs und der sexuellen Ausbeutung von Kindern sowie der Kinderpornografie eine Anwendung der vier Niveaus strafrechtlicher Sanktionen wie in der Schlussfolgerung des Rates von 2002 weiterhin als sicher angenommen erschien,[927] wurden bei allen bisher erlassenen Richtlinien nicht mehr Niveaus für die Höchststrafe, sondern konkrete Zahlen formuliert.[928] Die Harmonisierung durch Mindeststrafen blieb

---

vom ECORYS Nederland im Auftrag der Generaldirektion „Justiz und Verbraucher" der Europäische Kommission im Jahre 2015 durchgeführt worden ist: „the introduction of minimum sanctions could cause more problems in the Member States' criminal law systems than it could solve problems on Union level." Im Ergebnis könnte die Harmonisierung der Mindeststrafen auf EU-Ebene nach der Studie mehrere Probleme als die Festlegung von Mindesthöchststrafen verursachen, so die „Study on minimum sanctions in the EU Member States", S. 192 ff., abrufbar unter: http://publications.europa.eu/resource/cellar/1226bed2-be78-11e5-9e54-01aa75ed71a1.0001.01/DOC_1 (Stand: Juli 2023).

926 Hervorhebung durch die Verfasserin.

927 „Beim Erlass von Vorschriften des materiellen Strafrechts sollte die Union die Kohärenz solcher Rechtsvorschriften insbesondere hinsichtlich des Strafmaßes sicherstellen. Im Lichte des Vertrags von Lissabon sollten die Schlussfolgerungen des Rates vom 24. und 25. April 2002 über einen Ansatz zur Angleichung der Strafen, in denen vier Niveaus strafrechtlicher Sanktionen genannt werden, berücksichtigt werden."

928 Beispielsweise Art. 7 Abs. 2 Richtlinie 2014/57/EU (Marktmissbrauchsrichtlinie): „Die Mitgliedstaaten treffen die erforderlichen Maßnahmen, um sicherzustellen, dass die in Artikel 3 und 5 genannten Straftaten mit Freiheitsstrafen im Höchstmaß von mindestens vier Jahren bewehrt sind."; Art. 15 Abs. 3 Richtlinie 2017/541/EU zur Terrorismusbekämpfung: „Die Mitgliedstaaten treffen die erforderlichen Maßnahmen, um sicherzustellen, dass die Straftaten nach Artikel 4 mit Freiheitsstrafen bedroht sind, deren Höchstmaß für die Straftat nach Artikel 4 Buchstabe a mindestens 15 Jahre und

allerdings zu Recht wegen der erheblichen Beeinträchtigung der nationalen Strafsysteme derjenigen Mitgliedstaaten, die eine Mindeststrafe nicht kennen, unberücksichtigt. Die Argumente der Kommission in diese Richtung überzeugen nicht, da sie sich auf das Niveau der Strafen allgemein oder auf verbundene Angelegenheiten beziehen.[929]

Diese Entwicklungen sind von großer Relevanz, da sie von der durch die Schlussfolgerungen des Rates etablierten Methode für die Angleichung der Strafen abweichen.[930] Dies könnte die Kohärenz der nationalen Rechtssysteme und die Effizienz der Harmonisierung bedrohen, da das Bestehen einer Methode die Legislativverfahren vereinfacht. Die ständige Nutzung konkreter Strafen ermöglichte dagegen den Vergleich des Schweregrades der Straftaten aus unterschiedlichen Rechtsakten und somit die Verbesserung der Anwendung des Verhältnismäßigkeitsprinzips und die Förderung der Kohärenz des EU-Rechts.

Bei der Harmonisierung strafrechtlicher Sanktionen darf nämlich nicht außer Acht gelassen werden, dass die Mitgliedstaaten unterschiedliche Rechtstraditionen haben. Um es den Mitgliedstaaten zu ermöglichen, die Kohärenz der nationalen Sanktionssysteme zu wahren, bedarf die Harmonisierung der Strafen einer gewissen Flexibilität. Die unterschiedlichen Niveaus gewährleisteten diese Flexibilität und erleichterten, besonders im Fall der Mitgliedstaaten mit strengen Strafrechtssystemen, die Harmonisierung der Strafen mehr als die Feststellung einer Mindesthöchststrafe in Form einer Zahl. Bei einer Mindesthöchststrafe in Form einer Zahl würde dagegen für eine Harmonisierung entweder eine

für die Straftaten nach Artikel 4 Buchstabe b mindestens acht Jahre betragen muss. Wenn die terroristische Straftat nach Artikel 3 Absatz 1 Buchstabe j von einer Person begangen wird, die nach Maßgabe des Artikels 4 Buchstabe a eine terroristische Vereinigung anführt, muss die Höchststrafe mindestens acht Jahre betragen."; Art. 5 Abs. 2 Richtlinie 2018/1673/EU über die strafrechtliche Bekämpfung der Geldwäsche: „Die Mitgliedstaaten treffen die erforderlichen Maßnahmen, um sicherzustellen, dass die in Artikel 3 Absätze 1 und 5 genannten Straftaten mit einer Freiheitsstrafe im Höchstmaß von mindestens vier Jahren geahndet werden."

929 Siehe Ratsdok. 10719/13 vom 07.06.2013, S. 1 ff., besonders Pkt. 4.

930 Das durch die Schlussfolgerungen des Rates von 2002 vorgesehene System stellte sich bis zum Inkrafttreten des Vertrags von Lissabon als ein Orientierungspunkt für die Vorbereitung jedes Legislativverfahrens über die Harmonisierung dar. Das Ziel war es, letztlich eine Strafe zu finden, die zwar streng genug ist, um der Schwere der Straftat zu entsprechen, aber nicht problematisch für die nationale Rechtssysteme. Auf diese Weise kann eine echte Harmonisierung erreicht werden. Siehe *Giannakoula*, EuCLR 2015, S. 134 (140).

hohe Strafe von der EU vorgesehen, was einen engen Spielraum für die Mitgliedstaaten bedeutet, oder würde erwartet, dass die Mitgliedstaaten die genaue Strafe annehmen. Diesem Konzept ist jedoch eine Absage zu erteilen, da es durch ungerechtfertigte Strenge und Inflexibilität charakterisiert ist. Außerdem machen es die konkreten Vorgaben und die höheren Strafandrohungen durch den europäischen Gesetzgeber den Mitgliedstaaten schwer, die Kohärenz ihrer Strafsysteme zu wahren.

Derzeit erfolgt die Harmonisierung von Strafen grundsätzlich ohne eine konkrete Methode, auch wenn positive Eigenschaften, wie z.B. die Bereitstellung verschiedener Höhen der Strafen, im Zusammenhang mit dem früher angewendeten System stehen. Die Schlussfolgerungen des Rates von 2002, erneuert im Jahre 2009, haben bisher das einzige System für die Harmonisierung zur Verfügung gestellt. Sie enthalten Musterformulierungen, deren Vorteil darin liegt, die Kohärenz der Gesetzgebung zu fördern und den Mitgliedstaaten die Umsetzung der Richtlinienvorgaben zu erleichtern.[931] Zudem haben sie nach mühsamen Verhandlungen ein System geschafft, das die Einstimmigkeit auf EU-Ebene gewährleisten will. Sie können daher wirkungsvoll als Orientierung für die Harmonisierung der Strafen dienen.

Bei der Harmonisierung nach Art. 83 AEUV kann auf die allgemeine Klausel, wirksame, verhältnismäßige und abschreckende Strafen zu verhängen, zurückgegriffen werden,[932] wenn dies zu genügen erscheint. Die Art und das Niveau der Strafen werden dann von den Mitgliedstaaten festgelegt. Allerdings kann es erforderlich sein, dass Strafen entsprechend dem Inhalt der allgemeinen Klausel und Mindesthöchststrafen gleichzeitig vorgesehen werden.[933] Dies ist möglich, weil auch die EU-Vorschriften über die Mindesthöchststrafen die oben genannten Eigenschaften erfüllen müssen und diese Vorschriften ebenfalls einen Spielraum für den nationalen Gesetzgeber lassen.

---

931 Ratsdok. 16542/09 vom 23.11.2009, S. 8 ff. *Linder/Neumann/Pohlmann* in *Satzger*, Harmonisierung strafrechtlicher Sanktionen in der Europäischen Union, S. 513 ff., stellen anhand der Länderberichte fest, dass in einigen Mitgliedstaaten Schwierigkeiten bei der Umsetzung von EU-Vorgaben zu strafrechtlichen Sanktionen aufgetreten seien. Zugleich wird angedeutet, dass es in Österreich, Deutschland, Dänemark und Polen keine größeren bzw. konkreten Probleme gegeben habe.

932 *Satzger* in *Böse*, Enzyklopädie Europarecht, Bd. 11: Europäisches Strafrecht, § 2, Rn. 79 ff.

933 Siehe auch Ratsdok. 9141/02 vom 27.05.2002, S. 4, abrufbar unter: https://db.eurocrim.org/db/de/doc/1305.pdf (Stand: Juli 2023).

Entscheidend im Rahmen der Harmonisierung von Strafen ist meines Erachtens jedoch, die Niveaus für die Mindesthöchststrafen beizubehalten. So wird die nötige Flexibilität gewährleistet und die Kohärenz der Strafsysteme erhalten. Vorgaben zur Strafhöhe müssen einen klaren Übergang zwischen milden und strengen Strafen aufweisen. Dies wird dadurch erreicht, dass die Breite bei den Niveaus progressiv und nicht zu eng ist, sodass die gewünschte Flexibilität erreicht wird, ohne die Harmonisierung zu verhindern. Die Niveaus tragen den unterschiedlichen Strafsystemen Rechnung, die bestimmte Unterschiede beim Strafmaß kennen. Sie sind Ausdruck der Art und Weise, wie die Mitgliedstaaten mit grundlegenden Problemen wie Verbrechen und deren Ahndung umgehen. Den Mitgliedstaaten ist durch die Niveaus die Möglichkeit gegeben, die Mindesthöchststrafe zu wählen, die für die Kohärenz ihres jeweiligen nationalen Strafrechtssystems notwendig ist. Probleme können sich allerdings ergeben, wenn die Unterschiede zwischen den Strafen für bestimmte Strafhandlungen groß sind und die EU hohe Mindesthöchststrafen vorsieht. In diesem Fall würden die Mitgliedstaaten, die ein Strafsystem mit geringeren Höchststrafen haben, verpflichtet sein, strengere Strafen festzulegen. Dies würde dazu führen, dass einerseits die neuen Vorschriften dem Verhältnismäßigkeitsprinzip auf der nationalen Ebene widersprechen. Andererseits würden die europäischen Vorgaben zu einer größeren Punitivität des nationalen Rechts führen. Die kleinste Unstimmigkeit auf EU-Ebene kann also die nationalen Strafsysteme erheblich beeinträchtigen. Es liegt in der Verantwortung der EU, die Stimmigkeit sicherzustellen und das Verhältnismäßigkeitsprinzip zu beachten. Im Kontext der Harmonisierung von Strafen ist es wichtig zu betonen, dass die EU eine deutliche Begründung für Einzelfälle geben und darlegen muss, warum die Festlegung von Mindestvorschriften für die Ahndung der Straftaten in den Mitgliedstaaten erforderlich ist und nicht nur die Bedrohung mit wirksamen, verhältnismäßigen und abschreckenden Strafen genügt.

Die Harmonisierung des Strafrechts zielt darauf ab, die Unterschiedlichkeiten zwischen den nationalen Strafrechtssystemen zu reduzieren. Das ist wichtig für die Anwendung der Rechtsinstrumente der justiziellen Zusammenarbeit und für die damit zusammenhängende Notwendigkeit eines europaweit einheitlichen Verständnisses von Inhalt und Schwere bestimmter Straftaten. Die Harmonisierung der Definitionen schafft dieses allgemeine Verständnis von Kriminalstraftaten auf EU-Ebene. Allerdings ist ebenfalls die Harmonisierung der Strafen entscheidend, um extreme Unterschiede auf der Rechtsfolgenseite zu beseitigen. Eine Harmonisierung von Strafen statt der Verhängung von wirksamen, verhältnismäßigen und abschreckenden Strafen ist notwendig, wenn die Strafen, die von den nationalen Strafgesetzgebern für verschiedene Straftaten vorgesehen werden, mit höchster Wahrscheinlichkeit die drei wesentlichen Eigenschaften nicht erfüllen werden und die Straftaten nicht erfolgreich bekämpft werden können. In diesem Sinne ist es die Aufgabe des EU-Gesetzgebers einzugreifen und Mindestvorschriften vorzuschreiben. Solche Fälle betreffen die Schwere der Straftaten, wenn etwa der Mitgliedstaat ein Strafniveau vorsieht, das niedriger ist als von der EU erwartet wird. Dies passiert, weil der Mitgliedstaat die Schwere einer Straftat anders als die EU eingeschätzt hat. Die Folgen innerhalb des Mitgliedstaates können schwerwiegend sein. Denn sollte das Strafniveau, gemessen an der durch die EU eingeschätzten Schwere der Straftat, niedriger sein, weil die Schwere durch den Mitgliedstaat anders bewertet wurde, könnte die Straftat nicht bekämpft werden und somit die Kriminalität zunehmen oder das allgemeine Verständnis für die Strafbarkeit bestimmter Handlungen ernsthaft unterminiert werden.

Die Bewahrung eines kohärenten nationalen Systems sowie die Vorgabe verhältnismäßiger Sanktionen in allen Mitgliedstaaten durch die EU strebt auch das 2020 von der European Criminal Policy Initiative (ECPI) entwickelte Kategorienmodell zur Harmonisierung des Sanktionsrechts an.[934] Nach diesem Kategorienmodell beschränkt sich der europäische Gesetzgeber darauf, abstrakte Vorgaben zur Schwere des zu bestrafenden Verhaltens zu machen, während den Mitgliedstaaten deren konkrete Umsetzung insofern überlassen bleibt, als sie den harmonisierten Tatbeständen jeweils nationale Sanktionen korrespondierender Schwere zuteilen. Auf diese Weise wird ein EU-Tatbestand in jedem Mitgliedstaat vergleichbar schwer bestraft. Das Modell wechselt die Perspektive von den konkreten Vorgaben an den Strafgesetzgeber zu einem System der relativen Vergleichbarkeit. Auf der Basis eines umfassendes Rechtsvergleichs[935] kamen die Wissenschaftler zu dem Ergebnis, dass eine Unterteilung der nationalen Sanktionensysteme in verschiedene Schwerestufen möglich ist, auch wenn zwischen den Sanktionensystemen der verschiedenen europäischen Mitgliedstaaten grundlegende Unterschiede bestehen.[936] Nach der Studie der ECPI sind fünf Schwerestufen ausreichend, um die ansteigende Schwere der Kategorien zum Ausdruck zu bringen (wobei Kategorie I die relativ leichtesten und Kategorie V

---

934 *Satzger* (Hrsg.), Harmonisierung strafrechtlicher Sanktionen in der Europäischen Union.

935 Zu den Länderberichten *Satzger*, Harmonisierung strafrechtlicher Sanktionen in der Europäischen Union, S. 49 ff.

936 *Linder/Neumann/Pohlmann* in *Satzger*, Harmonisierung strafrechtlicher Sanktionen in der Europäischen Union, S. 494 ff., 500 ff.

die relativ schwersten Strafen bezeichnet).[937] Eine Richtlinie werde nach diesem Modell keine Mindesthöchststrafe feststellen, sondern die Straftat nach ihrer Schwere anhand des Kategorienmodells einstufen (z.B. Straftat der Kategorie II). Den Mitgliedstaaten komme dann die Aufgabe zu, eine Strafe nach der jeweiligen Strafrechtsordnung vorzusehen, die in Bezug auf die Schwere der durch die EU bestimmten Kategorie entspricht.

Die folgende Methode für die Harmonisierung von Strafen erscheint derzeit wegen ihrer positiven Auswirkungen begrüßenswert: Die Union untersucht immer vor einem Vorschlag die Strafniveaus in den Mitgliedstaaten mit Blick auf die zu regulierenden Straftaten, und nur, wenn es erforderlich ist, greift sie ein, indem sie eine Mindesthöchststrafe in einem bestimmten Strafrahmen vorschreibt. Angesichts des Umstands, dass das Strafsystem eng mit der Souveränität der Mitgliedstaaten verbunden ist und deren unterschiedlichen Rechtstraditionen entspricht, ist es verständlich, dass sich die Mitgliedstaaten einen beschränkten Eingriff durch die EU erwünschen. Die Vorgabe von Mindesthöchststrafen scheint im Vergleich mit den anderen Harmonisierungsbestrebungen, etwa der Einführung von Mindeststrafen oder einer konkreten Strafzahl, die am wenigsten eingriffsintensive Methode zur Harmonisierung der Strafen in die nationalen Rechtssysteme zu bleiben. Denn die Mitgliedstaaten sind frei hinsichtlich der Ausgestaltung der Strafuntergrenze. Außerdem dürfen sie über die unionsrechtlichen Anforderungen hinausgehen und eine höhere Höchststrafe für das betreffende Verhalten androhen. Die nationalen Besonderheiten des jeweiligen nationalen Sanktionenrechts und die Kohärenz der nationalen Systeme werden dadurch gewahrt.

Der Rat verständigte sich 2002 auf ein abgestuftes System von vier Niveaus von Mindesthöchststrafen, je nach der Schwere der Straftat, um diesen Zielen und der erforderlichen Flexibilität bei der Festlegung von Strafen durch die Mitgliedstaaten Rechnung zu tragen. Eine größere Berücksichtigung durch den Rat hätte allerdings der teilweise große Unterschied zwischen den Mitgliedstaaten mit Blick auf das gesetzliche Höchstmaß finden können (z.B. kennt Finnland grundsätzlich Höchststrafen bis zu 12 Jahren, während beispielsweise Frankreich und

937 Genauer betrachtet: Kategorie I – Strafen für leichte Kriminalität, Kategorie II – Strafen für leichte bis mittelschwere Kriminalität, Kategorie III – Strafen für mittlere Kriminalität, Kategorie IV – Strafen für mittlere bis schwerere Kriminalität, und Kategorie V – Strafen für schwere Kriminalität. Zu den Schwerekategorien der ECPI siehe *Satzger*, Harmonisierung strafrechtlicher Sanktionen in der Europäischen Union, S. 685 ff.

Italien Höchststrafen von bis zu 30 Jahren kennen). Dies ist bei dieser Methode aus dem Jahr 2002 problematisch. So ist es nicht selten zu einer in der Literatur kritisierten Steigerung der Punitivität gekommen.[938] Bezogen darauf könnte der Rat die Erkenntnisse des von der ECPI entwickelten Kategorienmodells nutzen, um sein 2002-Modell zur Angleichung der Strafen zu bearbeiten bzw. zu ändern. So könnten die Schwerekategorien der Strafhandlungen[939] angepasst und dementsprechend statt vier Niveaus von Mindesthöchststrafen fünf Niveaus je nach der Schwere der Straftat vorgesehen werden. Zudem müssten die Strafrahmen eine weitere Spannbreite aufweisen, sodass die Mitgliedstaaten eine Sanktion ihrer Rechtsordnung für den jeweiligen Straftatbestand auswählen können.

Das Kategorienmodell der ECPI wird dem europäischen Gesetzgeber als eine Alternative für die Harmonisierung des europäischen Strafsanktionsrechts angedient. Genauso wie das System des Rats verfolgt es das Ziel, die Kohärenz der nationalen Rechtssysteme zu gewährleisten. Der Ansatzpunkt ist jedoch ein anderer, da der europäische Gesetzgeber auf der Rechtsfolgenseite statt Vorgaben zu Mindesthöchststrafen Vorgaben zur Schwere des zu bestrafenden Verhaltens macht. Das Modell der ECPI basiert auf den in allen EU-Mitgliedstaaten verfügbaren nationalen Schwerestufen der Straftaten bzw. auf einem Konzept der relativen Vergleichbarkeit. So wird einem arithmetischen Verständnis des Wortlauts „Mindestvorschriften zur Festlegung von […] Strafen“[940] seitens der EU, auf deren Grundlage das System der Mindesthöchststrafe steht, eine Absage erteilt.[941] Sollte der EU-Gesetzgeber das Kategorienmodell als Methode für die Harmonisierung der strafrechtlichen Sanktionen in Erwägung ziehen, steht eines fest: Da die Mitgliedstaaten für die Umsetzung der EU-Vorgaben hinsichtlich der Schwere Sanktionen nach ihrem nationalen Recht auswählen, lässt sich die Kohärenz der nationalen Rechtssysteme gewährleisten. Diskutabel

---

938 *Satzger* in *Streinz*, EUV/AEUV, Kommentar, Art. 83 AEUV, Rn. 2.

939 Die Niveaus strafrechtlicher Sanktionen bestimmen sich ebenso nach der Schwere der Straftat.

940 Fragwürdig erscheint der Versuch der ECPI zu argumentieren, dass der Begriff „Mindestvorschriften“ in Art. 83 Abs. 1 AEUV nicht auf die „Sanktionen“ bezogen ist, sondern explizit auf die „Festlegung“ der Sanktionen. Daraus wird gefolgert, dass die EU die Mitgliedstaaten verpflichten könne, die genauen Sanktionen, die der von der EU vorgegebenen Kategorienstufe entsprechen, vorzusehen und diese nicht durch Sanktionen einer höheren Kategorie zu ersetzen. ECPI in *Satzger*, Harmonisierung strafrechtlicher Sanktionen in der Europäischen Union, S. 698 ff.

941 ECPI in *Satzger*, Harmonisierung strafrechtlicher Sanktionen in der Europäischen Union, S. 669, 682 ff.

ist jedoch, inwieweit der EU-Gesetzgeber bereit ist, statt konkrete Vorgaben zu Strafen zu machen, sich auf abstrakte Vorgaben zur Schwere des zu bestrafenden Verhaltens einzulassen.

D. Ein Allgemeiner Teil des Strafrechts der Europäischen Union?

Die Harmonisierung des Strafrechts ist zwar ein Hauptanliegen der Europäischen Union. Im Bereich des Allgemeinen Teils fehlt jedoch bisher eine klare Methode des EU-Gesetzgebers, die zum Aufbau eines Konzeptes auf EU-Ebene führen könnte. Dies lässt sich zum Teil dadurch erklären, dass die EU-Strafrechtskompetenz (Art. 83 AEUV spricht von „Straftaten und Strafen") besonders bei einer wörtlichen Auslegung begrenzt ist. Außerdem sind die nationalen Besonderheiten des Allgemeinen Teils wegen der essenziellen Prägung durch die nationale Strafrechtsdogmatik größer und komplexer als im Besonderen Teil.

Bezüglich des Allgemeinen Teils des Strafrechts benutzt der Gesetzgeber immer dieselbe Grundformulierungen. Da der Allgemeine Teil eine komplexe, änderungssensible Materie ist, ist anzunehmen, dass die Zurückhaltung des EU-Gesetzgebers ein bewusst gewählter Weg ist, um mögliche Beeinträchtigungen der nationalen Rechtssysteme zu vermeiden.

Dass für die Harmonisierung die Unterschiedlichkeit der Strafrechtsordnungen kein Argument per se ist, gilt auch für die Harmonisierung des Allgemeinen Teils. Entscheidend ist auch hier, ob eine Harmonisierung der Vorschriften des Allgemeinen Teils notwendig und gerechtfertigt ist.

Im Allgemeinen Teil befinden sich die „vor Klammer gezogenen" Regelungen, die für alle Straftaten gelten. Dabei handelt es sich nicht um ein Konzept des deutschen Rechts, sondern es findet sich in den meisten anderen europäischen Strafrechtsystemen, jedoch in unterschiedlichem Umfang.[942] Im Einzelnen handelt es sich um Regelungen zu Vorsatz oder Fahrlässigkeit, zur Behandlung von Irrtürmern, zur Versuchsstrafbarkeit, zu den Formen der Beteiligung, zum Unterlassen und zur strafrechtlichen Haftung von juristischen Personen. In den EU-Rechtsakten ist von Vorsatz, Anstiftung, Beihilfe sowie Versuch die Rede, ohne dass diese Aussagen enthielten, was unter diesen Begriffen zu verstehen sei. Die mitgliedstaatlichen Rechtsordnungen enthalten zu diesen Themen teilweise erheblich voneinander abweichende Regelungen. In Österreich und Dänemark wird beispielsweise die

942 M.w.N. *Grünewald*, JZ 2011, 972 (975).

Einheitstäterschaft zugrunde gelegt, während es in den meisten anderen europäischen Strafrechtsordnungen ein dualistisches Beteiligtensystem gibt. Im französischen Code pénal existieren keine Regelungen zur Unterlassungsstrafbarkeit. Die Strafbarkeit von juristischen Personen wird ebenfalls differenziert geregelt: In der deutschen und in anderen Strafrechtsordnungen ist eine Verbandsstrafe unbekannt, zugleich gibt es zunehmend Mitgliedstaaten, die eine Verbandsstrafe vorsehen.[943]

Die pauschalen Formulierungen des EU-Gesetzgebers, etwa zu Versuch, Vorbereitung, Anstiftung, ohne inhaltliche Vorgaben zu enthalten, haben grundsätzlich die Wirkung, dass auf die nationalen Konzepte des jeweiligen Allgemeinen Teils des Strafrechts verwiesen wird und die Mitgliedstaaten darauf zurückgreifen müssen. So wird allerdings die Effektivität der Strafrechtsharmonisierung beeinträchtigt, da eine Auslegung der Begriffe nach mitgliedstaatlichem Recht inhaltlich zu keiner Harmonisierung führt, sondern die Unterschiede der mitgliedstaatlichen Rechtsordnungen geradezu verfestigt.[944] Man muss jedoch berücksichtigen, dass die genannten Begriffe in einem europäischen Sekundärrechtsakt gebraucht werden. Es handelt sich also um europarechtliche Begriffe, die nicht national, sondern europarechtlich verstanden werden müssen. Die Ausarbeitung eines Allgemeinen Teils wäre daher vor allem wichtig, um die Durchsetzung des europäischen Rechts zu erleichtern.[945] Sinnvoll wäre es daher, wenn der EU-Gesetzgeber sein eigenes Verständnis von Vorsatz, Anstiftung, Beihilfe sowie Versuch erläuterte und definierte, was im europarechtlichen Sinn mit diesen Begriffen gemeint ist. Unterstützung kann dabei die europäische Strafrechtswissenschaft bieten, die schon mehrere Vorschläge für einen Allgemeinen Teil des Strafrechts unterbreitet hat. Es geht um das „Corpus Juris zum Schutz finanzieller Interessen der Europäischen Gemeinschaft",[946] das Ende der 1990er Jahre auf Initiative der Europäischen Kommission ausgearbeitet wurde, und um eine Studie

---

943 M.w.N. zu rechtsvergleichenden Arbeiten über die verschiedenen Aspekte *Grünewald*, JZ 2011, 972 (975).

944 *Satzger* in *Böse*, Enzyklopädie Europarecht, Bd. 11: Europäisches Strafrecht, § 2, Rn. 90.

945 Zur Notwendigkeit eines „europäischen Allgemeinen Teils" des Strafrechts *Stuckenberg* in *Böse*, Enzyklopädie Europarecht, Bd. 11: Europäisches Strafrecht, § 10, Rn. 65 ff.

946 Strafrechtliche Regelungen zum Schutz der finanziellen Interessen der Europäischen Union – Corpus Juris 2000 (Fassung von Florenz) –, abrufbar unter: http://satzger.userweb.mwn.de/unterlagen/CORPUSD.pdf (Stand: Juli 2023).

des Maastrichter Forschungsprojekts „Towards a General Part of Criminal Law for the European Union".[947] Eine solche Entwicklung kann allerdings zu Friktionen mit den Strafrechtstraditionen der Mitgliedstaaten führen, da nicht zu erwarten ist, dass eine Harmonisierung des Allgemeinen Teils den Vorstellungen aller Mitgliedstaaten entspricht. Der EU-Gesetzgeber hat bei der Strafrechtsgesetzgebung stets das Subsidiaritätsprinzip und das strafrechtspezifische Schonungsgebot zu beachten, um nicht zu umfassend und zu tief in die nationalen Rechtsordnungen einzugreifen und durch unzusammenhängende Einzelregelungen die Entstehung oder Wahrung eines konsistenten Systems zu verhindern. Einem Mitgliedstaat steht jedoch immer die „Notbremse" nach Art. 83 Abs. 3 AEUV zur Verfügung, wenn er der Ansicht ist, dass „grundlegende Aspekte seiner Strafrechtsordnung" berührt sind.

Art. 83 AEUV ermächtigt zum Erlass von Mindestvorschriften zur Festlegung von Straftaten und Strafen. Die Vorschriften des Allgemeinen Teils sind nicht ausdrücklich vom Wortlaut umfasst, sie gehören jedoch dem materiellen Strafrecht an. Die Reichweite jedes Straftatbestands kann ohne Zurechnung- und Anwendungsregeln nicht hinreichend bestimmt werden. Diese Regeln sind dem Allgemeinen Teil zugeordnet. Wie stark ein Bereich pönalisiert wird, hängt nicht nur von der Formulierung der Tatbestandsmerkmale ab, sondern wird auch von Fragen des Allgemeinen Teils bestimmt. Dazu gehören die Fragen: Wie weit ist der Kreis der Personen, die wegen der Beteiligung an einer Straftat bestraft werden können? Ab wann ist der Versuch strafbar, oder wie muss ein Irrtum ausgestaltet sein, damit der Täter nicht oder nicht voll bestraft werden kann? Die Regelungen des Besonderen und des Allgemeinen Teils sind untrennbar miteinander verbunden, wenn es um die Klärung der Reichweite eines konkreten Tatbestandes geht. Zusammenfassend lässt sich sagen, dass eine Harmonisierung der nationalen Strafrechtsordnungen ohne den Allgemeinen Teil nicht möglich ist.[948]

Bislang gibt es keine harmonisierten Zurechnungsregeln. Art. 83 AEUV könnte wegen der Verbindung zwischen dem Allgemeinen und dem

---

947 *Klip* (Hrsg.), Substantive Criminal Law of the European Union.

948 Sehr deutlich auch von *Ambos* in *Klip* (Hrsg.), Substantive Criminal Law of the European Union, S. 228 ausgedrückt: „In general terms, the importance of the General Part follows from the natural relationship of General and Special Part in any criminal justice system, notwithstanding terminological differences. General and Special Part are interrelated; the former cannot be understood without recourse to the latter and, more importantly [...], the scope of criminalization in the Special Part depends on the rules of the General Part."

Besonderen Teil eine Grundlage für die Harmonisierung des Allgemeinen Teils sein. Betrachtet man ein bereits bestehendes Modell im EU-Recht, nämlich das im Bereich des Schutzes der EU-Finanzinteressen,[949] ist es nicht undenkbar, dass Fragen des Allgemeinen Teils in einer Richtlinie geregelt werden und diese Regelungen dann die Grundlage für einen Allgemeinen Teil darstellen, der für alle harmonisierten Straftaten gilt. Der EU-Gesetzgeber ist allerdings nicht vollkommen frei, sondern muss seine Vorgaben so gestalten, dass eine bruchlose Einpassung in die nationalen Strafrechtsordnungen möglich ist und so eine Beeinträchtigung des Rechtssystems vermieden werden kann. Im Bestreben um die Entwicklung eines kohärenten Systems, wäre es nur konsequent, die Regelungen des Allgemeinen Teils konsistent weiterzuentwickeln.

Käme es zu einem solchen bereichsspezifischen Rahmen für den Allgemeinen Teil, ergäbe sich eine Spaltung bei der Anwendung des Allgemeinen Teils. Denn in einem Fall wären die allgemeinen Vorschriften für die harmonisierten Straftaten und in den anderen Fällen diejenigen des Allgemeinen Teils der Mitgliedstaaten anwendbar. In der deutschen Literatur wurde das Thema bereits diskutiert und Lösungsansätze zu solchen Brüchen, auch „Binnendissonanzen"[950] genannt, formuliert. Problematisch sein können unter anderem die Vorfeld- und Beteiligungsstrafbarkeit. Beispielsweise wird bei einer Europäisierung der Vorfeldstrafbarkeit durch die europäischen Pönalisierungsvorgaben die Strafbarkeit nach deutschem Strafrecht z.T. in Bereiche vorverlagert, die nach deutschem Strafrechtsverständnis traditionell als straflos gelten.[951] Vorgeschlagen werden, um Binnendissonanzen im Allgemeinen Teil zu vermeiden oder abzumildern, Korrekturmaßnahmen und eine Orientierung an bestimmten Leitlinien für die Umsetzung der europäischen Vorgaben zur Vorfeld- und Beteiligungsstrafbarkeit.[952] Aus Sicht des Gesetzgebers ist es bislang offen, ob solche Sonderregelungen in einem von deutlichen Regelungen gebildeten Rechtssystem einen Platz finden können. Ein Rechtsakt des EU-Gesetzgebers zu den Vorschriften des Allgemeinen Teils

---

949 Verordnung 2988/95/EG über den Schutz der finanziellen Interessen der Europäischen Gemeinschaft, die eine Rahmenverordnung zur Regelung allgemeiner Fragen bzgl. der Verwaltungssanktionen darstellt.

950 Siehe zum Begriff *Brons*, Binnendissonanzen im AT, S. 25 ff.

951 Ausführlich zu Binnendissonanzen im Zusammenhang mit der Vorfeldstrafbarkeit und Beteiligungsstrafbarkeit *Brons*, Binnendissonanzen im AT, S. 178 ff., 420 ff.

952 So *Brons*, Binnendissonanzen im AT, S. 513 ff., 533 ff., 539 ff.

lässt derzeit auf sich warten. Da es sich um eine besondere Politik der EU handelt, die von einschneidender Bedeutung für die Mitgliedstaaten und deren Bürgerinnen und Bürger ist, ist es allerdings verständlich und auch ratsam, dass der Erlass kriminalstrafrechtlicher Normen zum Allgemeinen Teil in gut durchdachten Schritten erfolgt.

Schlussbetrachtung

Die Europäisierung des Strafrechts begleitet seit einer Weile die Aktivitäten der EU. Die rasche Verbreitung der Informationen durch die neuen Technologien und besonders die illegale Nutzung dieser Technologien sowie die größere Mobilität von Personen haben eine Betrachtung des Strafrechts auf europäischer Ebene notwendiger denn je gemacht. Das Strafrecht ist allerdings immer noch national orientiert in dem Sinne, dass es stärker als andere Rechtsmaterien als Bestandteil nationaler Souveränität bzw. nationaler Tradition angesehen wird. Zwischen diesem Souveränitätsgedanken und der Europäisierung des Strafrechts gibt es ein Spanungsfeld, da dem Streben der Europäischen Union, neue Kompetenzen für sich selbst zu schaffen, die Absicht der Mitgliedstaaten entgegensteht, den damit verbundenen Verzicht auf Ausübung mitgliedstaatlicher Hoheitsrechte zugunsten der EU so weit wie möglich zu verhindern. Vor diesem Hintergrund haben sich die Strafrechtskompetenzen der EU entwickelt. Diese Untersuchung war bestrebt, zu einem besseren Verständnis dafür beizutragen, wie sich diese Spannung im Entwicklungsprozess des europäischen Strafrechts widerspiegelt.

Der Blick auf die Entwicklung zeigt, dass der Vertrag von Lissabon im Bereich des Strafrechts keineswegs spektakuläre Änderungen bei den strafrechtlichen Kompetenzen oder der Gesetzgebung mit sich gebracht hat. Vielmehr entspricht die heutige Kompetenzlage im Großen und Ganzen der vorherigen Grundlage in dem Sinne, dass das, was möglich war oder für möglich gehalten wurde, in den neuen Verträgen eine ausdrückliche Regelung gefunden hat. Zwar erscheint das Strafrecht neben den anderen europäischen Politiken im Rahmen der supranationalen EU. Durch zahlreiche ergänzende Vorkehrungen wird jedoch die Besonderheit dieser Rechtsmaterie betont. So wünschenswert die europäische Integration, die notwendigerweise mit der Europäisierung des nationalen Rechts, besonders durch Mindestharmonisierung, einhergeht, auch ist, so wichtig ist es, gerade das eingriffsintensive Strafrecht vor einem zu starken Einfluss auf seine Systematik zu bewahren. Die EU wurde durch die neuen Kompetenzen handlungsfähiger gemacht, die Mitgliedstaaten haben jedoch niemals aus den Augen verloren, dass die Strafrechtssetzungskompetenz grundsätzlich eine mitgliedstaatliche Aufgabe bleibt. Dies spiegelt sich in verschiedenen Regelungen in den europäischen Verträgen wider (z.B. im „Notbremse-Verfahren", im Erfordernis der Einstimmigkeit in bestimmten Gesetzgebungsverfahren, in der

Einbindung der nationalen Parlamente), die den Souveränitätsvorbehalten der Mitgliedstaaten Rechnung tragen sollen.

Das Strafrecht ist deutlich von der Europäisierung erfasst worden, und die Mitgliedstaaten sollten durch Umsetzungsmaßnahmen zur Effektivität der Harmonisierung des Strafrechts in einer EU beitragen, die sich als Raum der Freiheit, der Sicherheit und des Rechts versteht. Wenn man den schwierigen Weg zur aktuellen Rechtslage bedenkt, ist für die nächste Zeit jedoch nicht zu erwarten, dass die Mitgliedstaaten die Idee eines Allgemeinen Strafrechtsteils auf europäischer Ebene annehmen werden, und noch weniger ist zu erwarten, dass die Initiative eines in der Literatur vorgeschlagenen europäischen Modellstrafgesetzbuches[953] begrüßt wird. Die Erklärung liegt auf der Hand: Das Strafrecht wird als eine nationale Angelegenheit verstanden und mit dem Argument der Souveränität verteidigt.

Dieser Dualismus, Integration versus Souveränität, begleitet und hat von Anfang an die Schaffung eines Strafrechts auf europäischer Ebene geprägt. Auch wenn der Vertrag von Lissabon mit kompromissreichen Änderungen aufwartet, steht die Integration des Strafrechts unter dem Vorbehalt der Mitgliedstaaten. Im Strafrecht hat der Gedanke der staatlichen Souveränität eine besondere Bedeutung, weil sich das Wesen des Staates in seiner Befugnis ausdrückt, Strafen *selbst* zu verhängen. Beim europäischen Strafrecht handelt sich um eingreifende Regelungen, die scharfe Maßnahmen bis hin zu Freiheitsstrafen beinhalten können. Daher setzen die Grundrechtecharta und die Verträge wichtige Grenzen für die Aktivität der Europäischen Union in diesem für Einflüsse von außen empfindlichem Bereich. Außerdem ist das Strafrecht der Mitgliedstaaten innerhalb der EU ein Bereich, in dem die Vielfältigkeit groß ist, und wie es scheint, sind diese Unterschiede dazu bestimmt, zu bleiben.

Fortschritte im Rahmen der Europäisierung des Strafrechts sind zwar unverkennbar. Angesichts der strafrechtlichen Kompetenzlage und der Natur der Rechtsmaterie sind dennoch für die nahe Zukunft keine wegweisenden Entwicklungen zu erwarten. Die Europäische Union braucht eine ausgewogene und kohärente Kriminalpolitik sowie ein System von zuverlässigen Definitionen von Straftaten und verhältnismäßigen Strafen, denn die Strafen für die Straftaten oder die Handlungen, die als Straftaten geahndet werden, weichen innerhalb der

953 So besonders *Sieber*, ZStW 1991, 957 (978). Er wurde zu diesem Thema durch den Europarat im Jahre 1996 beauftragt und sein Memorandum befürwortet nach einer Analyse der zukünftigen Politik die Schaffung eines europäischen Modellstrafgesetzbuches. Vgl. *Sieber*, JZ 1997, 369 (374 ff.).

Mitgliedstaaten der EU beachtlich voneinander ab. Sollte die EU die unmittelbare Durchsetzung des Strafrechts in Erwägung ziehen, würde, auch mit Blick auf die Etablierung der Europäischen Staatsanwaltschaft, eine gesetzliche Regelung des Allgemeinen Teils in dem oben genannten Rahmen notwendig erscheinen.

Der europäische Gesetzgeber muss sich immer bewusst sein, dass das Strafrecht und besonders die Strafen dem Ultima-Ratio-Prinzip unterliegen, d.h., das schärfste rechtliche Schwert des Staates hat als letztes Mittel zum Einsatz zu kommen. Die Europäische Union hat die Instrumentalisierung des Strafrechts zur Erfüllung ihrer politischen Zwecke zu vermeiden. Auf das Strafrecht darf nur für besonders sozialschädliches Verhalten zugegriffen werden, und es ist nicht nur als eine Möglichkeit der Sanktion wie jede andere zu betrachten, die beliebig und ohne weitere Voraussetzungen eingesetzt werden kann. Sollte eine weitere Entwicklung des Strafrechts auf europäischer Ebene in Richtung einer für alle Seiten zufriedenstellenden Form angestrebt werden, ist erfahrungsgemäß zu beachten, dass sich das europäische Strafrecht nur schrittweise und oft nur in langwierigen Prozessen entfalten lässt. Die geltenden Verträge erlauben im Strafrecht nunmehr schließlich und nach langen Verhandlungen nur eine Mindestharmonisierung, die sich in Einzelschritten mittels spezifischer Vorgaben vollzieht. Ein einheitliches europäisches Strafrecht ist somit in absehbarer Zeit nicht in Sicht.

Der EU-Gesetzgeber hat die europäischen Institutionen zu schützen, die den Bürgern die Ausübung ihrer Freiheit ermöglichen. Zu schützen sind aber auch die mitgliedstaatlichen legislativen und exekutiven Institutionen, da die politischen, wirtschaftlichen und sozialen Folgen von institutionellem Versagen auch andere Mitgliedstaaten betreffen. Ein relevantes Beispiel ist die Korruptionsbekämpfung in allen staatlichen und gesellschaftlichen Sektoren, die eine echte europäische Aufgabe darstellt. Gleiches gilt für andere Bereiche, die sich nicht in dem ausdrücklichen Katalog des Art. 83. AEUV wiederfinden (z.B. wären strafrechtlich auch zu schützen die Stabilität der Finanzwirtschaft oder die Verbraucherschutzregeln gegenüber den auf europäischer Ebene tätigen Unternehmen). Ob sich daraus ein weitgehend harmonisiertes Recht entwickeln wird, vermag derzeit niemand zu sagen. In der Literatur wird, wie gezeigt, intensiv und kontrovers über die Schaffung eines Allgemeinen Teils auf europäischer Ebene oder eines europäischen Strafgesetzbuches sowie die Möglichkeit, supranationale Straftatbestände zu erlassen, diskutiert. Es bleibt jedoch abzuwarten, ob und wie weit die Mitgliedstaaten der Europäischen Union als Bewahrer des Strafrechts die gemeinsame Strafrechtsidee auf europäischer Ebene fortentwickeln möchten.

Literaturverzeichnis

Adam, Michael, Die Wirkung von EU-Rahmenbeschlüssen im mitgliedstaatlichen Recht, EuZW 2005, S. 558–561

Albors-Llorens, Albertina, Changes in the Jurisdiction of the European Court of Justice under the Treaty of Amsterdam, CMLRev. 1998, S. 1273–1294

Ambos, Kai, Internationales Strafrecht, 2. Auflage, München 2008 (zitiert; Ambos, Internationales Strafrecht, 2008)

ders., Internationales Strafrecht, 5. Auflage, München 2018 (zitiert; Ambos, Internationales Strafrecht)

ders., Comments on the Model Penal Code and European Criminal Law in Klip, André, Substantive Criminal Law of the European Union, Antwerpen 2011, S. 227–232

Ambos, Kai/Rackow, Peter, Erste Überlegungen zu den Konsequenzen des Lissabon-Urteils des Bundesverfassungsgerichts für das Europäische Strafrecht, ZIS 2009, S. 397–405

Asp, Petter, The Importance of the Principles of Subsidiarity and Coherence in the Development of EU Criminal Law, EuCLR 2011, S. 44–55

Bacigalupo, Enrique, Bemerkungen zu strafrechtlichen Fragen des Verfassungsentwurfs, ZStW 2004, S. 326–331

Baier, Helmut, Die Bekämpfung der Kinderpornografie auf der Ebene von Europäischer Union und Europarat, ZUM 2004, S. 39–51

Bamberger, Zelda, Souveränität in Bergmann, Jan, Handlexikon der Europäischen Union, 6. Auflage, Baden-Baden 2022 (zitiert: Bamberger in Bergmann, Handlexikon der Europäischen Union)

Bar, Christian von/Clive, Eric/Schulte-Nölke, Hans, Principles, Definitions and Model Rules of European Private Law, Draft Common Frame of Reference (DCFR), München 2009, (zitiert: Bar/Clive/Schulte-Nölke, Principles, Definitions and Model Rules of European Private Law, Draft Common Frame of Reference)

https://www.law.kuleuven.be/personal/mstorme/2009_02_DCFR_OutlineEdition.pdf

Bauer, Michael, Organisation und rechtlicher Rahmen des Politikfelds Inneres und Justiz nach dem Vertrag von Lissabon in Weidenfeld, Werner, Lissabon in der Analyse: der Reformvertrag der Europäischen Union, Baden-Baden 2008, S. 99–115 (zitiert: Bauer in Weidenfeld, Lissabon in der Analyse)

Bieber, Roland/Epiney, Astrid/Haag, Marcel, Die Europäische Union: Europarecht und Politik, 8. Auflage, Baden-Baden 2009 (zitiert: Bieber/Epiney/Haag, Die Europäische Union, 2009) (für die Rechtslage vor Lissabon)

Bogdandy, Armin von, Grundprinzipien in Bogdandy, Armin von/Bast, Jürgen, Europäisches Verfassungsrecht: theoretische und dogmatische Grundzüge, 2. Auflage, Heidelberg 2009, S. 13–71 (zitiert: von Bogdandy in von Bogdandy/Bast, Europäisches Verfassungsrecht. Theoretische und dogmatische Grundzüge)

Bogdandy, Armin von/Bast, Jürgen/Arndt, Handlungsformen im Unionsrecht, Empirische Analysen und dogmatische Strukturen in einem vermeintlichen Dschungel, ZaöRV 2002, S. 77–161

Böse, Martin, Die Zuständigkeit der Europäischen Gemeinschaft für das Strafrecht. Zugleich Besprechung von EuGH, Urteil vom 13.09.2005, GA 2006, S. 211–224

ders., Die Entscheidung des Bundesverfassungsgerichts zum Vertrag von Lissabon und ihre Bedeutung für die Europäisierung des Strafrechts, ZIS 2010, S. 76–91

ders., § 4 Kompetenzen der Union auf dem Gebiet des Straf- und Strafverfahrensrechts in Böse, Martin, Europäisches Strafrecht, Band 11 der Enzyklopädie Europarecht, 2. Auflage, Baden-Baden 2021, S. 161–193 (zitiert: Böse in Böse, Enzyklopädie Europarecht, Bd. 11: Europäisches Strafrecht)

Braum, Stefan, Das Prinzip der gegenseitigen Anerkennung – Historische Grundlagen und Perspektiven europäischer Strafrechtsentwicklung, in: GA 2005, S. 681–699

ders., Europäisches Strafrecht im Fokus konfligierender Verfassungsmodelle, Stoppt das Bundesverfassungsgericht die europäische Strafrechtsentwicklung?, ZIS 2009, S. 418–426

Brechmann, Winfried, Die richtlinienkonforme Auslegung: zugleich ein Beitrag zur Dogmatik der EG-Richtlinie, München 1994 (zitiert: Brechmann, Die richtlinienkonforme Auslegung)

Brenncke, Martin, Europäisierung der Methodik richtlinienkonformer Rechtsfindung, EuR 2015, S. 440–460

Brodowski, Dominik, Strafrechtsrelevante Entwicklungen in der Europäischen Union – ein Überblick, ZIS 2013, S. 455–472

ders., Strafrechtsrelevante Entwicklungen in der Europäischen Union – ein Überblick, ZIS 2017, S. 11–27

ders., Innere Sicherheit in der Europäischen Union, Jura 2013, S. 492–504

Brons, Julia, Binnendissonanzen im AT: die Vorfeld- und Beteiligungsstrafbarkeit nach dem StGB im Spannungsfeld zwischen europäischen Vorgaben und deutscher Strafrechtsdogmatik, Baden-Baden 2014 (zitiert: Brons, Binnendissonanzen im AT)

Buisman, S.S., The Future of EU Substantive Criminal Law. Towards a Uniform Set of Criminalisation Principles at the EU level, EurJCrimeCrLCrJ 2022, S. 161–187

Bydlinski, Franz/Bydlinski, Peter, Grundzüge der juristischen Methodenlehre, 3. Auflage, Wien 2018 (zitiert: Bydlinski/Bydlinski, Grundzüge der juristischen Methodenlehre)

Calliess, Christian/Ruffert Matthias, EUV-EGV Kommentar, 3. Auflage, München 2007 (zitiert: Verfasser in Calliess/Ruffert, EUV/EGV, Kommentar)

Calliess, Christian/Ruffert Matthias, EUV, AEUV: das Verfassungsrecht der Europäischen Union mit Europäischer Grundrechtecharta; Kommentar, 6. Auflage, München 2022 (zitiert: Verfasser in Calliess/Ruffert, EUV/AEUV, Kommentar)

Calliess, Christian, Auf dem Weg zu einem einheitlichen europäischen Strafrecht? – Kompetenzgrundlagen und Kompetenzgrenzen einer dynamischen Entwicklung, ZEuS 2008, S. 3–43

ders., Die neue Europäische Union nach dem Vertrag von Lissabon: ein Überblick über die Reformen unter Berücksichtigung ihrer Implikationen für das deutsche Recht, Tübingen 2010 (zitiert: Calliess, Die neue Europäische Union nach dem Vertrag von Lissabon)

Canaris, Claus-Wilhelm, Die richtlinienkonforme Auslegung und Rechtsfortbildung im System der juristischen Methodenlehre in Koziol, Helmut/Rummel, Peter, Im Dienste der Gerechtigkeit, Festschrift für Bydlinski, Wien u.a. 2002, S. 47–103 (zitiert: Canaris in FS für Bydlinski)

Classen, Claus Dieter, Die Jurisdiktion des Gerichtshofs der Europäischen Gemeinschaften nach Amsterdam, EuR-Beiheft 1/1999, S. 73–90

Classen, Claus Dieter, Legitime Stärkung des Bundestages oder verfassungsrechtliches Prokrustesbett? Zum Urteil des BVerfG zum Vertrag von Lissabon, JZ 2009, S. 881–889

Conrad, Stefanie, Das Konzept der Mindestharmonisierung: Eine Analyse anhand der Verbrauchervertragsrichtlinien, Baden-Baden 2004 (zitiert: Conrad, Das Konzept der Mindestharmonisierung)

Csonka, Peter/Landwehr, Oliver, 10 Years after Lisbon, How "Lisbonised" is the Substantive Criminal Law in the EU?, eucrim 4/2019, S. 261–267

Dannecker, Gerhard, Strafrechtlicher Schutz der Finanzinteressen der Europäischen Gemeinschaft gegen Täuschung in: ZStW 1996, S. 577–608

ders., Das materielle Strafrecht im Spannungsfeld des Rechts der Europäischen Union (Teil I), Jura 2006, S. 95–102

ders., Das materielle Strafrecht im Spannungsfeld des Rechts der Europäischen Union (Teil II), Jura 2006, S. 173–178

ders., Der Allgemeine Teil eines europäischen Strafrechts als Herausforderung für die Strafrechtswissenschaft, Zur Ausgestaltung der Rechtfertigungs- und Entschuldigungsgründe, S. 141–174 in Weigend, Thomas/Küpper, Georg, Festschrift für Hans Joachim Hirsch zum 70. Geburtstag am 11. April 1999, Berlin 1999 (zitiert: Dannecker in FS Hirsch)

Dehousse, Renaud, Community Competences: Are there Limits to Growth? in: Dehousse, Renaud, Europe after Maastricht: An Ever Closer Union?, München 1994, S. 10–25 (zitiert: Dehousse in Dehousse, Europe after Maastricht)

Denza, Eileen, The intergovernmental pillars of the European Union, Oxford 2002 (zitiert: Denza, Intergovernmental Pillars)

Di Fabio, Udo, Die „Dritte Säule" der Union – Rechtsgrundlagen und Perspektiven der europäischen Polizei- und Justizzusammenarbeit in: DÖV 1997, S. 89–10

Dorra, Fabian, Strafrechtliche Legislativkompetenzen der Europäischen Union: eine Gegenüberstellung der Kompetenzlage vor und nach dem Vertrag von Lissabon, 1. Auflage, Baden-Baden 2013 (zitiert: Dorra, Strafrechtliche Legislativkompetenzen der Europäischen Union)

Dörr, Oliver/Mager, Ute, Rechtswahrung und Rechtsschutz nach Amsterdam – Zu den neuen Zuständigkeiten des EuGH –, AöR 2000, S. 386–427

Dürig, Günter/Herzog, Roman/Scholz, Rupert, Grundgesetz, Kommentar, 101. Ergänzungslieferung München 2023 (zitiert: Verfasser in Dürig/Herzog/Scholz, Grundgesetz-Kommentar)

ECLAN (The European Criminal Law Academic Network), Study on minimum sanctions in the EU Member States

abrufbar unter: http://publications.europa.eu/resource/cellar/1226bed2-be78-11e5-9e54-01aa75ed71a1.0001.01/DOC_1

European Criminal Policy Initiative (ECPI), Kategorienmodell zur Harmonisierung der strafrechtlichen Sanktionen in Europa, in: Satzger, Helmut (Hrsg.), Harmonisierung strafrechtlicher Sanktionen in der Europäischen Union, Baden-Baden 2020, S. 667–705 (zitiert: ECPI in Satzger, Harmonisierung strafrechtlicher Sanktionen in der Europäischen Union)

Eisele, Jörg, Einführung in das Europäische Strafrecht – Sanktionskompetenzen auf europäischer Ebene, JA 2000, S. 896–902

Eliot, Thomas Steams, Die Einheit der europäischen Kultur, Berlin 1946 (zitiert: Eliot, Die Einheit der europäischen Kultur)

Feik, Rudolf, Die dritte Säule – Kompetenzen und Organe im Überblick, in: Lagodny, Otto/Wiederin, Ewald/Winkler, Roland (Hrsg.): Probleme des

Rahmenbeschlusses am Beispiel des Europäischen Haftbefehls, Wien 2007, S. 9–17 (zitiert: Feik in Lagodny/Wiederin/Winkler, Probleme des Rahmenbeschlusses am Beispiel des Europäischen Haftbefehls)

Filopoulos, Panagiotis, Europarecht und nationales Strafrecht: eine rechtsvergleichende Untersuchung des deutschen und des griechischen Strafrechts unter dem Blickwinkel des europäischen Gemeinschaftsrechts, Aachen 2004 (zitiert: Filopoulos, Europarecht und nationales Strafrecht)

Franzen, Martin, Privatrechtsangleichung durch die Europäische Gemeinschaft, Berlin 1999 (zitiert; Franzen, Privatrechtsangleichung durch die EG)

Frenz, Walter, Handbuch Europarecht: Band 6: Institutionen und Politiken, Berlin u.a. 2011(zitiert: Frenz, Handbuch Europarecht: Band 6)

Frisch, Markus, Die richtlinienkonforme Auslegung nationalen Rechts, Münster 2000 (zitiert: Frisch, Die richtlinienkonforme Auslegung nationalen Rechts)

Fromm, Ingo E., „Der strafrechtliche Schutz der finanziellen Interessen der Europäischen Gemeinschaften durch das EU-Übereinkommen vom 26. Juli 1995“ – Eine kritische Zwischenbilanz, Einordnung in die aktuelle Rechtsprechung des EuGH und Ausblicke in die Zukunft, HRRS 2008, S. 87–94

Gärditz, Klaus Ferdinand, § 6 Europäisierung des Strafrechts und nationales Verfassungsrecht in Böse, Martin, Europäisches Strafrecht, Band 11 der Enzyklopädie Europarecht, 2. Auflage, Baden-Baden 2021, S. 249–296 (zitiert: Gärditz in Böse, Enzyklopädie Europarecht, Bd. 11: Europäisches Strafrecht)

Geiger, Rudolf/Khan, Daniel-Erasmus/Kotzur, Markus/Kirchmair, Lando, EUV, AEUV: Vertrag über die Europäische Union, Vertrag über die Arbeitsweise der Europäischen Union: Kommentar, 7. Auflage, München 2023 (zitiert: Verfasser in Geiger/Khan/Kotzur/Kirchmair, Vertrag über die EU, Vertrag über die AEUV, Kommentar)

Giannakoula, Athina, Approximation of criminal penalties in the EU: Comparative review of the methods used and the provisions adopted – Future perspectives and proposals, EuCLR 2015, S. 133–160

Giegerich, Thomas, Verschmelzung der drei Säulen der EU durch europäisches Richterrecht?, ZaöRV 2007, S. 351–383

Grabitz, Eberhard von/Hilf, Meinhard, Das Recht der Europäischen Union, EUV/EGV, 30. Ergänzungslieferung, München 2006 (zitiert: Verfasser in Grabitz/Hilf, EUV/EGV, Kommentar)

Grabitz, Eberhardt von/Hilf, Meinhard/Nettesheim, Martin, Das Recht der Europäischen Union: EUV/AEUV, 79. Ergänzungslieferung München 2023 (zitiert: Verfasser in Grabitz/Hilf/Nettesheim, Das Recht der EU, Kommentar)

Griese, Uwe, Finanzierung in der Europäischen Union, EuR 1998, S. 462–477

Griller, Stefan, Die Unterscheidung von Unionsrecht und Gemeinschaftsrecht nach Amsterdam, EuR Beiheft 1/1999, S. 45–72

Groeben, Hans von der/Schwarze, Jürgen, Kommentar zum Vertrag über die Europäische Union und zur Gründung der Europäischen Gemeinschaft, 6. Auflage, Baden-Baden 2003 (zitiert: Verfasser in von der Groeben/Schwarze, EUV/EGV, Kommentar)

Groeben, Hans von der/Schwarze, Jürgen/Hatje, Armin, Europäisches Unionsrecht: Vertrag über die Europäische Union – Vertrag über die Arbeitsweise der Europäischen Union – Charta der Grundrechte der Europäischen Union, 7. Auflage, Baden-Baden 2015 (zitiert: Verfasser in von der Groeben/Schwarze/Hatje, EUV/AEUV, Kommentar)

Grünewald, Anette, Zur Frage eines europäischen Allgemeinen Teils des Strafrechts, JZ 2011, S. 972–977

Haack, Stefan, Der Raum der Freiheit, der Sicherheit und des Rechts im Vertrag von Lissabon – Rhetorik oder Integrationsschub in Leiße, Olaf, Die Europäische Union nach dem Vertrag von Lissabon, Wiesbaden 2010, S. 220–233 (zitiert: Haak in Leiße, Die Europäische Union nach dem Vertrag von Lissabon)

Hadding, Matthias, Strafrechtliche Aspekte des Unionsrechts: Eine kritisch-systematische Analyse, Berlin 2017 (zitiert: Hadding, Strafrechtliche Aspekte des Unionsrechts)

Haratsch, Andreas/Koenig, Christian/Pechstein, Matthias, Europarecht, 6. Auflage, Tübingen 2009 (zitiert: Haratsch/Koenig/Pechstein, Europarecht, 2009)

Haratsch, Andreas/Koenig, Christian/Pechstein, Matthias, Europarecht, 13. Auflage, Tübingen 2023 (zitiert: Haratsch/Koenig/Pechstein, Europarecht)

Harings, Lothar, Die Zusammensetzung in den Bereichen Justiz und Inneres, EuR Beiheft 2/1998, S. 81–97

Hecker, Bernd, Europäisches Strafrecht post-Lissabon in: Ambos, Kai Europäisches Strafrecht post-Lissabon, Göttingen 2011, S. 13–28 (zitiert: Hecker in Ambos, Europäisches Strafrecht post-Lissabon)

ders., Europäisches Strafrecht, 2. Auflage, Heidelberg 2007 (zitiert: Hecker, Europäisches Strafrecht, 2007)

ders., Europäisches Strafrecht, 6. Auflage, Heidelberg 2021 (zitiert: Hecker, Europäisches Strafrecht)

ders., Sind die nationalen Grenzen des Strafrechts überwindbar? Die Harmonisierung des materiellen Strafrechts in der Europäischen Union, JA 2007, S. 561–567

ders., Die richtlinienkonforme und die verfassungskonforme Auslegung im Strafrecht, Jus 2014, S. 385–392

Hecker, Jan, Die Europäisierung der inneren Sicherheit, DöV 2006, S. 273–281

Hefendehl, Roland, Europäischer Umweltschutz: Demokratiespritze für Europa oder Brüsseler Putsch?, ZIS 2006, S. 161–167

ders., Die Rechtsgutslehre und der Besondere Teil des Strafrechts, Ein dogmatisch-empirischer Vergleich von Chile, Deutschland und Spanien, ZIS 2012, S. 506–512

Heger, Martin, Anmerkung zu EuGH, Urteil v. 13.09.2005 – Rs. C-176/03 Kommission/Rat, JZ 2006, S. 310–313

ders., Der europäische Haftbefehl: Zur Umsetzung europäischer Vorgaben in Deutschland, ZIS 2007, S. 221–225

ders., Die Europäisierung des deutschen Umweltstrafrechts, Tübingen 2009 (zitiert: Heger, Die Europäisierung des deutschen Umweltstrafrechts)

ders., Perspektiven des Europäischen Strafrechts nach dem Vertrag von Lissabon, Eine Durchsicht des (wohl) kommenden EU-Primärrechts vor dem Hintergrund des Lissabon- Urteils des BVerfG vom 30.06.2009, ZIS 2009, S. 406–417

ders., § 5 Einwirkungen des Europarechts auf das nationale Strafrecht in Böse, Martin, Europäisches Strafrecht, Band 11 der Enzyklopädie Europarecht, 2. Auflage, Baden-Baden 2021, S. 195–247 (zitiert: Heger in Böse, Enzyklopädie Europarecht, Bd. 11: Europäisches Strafrecht)

Heise, Friedrich Nicolaus, Europäisches Gemeinschaftsrecht und nationales Strafrecht: die Auswirkungen des Vorrangs des Gemeinschaftsrechts und der gemeinschaftsrechtskonformen Rechtsanwendung auf das deutsche materielle Strafrecht, 1. Auflage, Bielefeld 1998 (zitiert: Heise, Europäisches Gemeinschaftsrecht und nationales Strafrecht)

Herrmann, Christoph, Richtlinienumsetzung durch die Rechtsprechung, Berlin 2003 (zitiert: Herrmann, Richtlinienumsetzung durch die Rechtsprechung)

Hilgendorf, Eric, Nationales oder transnationales Strafrecht? Europäisches Strafrecht, Völkerstrafrecht und Weltrechtsgrundsatz im Zeitalter der Globalisierung, S. 333–356 in Dreier, Horst/Forkel, Hans/Laubenthal Klaus, Raum und Recht, Berlin 2002 (zitiert: Hilgendorf in Dreier/Forkel/Laubenthal, Raum und Recht)

Hillgruber, Christian, Anmerkung zur Pupino-Entscheidung des EuGH. Unmittelbare Wirkung von Rahmenbeschlüssen im Bereich polizeilicher und justizieller Zusammenarbeit in Strafsachen, JZ 2005, S. 841–844

Hourle, Jens, Vergleich der Rechtsschutzverfahren für Justiz und Inneres und Art. 220 ff. EGV. Vergleich zwischen den Rechtsschutzverfahren im Bereich Justiz und Inneres und den allgemeinen Verfahren nach Art. 220 ff. EG-Vertrag unter Berücksichtigung der durch den Vertrag von Nizza geänderten

Gerichtsverfassung, Frankfurt a. Main 2005 (zitiert: Hourle, Vergleich der Rechtsschutzverfahren für Justiz und Inneres und Art. 220 ff. EGV)

Hugger, Heiner, Strafrechtliche Anweisungen der Europäischen Gemeinschaft, Baden-Baden 2000 (zitiert: Hugger, Strafrechtliche Anweisungen der EG)

ders., Zur strafbarkeitserweiternden richtlinienkonformen Auslegung deutscher Strafvorschriften, NStZ 1993, S. 421–424

Ihns, Astrid, Entwicklung und Grundlagen der europäischen Rechtsangleichung, Frankfurt am Main u.a. 2005 (zitiert: Ihns, Entwicklung und Grundlagen der europäischen Rechtsangleichung)

Jarass, Hans D., Richtlinienkonforme bzw. EG-rechtskonforme Auslegung nationalen Rechts, EuR 1991, S. 211–223

Jarass, Hans D./Pieroth, Bodo, Grundgesetz für die Bundesrepublik Deutschland, Kommentar, 17. Auflage, München 2022 (zitiert: Verfasser in Jarass/Pieroth, Grundgesetz für die Bundesrepublik Deutschland, Kommentar)

Jähnke, Burkhard/Schramm, Edward, Europäisches Strafrecht, Berlin 2017 (zitiert: Jähnke/Schramm, Europäisches Strafrecht)

Jescheck, Hans-Heinrich/Weigend, Thomas, Lehrbuch des Strafrechts: Allgemeiner Teil, 5. Auflage, Berlin 1996 (zitiert: Jescheck/Weigend, Lehrbuch des Strafrechts: Allgemeiner Teil)

Jung, Heike/Schroth, H.J., Das Strafrecht als Gegenstand der Rechtsangleichung, GA 2003, S. 241–272

Kaiafa-Gbandi, Maria, Aktuelle Strafrechtsentwicklung in der EU und rechtsstaatliche Defizite, ZIS 2006, S. 521–536

ders., The Post-Lisbon approach towards the main features of substantive criminal law: developments and challenges, EuCLR 2015, S. 3–18

Klip, André, Harmonisierung des Strafrechts – eine fixe Idee?, NStZ 2000, S. 626–631

ders., Towards a General Part of Criminal Law for the European Union in Klip, André, Substantive Criminal Law of the European Union, Antwerpen 2011, S. 15–34 (zitiert: Klip in Klip, Substantive Criminal Law of the European Union)

Köhne, Rainer, Die richtlinienkonforme Auslegung im Umweltstrafrecht: dargestellt am Abfallbegriff des § 326 Abs. 1 StGB, Trier 1997 (zitiert: Köhne, Die richtlinienkonforme Auslegung im Umweltstrafrecht)

Kramer, Regine, Das „Post-Stockholm-Programm“: Mit den strategischen Leitlinien für die gesetzgeberische und operative Programmplanung im Raum der Freiheit, der Sicherheit und des Rechts (Post-Stockholm-Programm) stellt die

EU die Weichen für die zukünftige Entwicklung in den Feldern Justiz und Inneres, Öffentliche Sicherheit 9–10/14, S. 48–49

Kraml, Barbara, Vorschlag für eine Richtlinie zur Terrorismusbekämpfung und zur Ersetzung des Rahmenbeschlusses 2002/475/JHA zur Terrorismusbekämpfung, abrufbar unter: https://ales.univie.ac.at/fileadmin/user_upload/p_ales/Gesetzesvorhaben/Vorschlag_fuer_eine_Richtlinie_zur_Terrorismus bekaempfung.pdf

Kraus-Vonjahr, Martin, Der Aufbau eines Raums der Freiheit, der Sicherheit und des Rechts in Europa: die Innen- und Justizpolitik der Europäischen Union nach Amsterdam und Nizza, Frankfurt am Main u.a. 2002 (zitiert: Kraus-Vonjahr, Der Aufbau eines RFSR in Europa)

Krüger, Matthias, Unmittelbare EU-Strafkompetenzen aus Sicht des deutschen Strafrechts, HRRS 2012, S. 311–317

Kubiciel, Michael, Einheitliches europäisches Strafrecht und vergleichende Darstellung seiner Grundlagen, JZ 2015, S. 64–70

ders., Das »Lissabon«-Urteil und seine Folgen für das Europäische Strafrecht, GA 2010, S. 99–114

Kühne, Hans-Heiner, Die Bekämpfung von internationaler Kriminalität und von Drogenabhängigkeit als gemeinsames Interesse der Unionsstaaten in: Müller-Graff, Peter-Christian, Europäische Zusammenarbeit in den Bereichen Justiz und Inneres: der dritte Pfeiler der Europäischen Union, Baden-Baden 1996, S. 85–99 (zitiert: Kühne in Müller-Graff, Europäische Zusammenarbeit in den Bereichen Justiz und Inneres)

Lemke, Svenja Kathrin, Die Wirkung von Richtlinien und Rahmenbeschlüssen im nationalen Recht der Mitgliedsstaaten, Berlin 2011(zitiert: Lemke, Die Wirkung von Richtlinien und Rahmenbeschlüssen im nationalen Recht)

Ligeti, Katalin, Strafrecht und strafrechtliche Zusammenarbeit in der Europäischen Union, Berlin 2005 (zitiert: Ligeti, Strafrecht und strafrechtliche Zusammenarbeit in der EU)

Linder, Benedikt/Neumann, Laura/Pohlmann, Sarah, Rechtsvergleichende Zusammenfassung in: Satzger, Helmut (Hrsg.), Harmonisierung strafrechtlicher Sanktionen in der Europäischen Union, Baden-Baden 2020, S. 491–596 (zitiert: Linder/Neumann/Pohlmann in Satzger, Harmonisierung strafrechtlicher Sanktionen in der Europäischen Union)

Loh, Wulf, Völkerrechtliche Souveränität, AfB 2020, Band 60/61, S. 363–408

Lorenzmeier, Stefan, Der Rahmenbeschluss als Handlungsform der Europäischen Union und seine Rechtswirkungen, ZIS 2006, S. 576–582

Ludwig, Christian H., Die Rolle des Europäischen Gerichtshofes im Bereich Justiz und Inneres nach dem Amsterdamer Vertrag, Baden-Baden 2002 (zitiert: Ludwig, Die Rolle des EuGH nach Amsterdam)

Lutter, Marcus, Die Angleichung des Gesellschaftsrechtes nach dem EWG-Vertrag, NJW 1966, S. 273–278

ders., Die Auslegung angeglichenen Rechts, JZ 1992, S. 593–607

Mansdörfer, Marco, Das europäische Strafrecht nach dem Vertrag von Lissabon – oder: Europäisierung des Strafrechts unter nationalstaatlicher Mitverantwortung, HRRS 2010, S. 11–23

Manifest zur Europäischen Kriminalpolitik, ZIS 2009, S. 697–706

Meier, Anne-Kristin, Rechtswirkungen von EG-Richtlinien und EU-Rahmenbeschlüssen im nationalen Recht, Frankfurt a. Main 2008 (zitiert: Meier, Rechtswirkungen von EG-Richtlinien und EU-Rahmenbeschlüssen)

Meyer, Jürgen, Die künftige Europäische Verfassung und das Strafrecht in Arnold, Jörg/Burkhardt, Björn/Gropp, Walter/Heine, Günter/Koch, Hans-Georg/Lagodny, Otto/Perron, Walter/Walther, Susanne, Menschengerechtes Strafrecht: Festschrift für Albin Eser zum 70. Geburtstag, München 2005, S. 797–806, (zitiert Meyer, J. in Festschrift Eser)

Meyer, Frank, Das Strafrecht im Raum der Freiheit, der Sicherheit und des Rechts, EuR 2011, S. 169–195

ders., § 26 Demokratische Kontrolle in Böse, Martin, Europäisches Strafrecht, Band 11 der Enzyklopädie Europarecht, 2. Auflage, Baden-Baden 2021, S. 1227–1261 (zitiert: Meyer in Böse, Enzyklopädie Europarecht, Bd. 11: Europäisches Strafrecht)

Miglietti, Marta, The New EU Criminal Law Competence in Action: The Proposal for a Directive on Criminal Sanctions for Insider Dealing and Market Manipulation, IES (Institut for European Studies) Working Paper 5/2013, S. 1–37

Mitsilegas, Valsamis, EU criminal law after Lisbon: rights, trust and the transformation of justice in Europe, Oxford 2016 (zitiert: Mitsilegas, EU criminal law after Lisbon)

Monar, Jörg, Die Entwicklung des „Raumes der Freiheit, der Sicherheit und des Rechts“: Perspektiven nach dem Vertrag von Amsterdam und dem Europäischen Rat von Tampere, integration 2000, S. 18–33

ders., Der Raum der Freiheit, der Sicherheit und des Rechts in Bogdandy, Armin von/Bast, Jürgen, Europäisches Verfassungsrecht: theoretische und dogmatische Grundzüge, 2. Auflage, Heidelberg 2009, S. 749–799 (zitiert: Monar in von Bogdandy/Bast, Europäisches Verfassungsrecht. Theoretische und dogmatische Grundzüge) *ders.*, Die Vertragsreformen von Lissabon in den Bereichen Inneres und Justiz: verstärkte Handlungsfähigkeit, Kontrolle und Differenzierung, integration 2008, S. 379–398

Müller-Graff, Peter-Christian, Institutionelle und materielle Reformen in der Zusammenarbeit in den Bereichen Justiz und Inneres in: Hummer, Waldemar, Die Europäische Union nach dem Vertrag von Amsterdam, Wien, 1998, S. 259–280 (zitiert: Müller-Graff in Hummer, Die Europäische Union nach dem Vertrag von Amsterdam)

ders., Der „Raum der Freiheit, der Sicherheit und des Rechts" im neuen Verfassungsvertrag für Europa – Neuerungen und Notwendigkeit seiner Rekonstruktion in: Gaitanides, Charlotte/Kadelbach, Stefan/Rodriguez Iglesias, Gil Carlos, Europa und seine Verfassung: Festschrift für Manfred Zuleeg zum siebzigsten Geburtstag, Baden-Baden 2005, S. 605–623 (zitiert: Müller-Graff in FS Zuleeg)

ders., Der Raum der Freiheit, der Sicherheit und des Rechts in der Lissabonner Reform, EuR Beiheft 1/2009, S. 105–128

Mylonopoulos, Christos, Strafrechtsdogmatik in Europa nach dem Vertrag von Lissabon – Zur materiellen Legitimation des Europäischen Strafrechts, ZStW 2011, S. 633–650

Nettesheim, Martin, Ausbildung und Fortbildung nationalen Rechts im Lichte des Gemeinschaftsrechts, AöR 1994, S. 261–293

Nowak, Carsten, Europarecht nach Lissabon, Baden-Baden 2011 (zitiert: Nowak, Europarecht nach Lissabon)

Oppermann, Thomas/Classen, Claus Dieter/Nettesheim, Martin, Europarecht, 9. Auflage, München 2021 (zitiert: Oppermann/Classen/Nettesheim, Europarecht)

Öberg, Jacob, Do we really need criminal sanctions for the enforcement of EU law, New Journal of European Criminal Law 2014, S. 370–387

Pache, Eckhard/Rösch, Franziska, Der Vertrag von Lissabon, NVwZ 2008, S. 473–480

Peers, Steve, EU justice and home affairs law, 4. Auflage, Oxford 2016 (zitiert: Peers, EU justice and home affairs law)

Perron, Walter, Auf dem Weg zu einem europäischen Ermittlungsverfahren?, ZStW 2000, S. 202–224

ders., Perspektiven der Europäischen Strafrechtsintegration in: Hettinger, Michael/Hillenkamp, Thomas/Köhler, Michael, Festschrift für Wilfried Küper zum 70. Geburtstag, Heidelberg 2007, S. 429–442 (zitiert: Perron in FS Küper) *ders.*, Strafrechtsvereinheitlichung in Europa in: Dörr, Dieter/Dreher, Meinrad, Europa als Rechtsgemeinschaft, Baden-Baden 1997, S. 135–154 (zitiert: Perron in Dörr/Dreher, Europa als Rechtsgemeinschaft)

Pohl, Tobias, Verfassungsvertrag durch Richterspruch. Die Entscheidung des EuGH zu Kompetenzen der Gemeinschaft im Umweltstrafrecht, ZIS 2006, S. 213–221

Prechal, Sascha, Directives in European Community Law: A Study of Directives and Their Enforcement in National Courts, Oxford 1995, (zitiert: Prechal, Directives in European Community Law)

ders., Joined Cases C-397/01 to C-403/01, Bernhard Pfeiffer et al., CMLRev. 2005, S. 1445–1463

Prokopf, Kai Heinrich, Das gemeinschaftsrechtliche Rechtsinstrument der Richtlinie: eine rechtsdogmatische Untersuchung der Art. 249 Abs. 3 EGV und Art. 161 Abs. 3 EAGV, Berlin 2007 (zitiert: Prokopf, Das gemeinschaftsrechtliche Rechtsinstrument der Richtlinie)

Rath, Katja/Ruff, Darius, Der Zweck heiligt die Mittel – eine Analyse des EU-Reformpakets zur Strafbarkeit bei Verstößen gegen EU-Sanktionen, EuZW 2022, S. 692–699

Reichelt, Daniel, Die Rechtmäßigkeitskontrolle von Rahmenbeschlüssen und Beschlüssen gemäß Art. 35 Abs. 6 EU: zugleich eine Betrachtung der Rechtserzeugung im Bereich der Polizeilichen und Justitiellen Zusammenarbeit in Strafsachen, Frankfurt a. Main 2004 (zitiert: Reichelt, Die Rechtmäßigkeitskontrolle von Rahmenbeschlüssen)

Riesenhuber, Karl/Domröse, Ronny, Richtlinienkonforme Rechtsfindung und nationale Methodenlehre, RIW 2005, S. 47–54

Rosenau, Henning, Zur Europäisierung im Strafrecht, Vom Schutz finanzieller Interessen der EG zu einem gemeineuropäischen Strafgesetzbuch? ZIS 2008, S. 9–19

Roth, Wulf-Henning, Die richtlinienkonforme Auslegung, EWS 2005, S. 385–396

Röcker, Isabel, Die Pflicht zur rahmenbeschlusskonformen Auslegung nationalen Rechts: zur Begründung und Reichweite der Konformauslegungspflicht im Rahmen der polizeilichen und justiziellen Zusammenarbeit in Strafsache, Heidelberg 2013 (zitiert: Röcker, Die Pflicht zur rahmenbeschlusskonformen Auslegung nationalen Rechts)

Rüter, Frederik, Harmonie trotz Dissonanz, ZStW 1993, S. 30–47

Safferling, Christoph, Internationales Strafrecht, Berlin u.a. 2011 (zitiert: Safferling, Internationales Strafrecht)

Satzger, Helmut, Die Europäisierung des Strafrechts: eine Untersuchung zum Einfluß des Europäischen Gemeinschaftsrechts auf das deutsche Strafrecht, Köln u.a. 2001 (zitiert: Satzger, Die Europäisierung des Strafrechts)

ders., Das europarechtliche Verhältnismäßigkeitsprinzip als Maßstab für eine europäische Kriminalpolitik, NK 2007, S. 92–98

ders., § 2 Grundsätze eines europäischen Strafrechts in: Böse, Martin Europäisches Strafrecht, Band 11 der Enzyklopädie Europarecht, 2. Auflage, Baden-Baden 2021, S. 61–98 (zitiert: Satzger in Böse, Enzyklopädie Europarecht, Bd. 11: Europäisches Strafrecht)

ders., Internationales und europäisches Strafrecht, 3. Auflage, Baden-Baden 2009 (zitiert, Satzger, Internationales und europäisches Strafrecht, 2009)

ders., Internationales und europäisches Strafrecht, 9. Auflage, Baden-Baden 2020 (zitiert, Satzger, Internationales und europäisches Strafrecht)

ders., Das Strafrecht als Gegenstand europäischer Gesetzgebungstätigkeit, KritV 2008, S. 17–38

ders., Rechtspolitische Möglichkeiten zur Harmonisierung der Tatbestandsvorschläge der „Europa-Delikte“, in: Tiedemann, Klaus, Wirtschaftsstrafrecht in der Europäischen Union, Köln 2002, S. 71–87 (zitiert: Satzger in Tiedemann, Wirtschaftsstrafrecht in der Europäischen Union)

ders., Der Mangel an Europäischer Kriminalpolitik, Anlass für das Manifest der internationalen Wissenschaftlergruppe „European Criminal Policy Initiative“, ZIS 2009, S. 691–694

ders., Die Zukunft des Allgemeinen Teils des Strafrechts vor dem Hintergrund der zunehmenden Europäisierung des Strafrechts, ZIS 2016, S. 771–776

ders., Die Internationalisierung des Strafrechts als Herausforderung für den strafrechtlichen Bestimmtheitsgrundsatz, JuS 2004, S. 943–948

Satzger, Helmut/Zimmermann, Frank/Langheld Georg, The Directive on Preventing and Combatting Trafficking in Human Beings and the Principles Governing European Criminal Policy – A Critical Evaluation, EuCLR 2013, S. 107–120

Scherzberg, Arno, Die innerstaatlichen Wirkungen von EG-Richtlinien, Jura 1993, S. 225–232

Schmeder, Winfried, Die Rechtsangleichung als Integrationsmittel, Köln u.a. 1978 (zitiert: Schmeder, Die Rechtsangleichung als Integrationsmittel)

Schöbener, Burckhard/Knauff, Matthias, Allgemeine Staatslehre, 5. Auflage, München 2023 (zitiert: Scöbener/Knauff, Allgemeine Staatslehre)

Schönberger, Christoph, Der Rahmenbeschluss. Unionssekundärrecht zwischen Völkerrecht und Gemeinschaftsrecht, ZaöVR 2007, S. 1107–1139

Schroeder, Werner, Neues vom Rahmenbeschluss – ein verbindlicher Rechtsakt der EU, EuR 2007, S. 349–369

Schröder, Christian, Europäische Richtlinien und deutsches Strafrecht: eine Untersuchung über den Einfluß europäischer Richtlinien gemäß Art. 249 Abs. 3 EGV auf das deutsche Strafrecht, Berlin 2002 (zitiert: Schröder, Europäische Richtlinien und deutsches Strafrecht)

ders., Die Europäisierung des Strafrechts nach Art. 83 Abs. 2 AEUV am Beispiel des Marktmissbrauchsrechts: Anmerkungen zu einem Fehlstart, HRRS 2013, S. 253–263

Schubarth, Martin, Binnenstrafrechtsdogmatik und ihre Grenzen, ZStW 1998, S. 827–847

Schünemann, Bernd, Die parlamentarische Gesetzgebung als Lakai von Brüssel? Zum Entwurf des Europäischen Haftbefehlsgesetzes, StV 2003, S. 531–533

ders., Fortschritte und Fehltritte in der Europäisierung der Strafrechtspflege, GA 2004, S. 193–209

ders., Ewigkeitsgarantien im europäischen Strafrecht – Ein Appell an die deutsche Volksvertretung, KritV 2008, S. 6–16

Schwarze, Jürgen, EU-Kommentar, 1. Auflage, Baden-Baden 2000 (zitiert: Verfasser in Schwarze, EU-Kommentar)

ders., Der Reformvertrag von Lissabon – Wesentliche Elemente des Reformvertrages, EuR 2009, Beiheft 1, S. 9–29

Schwarze, Jürgen/Becker, Ulrich/Hatje, Armin/Schoo, Johann, EU-Kommentar, 4. Auflage, Baden-Baden 2019 (zitiert: Verfasser in Schwarze/Becker/Hatje/Schoo, EU-Kommentar)

Seeger, Sarah, Die Institutionen- und Machtarchitektur der Europäischen Union mit dem Vertrag von Lissabon in Weidenfeld, Werner, Lissabon in der Analyse: der Reformvertrag der Europäischen Union, Baden-Baden 2008, S. 61–99 (zitiert: Seeger in Weidenfeld, Lissabon in der Analyse)

Seidel, Martin, Stellungnahme in: Everling, Ulrich/Roth, Wulf-Henning, Mindestharmonisierung im Europäischen Binnenmarkt, Baden-Baden 1997, S. 39–50 (zitiert: Seidel in Everling/Roth, Mindestharmonisierung im Europäischen Binnenmarkt)

Sicurella Rosaria, Some Reflections on the Need for a General Theory of the Competence of the European Union in Criminal Law in Klip, André, Substantive Criminal Law of the European Union, Antwerpen 2011, S. 233–250 (zitiert: Sicurella in Klip, Substantive Criminal Law of the European Union)

Sieber, Ulrich, Die Zukunft des Europäischen Strafrechts – Ein neuer Ansatz zu den Zielen und Modellen des europäischen Strafrechtssystems –, ZStW 2009, S. 1–67 *ders.*, Memorandum für ein Europäisches Modellstrafgesetzbuch, JZ 1997, S. 369–381

ders., Europäische Einigung und Europäisches Strafrecht, ZStW 1991, S. 957–979

Sieber, Ulrich/Satzger, Helmut/Heintschel-Heinegg, Bernd von, Europäisches Strafrecht, 2. Auflage, Baden-Baden 2014 (zitiert: Verfasser in Sieber/Satzger/Heintschel-Heinegg, Europäisches Strafrecht)

Silny, Marnie, Die binnenmarktbezogene Rechtsangleichungskompetenz des Art. 95 EG: Reichweite und Grenzen der Harmonisierungskompetenz sowie ihre Stellung in der gemeinschaftsrechtlichen Kompetenzverfassung, Frankfurt a. Main u.a. 2007 (zitiert: Silny, Die binnenmarktbezogene Rechtsangleichungskompetenz des Art. 95 EG)

Snyder, Francis, The Effectiveness of European Community Law: Institutions, Processes, Tools and Techniques, MLR 1993, S. 19–54

Spaventa, Eleanor, Opening Pandora's Box: Some Reflections on the Constitutional Effects of the Decision in *Pupino,* EuConst 2007, S. 5–27

Spencer, John R., Why is the harmonisation of penal law necessary? in: Klip, Andre/van der Wilt, Härmen, Harmonisation and harmonising measures in criminal law, Royal Netherlands Academy of Arts and Science 2002, S. 43–55 (zitiert: Spencer in: Klip/van der Wilt, Harmonisation and harmonising measures in criminal law)

Streinz, Rudolph, Europarecht, 12. Auflage, Heidelberg 2023 (zitiert: Streinz, Europarecht)

ders., Mindestharmonisierung im Europäischen Binnenmarkt in: Everling, Ulrich/Roth, Wulf-Henning, Mindestharmonisierung im Europäischen Binnenmarkt, Baden-Baden 1997, S. 9–32 (zitiert: Streinz in Everling/Roth, Mindestharmonisierung im Europäischen Binnenmarkt)

ders., EUV/EGV: Vertrag über die Europäische Union und Vertrag zur Gründung der Europäischen Gemeinschaft, München 2003 (zitiert: Verfasser in Streinz, Kommentar zum EUV/EGV)

ders., EUV/AEUV, Vertrag über die Europäische Union, Vertrag über die Arbeitsweise der Europäischen Union, Charta der Grundrechte der Europäischen Union, 3. Auflage, München 2018 (zitiert: Verfasser in Streinz, EUV/AEUV, Kommentar)

ders., Der Vertrag von Amsterdam – Einführung in die Reform des Unionsvertrages von Maastricht und erste Bewertung der Ergebnisse, EuZW 1998, S. 137–147

Suhr, Oliver, Strafrechtsharmonisierung in der Europäischen Union: Neue Grenzziehungen und zusätzliche Kontrollaufträge, ZEuS 2008, S. 45–80

ders., Die Polizeiliche und Justizielle Zusammenarbeit in Strafsachen nach dem „Lissabon"-Urteil des Bundesverfassungsgerichts, ZEuS 2009, S. 687–715

ders., Die polizeiliche und justizielle Zusammenarbeit in Strafsachen in Fastenrath, Ulrich/Nowak, Carsten, Der Lissabonner Reformvertrag: Änderungsimpulse in einzelnen Rechts- und Politikbereichen, Berlin 2009, S. 300–325 (zitiert: Suhr in Fastenrath/Nowak, Der Lissabonner Reformvertrag)

Stuckenberg, Carl-Friedrich, § 10 Allgemeiner Teil eines Europäischen Strafrechts in Böse, Martin, Europäisches Strafrecht, Band 11 der Enzyklopädie Europarecht, 2. Auflage, Baden-Baden 2021, S. 507–542 (zitiert: Stuckenberg in Böse, Enzyklopädie Europarecht, Bd. 11: Europäisches Strafrecht)

Sturies, Jonas, Ermächtigt der Vertrag von Lissabon wirklich zum Erlass supranationaler Wirtschaftsstrafgesetze?, HRRS 2012, S. 273–288

Thun-Hohenstein, Christoph, Der Vertrag von Amsterdam: die neue Verfassung der EU; der neue EG-Vertrag, der neue EU-Vertrag, Erläuterung der neuen Bestimmungen, Wien 1997 (zitiert: Thun-Hohenstein, Der Vertrag von Amsterdam)

Tiedemann, Klaus, Die Europäisierung des Strafrechts in: Kreuzer/Scheuing/Sieber, Die Europäisierung der mitgliedstaatlichen Rechtsordnungen in der Europäischen Union, Baden-Baden 1997, S. 133–160 (zitiert: Tiedemann in Kreuzer/Scheuing/Sieber, Europäisierung der mitgliedstaatlichen Rechtsordnungen)

ders., Europäisches Gemeinschaftsrecht und Strafrecht, NJW 1993, S. 23–31

Tinkl, Cristina, Urteilsanmerkung, EuGH, Urteil von 03.05.2007 – C-303/05. ZIS 2007, S. 419–421

ders., Die Rechtsstellung des Einzelnen nach dem Rahmenbeschluss über den Europäischen Haftbefehl: im Vergleich zu seiner Rechtsstellung im traditionellen Auslieferungsverfahren; zugleich eine Untersuchung zur Rechtsnatur des Rahmenbeschlusses, Frankfurt a. Main 2008 (zitiert: Tinkl, Die Rechtstellung des Einzelnen nach dem Rahmenbeschluss über den Europäischen Haftbefehl)

ders., Anmerkung zum Urteil des EuGH vom 16.06.2005 – C-105/03 (Pupino), StV 2006, S. 36–41

Tomuschat, Christian, Ungereimtes – Zum Urteil des Bundesverfassungsgerichts vom 18. Juli 2005 über den Europäischen Haftbefehl, EuGRZ 2005, S. 453–460.

Vedder, Christoph, Die Unterscheidung von Unionsrecht und Gemeinschaftsrecht, in: EuR Beiheft 1/1999, S. 7–44

Vedder, Christoph/Heintschel von Heinegg, Wolff, Europäisches Unionsrecht, Handkommentar, 2. Auflage, Baden-Baden 2018 (zitiert: Verfasser in Vedder/Heintschel von Heinegg, Europäisches Unionsrecht, Handkommentar)

Vedder, Christoph/Heintschel von Heinegg, Europäischer Verfassungsvertrag, Handkommentar, 1. Auflage, Baden-Baden 2007 (zitiert: Verfasser in Vedder/Heintschel von Heinegg, Europäischer Verfassungsvertrag, Handkommentar)

Vogel, Joachim, Harmonisierung des Strafrechts in der EU, GA 2003, S. 314–334

ders., Wege zu europäisch-einheitlichen Regelungen im Allgemeinen Teil des Strafrechts, JZ 1995, S. 331–341

ders., Die Strafgesetzgebungskompetenzen der Europäischen Union nach Art. 83, 86 und 325 AEUV in: Ambos, Kai Europäisches Strafrecht post-Lissabon, Göttingen 2011, S. 41–56 (zitiert: Vogel in Ambos, Europäisches Strafrecht post-Lissabon)

Vogel, Joachim/Schneider, Anne, § 7 Begriff und Ziele der Harmonisierung in Böse, Martin, Europäisches Strafrecht, Band 11 der Enzyklopädie Europarecht, 2. Auflage, Baden-Baden 2021, S. 297–315 (zitiert: Vogel/Schneider in Böse, Enzyklopädie Europarecht, Bd. 11: Europäisches Strafrecht)

Wagner, Matthias, Das Konzept der Mindestharmonisierung, Berlin 2001 (zitiert: Wagner, Das Konzept der Mindestharmonisierung)

Walter, Tonio, Inwieweit erlaubt die Europäische Verfassung ein europäisches Strafgesetz?, ZStW 2005, S. 912–933

ders., deutsche Übersetzung von Strafrechtliche Regelungen zum Schutz der finanziellen Interessen der Europäischen Union – Corpus Juris 2000 (Fassung von Florenz) –, https://ec.europa.eu/anti-fraud/sites/antifraud/files/docs/body/corpus_juris_de.doc

Wank, Rolf, Juristische Methodenlehre: Eine Anleitung für Wissenschaft und Praxis, München 2020 (zitiert: Wank, Juristische Methodenlehre)

Wasmeier, Martin, Der Rahmenbeschluss als Rechtssatzform in der Praxis in: Lagodny, Otto/Wiederin, Ewald/Winkler, Roland, Probleme des Rahmenbeschlusses am Beispiel des Europäischen Haftbefehls, Ein neues Instrument der europäischen Integration aus Sicht von Europarecht, Strafrecht, Verfassungsrecht und Völkerrecht, Wien 2007, S. 59–69 (zitiert: Wasmeier in Lagodny/Wiederin/Winkler, Probleme des Rahmenbeschlusses am Beispiel des Europäischen Haftbefehls)

Weber, Sebastian, Europäische Terrorismusbekämpfung: Das Strafrecht als Integrationsdimension der Europäischen Union, Berlin 2008 (zitiert: Weber, Europäische Terrorismusbekämpfung)

Weber, Sebastian, Justizielle Zusammenarbeit in Strafsachen und parlamentarische Demokratie, EuR 2008, S. 88–103

Wegener, Bernhard/Greenawalt, Tim, (Umwelt-)Strafrecht in europäischer Kompetenz, ZUR 2005, S. 585–589

Weigend, Thomas, Zur Frage eines „internationalen" Allgemeinen Teils in Schünemann, Bernd/Achenbach, Hans/Bottke, Wilfried/Haffke, Bernhard/Rudolphi, Hans-Joachim, Festschrift für Claus Roxin zum 70. Geburtstag am 15. Mai 2001, Berlin u.a. 2001, S. 1357–1400 (zitiert: Weigend in FS für Roxin)

ders., Strafrecht durch internationale Vereinbarungen – Verlust an nationaler Strafrechtskultur?, ZStW 1993, S. 774–802

ders., Spricht Europa mit zwei Zungen?, StV 2001, S. 63–68

ders., Der Entwurf einer Europäischen Verfassung und das Strafrecht, ZStW 2004, S. 275–303

ders., Mindestanforderungen an ein europaweit geltendes harmonisiertes Strafrecht in Zieschang, Frank/Hilgendorf, Eric/Laubenthal, Klaus, Strafrecht und Kriminalität in Europa, Baden-Baden 2003, S. 57–80 (zitiert Weigend in Zieschang/Hilgendorf/Laubenthal, Strafrecht und Kriminalität in Europa)

Weißer, Bettina, Die Wirkungen von EU-Rahmenbeschlüssen auf das mitgliedstaatliche Recht. Zugleich Besprechung von EuGH, EuZW 2005, 433 („Pupino"), ZIS 2006, S. 562–575

ders., Strafgesetzgebung durch die Europäische Union: Nicht nur ein Recht, sondern auch eine Pflicht?, GA 2014, S. 433–452

Wessels, Johannes/Beulke, Werner, Strafrecht Allgemeiner Teil: die Straftat und ihr Aufbau: Lehrbuch, Entscheidungen, Gesetzestexte, 42. Auflage, Heidelberg 2012 (zitiert Wessels/Beulke, Strafrecht Allgemeiner Teil: Die Straftat und ihr Aufbau, 2012)

Wessels, Johannes/Beulke, Wernert/Satzger, Helmut, Strafrecht Allgemeiner Teil: die Straftat und ihr Aufbau: Lehrbuch, Entscheidungen, Gesetzestexte, 52. Auflage, Heidelberg 2022 (zitiert Wessels/Beulke/Satzger, Strafrecht Allgemeiner Teil: Die Straftat und ihr Aufbau)

Zeder, Fritz, Mindestvorschriften der EU im materiellen Strafrecht: Was bringt der Vertrag von Lissabon Neues?, ERA Forum 2008, S. 209–227

ders., Justizielle Zusammenarbeit in Strafsachen nach dem Ende der Übergangsperiode: Normalität und Sonderfälle, EuR 2015, S. 487–497

Zieschang, Frank, Der Einfluss der Europäischen Union auf das deutsche Strafrecht – Eine Bestandsaufnahme – in: Sieber, Ulrich/Dannecker, Gerhard/Kindhäuser, Urs/Vogel, Joachim/Walter, Tonio, Strafrecht und Wirtschaftsstrafrecht: Dogmatik, Rechtsvergleich, Rechtstatsachen. Festschrift für Klaus Tiedermann zum 70. Geburtstag, Köln 2008, S. 1303–1321 (zitiert: Zieschang in FS Tiedemann)

Zimmermann, Frank, Internationales Strafrecht, Die Auslegung künftiger EU-Strafrechtskompetenzen nach dem Lissabon-Urteil des Bundesverfassungsgerichts, Jura 2009, S. 844–851

Zöller, Mark A., Europäische Strafgesetzgebung, ZIS 2009, S. 340–349

ders., Der mögliche und unmögliche Zustand der europäischen Strafgesetzgebung in Bitburger Gespräche: Jahrbuch 2011/I, 54. Bitburger Gespräche von Stiftung Gesellschaft für Rechtspolitik, Institut für Rechtspolitik an der Universität Trier, 1. Auflage, München 2012 (zitiert: Zöller in Bitburger Gespräche Jahrbuch 2011/I, 54. Bitburger Gespräche)

www.ingramcontent.com/pod-product-compliance
Ingram Content Group UK Ltd.
Pitfield, Milton Keynes, MK11 3LW, UK
UKHW021840290926
8980IPUK00005B/565

9 783631 912294